徳川権力と中近世の地域社会

所　理喜夫 著

岩田書院

徳川権力と中近世の地域社会　目　次

Ⅰ　中世の権力と社会

Ⅱ　徳川権力と地域社会

Ⅰ　中世の権力と社会

十六世紀初頭における今川権力と松平権力

はじめに

十五世紀末期から十六世紀初頭、今川氏親は、遠江をほぼ領国化し、三河に進出しはじめる。いうまでもなく、氏親が遠江を完全に領国化したのは、永正十四年(一五一七)、斯波義達を尾張に追放した以後のことである。しかし、斯波氏の勢力を払拭し、遠江を完全に領国化するためには、背後の三河を抑える必要があった。氏親の三河進出は、遠江を分国とするための必要条件だったのである。かくして、地域を接する両権力は、十六世紀初頭に激突する。まず、両権力の権力論から筆を進めよう。

一　十六世紀初頭の今川氏の権力構造

駿河に加えて、遠江を完全に領国化した直後、今川検地の最初の事例として注目されている次の史料を見出すことができる(原秀三郎・本多隆成編「遠江国高松社中山家文書」二一号、静岡大学人文学部『人文論集』二七、一九七六年)。

〔史料1〕

遠州笠原庄高松神田如前々踏渡下地之事

鼻連崎 弐反ミそ（溝）代　くにかの 七郎衛門　はなつら 三反半ミそ代　くにかの 藤太郎

同所 壱反二丈ミそ代　同所 浄永　同所 一反四丈ミそ代　同所 浄永

同所 一反ミそ代　同所 浄永　同所 卅六歩ミそ代　同所 浄永

同所 四反四丈ミそ代　同所 浄永　同所 二反ミそ代　同所 浄永

（六筆省略）

同所 二反一丈ミそ代　番匠 孫左衛門　かとや 四反三丈一貫文人足賃のこり

巳上弐町八反　分銭八貫四百文　此外四貫文　松苗千八百本

（鼻連）はなつらかさき 三反四丈　壱貫百四十六文　ふみ出新寄進　くにやす 孫兵衛

永正十七庚辰年八月六日

福島豊後守 春久（花押）

栗林縫右衛門尉 元重（花押）

矢部将監 信定（花押）

高松神主殿

右「今川氏奉行人連署奉書」における一六筆と、打出高一筆は分銭で結ばれている。この分銭高が、この年笠原庄高松神田に施行された検地によって打ち出された貫高であり、また、番匠「孫左衛門」をはじめとする名請人が百姓職の保持者である。

これより以前の明応八年（一四九九）、氏親は高松神主に対し、次のような判物を与えた（前掲「遠江国高松社中山家文書」一九号)。

〔史料2〕

遠江国城東郡笠原庄内高松御神領分事

右、所令停止諸公事也者、神事祭礼等無退転可専其沙汰之状、如件

明応八年九月七日　　五郎《氏親》(花押)

高松神主

右の史料中、「諸公事」については二様の解釈の仕方がある。第一に訴訟の意にとれば、十五世紀末期、高松神領分に関し、競望する輩があり、その野望を停止するとの意になろう。にもかかわらず公事があり、その結果、永正十七年(一五二〇)の高松神田への検地があった。つまり、永正十七年検地は、有光友學が明らかにした「公事検地」ということになる(「戦国大名今川氏の歴史的性格—とくに「公事検地」と小領主支配について—」『日本史研究』一三八、一九七四年)。この場合、永正十七年の今川検地は公事に該当した高松神領のみの、きわめて局地的な検地となる。

第二に、「諸公事」の公事を荘園制下の本年貢以外の「万雑公事」の系譜を引く意と解釈すれば、さきにあげた二史料を右のように結びつけて、解釈することは不可能となる。すなわち、永正十七年の今川検地は「公事検地」でなかった可能性も出てくる。この場合は、むしろ高松神領を含む遠州城東郡内に一定の広さを持った地域の検地が想定される。

右のような史料1の解釈如何によって、史料2に示したような検地強行を通じての貫高制の施行範囲に、相当の相違は出てくる。しかし、史料1すなわち、十五世紀末、明応八年時には、旧来の土地制度、領主と農民の間に、今川

氏が積極的に介入しようとした形跡は認められない。それが十六世紀初頭永正十七年には、史料2に示されるような戦国大名的領国支配方法が、今川検地を通じて遠州城東郡の一角から打ち出され始めたのである。以後の今川検地については、下村效（「戦国大名今川氏の検地」『国史学』七九、一九六九年）と有光友學（前掲論文）の先業にくわしい。十五世紀末期から十六世紀初頭の今川氏は、守護大名的権力から戦国大名へと新たな展開を示し始めるのである。

二　十六世紀初頭の松平権力の本質

十五世紀末から十六世紀初頭にかけての三河の状勢をまず概観しよう。

豊川流域を中心とする東三河では、その中流から奥三河にかけて、野田菅沼・田峰菅沼・作手奥平のいわゆる山家三方があり、下流から渥美半島にかけて田原に戸田氏、今橋に牧野氏がいた。戸田氏を最右翼としながらも概して中小国人が、各地に割拠していた。とくに永正二年（一五〇五）、牧野古白の今橋城構築は今川氏親の意を受けたものと伝えられている（「牛久保密談記」）。東三河は、今川氏の支配が浸透しやすい条件にあったことを知り得よう。

西三河でも中小国人の割拠という全般的な情勢では東三河と変わりはなかった。しかし、そのなかで漸く支配的地位を確立しはじめたのが松平一党である。

松平一党の惣領職は、初代親氏、二代泰親、三代信光、四代親忠、五代長親、六代信忠、七代清康、八代応忠、九代家康へ相承されたと伝えられる。十五世紀末期から十六世紀初頭にかけての松平党の惣領は五代長親だった。長親が親忠から惣領職を譲られたのは、明応五年（一四九六）頃と推定される（新行紀一『一向一揆の基礎構造』吉川弘文館、一九七五年）。隠退した親忠（西忠）は、文亀元年（一五〇一）五月二十五日「西忠往生之時儀式同吊《（弔）》之事」と題する一四条の遺言状を作り、同年八月十日に没する（「大樹寺文書」）。ちょうどその初七日に当たる日、次の史料が作成された（「大樹寺文書」）。

〔史料3〕

於大樹寺定□□（条々カ）事

禁制

一、於当寺中狼籍之事

一、竹木伐取之事

一、対僧衆致非儀之事

右於背此旨輩者堅可処罪科候、当寺之事西忠為位牌所上者、自然国如何様之儀出来候共、為彼人数可致警固者也、仍而如件

文亀元年辛酉八月十六日

次第不同

丸根美作守　家勝（花押）

田原孫次郎　家光（花押）

上平左衛門大夫　親堅（花押）

岩津源五　光則（花押）

岩津大膳入道　常蓮（花押）

岩津弥九郎　長勝（花押）

岩津弥四郎　信守（花押）
岩津八郎五郎　親勝（花押）
岡崎左馬允　親貞（花押）
長沢七郎　親清（花押）
形原左近将監　貞光（花押）
牧内右京進　忠高（花押）
竹谷弥七郎　□□（摺消）秀信（花押）
岡崎六郎　公親（花押）
細川次郎　親世（花押）
岩津源三　算則（花押）

右の大樹寺禁制は、大樹寺が「西忠（松平党四代惣領親忠）位牌所」たる以上、文亀元年松平権力の直接の影響下に作成されたことは明らかである。したがって、史料3はこの期の松平権力の本質を知るための絶好の史料である。

結論を先にいえば、二つの見方がある。一はこの期の松平権力の本質を国人一揆とする見解であり（拙稿「幕藩権力の生成と農民闘争」『史潮』一〇四、一九六八年）、一は同族一揆とする見解である（新行紀一前掲書、五三頁）。

前者は、国人一揆が新たな権力編成への傾斜を内包していること、連判者に丸根美作守家勝（松平三代惣領信光の子）、竹谷弥七郎（竹谷松平）、牧内右京進忠高（四代親忠の子）など、松平一党が中核となっていることとの二点を認めつつも、田原孫次郎など松平一党以外の国人が連判に加わっていることを重視する。そして、松平党を中核とし、その惣領を盟主とする国人一揆であるとする。

後者は前者の批判として提示されたものである。まず、署判者は田原孫次郎家光を除き大樹寺より一〇km圏内の地名を姓としていることを指摘し、ついで彼らのほとんどが松平一族であるとされる。そして、右の連判状は、いわゆる、国人一揆契状とはまったく異質のものであり、惣領の支配的地位を再確認させようとした誓約状の意味を有していた。

したがって、「これを「一揆機構」というならば、それは地縁を紐帯とする国人一揆ではなく、血縁（擬制的なものを含めて）による同族一揆の一形態というべきであろう」（新行紀一前掲書、五三頁）と規定する。

両者の見解の如何は、今後の批判に俟たなければならないが、少なくとも、この期の松平氏権力は「一」で述べたような今川権力とは異なった性格だったと結論づけて、まず大過なかろう。

三　十六世紀初頭の今川・松平両権力の接触

隣接した地域に、それぞれ異なった編成原理によって構築された二権力は十六世紀の初頭、決定的な対決の時期を迎える。

三河への出兵の機会を待っていた今川氏親は、たまたま仁連木の戸田政光と寺部の鈴木日向守との不仲を幸いに出兵の名目を得た（「田原近郷聞書」）。そして、伊勢新九郎長氏を名代として、駿河・遠江・東三河の諸勢一万余騎を吉田に結集、一気に西三河に侵入、松平党の本拠、岩津城を攻めたという（『三河物語』『三河記』等）。

さて、この駿遠勢の西三河侵入の時期については二説がある。永正三年（一五〇六）説（「田原近郷聞書」『朝野旧聞裒藁』）と永正五年説（『史料綜覧』）である。

この点について、新行紀一は、称名寺への永正九年松平信忠寄進状の文言「永正三年寅より巳之年以来、乱中之敵味方打死之面々為吊(弔)、於当寺毎月十六日おとり有へく候」によって、それが永正三年にはじまり、同六年まで今川対松平の戦闘が断続的に続けられたことを明らかにした。そして、「永正三―六年の争乱の全貌が松平氏関係記録から知りえないのは、松平氏の敗色著しいものであったため近世において記録にとどめることが憚られたのではなかろうか」(新行紀一前掲書、五六〜七頁)と推論した。鋭い指摘である。

しかし、さきの信忠の称名寺寄進状文言は、今川勢侵入を契機とする三河の国中争乱は、「永正三年寅より巳之年以来」永正九年時まで続いたことも想定せしめる。

それを傍証するのが、永正十年の大樹寺開山式目の次の文言である(大樹寺文書)。

〔史料4〕

開山之式式目

右当寺大樹者《ハ》、大檀那松平前《ノ》右京兆親忠公法名太胤西忠《ト》、与勢誉以《テ》同志《ヲ》、為《ル》開基処《ノ》之一宇也、(中略)八年《ノ》之間興《リ》矣国中大《ニ》乱矣、及《フ》矣寺院大《ニ》破矣(後略)

右の史料の作成年次が、永正十年であることを思うとき、国中の大乱が八年間におよんだという記述は否定することができない。さらに、史料3の大樹寺禁制において、連判を以て「自然国如何様之儀出来候共、為彼人数可致警固者也」との誓約にもかかわらず、その大樹寺も大破した。それはまさに新行の鋭い推論が事実だったことを立証する。

おわりに

「大樹寺旧記」は「三世慶蓮社雲誉愚廓（中略）大樹寺及大破退転、雲誉長親信忠合志力、修造之」と伝える。

今川勢の侵入に対する松平党を中核とする西三河勢の勇戦は、『三河物語』をはじめ諸書のよく伝えるところではあるが、八年に及ぶ抵抗にもかかわらず、決定的な敗北に終わった。しかし、松平氏権力は今川氏の支配下に入りながら滅亡をまぬがれた。以後、今川権力に依拠しながら、戦国大名的権力編成原理による松平権力の再構築が開始される。西忠位牌所たる大樹寺の再建はその象徴だった。これ以後、家康の独立までの松平権力の発展と強化は、戦国大名今川権力を媒介として、はじめて可能だったのである。

十六世紀初頭における三河松平氏の権力形態

近世国家権力の中核としての徳川将軍権力が、三河の一小在地領主から国人領主、戦国大名、豊臣大名をへて、将軍権力へと発展してきた過程の研究は、近世史研究の中枢をなす一課題であるとともに、中近世史の統一的見解のためにも不可欠と言えよう。

右の問題に迫る一過程として、かつて私は、十六世紀初頭の松平氏の在地支配の形態を、松平氏と戸田氏を盟主とする国人一揆と規定したことがある（「幕藩権力の生成と農民闘争」『史潮』一〇四、一九六八年）。依拠した史料は、つぎに示す文亀元年（一五〇一）八月十六日の大樹寺禁制である（「大樹寺文書」）。

於大樹寺定□□（条々カ）事

禁制

一、於当寺中狼藉之事

一、竹木伐取之事

一、対僧衆致非儀之事

右於背此旨輩者堅可処罪科候、当寺之事西忠為位牌所上者、自然国如何様之儀出来候共、為彼人数可致警固者也、仍而如件

文亀元年辛酉八月十六日

次第不同
丸根美作守　家勝（花押）
田原孫次郎　家光（花押）
（以下一四人連署略）

田原孫次郎家光の後に連署するものは、上平左衛門大夫親堅、岩津源五光則、岩津大膳入道常蓮、岩津弥九郎長勝、岩津弥四郎信守、岩津八郎五郎親勝、岡崎左馬允親貞、長沢七郎親清、形原左近将監貞光、牧内右京進忠高、竹谷弥七郎秀信、岡崎六郎公親、細川次郎親世、岩津源三算則の一四人である。なお史料中の西忠とは松平党四代惣領と伝えられる親忠のことである。

これに対し新行紀一は、一四か条にわたる同年五月二十五日、「西忠往生之時儀式同吊（弔）之事」すなわち西忠の遺言状（「大樹寺文書」）によって、右の禁制は西忠の初七日の法事がすんで、縁者親類が解散するにあたって作成されたものであること、さらに署判者の大部分が、西忠の子道閲にとっては、伯叔父または従兄弟にあたると主張し、「これを「一揆機構」というならば、それは地縁を紐帯とする国人一揆ではなく、血縁（擬制的なものを含めて）による同族一揆の一形態というべきであろう」と批判した（『一向一揆の基礎構造』吉川弘文館、一九七五年、四七～五五頁）。

たしかに、右の西忠遺言状の第三条と第一四条は、次のように西忠往生の時の儀式を規定している。

一、（第三条）中陰ハ二七日、但初七日過候者縁者親類女子共可帰候、隙ニて可有候間、三郎も其日限ニ城江可帰候、道閲其外兄弟者二七日之間色にて可有候、馬つれ内之者も初七日過候者可帰候
一、（第一四条）前に大形申候へ共、二七日之中陰ハ御末寺衆同光明寺衆悉御返し候て、子共ハ小者一人にて奏者両人はかり置

候而ひそ〳〵と可有御弔（弔）候哉

おそらく西忠弔の儀式は、西忠の遺言状の通りに執行されたことであろう。とすれば、中陰の二七日まで大樹寺に籠るのは、故人西忠の子供たちだけで、初七日を過ぎれば、縁者親類、女子供、馬つれ内之者、三郎（六代信忠）は寺を辞したことであろう。その際に作成されたと推定される大樹寺禁制の署判者は、新行が指摘したように縁者親類、さらには馬つれ内之者の主だった人たちであることはまず間違いあるまい。

問題は、この縁者親類、馬つれ内之者の主だった署判者たちを「血縁（擬制的なものを含めて）による同族」とすることができるかどうかということである。かつて指摘したように、丸根家勝は三代信光の子、岡崎左馬允は西忠の甥、牧内忠高は西忠の子と伝えられており、また長沢親清・形原左近将監・竹谷秀信も松平の一族であることもほぼ確実である。しかし、三代信光の女が田原氏に嫁したと伝えられている点からみれば、田原孫次郎は姻族であり、岩津を名乗る六人も、簡単に「信光の子親長の一族であろう」と処理されるのはいかがであろうか。また、細川親世も同族だった根拠はない。

岩津太郎を称したという親長は、信光の子ともいわれるが、『寛政重修諸家譜』は親忠（西忠）の子としている。近世に編纂された系図しか史料がなく、水かけ論になることを恐れるが、この親長と関係があるらしい岩津の六人を一括して松平の同族とするのは、やや無理があるのではあるまいか。ただし、署判者の過半が松平氏の一族であったことを否定するものではない。同族以外の縁者・姻族も含まれていたことを指摘したいのである。本来、国人一揆機構は、同族的関係はもちろん、二重三重の婚姻関係をもってその結合を強化していった。そのことが西忠の遺言状の「縁者・親類」という文言に端的に示されているとみるべきではなかろうか。

戦国大名今川氏の領国支配機構
―天文・弘治期における三河国の事例―

はじめに

戦国大名今川氏の研究は、近年急速な進展を見せつつある。かつて筆者は、徳川将軍権力は、国人一揆から生成・発展してきたところにその独自性があるとの試論を呈出し、また、十五・十六世紀における国人領主松平氏の構造を追求したことがあった(1)。

しかし、その試論としての欠陥は、戦国大名今川氏支配下の分析を欠如したことであった。国人領主松平宗家の戦国大名への発展は、戦国大名今川氏を媒介としてはじめて可能だったと考えられるからである。以下、標記のような課題を掲げ、天文・弘治期における三河の今川領国を、一、今川氏の侵攻期(戦時)を「軍師雪斎の性格と(今川氏の)奏者・奉行人」の視座から、二、三河における今川権力の相対的安定期(平和時)を「奉行人と国人領主」を視座として追求するゆえんである。

一　軍師雪斎の性格と奏者・奉行人について

新行紀一が指摘したように、桶狭間合戦以前の十年間、三河一国はほぼ今川義元の領国であった。(2)そして、新行は天文十二年（一五四三）以降、七三点の三河に関する義元文書を検討して、次の六点の三河支配の基本方針を摘出した。(3)

(1)義元は新征服者として三河一国の行政権を掌握し、三河守護としての立場に立っている。
(2)三河支配の進展とともに本領安堵・社寺領の安堵寄進を行っている。
(3)三河の検地を行い、百姓前直納体制を創出している。
(4)支城在番制をとり、「領」を設定している。
(5)松平家臣団の解体・再編を行っている。
(6)交通制度の整備に努めている。

さらに、これらの基本政策の執行者として、軍事行動の総指揮権と行政の総責任者としての城代があり、この意味の城代として最初のものは、天文十六年の吉田神社神輿棟札に姿を見せる吉田の雪斎崇孚であろうと推定した。(4)

この「城代」に関する指摘を、具体的に追求したのが平野明夫である。(5)平野は、新行の言う城代とは奉行のことであるとしつつ、①雪斎が禁制・制札に署判していること、②寺領目録に署判していること、③裁判に関与していたこと、④雪斎発給文書が東三河のみでなく西三河にもあることの四点から、彼は「軍事組織の最上位者という地位に連動してより広い範囲、三河一国における責任者・統轄者であったと思われる」とした。最近、大石泰史・黒田基樹は雪斎に関する興味ある史料を紹介した(6)。以下その成果に依拠しながら雪斎の地位の解明に努めよう。

小和田哲男によれば、天文十五年以降の今川氏による三河への突破口を切り開き、その侵攻を軍師としてリードしたのは太原崇孚こと雪斎和尚である。雪斎は天文十五年十月、今川軍を率いて今橋の吉田城を攻め、戸田宣成を攻め滅ぼし、ついで翌十六年九月には田原城を攻め、十七年三月には織田軍と三河の小豆坂で戦っている(7)。

雪斎の三河侵攻の前夜、牧野田三郎保成は天文十五年九月二十八日、次の史料1(8)に示された四か条の内容を記入した今川義元の判物を要求した。宛所は文書内容からすれば、裏書に署判下した太原崇孚・朝比奈親徳・朝比奈泰能の三人か、それらのいずれかであろう。宛所は、後掲する史料2の宛所からすれば「雪斎」と「朝三兵」こと朝比奈三郎右兵衛尉親徳だったかも知れない。

〔史料1〕牧野保成条書写

条　目

一(1)、今橋・田原御敵ふせらるゝにおゐてハ、今橋跡識(ママ)、名字之知にて御座候間、城共に可被仰付御訴詔(ママ)申候処、両所御敵迄仕候者、今はし(橋)・田原之知行河より西をさかい入くミなしに、可被仰付候由候、此上兎角申たて(立)かたく(難)候間、如此候、伊奈之儀、本知之事候間、不及申候、然者西三河、猶一篇之上、若又両所御成敗之時も此分ニ可被仰付事候

一(2)、同主田原・今橋申様御座候者、御味方に可被成事、於我等に無存候、右之申分ハ、御敵に参候者の申事候

一(3)、長沢ニ敵被参御成敗候ハゝ、彼跡識(ママ)一円ニ被仰付て可被下候、今之城、不被仰付候間、此儀を以、播面目候ために如此申上候

一(4)、長沢御味方ニ参候者、下条之郷、和田之郷、千両上下、大崎郷、佐脇郷上下、六角郷、此都合八百貫余、可有御

座候、以上使被成御糺明可被仰付候事
「『此小書うら書と同筆にて』
此一ヶ条之事ハ長沢被付御敵之上、只今之被仰事、入間敷存候間、可被除之候」
一[5]、御馬出候歟、又御人数西郷へ御行候ハ、質物渡可申事、右之条々、有御分別御披露可畏入候、然者御聴(聢とカ)も被合
御判形を可被下候
以上
天文十五年丙午九月廿八日　　牧野田三郎
保成判
「『右之裏書ニ』
此五ヶ条之内、一ヶ条を除四ヶ条之事者、先日松平蔵人佐・安心軒在国之時、屋形被遣判形之上、不可有
別儀候、尚只今承候間、我等加印申候者也、仍如件
十一月廿五日　　泰　能判
親　徳(孚)判
崇　字判」

牧野保成とは、第一条に「今橋(吉田)跡識名字之知にて御座候」と主張している点、田三郎を称している点の二点から、田口牧野氏の祖牧野成時(田三・古伯)の直系の子孫と思われる。保成が要請した判物の内容は次のようなものであった。
(1)今橋城・田原城が敵対した場合には、伊奈は言うまでもなく、豊河以西の今橋・田原の知行を一円に与えらるべきこと(第一条)。なお、今橋城に戸田弾正宗光と、戸田橘七郎宣成が入城していたことは、後述する史料9から

立証することができる。

(2)田原・今橋城主の戸田氏を味方にすべきであるなどの意見は保成らのあずかり知らぬことで、戸田氏は敵方であること（第二条）。

(3)長沢城が敵方となり成敗した場合にはその跡職を一円に下さるべきこと（第三条）。

(4)出陣のときは、質物（証人）を渡すべきこと（第五条）。

最後に保成は「右之条々、有御分別御披露可畏入候、然者御聴も被合御判形を可被下候」と、今川義元の御前に披露し、その判物を与えられるよう要請している。これに対し太原崇孚と朝比奈親徳・同泰能の三人は、約二か月後の十一月二十五日、保成の条書第四条については「此一ヶ条之事ハ長沢被付御敵之上、只今之被仰事、入間敷存候間、可被除之候」（第四条小書うら書）と判断し、「此五ヶ条之内、一ヶ条を除四ヶ条之事者、先日松平蔵人佐・安心軒在国之時、屋形被遣判形之上、不可有別儀候、尚只今承候間、我等加印申候者也、仍如件」と裁決し、加判している。

右の史料内容から、第一点、天文十五年九月戦国大名今川義元と織田信秀に狭撃された東三河・西三河の国人領主層の政治動向、第二点、そのような政治情勢下にあって今橋を名字の地とする牧野氏の指向した新たな国人領主制、第三点、戦国大名今川氏の領国支配機構のなかに占める太原崇孚・朝比奈親徳・同泰能の地位が浮かび上がってくる。

まず、第一点からみよう。今橋（吉田）・田原城が当時、戸田宗光と宣成の支配下にあったことは確実である。長沢城の在城者は現在のところ不明というほかはない(10)。ただ史料1第一条に「両所御敵迄仕候者」とあり、また、第三条・第四条から、今橋・田原・長沢の三所の国人とも、今川・織田両勢力の間にあって、天文十五年九月の段階では去就を決しかねる緊迫した情勢下にあった。なお、裏書に「先日松平蔵人佐・安心軒在国之時、屋形被遣判形之上、不可有別儀候」と見える松平蔵人佐とは徳川家康の父で、岡崎城主松平広忠である。(11)「先日蔵人佐・安心軒在国之時」とある文言は三河在国と駿府参勤とをくり返す西三河国人の状態を示唆する。「屋形被遣判形之上」の判形の内容は知るべくもないが、「此五ヶ条之内、一ヶ条を除四ヶ条之事」、すなわち今橋城・田原城・長沢城の跡職に関し、牧野保成が要請した内容について、かつて何らかの保証を与えたのであろう。

第二点、牧野保成が指向した新しい国人領主制の検討に入る。田口牧野氏の祖牧野田三古伯が、大永年間に今橋城に在城していたことは確実である。(12)『朝野旧聞裒藁』は、「宮本当代記」「家忠日記増補」「武徳大成記」等の記述により享禄二年(一五二九)五月、家康の祖父松平清康が吉田城(今橋)を攻めて落城させ、この折、牧野伝蔵・伝次・新蔵等は討死したという。(13)『朝野旧聞裒藁』所引の三州八名郡浪上村の戸田平六家伝は、この吉田城(今橋城)の城主変遷を次のように伝える。(14)

吉田城主、牧野古伯永正三年今川氏親三河出馬城攻落。古伯切腹ス。跡へ田原弾正次男戸田金七郎在城。其後古伯一男伝蔵三成吉田へ本意シ数ヶ年。其後松平次郎三郎清康公吉田へ御働キ、此時牧野氏伝兵衛一味シ伝蔵兄弟討死ス。享禄二年五月廿八日落城ス。自是伝兵衛吉田在城。其以後田原ヨリ謀略ヲ以伝兵衛家中戸田新次、同名宗兵衛ハ退城ナリ。コレヨリ又吉田城天文十五年マテ戸田金七郎在城。

いずれも近世の編纂物か家伝であり、どの程度の真実を伝えているか疑問であるが、大永年間の今橋城主牧野伝三など古伯の直系の子孫が田三を世襲名とした事は間違いない。史料1の牧野田三郎保成は、今橋を「名字之地にて御座候」と主張しており、右の牧野田三古伯の子か孫としてよいだろう。

ところで在地の地誌「牛窪記」は、江戸幕府編纂書から消去された右の牧野保成について、

牧野出羽守保成武功無隠。権勢弥高シテ一色荒川ノ先方、近藤、加藤、林、神谷、須山、竹内、渡辺、石黒与力

トナル。其比当国幷遠江駿河三州ハ、今川氏輝公下知也。コノユヘニ牧野、岩瀬、野瀬、真木、山本、稲垣、牧
　等ノ人々、東参河司頭ト定ム。

と伝える。[15] 時期は明応四年（一四九五）としており、基本史料と矛盾しているが、地域伝承が伝えるように今橋（吉田）[16]を本拠とし、田原戸田氏と拮抗しながら領主制を深化させようとしたことは充分想定できる。その指向する領主制の一端が、田三郎保成が要請した今川義元の判物の内容(1)と(3)に出ているとみることができる。

史料1の文意から、天文十五年九月現在、牧野保成は、田原戸田氏に敗退し、今橋から追放されていることは明らかである。それゆえに、本地の伊奈と、今橋城とその跡職に関して史料1の第一条で、「今橋・田原御敵ふせらる、におゐてハ、今橋跡識、名字之知にて御座候間、城共に可被仰付御訴詔申候処、両所御敵迄仕候者」、「伊奈之儀、本知之事候間、不及申」、「今はし・田原知行河より西をさかい入くミなしに、可被仰付由候」と、豊川より西岸の今橋・田原の知行を入組なしに要求している。第三条、長沢城の跡職に関する一円に、の要求も入組なしの意であろう。

同年十月十六日、保成は再度史料1の要求を確認するため、次の三か条を申し入れている。[17]

〔史料2〕牧野保成条書写

一(1)、本知・新知万不入ニ可被仰付事

一(2)、拙者知行之内幷家中之者共、御国之衆へ致被官候義、無御許容之事

一(3)、度々如申上候、河より東之領中内に候共、川より西候者、一書のことく相違有間敷事

以上

天文十五年十月十六日　牧野田三郎保成判

朝三兵
雪斎参人々御中
「『右之裏ニ』
泰能判
親徳判
崇字（孚）判」

雪斎とともに宛所とされている「朝三兵」は、朝比奈三郎右兵衛尉親徳のことである[18]。第一条に、本知・新地に対する守護不入権、第二条に、所領中の武家や百姓と保成の家中の者が、他の国人衆の被官となることの制禁、第三条に、豊川より東岸の「領」に所属する土地であっても、豊川より西であれば保成に与えらるべき「今橋」領・「田原」領とすべきことを要求した。戦国大名今川氏の権力に依拠しつつも、従来の国人領主制とは異なる豊川以西の「今橋領」「田原領」に対する一円的支配権を指向しているのである。それは守護不入権を保証された「領」の土地と人とに対する一円的支配とみることができよう。

史料1から浮かび上がってくる問題点の第三、大原崇孚・朝比奈親徳・同泰能が、戦国大名今川氏の領国支配機構のなかに占める地位の検討に入る。史料1において牧野保成の五か条にわたる今川義元の判物を賜わりたい旨の条書に対し、一か条は不必要との判断を下し、裏書・加判したのは太原崇孚・朝比奈親徳・同泰能の三人だった。さらに史料2では、保成が崇孚と朝比奈親徳を宛所として、三か条の要求を出し、それに三人が連署加判している。史料1は宛所を欠くが、おそらく崇孚と親徳だったであろう。保成は、自分の要求を義元の御前に披露し、判物下附の権限をもつ者は崇孚と親徳だったと判断している。保成は三河の国人から、三河国人衆の訴訟を受けつけ、それを評議するのは崇孚と親徳であると認識している。崇孚と親徳は奏者であるとともに判物下附の是非を事実上決定する奉行の地位にあったものと推定される。泰能は奉行の地位にあったのであろう[19]。事実、親徳が奏者だったことは次の史料群[20]からも立証することができる。

〔史料3〕三浦氏員書状写

就鵜津山御縁辺之儀、八大夫方ニ差越候、因茲鵜津山江被成御奉書候、然者年内御祝言、目出此事候、何様重御吉事可申入候、次長沢両人就御判形頂戴様体承候、御状之趣朝丹へ我等存分申、今日十四　御屋形被成御湯治候、被仰越候段者涯分可申由候、乍去当年者無余日之間、来春一途可有之候、公事之儀者、互是非不可有私候、猶八大夫方委細可被申候条、不能詳候、恐々謹言

十二月十四日　三浦氏員判

牧野出羽守殿

〔史料4〕葛山氏元書状写

先日預御状候、祝着至候、御書中趣旨承届候、長沢両人従屋形判形被出置候段、蒙仰候、就其来春早々有御参府様体、可有御申之由、尤候、理非之段者可為明鏡候間、屋形ニも紛有間敷候条、可御心安候、涯分我等も存分可申候、朝丹御奏者成候間、是又疎略不可有之間、令談合、御下之上者、助言可申候、猶八大夫方可有伝語候条、不能詳候、恐々謹言

十二月十五日　葛山氏元判

牧野出羽守殿参御報

〔史料5〕雪斎崇孚書状写

御同名八大夫殿御越候、委細承候、仍山田源助御判給御知行之内より万疋可請取候由、被申候哉、愚僧事、就善得寺造営、昨日迄河原ニ候ヘハ今朝承驚入候、殊山源五六日以前河原ヘ被越候間、其時ハ以別事対談候、此訴詔(ママ)之事、愚僧ニ一言も不被申出候、衣鉢三安ニ候、不存候間、不及押置候、如何様之申掠候哉、御判被出候、不審ニ候、朝丹無疎遠候、諸老も別儀不被存候、涯分可被申立候、定依申掠一旦被仰出候哉、於御心中有御疎略間敷候、尚口上申候、恐々謹言

就高橋雑説、自最前岡崎筋、御馳走御陣労察存候

十二月十五日　林際寺　崇字(孚)判

牧野出羽守殿御返報

これより以前から牧野保成は、長沢城をめぐって「長沢両人」なるものと、競望していたらしい。しかし、某年長沢城に関しては「長沢両人」に判物が与えられることとなった。この報を受け保成は牧野八大夫を使として、書状を托し、太原崇孚と奉行の葛山氏元・三浦氏員に報じ助言を求めた。三浦氏員は十二月十四日付、崇孚は同月十五日付、氏元も十五日付の返状と口上を八大夫に托した。保成に対する三浦氏員・葛山氏元・崇孚の返状がそれぞれ史料3～5である。

奉行三浦氏員は、まず保成と鵜津山朝比奈氏との縁辺の儀につき祝意を表し、保成の長沢公事に関する主張は、朝比奈親徳に存分に伝えておく、親徳も義元には伝えておく、とのことである。しかし、「公事之儀者、互是非不可有私候」と苦言を呈している（史料3）。

これに対し葛山氏元は比較的楽観的であった。長沢城公事に関する保成の主張と来春の参府に理解を示しつつ「理非之段者可為明鏡候間、屋形ニも紛有間敷候」と楽観的見解を表明し、「御奏者」となった朝比奈親徳と相談して助言

しようと述べている（史料4）。

義元にもっとも影響のある崇孚も、長沢一件の結着については初耳だった。保成の公事相手の一人山田源助の判給知行内より一〇〇〇貫請け取るべしとの決定への疑問、五、六日前に山田源助と対談したのに、この公事について一言も触れなかった疑問を述べ、「朝丹無疎遠候、諸老も別儀不被存候、涯分可被申立候」と公事として訴え出ることを進めている。以上、保成の長沢公事をめぐる状況から次の三点の事実が判明する。

(1)牧野保成は、崇孚のほか葛山氏元・三浦氏員など駿府の奉行衆と親しかっただけでなく、重臣の鵜津山朝比奈氏[21]の縁辺となるなど、今川氏の重臣層に深くくい込んでいたこと。

(2)長沢をめぐる山田源助ら「長沢両人」との競望は、保成が源助判給知行内から一〇〇〇貫文の保証は得たものの「長沢両人」に有利な判決が下り、保成は再び公事に出ようとしたこと。

(3)公事にあたって三人が三様に重視した朝比奈親徳の職掌は、宿老や奉行とも異なる「御奏者」であり、それは義元の湯治にも供奉する側近中の側近だったこと。

史料1の朝比奈泰能は奉行、同親徳は奏者、両者と連署する太原崇孚は、奉行・奏者の権限を合わせ持ったとすることができよう。

太原崇孚の地位と権限は、奉行と奏者の権限を合わせ持つとしたが、それに止まるものではなかった。先述したように平野明夫は「軍事組織の最上位者という地位に連動してより広い範囲、三河一国における責任者・統轄者であったと思われる」としたが、さらにその具体像を追求しよう。

史料6〜9は、年不詳であるが、いずれも天文十五年前後における崇孚の地位と権限に関する史料である[22]。

〔史料6〕朝比奈泰能書状写

長沢城三河被属御本意候間之儀、駿遠之人数一円ニ可被渡置候由、御申付而、御書中調進之候、誠々御神妙之至不及是非候、雪斎其国事候条、諸事御談合尤候、猶期来春候、恐々謹言

九月十六日　　　朝比奈左京亮泰能判

牧野田三郎殿まいる御宿所

〔史料7〕飯尾乗連・雪斎崇孚連署書状写

今度以忠信之儀被出身血、無二可有御奉公之由御申、誠御勲功之至候、仍長沢之事、国一途候間者、駿遠御人数在城可被仰付由、是又別而御入魂御申御祝着候、於静謐之上者、如先日御約諾可被渡置候、若又彼地始終御所望之儀候ハヽ、改替可被仰付候、不可有別儀候、就中松平三助・山田源助両人之事者、以前以御扱如此成来候、其時被仰含候儀候、可有御同陣候、是又不可有御違背候、心得申候、恐々謹言

九月十九日　　　乗連判

崇字（孚）判

牧野田三郎殿御宿所

〔史料8〕雪斎崇孚書状写

広瀬源兵衛口上之儀、何も承届候、委細御返事申入候、世谷口重御普請御太（ママ）儀察存候、御取手之儀、御太（ママ）儀候共、其口ニ御人数百宛ニ置、長沢へ五十計、両所百五十之分、四番ニ被定候て、可為六百之御人数候、是も田原一途間、可被仰付候、近日可被出馬候、如何様当年中可有一行候、可御心納候、委細重可申入候、恐々謹言

尚々其辺之儀、疑心之事にて長辺へ人被越候ニてハ、なくて方々のうたかいむつかしくして、彼両人覚計の儀ニ越申候、屋形之儀、愚僧・朝三など此分候、神も照覧あれ、無別儀候可御心納候

八月廿六日　　　　　　　雪斎崇字（孚）判

牧野田三郎殿参御報

〔史料9〕雪斎崇孚書状写

両度以書状申候、参着候哉、仍御人数之儀、飯豊・井次其外境目之衆悉被仰付、西郷谷へ可有着陣候、其地御用次第可被招置候、兵粮之儀肝要候、今橋へ弾橘入城候者、於彼地商買之儀、可為不弁候条、此方より尾奈・比々沢迄、可届申候、其間之儀、御調法候て、めしよせられ候て、兵粮方之儀者、涯分つゝけ申候て、御本意之上可有御返弁候、此由西郡へも申度候、委細先書申候間、不能詳候、恐々謹言

八月廿九日　　　　　　　雪斎崇字（孚）判

牧野田三郎殿御宿所

牧野保成の長沢公事は再提訴後かならずしも順調には進まなかったらしい。しかも三河の支配権をめぐる今川・織田間の抗争は刻々と緊迫の度を加えつつあった。そこで彼は、三河国が今川氏に統一されるまで、長沢城と長沢領は今川氏の直轄にするという妥協策を考えて申し出たらしい。その申し出に対する奉行朝比奈泰能の返状が史料6、飯尾乗連と太原崇孚のそれが史料7である。

泰能は、保成の申し出に対し「誠々御神妙之至、不及是非候」と誉めあげ、「雪斎其国事候条、諸事御談合尤候」と、雪斎は三河国事であるから諸事談合して事を進めるのがよいとしている。重要なことは奉行としての泰能が、太原崇孚の地位を「其国事」、すなわち「三河国事」と表現していることである（史料6）。

「三河国事」の雪斎に対する保成の申し出は、書状と血判による誓書の形式を取ったらしい。雪斎と飯尾乗連はこれを賞するとともに、第一に「於静謐之上者、如先日御約諾可被渡置候、若又彼地始終御所望之儀候ハゝ、改替可被

仰付候」、第二に「就中松平三助・山田源助両人之事者、以前以御扱如此成来候、其時被仰含候儀候、可有御同陣候、是又不可有御違背候」としている。第一点はまた二つの内容をもつ。一つは三河が統一された場合は長沢城を保成に与えることであり、二つ目はどうしても保成が望む場合には改替してもよいということである。三河国事としての崇孚は国内の下地支配権を付与されていたことを示している。第二点から保成の競望の相手「長沢両人」とは松平三助と山田源助であることが判明する。保成と両者との競望が私闘にならないよう案じている。三者は雪斎の軍事指揮権下にあったわけである。

某年、太原崇孚は今橋・田原は織田方と断じ、今橋・田原攻撃の準備を進める。「三河国事」としての雪斎の権限による本格的三河侵攻の作戦準備命令の発動である。この関連史料が史料8・9である。

八月二十六日、雪斎は保成が普請している砦の世谷口に一〇〇人、長沢に五〇人、四番交替で六〇〇人の兵員を田原攻略まで配置するよう指示している。末尾の追て書き中の「長辺」は「長沢」の誤字であろうか。いずれにせよ義元政権の権力の中枢にある雪斎と朝比奈親徳が保成の地位を保証することを述べたものである(史料8)。

八月二十九日の雪斎の牧野保成への指令は次の四点よりなる。

(1)侵攻軍は引間城代飯尾豊前守乗連、井伊惣領の井伊直盛の軍団をはじめ、三遠境目の国人を総動員し西郷谷に結集せしめること。御用次第、保成にも西郷谷へ出陣命令が下ること。

(2)今橋へ「弾橋」こと戸田弾正宗光と戸田橘七郎宣成が籠城するであろうこと(23)。

(3)兵糧は雪斎方より尾奈・比々沢まで届ける。それまでは自弁し、その費用は作戦が終了してから支払うこと。

(4)西部の鵜殿三郎にもこの旨を伝えること。

「三河国事」としての雪斎の軍事指揮権は、当面の侵攻地域たる三遠国境地帯の国人は言うまでもなく、右の第一点の国元から動員された奉行や有力国人の軍団、さらには第四点の西三河の有力国人にまで及んでいたことが判明する。

天文十五年十一月十五日、雪斎の指揮下、今川軍は今橋城を総攻撃する。同日辰刻には城外構も乗り崩されて落城し、翌十六年九月五日に田原城も攻囲されて落城する。岡崎の松平広忠を盟主とする松平党もこの両度の戦に動員されたと言う。しかし、広忠は同十八年三月六日、城中に没する。これを機に岡崎の城地城領を接収した今川軍は、同年十一月、雪斎の指揮下に西三河の織田方の拠点、安城を落城させ、ほぼ三河国の統一に成功する。

こうして「三河国事」としての雪斎の権限は如何なく行使され、「三河国一途」の今川氏の目的は達した。それにも拘らず本領伊奈、及び名字の地「今橋」に守護不入権を獲得し、一円的領主権を指向した牧野田三郎の本意は、達成できなかった(24)。天文十八年以前は岡崎城の城領に関しては守護不入権を保持していたと思われる松平党のそれも、接収された。一部の国人や寺社を除き、戸田・牧野・松平など室町期の有力国人層は、守護不入権を奪われたことが、征服地三河の一特色とすることができよう(25)。

二　今川氏の奉行人と岡崎領の国人領主

天文十八年（一五四九）中には、雪斎を「三河国事」とする本格的三河侵攻の大作戦は終了した。以後、三河国は永禄三年（一五六〇）までの相対的安定期を迎える。本節ではこの時期の三河における領国支配機構を、城代もしくは奉行人と目される今川家部将と岡崎領の国人衆を視座として考えたい。

岡崎領の国人として取り上げる事例は、松平党の有力庶家東条松平氏と松井松平氏である。天文・弘治期における松井松平氏(26)と東条松平氏(27)に関しては、第一節に紹介した平野明夫と大久保俊昭の論考がある。大久保は天文二十年から弘治二年（一五五六）までの東条松平氏を取り上げ、今川義元が東条松平氏を直接に掌握し今川氏の軍事力の一端として駆使したとする。また、平野は前掲新行紀一の所論に依拠しつつ、大久保が立証に使用した観泉寺文書により、大久保と同様に今川氏は東条松平氏を直臣化しているとし、さらに松平宗家の被官だった松井忠次を東条松平氏の同心として附与するなど、松平氏の潜在的領主権を利用して中小規模の領主層を松平庶家の与力・同心としており、松平家臣団の解体・再編を行っていたと結論づけた。実証的には両氏の成果につけ加えることは少ない。ただ事実関係を再整理し、新たな位置づけを試みよう。

天文二十年と言えば、駿河の今川氏による三河の領国化も確立し、今川氏は、大名権力としてもっとも安定した時期と言えよう(28)。しかし、駿府からみれば辺境、尾張の織田氏勢力への最前線西三河の東条城城領近くで一つの事件が勃発した。同年松平氏の有力庶家の一、甚太郎忠茂の庶兄甚次郎が、敵方と意を通じたことが露顕し尾張国へ逐電したのである(29)。甚二郎の逆心を知り訴え出たのは、その弟甚太郎(30)と松井左近尉忠次だった。忠次は甚二郎の本地のあった幡豆郡相場（饗庭御厨）で、今川義元の被官松井惣左衛門の孫として生まれている(31)。

その折、天文二十年十二月十一日付で、今川義元より松井左近尉忠次に与えられた感状が左記史料である(32)。

〔史料10〕今川義元感状

（折封ウハ書）「松井左近尉とのへ」

今度甚二郎逆心之儀訴出之旨、忠節之至也、然者松平甚太郎為同心可令奉公也、仍如件

（天文二十年）十二月十一日　　（今川）義　元（花押）

（忠次）松井左近尉とのへ

松井左近尉忠次が松平甚二郎逆心を訴え出たことを賞し、甚二郎の弟甚太郎を同心として奉公すべきことを命じている。同日付で義元は松平甚太郎にも、返忠したことを賞して甚二郎の跡職知行等を宛行い「松井左近尉・山内助左衛門尉忠節同意間、為同心相抱、可抽忠功者也」[33]と命じた。甚太郎に、逐電した甚二郎の遺跡を宛行ったうえ、わざわざ松井左近尉と山内助左衛門尉を同心として附与しているのである。平野はこれを松平家臣団の解体・再編の一例と見、「今川氏は松井・山内・小島というような中小規模の領主層を松平庶家の与力・同心とする方針を持っていたのではなかろうか。それは松平氏の潜在的領主権を利用した政策であるといえよう」とする。結果としてはそのように言えるかも知れない。

しかし、この場合、今川氏が意図したものはそうではあるまい。

甚二郎の逆心と逐電により在地は動揺している。その遺跡の知行は甚太郎だけでは心許ないから二人の同心を附与したものであろう。

これより十日前、岡崎在番の義元家臣の山田景隆ら三人は、松平甚太郎に次のような連署血判起請文を与えた[34]。

〔史料11〕山田景隆等連署血判起請文

甚二郎殿別儀付而、具承候、御屋形様幷竹千代丸江忠節之事候間、甚二郎殿あとしき（跡職）、無相違渡可申候、本知あいは（饗場）の事ハ、只今東条殿へ被進候間、いまハなりかたく候、おつての儀たるへく候、将又うり地の事、甚二郎別儀の上ハ新地ニ成候事候間、無別儀申調可進候、如此上者、松井（忠次）・山内両人ニ可任置候、委細酒井小五郎（忠次）ニ申候間、諸事彼意見可被聞候

右、此条々申合候儀、三人偽候ニ付而者、

日本国中大小神祇、別而者八幡大菩薩・富士浅間大菩薩・白山妙理大権現・天満大自在天神御罰可罷蒙者也、仍

如件

天文廿年

十二月二日

（飯尾豊前守）
飯豊　乗連（花押）

（三保近江守）
二近　持長（花押）

（山田新右衛門尉）
山新　景隆（花押）

（忠茂）
松平甚太郎殿
参

○白山牛玉宝印ノ裏ヲ用イ、花押ノ上ニ血判ヲ加エル

右の史料から次の七点の事実が浮かびあがろう。

(1)駿府の承認を受ける前に、山田景隆ら岡崎三人衆が合議により決定したものであること。岡崎からの報告を受け、駿府で義元の名により発給した文書が、さきの史料10や同日付の松平甚太郎宛義元判物と考えられるからである。また、駿府の承認を得ていない故に血判起請文の形式を取らざるを得なかったのであろう。

(2)甚太郎の返忠が、今川義元と竹千代丸両人への忠節と認識されていること。当時竹千代は十歳で駿府にいた。

(3)宛所の甚太郎はともかく、別儀をおこした甚二郎に「殿」の敬称が附されていること。

(4)甚二郎跡職は売地をも含めて、甚太郎に与えること。

(5)跡職の本知は、饗場御厨にあったが、それは吉良東条に与えられており、追って還付すべきこと。

(6)跡職の処理については、松井左近尉と山内助左衛門尉に任せること。

(7)委細は松平宗家の家人酒井小五郎に指示してあるので、万事彼の意見を聞くこと。

まず右の第三点、史料11の文中、逐電した甚二郎の三か所の名のうち二か所に殿がつけられているのは、岡崎衆のなかでも有力な地位にあったからであろう。没収して甚太郎に与えられた甚二郎跡職の本知は饗庭にあった。ところで、このたびの返忠によって新たに甚太郎に附属せしめられた松井忠次は、大永元年(一五二一)三河国幡豆郡相場(饗場)村に生まれたという。[35]甚二郎と忠次は同郷だった。忠次は甚二郎の被官として本知饗庭の下地支配にあたっていた可能性が強い。それゆえに欠所とされた甚二郎跡職のうち吉良東条殿に進上した饗庭以外の地は「如此上者松井・山内両人ニ可任置候」となったのであろう。

また、すでに平野が指摘したことではあるが、甚太郎の返忠を「御屋形様幷竹千代丸江忠節之事候」とされている点はきわめて重要である。これを平野は先述したように「松平氏の潜在的領主権を利用した(今川氏の)政策である」と位置づけた。しかし山田景隆等より連署血判起請文を受けた松平甚太郎は、松平宗家の有力庶家、東条松平氏の当主である。宗家の一門であって、被官ではない。宗家と庶家は、大名権力、ないしは国人一揆機構の中に位置づけられてはじめて領主権を行使し得るものであった。したがって、宗家とはいえ、それぞれ国人領主制を展開しつつある庶家一門からみれば、竹千代は国人一揆機構の盟主である。その竹千代を、一段下に見るにせよ「御屋形様幷竹千代丸江忠節之事候」と平立させている。松平宗家を戦国大名今川氏の権力の中枢に位置づけることによって、松平党の宗家と庶家一門の関係を戦国大名機構のなかに位置づけ主従関係に転化させようとするものであったとすることができよう。

次に史料11で指摘した七点のうちの第一点と第七点と関連して、本文書の発給者飯尾豊前守乗連・二俣近江守持長・山田新右衛門尉景隆と酒井小五郎の性格につき検討する。

新行紀一はこの期の三河支配体制の根幹には、吉田・田原・岡崎・西尾等におかれた城代があったとし、岡崎城代については「天文二十二年三月十七日付桜井寺宛酒井与四郎清秀・阿部大蔵連署書状から糟屋備前守・山田元益の二人が知られ、さらに田中次郎右衛門もその任にあったことがあり、義元上洛の頃は三浦上野介義保・飯尾肥前守顕兹が在任していたらしい。ただし、岡崎の場合は前出書状にみられるように、奉行は松平家臣であったようである」(36)とした。そして、その職務として、①治安維持と家臣団や農民の監察、②給人・社寺等からの申立の取次と訴訟の裁断、③城付知行地としての「領」の検地と年貢・守護役の徴収、④軍需物資や兵糧の調達と備蓄等を考え、城代を大名権力の執行者として捉えた。

これに対し平野明夫は、(a)城代と目される者の三河に対する発給文書は六例しかないのに義元のそれは一一三通にのぼる、(b)傍証史料として当該時期の棟札を検するに「城代」とあるのは一例で、他の三例は「御奉行」または「奉行衆」とあるとの二点から、彼らは「今川仮名目録追加」附載の「定」第一条の「宿老幷奉行人数」の「奉行人」であり、三河国は義元が直接支配を行っていたと考えた方がよいとした(37)。

ところで、さきに指摘した七点のうち、第四点と第五点は下地支配権、第六点と第七点は軍事指揮権に属する内容である。その権限を第一点のように駿府の承認なしに執行している。平野はこれを松平甚二郎と大給松平により腹背に敵を受けることとなった重大な危機を回避するための臨時的措置としているが、それにしても彼等はその権限を行使している。

天文二十二年三月十七日、松平宗家宿老阿部大蔵は桜井寺山に関し、一札を桜井寺に入れた(38)。その文言には「桜井寺山之事、前々ニ相替、所々より伐採候之由候、其段糟屋備前守殿・山田新右衛門殿へ被仰立候処、合点候て、制札を被進候由候、尤可然と存候、為向後候間、我々も如此令申候」とある。同日付で、酒井与七郎清秀も桜井寺山に関し、「拙者為御使、糟屋備前守殿・山田新右衛門尉殿江前々之様体申処ニ、合点被成、制札を被進之候、依其儀阿部大蔵一札并我等一札、為向後如此令進之候」と一札を入れた(39)。とくに酒井清秀書状内容によれば糟屋と山田の両者は、酒井の申し入れに対し、ただちに山林竹木伐取禁止の禁制を与えたわけである。彼等は禁制の発行権も保持していた。

天文二十年代、事実上、「岡崎領」の下地支配権・軍事指揮権・禁制発行権を行使した彼等は、どのような性格の存在だったのであろうか。史料12・13(40)はその一端を示すものである。

〔史料12〕由比光綱・朝比奈親徳連署書状

(封紙ウハ書)
「良智善右衛門尉殿　自駿
　　参　朝丹
　　　　由四」

急度申候、松和泉(松平親乗)長々就在府被成候、彼家中申事候哉、殊舎弟次右衛門方、種々之被申様候、此方にてハ山新(山田景隆)なと被取持、三内(三浦正俊)被頼入候、先日同名摂津守方被罷越候、内々談合候ける由其沙汰候、雖然　上様御前無別条候、只今大給用心大切ニ候、従其方田嶋方被仰付、松平久助(真乗)方へ有談合、人数十四五人も御越可然候歟、和泉方も軈而可被罷上候、其間御用心のためニ候、就中和泉方息、吉田ニ被置候、是をいたき可取なと、風聞候、宿等之儀、用心可被仰付事尤候、恐々謹言

(弘治三年カ)七月廿二日　　　朝丹
　　　　　　　　　　　　　　親　徳(花押)
　　　　　　　　　　　　由四

光　綱（花押）

良知善　参

〔史料13〕松平親乗書状

（包紙ウハ書）
「田嶋新左衛門尉殿　松平和泉守」

猶以御辛労難申尽候、時分柄と申、すいりやう（推量）申候

急度申候、仍従御奉行其方ヘ依御理候、細川衆めしつれられ、早々御移、外聞実儀畏入候、此等趣、良善（良知善右衛門尉）へ申入候、定而○（御礼）可被仰候、然者竹千世吉田之内、節々御心遣、別而無御等閑しるし忝存、与風此府ヘめし下候、御訴訟大方ニも候ハヽ、我等罷上、御礼可申候、城中之者共、不弁者之儀共候、御異見頼入候、万吉左右可申入候、恐々謹言

（弘治三年カ）
八月九日　　　　　松和泉守
　　　　　　　　　親　乗（花押）

田嶋新左衛門尉殿　参

（封ウハ書）
「　　　　　　　　松和泉守
（墨引）田嶋新左衛門尉殿　参　宿所　親乗」

史料12は、さきに奏者と規定した朝比奈親徳と由比光綱から、駿府より吉田領の小奉行人(41)、良知善右衛門尉への指

令書である。田嶋新左衛門を通して、大給松平親乗の家中、松平久助と談合し、人数一四、五人を指し向けるよう指令している。松平親乗が長々と在府したのは訴訟のためであろう。その公事のため、さきの史料11の連署人山田景隆が「此方にてハ山新なと被取持、三内被頼入候」とある点に注目したい。山田景隆はこの時は岡崎を離れて駿府にあり、松平親乗の公事のため、動いていることがわかる。

史料12の由比光綱・朝比奈親徳の指令は、良知善右衛門尉→田嶋新左衛門尉→松平久助と伝えられ、田嶋から大給松平の当主親乗にも伝えられたのであろう。それに対する親乗の返状が史料13である。親乗は田嶋新左衛門に対し、由比光綱・朝比奈親徳ら「御奉行」の指令は尊重すること、竹千代も吉田内のことを案じていることを報じ、また自分が留守している大給家中への指南を依頼している。右の史料13から、第一に由比光綱・朝比奈親徳は「御奉行」とよばれていたこと、また、第二に竹千代が松平親乗の公事に関して、親乗から相談を受けていたことが判明する。第一点と関連して、山田景隆も、おそらく奉行人だったのであろう。

平野は史料12の山田景隆らは「今川仮名目録追加」附載の「定」第一条の「宿老并奉行人数」の「奉行人」であるとした。その条項は次のごとくである(43)。

定

一毎月評定六ヶ日。二日、六日、十一日者、駿・遠両国之公事を沙汰すべし。十六日、廿一日、廿六日は、三州之公事を沙汰すべし。但、半年は三州在国すべきの間、彼国にをひて、諸公事裁断すべし。雖然急用のため、三日相定の日、宿老并奉行人数、巳之時よりあつまり、申刻まで、諸公事儀定、披露怠慢せしむべからず、此六ヶ日之外、訴訟・公事・急用之注進等は、夜中を論ぜず、可令披露也。

右によれば「十六日、廿一日、廿六日は、三州之公事を沙汰すべし。但、半年は三州在国すべきの間、彼国にをひて、諸公事裁断すべし」とある。この条項がそのまま実行されたかどうかは不明であるが、少なくとも義元が半年も「三州在国」することは不可能であり、また平常時に「在国」したことはない。しかし、その代理人が、半年は「在国」すべき体制はとられたとみるべきであろう。史料12の山田景隆の動向はこれを実証するものと言えよう。

最後に、さきの史料11に現れた酒井小五郎(44)、およびそれとの関連で紹介した桜井寺山禁制発給に関与した酒井与七郎清秀(45)・阿部大蔵(46)の性格を考える。彼らはいずれも、今川氏の奉行人の指令を岡崎領の東条松平家のような有力松平庶家とその被官、さらには寺家に伝え、奉行している。結論をさきに言えば、註に示したように彼らは、松平宗家の奉行人か、近世の幕府編纂物に奉行か老職と伝えられる人々である。

ところで、さきに東三河の吉田領に奉行人の下に小奉行と代官があることを指摘した。彼らは吉田領における小奉行人か代官の地位に相当する。岡崎領における小奉行・代官に相当する地位には、松平宗家の被官が任用された。史料11と桜井寺山禁制発給一件は、それを実証するものである。

結びにかえて

以上、天文・弘治期の三河における戦国大名今川氏の領国支配機構を、本格的三河侵攻期(天文十五～十九年頃)、今川氏の三河領国支配の相対的安定期(天文二十年以降)に分けて考察してきた。侵攻期は、織田方との戦争状態の時期であり、相対的安定期は言わば平和期である。

侵攻期の特質は、「三河国事」としての雪斎の地位と権限のなかに象徴的に示される。雪斎はこの地位に天文十五年(一五四六)の本格的三河侵攻前に任命されていたらしい。それは第一に、駿・遠から動員された義元の直属軍・国人衆の軍団はもちろん、三遠の国境地帯、東三河・西三河の国人衆の軍団の総指揮権、第二に、進攻地域三河における兵糧調達権と、三河国人衆の所領の改替など下地支配権を持つものであった。第三に、平野明夫が指摘したように禁制を発給し、検地を施行している点からみれば、占領地域の行政権をも付与されていたのであろう。まさに非常時における大名権力の代行者である。

しかし、雪斎のこの権限は単独に強行されたものではなかった。今川義元の側近で奏者となった朝比奈親徳や、奉行朝比奈泰能等との合議によって施行された。

この時期に室町期以来の旧族国人領主田原戸田氏は追放され、守護不入権を槓桿として本領や名字の地に一円的国人領主制を展開しようとした牧野保成の意図も挫折し、また、岡崎領における松平宗家の守護不入権も接収された。義元の馬廻衆や、駿遠の有力国人衆・寺社などは旧来の守護不入権を保証されたことに比すれば、征服地三河の一特色とすることができよう。

天文二十年以降の相対的安定期の特色は、第一に、まず三河統治をも意識して制定された「今川仮名目録追加・定」に示される。新儀の守護不入権は禁止され、多くの三河の国人層の本領や名字の地を核とする一円領主化の途は制度的に否定される。第二に、分国法にもとづく領国支配機構が構築されたことである。

非常に付与された「三河国事」の権を執行した雪斎は三河の国政から離れる。雪斎の権限は郡代に継承された可能性はあるが、史料事例は一例しかなく、(47)単に指摘するに止める。三河の国政は駿府の宿老・奉行人の中から選任された「御奉行」が、駿府政権の意を受けながら執行した。したがって、この時期の三河は、義元の直接支配下にあったとみてよい。彼ら「御奉行」は吉田(今橋)城や岡崎城に半年ごとに在番し、小奉行・代官を指揮しながら領域を支配した。とくに岡崎城においては、小奉行や代官の地位に、松平宗家の上層被官を任じている。他方今川氏は、岡崎領では岡崎城主松平宗家を義元と併置して、駿府政権の中枢に位置づけようとしている。このことは西三河における松平宗家・庶家一門・被官の関係を、戦国大名の権力機構、すなわち駿府政権→奉行人→小奉行人（松平宗家上層被官）→松平庶家一門・被官の関係に置き換えたものであり、本質的には国人一揆機構に根ざす松平党＝惣領制は重要な転換の時期を迎えた。すなわち今川氏の三河分国支配機構に組みこまれる過程で、松平宗家を頂点とする封建的主従関係に転化し始めるのである。

註

（1）本格的な戦国大名今川氏の研究は、新行紀一『一向一揆の基礎構造』（吉川弘文館、一九七五年）第四章「今川領国三河の支配構造」によって切り開かれた。また、今川氏研究会の『駿河の今川氏』一〜一〇（静岡谷島屋、一九七五〜八七年）や『地方史静岡』の果した役割は大きい。なお、拙稿に関しては、「幕藩権力の生成と農民闘争」（『史潮』一〇四、一九六八年。後に『徳川氏の研究』戦国大名論集一二、吉川弘文館、一九八三年に収載）、及び『徳川将軍権力の構造』（吉川弘文館、一九八四年）序篇第五章。

（2）新行前掲註（1）一七六頁。

（3）同右、一八二頁。

（4）同右、一九一頁。

（5）平野明夫「太原崇孚雪斎の地位と権限」（『駿河の今川氏』一〇、一九八七年）。

（6）大石泰史・黒田基樹「『松平奥平家古文書写』について」（『地方史静岡』二〇、一九九二年）。

（7）小和田哲男「太原崇孚雪斎研究」（『信濃』二九―五、一九七七年）、同『軍師・参謀』（中央公論社、一九九〇年）一五八頁。

（8）「松平奥平家古文書写」七一号文書（大石・黒田前掲註（6））。

（9）「牛窪記」は、牛久保（後の今橋＝吉田）の地に築城したのは一色刑部少輔で、のちに牧野田左衛門が遷り、田左衛門の子を牧野出羽守保成としている（『豊橋市史』第五巻、豊橋市、一九七四年、七八〜七九頁）。『寛政重修諸家譜』は、田口牧野氏の系譜を古白（田三また田蔵左衛門尉成時）よりおこし、その子「某」を田三後に伝蔵左衛門尉成三、あるいは、成方、三代を田蔵信成、四代を田三成継としている（巻六五二、続群書類従完成会本第一一巻、四四頁）。

（10）宝飯郡長沢には、松平宗家三代信光の長男親則の系と伝えられる松平の有力庶家長沢松平家があったはずであるが、嫡流が早く断絶してその系譜には不明の部分が多い（『寛政重修諸家譜』巻四〇、続群書類従完成会本第一巻二一〇頁）。なお、前掲「松平奥平家文書写」六四号・六八号文書によれば、牧野保成は、松平三助・山田源助と長沢城を競望したが、長沢城は松平三助と山田源助に与えられた。あるいは、この松平三助なるものが長沢松平家と関係ある人物かも知れない。『寛政重修諸家譜』やその他、松平三助に関する所見はない。

（11）家康は当時、数えの五歳だった。竹千代が証人として駿府に送られる途中、戸田康光に奪われ、織田信秀の許に売られたのはこの年の翌年天文十六年十月と伝えられている（『朝野旧聞裒藁』汲古書院影印本二、一五頁）。

（12）『宗長手記』は、大永七年四月、井奈の「牧野平三郎家城一日逗留」し、次に「今橋牧野田三宿所一日興行。こゝは古白以来、年々歳々芳恩の所なり」と記述している。牧野田三と古伯とを書き分けている点からすれば、ここでいう田三は古伯の子と思われる。

（13）『朝野旧聞裒藁』「清康君御事蹟」第二、汲古書院影印本一、四一三〜四三一頁。

（14）同右「広忠君御事蹟」、同右影印本、六七二頁。ここでいう金七郎は橋七郎の誤伝である。

(15)「牛窪記」(『豊橋市史』第五巻、八〇～八一頁)。

(16)牛窪の地に城を築き、今橋城と名づけたのは牧野成時(伝蔵・古伯)で、今橋落城後、その子伝左衛門三成と子息伝蔵信成(弟とも言う)が今橋城を奪い返し、吉祥山の吉と牧野氏の本名、田内(『寛政重修諸家譜』は田口とする)の田を合わせ、吉田城と名づけたという(『豊橋市史』第五巻)。

(17)前掲「松平奥平家古文書写」七二号文書。

(18)親徳の通称は三郎右兵衛尉で、また、駿河守・丹波守を称しており(大塚勲「戦国大名今川氏上層家臣名簿〈試表〉」『駿河の今川氏』二、一九七七年)、また天文五年二月十七日付「今川家年寄連署奉書」に右兵衛尉親徳の名で連署している(松本真子「宇津山城の朝比奈氏について」『駿河の今川氏』五、一九八〇年)。

(19)大塚勲は、右の表で泰能を奉行人としている。以下、無註の今川氏職制は大塚の右表に依拠した。

(20)史料3は前掲「松平奥平家古文書写」六五号文書、史料4は同六四号文書、史料5は同六六号文書。

(21)松本前掲註(18)。

(22)史料6～9は、前掲「松平奥平家古文書写」六七・六八・六九・七〇号文書。

(23)天文五年六月十五日、田原孫四郎宗光と戸田橘七郎宣成は、三河国渥美郡赤羽根の新関を東観音寺に寄進し、両人はそれぞれ同寺に判物を与えている(「東観音寺文書」『豊橋市史』第五巻、二一一・二一二号文書、二九四～二九五頁)。二二三号文書には「同名弾正左衛門(ただし、この場合は宗光の親)」とあり、弾正左衛門は田原戸田氏惣領家の世襲名であり、宗光も弾正左衛門を称したと思われる。史料9の「弾橋」とは、この田原弾正(孫四郎宗光)と同橋七郎宣成であろう(黒田基樹の教示による)。

(24)今橋(吉田城)は永禄七年六月まで今川氏の東三河支配の本拠であり、今川氏の部将が在番していた。また、伊奈は保成の願いにかかわらず、天文十七年二月十五日本田縫殿助に与えられている(「三河古文書」『豊橋市史』第五巻、三五号文書、三〇〇〜三〇一頁)。ただし、保成は同十九年十一月八日財賀寺領の守護不入権を保証されている(『豊橋市史』第五巻、四二号文書)。しかし、これは財賀寺に保証されたものであり、寺領に関してのみと考える。

(25)「今川仮名目録」二三条によれば、府内守護不入権は停止された。しかし、馬廻衆は不入権を保証された(同追加五条)。天文二十二年二月二十六日以後は新儀の不入権附与を禁止している(同追加二〇条)ので、これ以前から臣従していた駿遠の国人は守護不入権を保証されていたと推定する。なお、史料は「日本思想大系」に依拠した(勝俣鎮夫校註『中世政治社会思想』上、「日本思想大系」二一、一九四〜二〇八頁、岩波書店、一九七二年)。

(26)『寛政重修諸家譜』によれば、清和源氏為義系を称している。始祖忠直は徳川家康の祖父清康と、家康の父広忠に仕え、天文十一年に没したという。忠直以降の略系譜は次のようになる(『寛政重修諸家譜』第六巻、『昭和新修華族家系大成』による。なお、『寛政重修諸家譜』〔以後『寛政譜』と略〕は続群書類従完成会の公刊本、『昭和新修華族家系大成』は吉川弘文館の公刊本に依拠した)。

忠直─康親─康重─康映─○─○─○─康福─○─○─康爵─○─○─康英

二代康親は大永元年三河国幡豆郡相場村に生まれたという。以後の経歴は略するが、天正十年(一五八二)には駿河三枚橋城主となり二万五〇〇〇貫を領した。三代康重は同十八年武蔵寄西二万石から慶長六年(一六〇一)常陸笠間三万石、同十三年丹波篠山五万石と転封し、元和五年(一六一九)和泉岸和田六万石となっている。四代康映は、寛永十七年(一六四〇)播摩山崎五万四〇〇〇石をへて慶安二年(一六四九)石見浜田城に移る。石川正西の『石川正西聞見集』は康映の命により石見浜田で書かれたものであった。以後、八代康福のとき宝暦九年(一七五九)下総古河五万八〇〇〇石、同十三年三河岡崎、明和六年(一七六九)再び石見浜田六万八〇〇〇石、一一代康爵の代に天保七年(一八三六)陸奥棚倉七万三〇〇〇石、一四代康英は慶応二年（一八六六）八万四四二石と転封をくり返し、明治維新を迎えている。二代康親は永禄六年（一五六三）松平姓を、さらに、天正十一年には家康の諱の一字を与えられたという。事実その写も現存している（井口信久「徳川家康の一字書出について」川越市立博物館『博物館だより』四、一九九二年）。

現在、松井松平家文書や『石川正西聞見集』が川越市の光西寺に架蔵されているのは、光西寺が松井松平氏の御供寺だったからである。なお、松井松平家文書は、萩原龍夫・杉山博編『新編武州古文書』下（角川書店、一九七八年）、『新編岡崎市史』第六巻　古代・中世史料編（新編岡崎市史編纂委員会、一九八三年〔以下『新岡史』六のように略す〕）等に収録されている。

（27）松平宗家六代信忠の男義春を祖とする松平庶家。『寛政譜』は、義春（甚太郎・右京亮）—家忠（亀千住・甚太郎）としている（第一巻、二二頁）が、ここでは『今川氏と観泉寺』（観泉寺史編纂刊行委員会編、吉川弘文館、一九七一年）および平野前掲論文、大久保俊昭「戦国大名今川氏と三河国の在地動向—とくに天文末期・弘治期を中心として—」（『駒澤大学大学院史学論集』一六、一九八六年）に従い、義春—忠茂—家忠とした。天文・弘治期には東条松平家は同書や平野が指摘したように碧海郡の青野にいたと思われる。ただし、東条に入るのは、永禄七年ではなく松井忠次が東条城代となった同五年と思われる。

家忠が天正九年に没した時は嗣なく、家康は第四子於次（忠吉）に遺跡を継がしめ、松井忠次に後見させた。忠吉が没した後、東条松平家は形式的には尾張藩祖義直に継承されたことになる。杉並区にある観泉寺は今川氏真が開基で、江戸時代を通じて今川氏の菩提寺であり、東条松平家文書ほか、今川氏発給文書を所蔵している。同文書は、同書のほか、前掲『新編岡崎市史』に収録されている。

（28）久保田昌希は今川氏の三河侵攻の政治過程を考察し、

第一段階（始期）　明応八・九年　舟形山築城。

第二段階（侵攻開始期）永正二〜同五・六年　吉田築城から氏親・早雲の西三河侵攻まで。

第三段階（領国建設期）天文九〜同十八年　織田信秀の西三河侵攻と松平氏の分裂に対する今川氏の積極的武力介入まで。

第四段階（領国定成期）天文十八〜永禄三年　最初の三河検地施行から桶狭間の戦まで。

第五段階（領国崩壊期）永禄三〜同八年　氏真の家督継承から、吉田開城および全面撤退まで。

の五段階に分けている（「戦国大名今川氏の三河侵攻」『駿河の今川氏』三、一九七八年）。

（29）弘治二年十二月十一日の次の今川義元判物による（観泉寺所蔵「東条松平家文書」『新岡史』六、一一八一頁、七号文書）。

「（折封ウハ書）松平亀千代殿　治部大輔」

松平甚次郎先年尾州江罷退、其已後自尾州廻関東遂堪忍、此間者、又尾州境目江罷越之旨、其聞有之、若亀千代被官并百姓等於令内通者、糺明之上可加成敗、縦甚二郎可致忠節之旨、雖企訴訟、甚太郎（忠茂）討死忠節之上者、不可有許容、為亀千代名代、松井左近尉（忠次）可致諸事異見、知行方之儀、如先判、是又永不可有相違之状如件

弘治弐年
九月二日　治部大輔（今川義元）（花押）
松平亀千代（家忠）殿

右の史料によれば、甚次郎は天文二十年尾張国へ逐電してから、関東を廻り、五年後の弘治二年尾三国境地域に帰り、本領の地に復帰する機会をうかがっていたらしい。甚次郎の遺跡を継いだ甚太郎忠茂は、同年二月二十日に戦死し

ており、遺児亀千代が継いでいた。その被官・百姓の動揺を押さえようとしたものである。

(30) 天文二十年十二月十一日付松平甚太郎宛今川義元判物（観泉寺所蔵「東条松平家文書」『新岡史』六、一一七九頁、二号文書）。

(31) 天文十七年三月十七日今川方と織田信秀軍との三河国小豆坂合戦の戦功により、松井惣左衛門は、四月十五日付で、西郷弾正左衛門尉・朝比奈藤三郎とともに、今川義元発給の感状を受けている（大久保俊昭「三河国人西郷氏についての考察」『駿河の今川氏』一〇）。ところで、『寛政譜』によれば、松井松平家の始祖忠直の父は松井惣左衛門為維と名乗ったという（第六巻、三二一頁）。義元の感状を受けた松井惣左衛門と家伝上の忠直の父松井惣左衛門とは同一人物とみてよい。

(32) 観泉寺所蔵「東条松平家文書」（『新岡史』六、一一七九頁、三号文書）。

(33) 同右（同右、一一七九頁、二号文書）。

(34) 同右（同右、一一七八〜一一七九頁、一号文書）。

(35) 『寛政譜』第六巻、三二一頁。

(36) 新行前掲註（1）一九一〜一九二頁。

(37) 平野明夫「今川義元の三河支配」（『駿河の今川氏』九、一九八六年）。ただし平野はのちにこの見解を撤回している（前掲註（5）論文の註（50））。

(38) 「桜井寺文書」（『新岡史』六、九六〇頁、五号文書）。

(39) 同右（同右、九六一頁、六号文書）。

(40) 本光寺所蔵　田嶋家文書（同右、一二一四頁、一号文書が史料12、一二一五頁、二号文書が史料13。なお、『新岡史』

六は両文書を「弘治三年ヵ」としているが、史料13では家康を「竹千代」と呼称している。竹千代が元服して松平次郎元信と名乗るのは弘治元年三月と伝えられている。とすればこの文書の成立年代は弘治三年以前となる可能性が強い。元信と署名の初見文書は、弘治二年六月二十四日(新行前掲註(1)一一〇三頁)である。

(41)　渥美郡の神戸神明社の天文十九年十一月十七日の棟札に、「奉行　朝比奈筑前守輝勝・岡部出雲守輝綱　小奉行人多喜良知」(前掲『豊橋市史』第五巻、三九五頁)とある。なおこのほか、吉田神社天文二十三年の棟札写には「吉田城代駿州藤原朝臣伊東左近将監元実」とともに「代官藤原朝臣吉田四郎左衛門重安」の名がある(同書、三九八頁)。この吉田重安は石巻神社の天文二十三年棟札に同じく「代官藤原朝臣吉田四郎右衛門尉重安」として出現する(同書、四二三頁)。以上の事例から東三河の今橋(吉田領)には、奉行人の下に小奉行人と代官が置かれていたことが判明する。

(42)　年月日不詳「尾州蟹江合戦討死手負注文」(「松平乗承文書」『新岡史』六、一〇九五頁、三五号文書)の大給家中の筆頭に松平久助の名があり、また、天正八年三月二十日の「松平真乗家臣名覚」(同、一〇八六頁、一九号文書)にも同人の名が見られ、松平大給の家臣であることが判明する。

(43)　『中世政治社会思想』上、岩波書店、一九七二年、二〇六頁。

(44)　酒井小五郎は大永七年生、諱は忠次。門閥譜代の代表とされる酒井氏には左衛門尉系と雅楽頭系がある。その左衛門尉系の嫡流とされる。家康が三河一国の戦国大名となった永禄八年には東三河における家臣団の旗頭となり、その子家次の時の城地城領は越後高田一〇万石(『寛政譜』巻六五、第一巻四八頁)。

(45)　酒井与七郎清秀は酒井雅楽頭系の嫡流五代目、ただし、この清秀は通称与四郎、また、天文二十年十月二十日没と伝えられ(同右、巻五九)、一致しない。しかし、天文五年十月二十六日付、岡崎領の上和田浄珠院宛「六名之内天神崎之分寺屋敷寄進状」の七人の連署人の中に、酒井与七郎康政なる者がいる。しかもこの寄進状は酒井与七郎が浄珠院に伝達している。このことは酒井与七郎が岡崎領の奉行人の地位にあったことを示している（拙著前掲註（1）一七二頁）。また、近世における雅楽頭系の庶家には与七郎を称するものが四例あり、与七郎が雅楽頭系の家の世襲として使用されたことがわかる。いずれにせよ、与七郎清秀が雅楽頭系の祖の一人であることは疑いない。

（46）阿部大蔵は諱は定吉。将軍家の家伝で有名な森山崩れの際、家康の祖父清康を刺殺した弥七郎の父と伝えられる。天文四年十二月四日夜に起こったというこの事件に責任を感じた定吉は、幼主広忠を擁して今川義元を頼り、後に譜代の諸臣と議して、同六年六月岡崎城を回復したという（『寛政譜』巻六三八、第一〇巻三八二頁、『朝野旧聞裒藁』前掲影印本、五七三〜五七五頁）。

（47）義元は天文十七年九月二十一日、渥美郡七根郷内東観音寺領を守護使不入の地として、寄進している。このさい「停止郡代奉行人等綺」している（「東観音寺文書」『豊橋市史』第五巻、三〇一頁）。管見では、三河に関するこの期の史料で、郡代に言及した史料はこの一例でしかない。

＊二〇〇一年七月八日、武田氏研究会第一五回総会記念講演

戦国大名の領国構造
―松平＝徳川氏を中心として―

ただ今、過分なご紹介をいただきました所でございます。実は、磯貝正義先生、服部治則先生には、若いころからご指導いただいておりまして、その上、山梨県と関係の深い村上直先生、あるいは武田氏研究の第一人者である柴辻俊六先生には、いろいろ公私ともお世話になっております。また、若い方では、平山優さんとか、いろいろ親しい方がこの場に多くいらっしゃいます。

柴辻さんから講演のお話がありましたときに、本当にどうしようかと迷ったのですが、先学の前で専門の話を申すのは、大変おこがましい次第でございます。ただ、親しくしていただいた方々、あるいは学恩を受けた方々に対しまして、何かお返しするのが、後進のひとつの義務でもございます。特に事務局の萩原三雄先生から、「若い連中のために、ぜひ懇親会にも出席して、話し合ってほしい」というご要望を受けまして、本当にお恥ずかしい限りではございますが、現在の悩みと申しますか、私自身も戦国期について判らないことが多くございます。そんな悩みを打ち明けまして、ひとつ討論の素材にしていただければ幸いでございます。

前置きはこの程度にいたしまして、今、服部先生からご紹介がありましたように、私ちょうど学部を出ました頃の戦国時代への理解というのは、いわば室町期から近世へ、つまり中世から近世への移行期であるという程度でござい

まして、もちろん「戦国大名」という歴史概念はあったわけですけれども、やはり戦国期の研究と申しますのは、戦後史学の―戦後と言われて半世紀以上になり、いろいろその功罪が指摘されていますけれども―、この戦国期、特に戦国大名に関する研究につきましては、戦後史学があげました非常に大きな成果であろうと思います。一九七〇年代以降の研究の進展、それから細密化には目覚ましいものがございまして、ようやく各戦国大名の比較史研究が可能である、そういう段階になったと思います。つまり戦国期は、戦国大名の研究を中心としまして、単なる移行期などという時代規定ではなくて、戦国時代独自のひとつの時代的な特色がある、その独自性を追究する、そういう段階に到達している。そういうようなことが言えると思います。

ご承知のように、この戦国大名の研究に関しましては、たぶん一九七〇年代だと思いますけれども、たとえば市村高男さんという新進の研究者が出ています。現在市村さんは高知大学におりますけれども、この市村さんが結城氏の研究をやりました。私も一緒に『結城市史』の編集に関わりました。永原慶二先生が責任者でして、その下で近世をやりました。中世をやったのが峰岸純夫さんです。その下で市村さんがやりました。市村さんは、結城氏の研究を学部の卒論以来一生懸命やりまして、さらに結城氏から常総の佐竹氏へと研究の領域を広げたわけですが、そのなかで、いわゆる戦国大名については二分類できる、結城氏とか佐竹氏とか、郡的なもの、佐竹は後に一国規模になりますけれども、そういう郡的な地域的大名と、それから後北条氏など一国ないしは数か国にまたがるものとに分類できるのではないかと、そのような問題提起をされたことがありました。とくにそのなかで、後北条とか、言うまでもなく武田、それから今川、あるいは毛利と言いますか、そういう典型的な戦国大名の比較研究、これが今後進められるべき大きな課題であろうかと思います。幸いなことに、後北条・武田・毛利氏の研究というのが、非常に進んでおりまして、この比較研究が、現在可能になりつつある。また、そういう認識をもって、現在の研究は進められていると思います。

そういう戦国大名の比較史研究を目指しまして、本日は「戦国大名の領国構造」と題しました。私は後北条も武田も毛利もよくわからないわけですが、松平＝徳川なら多少やっておりますので、この事例を中心としながら、最も研究が進んでおります後北条氏の研究、あるいは武田氏の研究と対比させていく、そうして、ひとつの討論の素材をここに提出できればと思います。くどいようですが、戦国大名の比較史研究を目指すための、ひとつの素材であるということを強調しておきたいと思います。責任逃れのきらいもいたしますけれども。

まず後北条氏の問題を取り上げたいと思います。後北条氏の研究といいますと、例えばお亡くなりになりましたが中丸和伯さん、杉山博先生とか、それを受けた佐脇栄智先生、小和田哲男先生、甲州に近い方では湯山学先生などがいらっしゃいますが、研究史的には蓄積とレベルの高い研究が多くございます。

とくにそのなかでも、最近集中的に論文を発表している若手の研究者がございます。黒田基樹さんです。お読みのことと思いますが、四冊の本を出しております。驚異的なペースなんですが、レジュメにはこれを書き上げておきました。岩田書院から出されました『戦国大名北条氏の領国支配』(一九九五年)をはじめ、『戦国大名と外様国衆』(文献出版、一九九七年)、『戦国大名領国の支配構造』(岩田書院、一九九七年)、『戦国期東国の大名の国衆』(岩田書院、二〇〇一年)と四冊の本を出しております。現在の後北条氏の研究のレベルを示すものと評価することができると思います。このなかで黒田さんの戦国大名に関する、特に後北条氏に対する研究の到達点を示すもの、あるいは目指したものが一番よく出ておりますのが、一番最初の本です。私にとっては、彼の考え方がよくわかるのが、この最初の本なんです。そのなかに彼の後北条氏に対する理解が象徴的に出ております。今日は、若い方が多いようですが、この本の「あとがき」を読んで細部に入っていくのがわかりやすい方法ではないかと思います。「あとがき」に結論じみたものが書かれています。まず二九七頁以降をお読みになるのがよろしいかと思います。

それで比較史研究の一素材として、彼の考え方、特色をここで私なりにまとめてみます。まず彼は後北条氏の領国支配の単位として、「郡」と「領」という二つの概念から、後北条氏の領国構造を考えているんですね。もちろんこれに、いわゆる「要塞」と「軍団」、つまり城（本城・支城）と国衆、この概念を導入するわけです。ただ、「郡」というのは、国郡制の郡とは異なります。これは後北条氏が、公事徴収のひとつの基準として設営した地域なんだと、だから国郡制の郡と一致する場合もあれば、一致しない場合もある、こういう考え方です。「領」というのは、本城領と支城領の領ですが、該当領域の当該領主の「知行分」だと。たとえば、支城なら「支城領主」の「知行分」、これが「領」だと。なかなかわかりにくいかとも思いますが。つまり、今までの「領」に対する考え方というのは、藤木久志さんが若い頃に打ち出された考え方でして、ひとつの支城がありますと、支城を中心とする政治的・経済的支城圏がある、支城を中心とする領域が再生産されるわけです。あるいは近世史では、藤野保さんが打ち出された「城地城領」という考え方がございます。これから来ているわけです。ところが、彼は「知行分」だという。

これをもとにしました後北条氏の領国構造、あるいは領国支配を理解するためのキーワードが、レジュメにも書きましたように、いずれも括弧付きですが「郡代」「城代」「支城主」「支城領主」という概念です。この概念につきましては、あとの三冊を読みますと、必ずしも整合的に理解しがたい面もございますが、これが彼の考え方の特色です。

そして彼が「郡代」「城代」「支城主」「支城領主」という概念を打ち出すための二つの柱があります。ひとつが、「領国制的公事の賦課・収取権」。これを（イ）とします。もうひとつの柱が、国衆に対する「軍事指揮権」。これを（ロ）とします。「郡代」が握っているのが、この（イ）なんですね。後北条氏の任命を受けまして「郡」に対して（イ）を執行するのが「郡代」です。それから「城代」といいますのは（イ）に加えて（ロ）を握っているんだと。つまり「城代」は領国制的公事にかかわる権限を後北条氏から委任されて執行し、さらにこれに加えて国衆―支城に配属されているわけですが―に対する軍事指揮権、この両方を合わせ持つんだというわけです。つぎに「支城主」というのは、（イ）も（ロ）も持っているわけですが、さらにある権限を持っている。これはどういう権限かと申しますと、知行宛行権とか安堵権、さらには裁判権、これらを与えられている。こうなってまいりますと、いわば大名権限の分割を受けた者、しかも支城領域のすべての国衆に対する指揮権も持ちますから、いわゆる大名権限の分割を受けた者ということになってくる。これが彼のいう「支城主」です。そして「支城領主」というのは、どういう者かと申しますと、これはほぼ領域＝支城領の支配権を全権的に委任された者が「支城領主」であると。

つまり、その地域の公事賦課権と収取権はもちろん、軍事指揮権＝国衆に対する軍事的指揮権、知行宛行権とか、安堵権、裁判権など、全権を持つんだと。いわば支城領がもはやひとつの国だというんです。彼は、括弧を付けて「国」としています。もはや大名権力を分割したものではなく、ほぼ大名と同じだというんです。どうもここでは近世の大名の前身と考えているようですね。幕藩制下における大名―彼はそこまでは、はっきりとは言っていないのですが―、それを理解しないとなかなか、「支城主」と「支城領主」の区別は難しい。では、戦国大名に残された権限は何かと言いますと、伝馬手形を発行する権限ですとか、「全領国の「平和」を維持するための「公方役」」だけと言っております。こういうものは戦国大名に残っているけれども、それ以外のほぼ全権を「支城領主」は委任されていると言っているわけです。

しかも、一番最初の『戦国大名北条氏の領国支配』だけですと、なかなか読みとれないのですが、それ以外の本まで読んでまいりますと、これを発展的に理解していることに気がつきます。「郡代」「城代」の段階ですが、具体的な例をあげますと、「城代」の典型例として、江戸城代の遠山直景、江戸の遠山氏をあげています。「支城主」としては、氏康の弟の北条為昌を考えている。さらに「支城領主」ですが、これについては北条氏照・氏邦ですとか、極端なことを言えば、隠居した後の氏政もこれに近いわけです。北条氏政＝「御隠居様」です。北条氏政が氏直に家督を譲るのは天正八年（一五八〇）です。そして、北条乙松丸というのが江戸城の「支城主」としていたわけですが、これが亡くなった後、自分が実質的に「支城主」として、江戸の全権を握る。しかもこの江戸と、関宿、それから岩付（岩槻）、江戸については江戸の「支城領」とは言わないのですが、関宿領の全支配権を握っていた。そしてそれぞれ自分の子供を「支城主」にする。そしてその子供が亡くなりますと、自分が直接支配権を握る。関宿なんかは最後まで支配権を握っています。江戸もそうですね。最後まで支配権を「御隠居様」が握っています。ですから、「支城領主」の典型としては、氏政を考えているらしい。北条の当主から隠居した後の氏政です。もっとも氏政は「支城領主」以上のものかもしれません。

ですから、有名な「小田原衆所領役帳」が作成された頃─「所領役帳」ができるのは永禄二年（一五五九）ですが─、ちょうどこのあと、本城領のなかに「支城主」ができてくるんです。最初─初代・二代まで─は、伊豆とか相模ですから。「本城領」のなかに、あるいは「本城領」が拡大していくところに、「郡代」とか「城代」を置いていくわけです。そのなかで、戦国大名のもとにおけるひとつの領国構造が発展していく。その発展形態のひとつとして、「支城主」を考えているんです。さらにその「支城主」の発展形態として、本城領の最外縁に「支城領主」を考えている。ひとつの発展形態といえるわけです。

こういうふうに考えますと、支城に配備された国衆に、後北条氏の当主が権限を与えていく、その付与された権限によって国衆自体、戦国大名領が発展すると同時に、実はその国衆自体の領主化が深化していくわけです。ただし、これには限定がある。だいたい「郡代」とか「城代」になるのは、宗瑞が関東に移ってきた時から付き従ってきた譜代的な重臣やあるいは一門に限られると。「支城主」の場合、やはりこれは一門であると。家柄が関係してくる。とくに、「支城領主」ということになりますと、直系だと指摘しております。これが、彼のひとつの後北条氏の領国構造を理解する場合の特色であり、また優れた点です。

さて、これがいわば後北条氏の領国構造を考える場合、現在のレベルを示すものと言ってよいと思います。そのひとつとして黒田説を出したわけですが、黒田さんの考え方が正しいとは限りません。あくまで学問と申しますのは仮説ですから正しいとは限りませんけれども、ただ現在の学界のレベルを示すものであると言ってよいと思います。

さて、そこで次に問題とするのが武田氏です。これを私が言ったら笑われてしまいますから、あえて申し上げません。ここに柴辻さんもいらっしゃいますし、平山さんもおりますので。柴辻さんも同じような視角からやっていらっしゃる。『戦国大名武田氏領の支配構造』（名著出版、一九九一年）です。このなかで、こんなことをおっしゃっています。領国構造からみた場合、小山田氏と穴山氏を比較なさって、小山田氏より穴山氏に、より大きな領主権の委譲を行っていると。柴辻さんはこのようにおっしゃっている。ただ、おそらく郡に対する認識、領に対する認識は、黒田さんとは異なると思います。

それから、二つの柱です。先ほど申し上げました「領国制的公事」と「軍事的指揮権」の問題です。これについては平山さんが基礎構造との関係でやっておりますが、村との関連、祭りとの関連で、武田氏の諸役賦課の問題を扱っている。これが後北条氏の場合とどう違うか、棟別役の問題などはどうなのか、後で見解をおうかがいできればありがたいと思います。

次に、隣接する今川氏の問題です。今川氏と申しますと、これまた最近たくさんの論文がございます。とくに有光友學さんと小和田哲男さん、それから久保田昌希さん、大石泰史さんですね。私も、二年ほど前にちょっと書いております。ただ、有光さんとちょっと視角が違うんです。私が今川氏を考える場合は三河絡みなんですね。先程、服部先生からもご紹介いただきましたが。これは、ひとつは松平＝徳川氏の権力構造の発展を理解する場合に、やはり今川氏の戦国大名としての発展過程、これを分析しなければならない。つまり松平＝徳川氏権力の戦国大名への転化、これは今川氏の権力を媒介としてはじめて可能であったという視角からやっているわけです。

さて、有光さんの最近の考え方をよく示しているのが、「戦国大名今川氏の権力機構」です。一昨年、本多隆成さんがまとめられた『戦国・織豊期の権力と社会』（吉川弘文館、一九九九年）のなかに収められています。本多さんが、近世移行期の在地のことをやって、その前を有光さんがやっていらっしゃいます。この論文は、若い方々にお勧めしたいと思います。

私の仕事は批判されておりますけれども、ここでは次のようなことをおっしゃっています。やはり、黒田さんの仕事を評価しています。先のような視角のなかから、今川氏の研究を振り返りますと、「郡代」という言葉、これは史料的には、あるようでなかなかないようですね。戦国期の駿河・遠江・三河では意外とない。私も二、三例しか知りません。とにかく意外にない。それで「城代」はある。ただ、ありますけれども、「城代」として出てくる例は、やはり少ないんです。あることはあるんですが、一級史料のなかには少ないですね。例を集めてみますと、確かに「城代」はある。世襲的な「城代」らしきものはある。ただ、黒田さんが言うように、「城代」というのは、「領国制的公事の賦課・収取権」と、それから支配地域内の国衆に対する「軍事指揮権」、これらをすべて掌握すると、こうなるとなかなか実証するのは難しいと言われています。では「支城主」とか「支城領主」、こちらはどうだろうかと。つまり黒田さんが言うように、大名権限のほぼ全権を委譲するという例は、今川氏の場合はあまり知らないというのですね。「支城主」の場合は、該当するものがあるかどうかとなると、ちょっと自信がないということです。そうしますと、後北条と今川ではちょっと違うようですね。武田の場合はどうだったかということですが、時間がありましたら、柴辻さんや平山さんあたりにご意見を聞きたいものです。

それから次に松平氏の問題に入ります。松平＝徳川氏の問題ですが、基本的な史料につきましては、優れた徳川将軍家の研究でもある新行紀一さんの本(『一向一揆の基礎構造』吉川弘文館、一九七五年)や私の本(『徳川将軍権力の構造』吉川弘文館、一九八四年)にございます。

まず、段階的に松平＝徳川氏の領国構造――「領国構造」と言っていいのかわかりませんけれども、最初は「領国」ではありませんので、国人領主ですから問題がありますけれども――、この問題は、段階的に発展的に理解する必要があるということです。松平＝徳川氏の研究というのは、近世についてはすごいです。しかし、戦国期については、新行さんのほか、若手では平野明夫さんなどがおりますが、意外に少ないんです。

簡単に言ってしまいますと、私は四段階で考えております。一つは国人領主制の段階。もう一つは、今川領国下の段階。つまり戦国大名へ転化しつつある段階です。もう一つは、戦国大名の段階。最後は豊臣大名の段階ですが、今日は戦国大名の段階までお話しして終わりにしたいと思います。

まず、松平＝徳川氏の略系図を示しておきました。今日はみなさん専門家の方々ですので、細かい説明は省かせていただきます。これから、史料をもとにして中心的にお話しするのは、松平＝徳川氏のうち、三河松平氏の四代目の親忠からとします。この親忠―法号を西忠と言います―、それから五代が長親―法号を道閲―、史料1の三か条目に三郎という名が出てまいります。これが六代目の信忠になります。これ以降、だいたい三郎というのが、嫡流の嫡男の世襲名になります。家康の幼名は竹千代ですが、それはまたあとで史料に出てまいります。

系図の一代・二代までは歴史的に不明です。伝説上の人間です。史料的に出てまいりますのは、三代信光が最初で

松平=徳川氏略系図

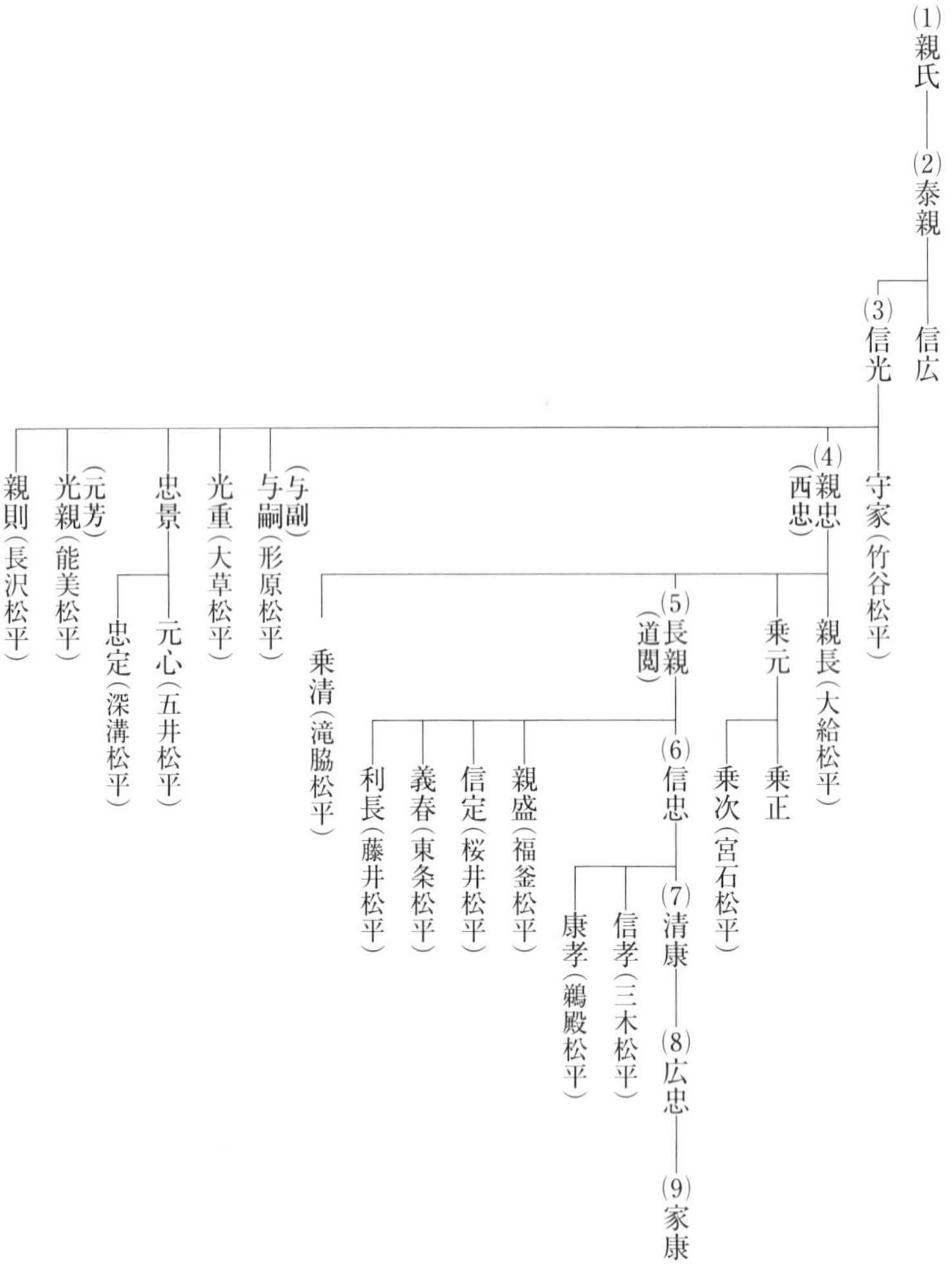
(1)親氏
(2)泰親
信広
(3)信光
守家(竹谷松平)
(4)親忠(西忠)
(与副)与嗣(形原松平)
光重(大草松平)
忠景
(元芳)光親(能美松平)
親則(長沢松平)
親長(大給松平)
乗元
(5)長親(道閲)
乗清(滝脇松平)
元心(五井松平)
忠定(深溝松平)
乗正
乗次(宮石松平)
(6)信忠
親盛(福釜松平)
信定(桜井松平)
義春(東条松平)
利長(藤井松平)
(7)清康
信孝(三木松平)
康孝(鵜殿松平)
(8)広忠
(9)家康

す。ちょうど応仁・文明（一四六七〜八七）の時期の人です。これは史料的にはっきりと出てまいります。そのあと、ちょっと問題があるんですが、一応近世ではこの信光の跡を継いだのが親忠ということになっているわけです。そういうことにしておきます。これが西忠なんです。この西忠が岡崎の大樹寺の開基です。寄進状も大樹寺文書のなかに残っております。「三河物語」やその他の「松平記」等に出る徳川氏の家伝によりますと、この三代和泉守信光が三河松平家の基礎を築いたとされておりますが、この子四代親忠もなかなかの人物だったようです。そして史料1としましたのが親忠（西忠）の遺言状です。こちらは現物が大樹寺文書のなかにございます。大樹寺文書は、『新編岡崎市史』に紹介されておりますし、それから、続群書類従完成会からも『大樹寺文書』として刊行されています。ここでは『新編岡崎市史』から引用しておきました。

〔史料1〕松平親忠遺言状〔大樹寺文書〕（『新編岡崎市史』史料6、以下『岡』と略）

（端裏書）「此書物大樹寺様被懸御目、道閲披見候て、光明寺其外之子共三郎ニも可御見候」

西忠遺言状

西忠（松平親忠）往生之時儀式同吊（弔）之事

一、往生仕候者、則大樹寺江可被寄召事

一、たミ（荼毘）の事者、例式

一、中陰ハ二七日、但、初七日過候者、縁者・親類・女子共可帰候、隙ニて可有候間、三郎も其日限ニ城江可帰候、道閲（松平長親）、其外兄弟者、二七日之間色にて可有候、馬つれ、内之者も初七日過候者、可帰候

（中略）

明応十年

五月廿五日

それで、西忠という人は、非常に几帳面な人だったようです。なかなか慎重であり、この遺言状を見ても相当な人であったということが窺われます。そして、自分の葬式の段取りをきちんと決めているんですね。家康よりしっかりしてますよ。その第一条です。「往生仕りし候はば、則ち大樹寺へ召し寄せらるべきこと」とあります。自分が死んだら、すぐ大樹寺へ運べと言っています。そして、第二条で「荼毘のことは、例式」と。面白いのは次の第三条です。これに関連して史料2があります。この史料に関しましては、新行さんと私の間で見解の相違があります。史料2を理解する場合には、この遺言状、遺言の内容が非常に大事なんです。

この三条目です。「中陰は二七日」で、「二七日《にしちにち》」と読んだ方が良いのかもしれません。この人は浄土宗ですから、ご承知のように中陰というのは、一念して、つまり成仏するように祈りながら死んでいくわけです。次に生を享けるまで、現在では四十九日と言われていますが、この場合は二七日と書いてありますから、中陰は二七日、七日を二回繰り返すわけです。それは二七日に一応やってほしいと。十四日は完全に喪に服しているわけです。「但し、初七日過ぎ候はば」なんです。本来でしたら、十四日間＝二週間はダメなんですね。完全に喪に服する。まして武装なんてできません。甲冑なんて着られないわけです。「但し、初七日過ぎ候はば、縁者・親類・女子共帰るべく候」と出てまいります。初七日が過ぎたら帰りなさい。縁者・親類は帰りなさいと。そして、「隙にてあるべく候間」とあります。この「隙」は、「隙があるから」と言ってもいいわけですが、もちろん「時間がたくさんある」ということかもしれません。ただ「隙」というのは「隙間《すきま》」なんですね。ですから、ここでは「もめごと」なんです。もめごとがあってもいけないから、嫡男の三郎も初七日限りに、「城へ帰るべく候」と出てまいります。「三郎は、初七日過ぎたら帰りなさい」と。ただし、道閲、これは西忠の息子です。「道閲、その外兄弟は」ですから、自分の直系の息子は、「二七日の間色《いろ》にてあるべく候」というんです。「色《しき》にてあるべく候」でもいいかもしれません。これはやはり喪服ということではないでしょうか。簡単に言えば、正式の喪に服していなさいということです。もっとも、私の解釈の仕方が間違っているかもしれませんが。「馬つれ、内の者も初七日過ぎ候はば、帰るべく候」と言っている。ですから初七日までは、本当に葬式をやれと言っているわけです。もちろん武装などできません。三郎もなんです。しかし直系の子どもたちも、二週の間ぐらいは喪に服していろということなんです。実際、この遺言を書きまして、ちょうど文亀元年（一五〇一）の八月十日に亡くなるんです。これは間違いないでしょう。過去帳にもこのようになっています。

　実は史料2といいますのは、この時、作られたわけです。初七日の時に。あるいは、初七日が済んだ後でしょう。それで前の遺言によりますと、初七日を過ぎたら自分の直系の子供はだめだけれど、そのほかの縁者は帰れということになっています。その解散する時に、親類・縁者が作った文書なんです。これはもちろん現物が残っておりますし、確認しています。

〔史料2〕〔大樹寺文書〕（『岡』）

於大樹寺定□□〔条々カ〕事

禁制

一、於当寺中狼籍之事

一、竹木伐取之事

一、対僧衆致非儀之事

右於背此旨輩者堅可処罪科候、当寺之事西忠為位牌所上者、自然国如何様之儀出来候共、為彼人数可致警固者

也、仍而如件

文亀元辛酉八月十六日

次第不同

丸根美作守　家勝（花押）
田原孫次郎　家光（花押）
上平左衛門大夫　親堅（花押）
岩津源五　光則（花押）
岩津大膳入道　常蓮（花押）
岩津弥九郎　長勝（花押）
岩津弥四郎　信守（花押）
岩津八郎五郎　親勝（花押）
岡崎左馬允　親貞（花押）
長沢七郎　親清（花押）
形原左近将監　貞光（花押）
牧内右近進　忠髙（花押）
竹谷弥七郎高　秀信（花押）
岡崎六郎　公親（花押）
細川次郎　親世（花押）

岩津源三

算則（花押）

これを私は国人一揆だと言ったんです。ちょうど私は大学院を終えた直後で、若かったもので、乱暴だったんですね。いわゆる国人一揆の形態だとやったんです。なぜ、そのように言ったのかといいますと、たしかに、これ一族なんです。「親類・縁者」なんです。たとえば、岡崎左馬允親貞ですとか、竹谷弥七郎とか、これは血族のようです。ただ、新行さんによりますと、岩津名字のものは、やはり一族だというんです。松平氏は岩津から安祥・岡崎に移るんです。松平党の領域には、三つの基本的な城がありまして、岡崎・岩津・安祥です。ただ、私が大事に思っていますのは、田原孫次郎家光の名があることなんですね。田原氏というのは東三河です。一族といっても、丸根なんていうのもわからない。

これに対しまして、新行さんは先に挙げた『一向一揆の基礎構造』のなかで、同族一揆じゃないかと批判されたわけです。ただ、田原氏は後に婚姻を結びまして、縁族となりますから、いわば親類・縁者による国人一揆です。国人一揆といいますのは、やはり家の構造、最近では家の構造から理解しようとする見解が強いようですが、家でもあるが単なる家ではない、服部先生が研究された同族団ではないかと思います。家という概念で理解しようとしておりますが、単なる家とするよりも、同族団とした方が良い。そういう関係は地縁的関係を借りるのは言うまでもないわけです。国人の一揆を強化する場合に。ですから、今でも私はこれを国人一揆だと思っておりますが、この問題には結論が出ておりません。それで、これ—地縁的国衆の一揆機構—がずうっと続いていくんです。これに転機を与えるのが、今川氏の侵攻でした。

家康の父の広忠が死んだ後、三河岡崎城領は、今川氏に接収されます。この後、この松平党の支配領域である岡崎城領をめぐりまして、今川氏と織田氏の争いが起こります。それを経て今川義元が三河一国を手に入れようと出撃するのが天文十五年（一五四六）です。その時、今川義元の委任を受けまして三河に侵攻し、東三河から西三河侵攻の総指揮を執ったのが、軍師であった雪斎崇孚です。その時に雪斎崇孚はいかなる権限を今川氏から委任されたのか。それを示すのが史料3の四つの史料A～Dです。

〔史料3―A〕飯尾乗連・雪斎崇孚連署書状写〔松平奥平家古文書写〕（大石泰史・黒田基樹「『松平奥平家古文書写』について」『地方史静岡』二〇、一九九二年）

今度以忠信之儀被出身血、無二可有御奉公之由御申、誠御勲功之至候、仍長沢之事、国一途候間者、駿遠御人数在城可被仰付由、是又別而御入魂御申御祝着候、於静謐之上者、如先日御約諾可被渡置候、若又彼地始終御所望之儀候ハヽ、改替可被仰付候、不可有別儀候、就中松平三助・山田源助両人之事者、以前以御扱如此成来候、其時被仰含候儀候、可有御同陣候、是又不可有御違背候、心得申候、恐々謹言

九月十九日　乗連判
崇字《（孚）》判

牧野田三郎殿御宿所

〔史料3―B〕雪斎崇孚書状写〔松平奥平家古文書写〕

広瀬源兵衛口上之儀、何も承届候、委細御返事申入候、世谷口重御普請御太《（ママ）》儀察存候、御取手之儀、御太儀候共《（ママ）》、其口ニ御人数百宛ニ置、長沢へ五十計、両所百五十之分、四番ニ被定候て、可為六百之御人数候、是も田原一途間、可被仰付候、近日可被出馬候、如何様当年中可有一行候、可御心納候、委細重可申入候、恐々謹言

尚々其辺之儀、疑心之事にて長辺へ人被越候ニてハ、なくて方々のうたかいむつかしくして、彼両人覚計の儀ニ越申候、屋形之儀、愚僧・朝三など此分候、神も照覧あれ、無別儀候可御心納候

八月廿六日　　雪斎崇字（孚）判

牧野田三郎殿参御報

〔史料3－C〕雪斎崇孚書状写〔松平奥平家古文書写〕

両度以書状申候、参着候哉、仍御人数之儀、飯豊・井次其外境目之衆悉被仰付、西郷谷へ可有着陣候、其地御用次第可被招置候、兵粮之儀肝要候、今橋へ弾橋入城候者、於彼地商売之儀、可為不弁候条、此方より尾奈・比々沢迄、可届申候、其間之儀、御調法候て、めしよせられ候て、兵粮方之儀者、涯分つゝけ申候て、御本意之上可有御返弁候、此由西郡へも申度候、委細先書申候間、不能詳候、恐々謹言

八月廿九日　　雪斎崇字（孚）判

牧野田三郎殿御宿所

〔史料3－D〕朝比奈泰能書状写〔松平奥平家古文書写〕

長沢城三河被属御本意候間之儀、駿遠之人数一円ニ可被渡置候由、御申付而、御書中調進之候、誠々御神妙之至不及是非候、雪斎其国事候条、諸事御談合尤候、猶期来春候、恐々謹言

九月十六日　　朝比奈左京亮　泰能判

牧野田三郎殿まいる御宿所

この四つの史料はいずれも写なんですが、大石泰史さんと黒田基樹さんが発見した新史料です。「松平奥平家古文書写」に収められております。実はこの松平奥平家というのは、またあとで触れます「山家三方」—国人一揆の一つです—の筆頭だったんです。時間がありませんので、結論だけ申し上げてしまいます。史料3－Aでは、侵攻地域の知行宛行権を持っている。史料3－B・Cからは、軍事的総合指揮権、兵粮の調達権を握っていることがわかる。そ

の権限は予想以上にすごいんですね。史料3-Bを見ますと、「その口に御人数百ずつに置き、長沢—東三河から西三河にかけてのところに位置します—へ五十ばかり、両所百五十の分、四番に定められて候て、六百の御人数たるべく候」と、牧野田三郎に対してこういうふうに指揮しています。牧野というのは、後世の牧野家の祖先です。史料3-Cでは、「両度書状をもって申し候、参着候や」と、牧野田三郎に対して尋ねているわけです。「よって御人数の儀、飯豊—これは奉行人の飯尾豊前守でしょうか—・井次—井伊次郎、井伊谷の国衆です、井伊直政がこの系統です、今川家の重臣です—、その外境目の衆に悉く仰せ付けられ」と出てくるのです。東三河から遠江辺の者たちをすべて動員していますね。これはもうすさまじい権限です。これについては、すでに平野さんが指摘しております。相当な権限を与えられていたと。問題は、それがどう言われていたのかということです。

これを示すのが史料3-Dです。一番最後の条だけ見てみましょう。これまた牧野田三郎に宛てられたものですが。朝比奈左京亮泰能というのは、奉行人です。駿府にいるわけです。牧野田三郎は、実は長沢の問題をめぐり訴訟をやっております。ですから、奉行人にいろいろと連絡を取ってやっていたわけです。その奉行人の朝比奈が雪斎のことについて、このように言っているわけです。「雪斎その国事に候の条、諸事御談合もっともに候」と。「国事」＝三河国の国事ですね。ですから、これは単なる大名の権限分与ではなくて、三河国に関する総権限を与えられている。雪斎は、一切の権限を与えられていた。こうして、天文十九年、東三河・西三河はようやく今川氏の完全な領国となります。東三河に侵攻するのが十五年ですので、これから四年かかっているわけです。その国事が雪斎だったわけです。実は、有光友學さんが先にあげた「戦国大名今川氏の権力機構」のなかで、たいへん面白いことを言っています。私も批判されているんですが、要するに雪斎が三河の総国事だったとする点には賛成だと。

もう一つ、その後—つまり雪斎の死後—どうなったのかと申しますと、ご承知のように今川義元は、雪斎の没後何年かして家督を氏真に譲るわけです。家督を氏真に譲って、三河の経営に専念するんですね。三河守になって。では、なぜ義元は早くに氏真に家督を譲って三河国の経営に専念したのか。それは、雪斎が死んだからだと、雪斎の国事としての権限は、義元が引き継いだというんです。最前線の経営に御隠居様が関係しているんです。黒田さんが言った北条氏政の例と似ているんですね。

ともあれ、松平氏の権力は大きく変貌を遂げますが、それを示す史料が、史料4です。

〔史料4〕山田景隆等連署血判起請文〔観泉寺所蔵文書〕（『岡』）

甚二郎殿別儀付而、具承候、御屋形様幷竹千代丸江忠節之事候間、甚二郎殿あとしき（跡職）、無相違渡可申候、本知あいはの事ハ、只今東条殿へ被進候間、いまハなりかたく候、おつての儀たるへく候、将又うり地の事、甚二郎別儀の上ハ新地ニ成候事候間、無別儀申調可進候、如此上者、松井・山内両人ニ可任置候、委細酒井小五郎ニ申候間、諸事彼意見可被聞候

右、此条々申合候儀、三人偽候ニ付而者、

日本国中大小神祇、別而者八幡大菩薩・富士浅間大菩薩・白山妙理大権現・天満大自在天神御罰可罷蒙者也、仍如件

天文廿年

十二月二日

飯豊

乗連（花押）

二近

持長（花押）

山新

景隆（花押）

松平甚太郎殿
参

○白山牛玉宝印ノ裏ヲ用イ、花押ノ上ニ血判ヲ加エル

松平甚二郎という人物がおります。西三河の有力な国人で、松平の一族ですが、岡崎にある岡崎奉行――今川氏――に謀叛を起こして、織田氏と結ぶ、これが暴露されまして逐電する。その甚二郎について、こんなふうに出てまいります。「甚二郎殿別儀に付きて」とあります。つまり松平甚二郎が謀叛を起こして、織田氏と結びついた。甚太郎と家人の松平定次によって、これが密告されるわけです。そこで、義元の意を受けて任命されている岡崎奉行が、甚太郎に血判の起請文を与えているわけです。甚二郎の跡職はあなたに一切差し上げるというんですね。それについて、「御屋形様ならびに竹千代丸へ忠節のことに候間」と出てきます。ここで注目してほしいのは、「御屋形様」＝今川義元と竹千代丸が並び称されていることです。「御屋形様ならびに竹千代丸へ忠節のことに候間、甚二郎殿跡職、相違なく渡し申すべく候」と言っています。問題は、この史料をどのように解釈するかということです。

これにつきましては、久保田さんは、論文「今川領三河の政治的特質」（永原慶二編『大名領国を歩く』吉川弘文館、一九九三年）のなかで、西三河における今川氏と松平氏の支配の二重構造を表していると言っています。私もこれを認めます。「西三河における支配の二重構造」ですね。ただ、もう一歩進めたい。どういうことかと申しますと、松平宗家が――これは宗家といいましても、同族的国人一揆の盟主なんです、主従関係ではないんです、同族ですから、基本的には、地域的国衆の連合組織の盟主といっていいでしょう――、この文書では今川氏の当主と並び称されて、竹千代丸が引き上げられてくるんですね。これはもはや、今川氏の領国西三河における支配機構の一環として位置づけられていることになる。今までの地域的な国人一揆が、このようにして、戦国大名としての今川氏の領国支配機構のなかに組み

込まれてしまって、上下関係、主従関係に転化させられていくひとつの証拠だと思います。

ですから、このようにして松平氏の同族的な国人一揆機構が、今川氏の領国支配機構の一環に組み込まれてしまっている。こうして西三河に戦国大名的な領国支配が浸透していく。だからなんですね。家康が、岡崎に簡単に自立できたのは。今川氏の支配機構をそのまま乗っ取ったんです。また、これが、自立した後の家康の領国があのように急速に拡大した理由です。かつての同族的地域的な一揆機構が、戦国大名今川氏の支配機構の一環に組み込まれてしまったわけですが、そのような国人一揆機構は―松平氏の権力機構そのものが、地域的な一揆機構であったわけですが―、このほかにはなかったんだろうか。この点が問題となってまいります。甲斐ではどうでしょうか。三河には残るんです。東三河か奥三河がそうなんですね。非常に広い地域で。

それが「山家三方」と言われた国衆たちです。「山家三方」の実像を示そうとしたのが史料5‐A～Cです。

〔史料5‐A〕武田信玄定書写〔松平奥平家古文書写〕

定

一、東三河三方へ相渡上者、可停他之綺之事

一、西三河之内被拘来之本地、不可有相違事

一、遠州之内旧領無異儀可被相拘候事

一、遠州あたこの郷之事

一、牛窪本領不可有相違候、但近年除菅沼新八郎拘之地之事

付、新地之儀者三方有談合、可有配当之事

元亀三年壬申

七月晦日　　信玄判

〔史料5-B〕武田勝頼定書写〔松平奥平家古文書写〕

定

一、遠州之内新所五百貫、高部之内百貫、幷西三河之内山中七村山形原分千貫文者、累年之拘来之由候間、可為奥平美作守計之事

一、同州高部之内百貫文、菅沼伊豆守百貫文、菅沼刑部丞如年来可被相拘之事

附、百貫野田領、百貫西郷領者、追而可成下知事

一、東三河牛久保領之内、菅沼刑部丞・奥平美作守雖被申旨候、三方衆之事ハ相互ニ閣遺恨、無入魂而不叶儀候間、抛是非三方談合候上、牛久保領無増減可有配分之事

付、畢竟之附之倚学道村鈴木口上之事

以上

六月晦日　　勝頼判

菅沼右近助殿

同名刑部丞殿

奥平美作守殿

〔史料5-C〕徳川家康起請文写〔譜牒余録〕（『岡』）

敬白　起請文之事

一、今度申合候縁辺之儀、来九月中ニ可有祝言候、如此ノ上ハ、御進退善悪共ニ見放申間敷事

一、本地・同日近幷遠州知行、何れも不可有相違候
一、田嶺跡職、同菅沼常陸守・同新次郎・同伊賀・林紀伊守、其外諸親類・諸被官知行、幷遠州知行共ニ渡進之候、然者彼知行之内、松平備後守・菅沼十郎兵衛・同藤三郎を始、其外方々へ随、出置候、田嶺跡職一円ニ其方へ進置候上ハ、一所も無相違、則当所務より渡可申事、付、野田へ之義、筋目次第可申付事
一、長篠跡職、同諸親類・諸被官、遠州知行共ニ渡置之候
付、根田・かうち・御渡野・大塚、如前々返可申事
一、新知行三千貫進置候、此内半分三州ニ而、半分ハ遠州川西にて合三千貫文、以本帳面当所務より渡可進候事
一、三浦跡職之義、氏真御断申届、可申合事
一、信長御起請文取可進之候、信州伊奈郡之義、信長江も可申届候事、付、質物替之事、相心得候事
已上
右之条々、少茂ぬき公事有間敷候、此旨於偽申者、
梵天・帝釈・四大天王、殊八幡大菩薩・熊野三所権現・愛宕山権現、別而氏神・富士・白山・天満大自在天神弓矢之冥加永つき、無間地獄ニ可落者也、仍如件

元亀四酉

八月廿日　　家康御判

奥平美作守殿

同　九八郎殿

戦国末期の「山家三方」にかかわる史料です。非常に広い地域です。東三河から奥三河にかけてなんですね。です

から、武田が狙います。今川も狙う、徳川も狙います。交通上、三河の中心的な地域ですから。結局は、徳川氏に元亀四年（一五七三）につくことになります。その時の模様を伝えるのが史料5―Cです。一揆機構―国衆の一揆機構―が残ります。これは、信玄からも、勝頼からも安堵状をもらっています（史料5―A・B）。信玄の史料5―Aでは、「東三河三方へ相渡す上は」と出てきますね。この「三方」が「山家三方」です。最後の条の付けたりには、「新地の儀は三方談合あり」とあります。勝頼もそうなんですね。史料5―Bの一番最後の条で、「三方衆の事は、相互に遺恨をさしおかず」云々と出てまいります。ところが、これがやがて解体していきます。今川・武田・徳川の間に挟まれまして、結果的に奥平が取ることになります。そして、ほかはバラバラに、家康によって有力家人として取り立てられていくこととなります。

問題はその後の徳川氏の発展的な形態です。史料6をご覧ください。これが、黒田さんの概念規定に対して、徳川氏の問題をどう考えるのか、そのための史料です。

〔史料6―A〕松平家康判物〔致道博物館所蔵文書〕（『岡』）

吉田東三河之儀申付候、異見可仕候、至吉田北郷一円ニ出置之、其上於入城者、新知可申付候、由来如承来、山中之儀、可有所務之、縦借銭等向候共不可有異儀候也、仍而如件

永禄七年甲子年　蔵人佐

六月廿二日　家康（花押）

酒井左衛門尉殿

〔史料6―B〕徳川家康判物〔致道博物館所蔵文書〕（『岡』）

一、信州十二郡棟別四分一、其外諸役不入手ニ出置事

一、従国引付候面々、可為其方計、付、信州無一篇間、奉公令退屈欠落候人、分国可相払、国衆内者、上下共同前事

一、国中一篇ニ納候上も、弐年本知行令所務、其上者可被上、十二郡不納間者、本知相違有間敷候、国衆同心同前事

一、国衆同心在国之衆者、其方同前可有走舞、信州一篇之間者、何も可令同心、少も於違乱之輩者、可加下知事

一、信州若不和成、於有相違者、前々知行無異儀可申付、幷国衆同心同前之事

右条々、永不可有相違、縦先判雖在之、出置上者、一切不可有許容者也、仍如件

天正拾年壬午

七月十四日　　家康（花押）

酒井左衛門尉殿

この史料6-Aにありますように、徳川氏の家臣のなかでは酒井忠次が最初に城持ちになった人だと、近世では言われているんですが、これも「支城主」と言ってよいのかどうか、ほかの史料では「城代」とも出てきます。史料6-Bでは、忠次は雪斎に近い権限を与えられています。これは「支城領主」ではないでしょうか、黒田さんの言うところの。ちょっとやっぱり違うかもしれませんが。それから、史料7として掲げておきました史料は、こういう「山家三方」の支配領域において、どういう年貢公事の収取が行われていたかを示すものです。

〔史料7〕田口郷公田指出〔田口町郷土資料館（愛知県）蔵文書〕（所理喜夫『徳川将軍権力の構造』吉川弘文館、一九八四年、一〇六～一〇七頁）

田口郷公田御指出之事

一、拾九貫六百地　公田　高辻

此内壱貫六百地 五百文地　後代官免
五貫六百文地　荒川成
　拾壱貫九百文地　有高
残り　但し百文地ニ□八升納
　　八大升也
一、三十壱貫六百文地　御散田　高辻
　此内　弐貫三百文地　八満領
　　壱貫五百文地　福田寺領
　　壱貫文　大通庵
　　弐貫文地　定使地免
　　四貫六百文地　荒なき落川成

後でいろいろとお聞きしたいと思いますが、「公田」を確認して、散田が打ち出されているんですね。そして、貫高が出ています。こういう例は、武田の場合では、いかがでしょうか。そういうことをお聞きできれば、お教えいただければと思います。

以上のように、なかなか結論じみたことは申し上げられないわけですが、黒田さんの考え方を中心にして、今川の場合どうなのか、松平の場合は、それから武田の場合はどうなのか、柴辻先生とか、その他の先生にご意見を頂戴できれば、望外の幸せです。

時間を超過しましたけれども、長い間ご静聴いただきありがとうございました。

戦国期江戸地域社会の史的展開
―江戸城将遠山氏と太田氏を中心にして―

はじめに

天正十八年（一五九〇）七月五日、籠城じつに三か月、北条氏は小田原開城に決した。豊臣秀吉は北条氏を改易するとともに、自らの命とひきかえに城兵の解放を求めた北条氏直を助命し、父氏政とその弟氏照に切腹を命じた。二人は同月十日城下の医師田村宅で切腹する。ここに戦国大名北条氏は滅亡した。同十三日秀吉は小田原城に入城、この日徳川家康に三河・遠江・駿河・甲斐・信濃の五か国から、北条氏の旧分国、伊豆・相模・武蔵・上野・下総・上総の六か国へ転封を命ずる。家康主従は、八月一日直前には江戸城へ入城して、ここを本城とし、速やかに新領国への移住を完了する。その迅速さは秀吉をして嘆ぜしめたという。

豊臣政権成立後、この前後の秀吉と家康の「関東仕置」と、そこに至る政治過程は、同十四年十一月とみられる関東「惣無事」令や国制の問題と関連して追究しなければならないが(1)、関東地方、とくに江戸とその周辺地域にとっては、もう一つの課題がある。江戸を本拠とする家康の関東領国の形成、その前提の追究である。その前提となる歴史的諸条件が、江戸とその周辺地域に育成されていたことが、明らかにされつつあるからである(2)。また、後述の研究史の整理にみるように、近年の山内上杉、扇谷上杉、古河公方の領国構造、さらに北条氏領国支配研究の進展は、戦国時代後期において、江戸とその周辺地域が、家康の関東領国展開を支えた歴史的諸条件をも明確にしつつある[3]。太田道灌が江戸城を築く以前、江戸とその周辺地域の地域的中心地は、隅田川の左岸の隅田宿やその対岸の石浜、さらには古代以来の名刹浅草寺があった浅草だった。しかし、大永四年（一五二四）正月十三日、北条氏綱が江戸城を奪取して遠山直景、ついでその子綱景を江戸城城代に任じ、江戸城を武州攻略の拠点として以来、江戸城とその周辺地域は新たな歴史的役割を担い始める。以下、この時点以後の戦国大名北条氏の江戸地域支配体制を、『小田原衆所領役帳』における江戸衆と江戸太田氏、さらに江戸遠山氏とに焦点を合わせつつ、その様相の一端を追究したい。

第一節　江戸遠山氏の系譜とその権限―研究史の整理（一）と成果の確認―

戦国期の江戸地域支配を考えるに際し、戦国大名北条氏と江戸城将遠山氏の構造についての考察は不可欠である。この課題に関する研究は、小田原城・江戸城開城前後における江戸城将遠山氏（以下、江戸遠山氏と略称）嫡流の行方とその系譜が不明だった故に、系譜の追究から始まる。一九五〇年代、江戸と遠山氏の研究に着手したのは杉山博[4]で、この視角を引き継ぎ、江戸遠山氏の構造を解明しようとしたのが柴辻俊六[5]である。江戸遠山氏嫡流の系譜と、それと江戸衆との関係は、この段階で明らかにされたと言ってよい。これを受けて黒田基樹は、江戸遠山氏の江戸城将としての権限を追究するとともに[6]、その系譜関係を、嫡流・庶流はもちろん、姻戚関係を含めて明らかにした[7]。黒田によれば、江戸遠山氏は戦国大名北条氏の家中において、松田・大道寺両氏と並んで北条氏の準一族という家格を有し、北条氏家臣団の中では最高位に位置する存在であった[8]。伊勢（のち北条）氏家臣としての江戸遠山氏の初見史料は、永正三年(一五〇六)正月十四日、遠山隼人佐直景が相模西郡松田郷の知行主として、同郷内の延命寺に宛てた「田地寄進状」である。(9)これによって江戸遠山氏が伊勢宗瑞以来の譜代家臣であり、その初代は直景で官途名「隼人佐」を称していたことがわかる。その家督は二代綱景へと受け継がれる。綱景には嫡子藤九郎がいたが早世したため、相州大山の僧となっていた三男を還俗させて三代政景とし、政景の跡はその子四代直景が継ぐ。直景は天正十五年(一五八七)五月二十九日の死去と伝えられている。直景には犬千代という子があった。犬千代は同十八年二月九日、所領の相模国中郡南金目の藤間十左衛門に朱印状を発給している。(10)おそらく直景の没前に家督を継いだのであろう。その諱と官途名は不明ではあるが、元服後三代政景・四代直景と同じく「右衛門大夫」の官途名を称したものと思われる。後述するが、「北条家人数覚書」「関東八州諸城覚書」にみえる「遠山右衛門尉」はこの犬千代のことであろう。(11)族縁関係を重視しながら略系図を示せば図1となる。

この五代の間、江戸遠山氏は江戸城将としての地位にあったが、城将として北条氏から付与された権限—公的権限—については、初代直景・二代綱景と三代政景以降との時期とは決定的に異なる。(12)初代直景・二代綱景の時期は、第一に江戸城代として自身の被官のみならず江戸衆全体に対する軍勢指揮権

図1　江戸遠山氏略系図

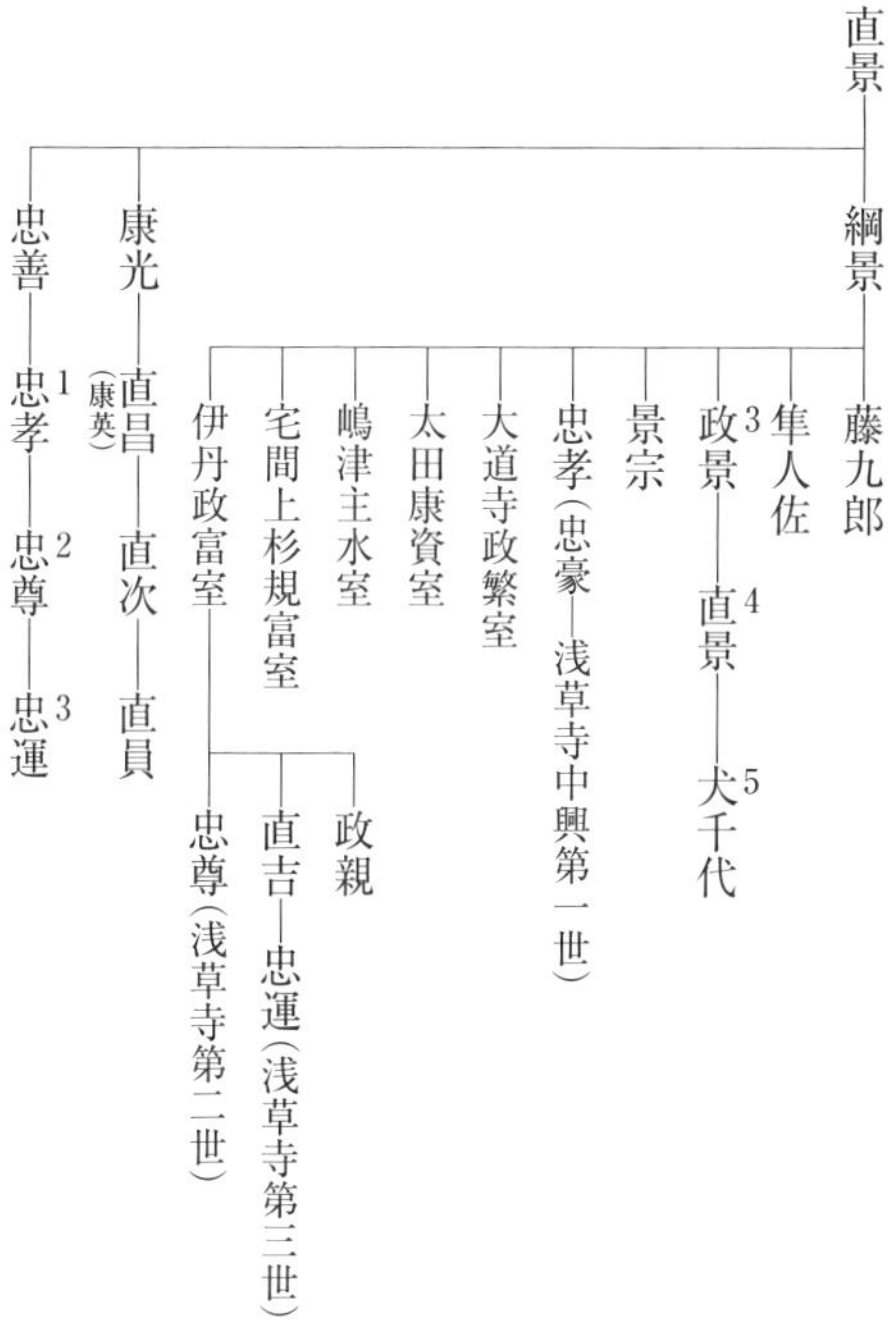

と、これに付随する検断権を行使しえた。第二に「公方御用」役の徴収・免除(賦課)権を行使し、制札の発給権と一定度の安堵権の付与、すなわち「郡代」の権限を与えられていた。このように黒田は江戸遠山氏を事例として、一定地域の軍勢指揮権に加えて「郡代」の権限を付与された者を「城代」と把握すべきであると説く。しかし、永禄五年(一五六二)ごろ、北条氏秀が江戸に入部し江戸地域支配を展開してから、綱景—北条氏秀という移行ラインが成立し、上記二つの公的権限は氏秀に吸収され、三代政景以降は一江戸城将と位置づけられるに至った。

江戸北条氏の有する江戸支配権は氏秀の死後、その子の乙松丸に伝えられるが、幼少だったため、これを「御隠居様」北条氏政が後見し、天正十二年ごろ、乙松丸が死去するに至って、氏政が完全に掌握したものとみられる(13)。

戦国大名北条氏の江戸地域支配を考える場合、画期的な江戸遠山氏二代綱景から三代政景への移行は、右のように永禄五年ごろから着手された北条氏の江戸地域体制の転換期に、綱景の長子藤九郎が早世し、しかも綱景自身が嫡男となった次男隼人佐とともに永禄七年の第二次国府台合戦で戦死したためであった。これと前後して、同六年、太田新六郎康資は北条氏に叛いて安房の里見氏を頼る。康資は江戸城代遠山綱景とともに江戸衆の中核だった。これを契機に戦国大名北条氏は、江戸地域支配体制の全面的再編整備に着手したものと想定される。しかし、初代直景・二代綱景の北条氏への功業を思うとき、かつて相州大山の僧だった三代政景には惣高辻二〇四八貫余におよぶ所領と江戸衆筆頭としての地位(14)は、安堵されたことであろう。たしかにこの地位は、江戸遠山氏の初代直景・二代綱景が、一〇年余にわたる北条早雲・氏綱に対する献身と奉公に対して戦国大名北条氏から、与えられたものであった。戦国大名北条氏と江戸遠山氏との発展は一体だった。直景・綱景親子とその周囲は、明確にこのことを認識していた。初代直景の妻で二代綱景の母、平まつくすは、史料1のような願文を神仏に捧げている(15)。

〔史料1〕六所明神本地仏釈迦像台座銘写

なむしやかむにふつなむ、なむ六しよのかみ〳〵、とお山かいのかみか身にあるおゝかのゝ（註記略）やまいことことくやきうしなはせ給候て、あせかくやまいなく、しそんはんちやうに御まもり候て可被下候、（中略）なむしやかむにふつ、なむ六しよのかみ〳〵、とお山や六ろう（註記略）ゆみやのめうかあつて、いのちなかくまつたくあせかくやまいなく、ほうちやうのうちやすのきよいよく、むひやうたつちやに御まもり可被下候、とお山かいのかみ・おなしくや六ろうを（中略）御かへし候て　かいのかみ・や六ろうおやこの身におはぬように御まもり候て可被下候、（中略）わか身たいらのまつくすか、（中略）ま事にしに申さんときに身もやます、かたきことなく、かなしきことなく、おゝちやうするように御まもり候て可被下候、天ふん二一年みつのへね八月きち日むさしの

くにゐとのあるしとお山かいのかみ母

史料1は、江戸遠山氏の初代直景の妻で二代綱景の母、平まつくすが、武蔵国惣社・六所明神社の祭神と、その本地仏釈迦牟尼仏に捧げた願文で、本地仏の台座銘写である。主意は、一つには息子の「ゐとのあるしとお山かいのかみ」＝江戸城代遠山甲斐守綱景の無病息災と子孫繁盛、二つには孫の遠山弥六郎の武運長久と主君北条氏康の御意よく元気でいること、三つ目には自分自身の臨終にさいしての安らかな往生を祈願したのである。にもかかわらず、先述したように江戸城代遠山甲斐守綱景と弥六郎隼人佐は、永禄七年の第二次国府台合戦で戦死する。

第二節　江戸衆と江戸太田氏の家中

一　江戸地域と江戸衆―研究史の整理(二)―

「ほうちやうのうちやすのきよいよく」江戸遠山氏の二代綱景が獲得した江戸城代とは、先に述べたように江戸城に配置された軍団江戸衆の軍事指揮権を握りつつ、郡代の権限を振るうことだった。

永禄二年(一五五九)『小田原衆所領役帳』(以下、『役帳』と略)作成時の江戸衆は、高辻二〇四八貫四三五文の城代遠山丹波守を筆頭に、一〇〇〇貫以上三人、一〇〇〇貫未満五〇〇貫以上四人、五〇〇貫未満一〇〇貫以上一九人、一〇〇貫未満五〇貫以上一四人、五〇貫未満三〇貫以上一一人、三〇貫未満二〇貫以上一〇人、二〇貫未満一〇貫以上一三人、一〇貫未満七人の計八一人から構成される。これらの江戸衆を、杉山博は知行役負担の視角から、知行役免除の家臣、「前々より(役)を致し来るもの」、新しく江戸衆に編成された土着の豪族の三グループに分け、これら土着の武士の上位に遠山綱景・富永らをはじめとする北条氏の重臣を置いた(16)。この杉山の見解を全面的に再検討したのが池上裕子である。

論点は多岐にわたるので、北条氏の家臣団編成に限って要約する。『役帳』は永禄二年まで、それが到達した家臣団編成のほぼ全容を示すものであり、また、それ以後の変化に対応していないとしたのち、第一に北条氏の家臣団編成の特質は『役帳』の江戸衆・松山衆のような衆編成にあること、第二にその衆は寄親―同心衆のいくつかの集合体であること、第三に衆構成員の所領構造の散在性零細性や相給状況は政策的に設定されたとする。[17]

また、柴辻俊六は、江戸衆をその性格から北条氏江戸入城以前からの在地土豪（寄合衆）と、遠山氏とともに入城以後に江戸周辺に所領を与えられた譜代とに分ける。寄合衆のうち役高最大の太田新六郎の勢力は強大で、遠山綱景・富水らは、その牽制の意味で江戸城に配備されたものであるが、江戸衆としての軍事編成は、いわゆる寄親寄子にみられる他の戦国大名の家臣団編成と同形態であるとした。[18]

江戸衆としての軍事編成を、江戸地域に視座を設定して、より具体的に研究したのが加増啓二らである。加増は『役帳』作成前後、江戸・葛西城による北条氏と岩付太田氏との争奪の対象となった下足立郡下の舎人郷と舎人氏、次いで寄子・同心からなる太田氏と江戸太田氏の軍団の性格の一端を明らかにし、[19]長塚孝と黒田基樹は面的に江戸衆そのものの構造とその歴史的変容に迫った。

長塚は、江戸北条氏を摘出したのち、その基盤となった江戸衆の基本構造と変容について、永禄二年、独立性の強い小集団が集積して成立した江戸衆は、天正前期には「遠山衆」と「治部少輔衆」とかいわれる四集団によって構成されるに至ったとした。[20]また黒田は武蔵千葉氏と太田新六郎康資の所領構造を分析し、[21]『役帳』における所領の在り方は基本的には上杉氏段階に遡るものであり、それ故そうした所領の在り方も上杉氏段階から永禄二年時の江戸衆は、遠山氏・武蔵千葉氏・嶋津氏・三善姓太田氏・小幡氏・富永氏・江戸太田氏の七氏を寄親とする軍事集団であったが、天正期には嶋津氏は遠山氏の同心化を遂げて遠山衆のなかに包摂され、武蔵千葉氏も遠山氏の同心衆的存在となり、実際の軍事編成上の単位となる「一手役」を構成したのは、遠山氏・三善姓太田氏・富永氏・江戸北条氏の四氏となると説く。[22]

第一節で江戸遠山氏の政治的地位、ここでは江戸衆の研究史をみてきたが、長塚孝と黒田基樹が、見解を異にする点がある。長塚は永禄二年時の江戸衆の基本構造を独立性の強い小集団の集積とする[23]のに対し、黒田は天正期の構造から永禄二年時を想定し[24]、天正期の江戸遠山氏の政治的地位については長塚が城代とする[25]のに対し、黒田は単なる江戸城将とする[26]。先述したように池上裕子は北条氏の家臣団編成の特質は江戸衆・松山衆のような衆編成にあるとし、柴辻はその軍事編成は、いわゆる寄親寄子にみられる他の戦国大名の家臣団編成と同形態であるとした。長塚は永禄二年時の江戸衆の基本構造を独立性の強い小集団の集積であるとし、また黒田によれば、永禄二年時の江戸衆は、遠山氏・武蔵千葉氏・嶋津氏・三善姓太田氏・小幡氏・富永氏・江戸太田氏の七氏を寄親とする軍事集団であった。問題は、池上が北条氏の家臣団編成の特質と捉えた衆編成の構造とその歴史的性格をいかに把握するかということであろう。

二　江戸太田氏の家臣団構造

1　江戸太田氏の家中

右のような研究史の整理を受けて、ここでは池上・長塚・黒田らも取りあげている江戸太田氏の事例を手掛かりに、江戸衆の構造を検討しよう。北条氏自身が、江戸太田氏の家臣団編成の要素を指し示した史料があるので、それを示す[27]。

〔史料2〕北条氏康書状写

葛西へ敵動ニ付而、新六郎敵陣へ移由候、家中儀一段無心元候、寄子・加世者事者不及申、中間、小者迄相改、葛西へ不紛入様、可申付候、若又基地へ敵動候者、為始両人悉妻子を孫二郎ニ相渡、中城へ入候而、可走廻候、

先忠此時候、恐々謹言
（永禄七年）
正月朔日　　　　　　　　　　　　　　　　　氏康（花押）
太田次郎左衛門尉殿
恒　岡　弾　正　忠殿

遠山綱景・富永らとともに江戸衆の中核だった太田新六郎康資は、永禄五年冬に江戸を退去し安房里見氏を頼る。折しも里見氏は葛西に侵攻した。このとき新六郎康資も里見方に在陣し、北条氏に敵対することを明確に示した。江戸城の周囲に集住する新六郎の旧臣がこれに呼応すれば、葛西城と江戸城は危殆に瀕する。憂慮した北条氏康による、太田新六郎の旧臣、太田次郎左衛門尉・恒岡弾正忠への「先忠此時候」との厳命が史料2である。このなかで北条氏康は、太田新六郎の「家中」の動向を危ぶみ、新六郎の「家中」の寄子・加世者はいうまでもなく、中間・小者まで人改めをし、葛西の新六郎の陣に紛れ込まないように厳命している。宛所の恒岡弾正忠は、これより五年前の『役帳』によれば九三貫二五〇文と、「家中」二番目の知行役高を北条氏から承認された江戸太田氏の重臣である。太田次郎左衛門尉は『役帳』には見られない。新六郎の一門であろう。まず新六郎が率いる江戸太田氏の権力機構を「家中」と称している点に注目したい。氏康は太田氏の「家中」の軍事力―家臣団は、寄子・加世者と中間・小者によって構成されていると認識していた。

2『役帳』にみる江戸太田氏の家臣団

この江戸太田家の「家中」は、『役帳』に太田新六郎とその寄子・同心として、その姿を現わす。一般に『役帳』における同心と寄子は同義語に使われていると理解されているようである。たとえば池上裕子は、『役帳』における同心と「寄子」は、「江戸衆の太田大膳亮・新六郎の同心も旧来からの関係を北条氏が掌握・編成することによって、同心であると同時に江戸衆の構成員となったのである」としたうえで、小田原衆南条・池田氏の事例により、広義の寄子に同心と「寄子」の二類型があるとして、広義の「寄子」概念に包摂して理解している。[28] しかし『役帳』における江戸太田氏の寄子と同心の場合は、明確に区別されて使用されている点に注意したい。

『役帳』における江戸太田家の「家中」の記載様式は、次のように四分類できる。A太田新六郎が北条氏より安堵された「知行」、Bその寄子衆配当、C同心方知行、Dその他、である。A・B・Cの記載様式を次に示す。[29]

〔史料3-A〕

一　太田新六郎知行

百六拾七貫五百文①　江戸　広沢三ヶ村

百卅三貫弐百文②　同　志村廿一給衆

（中略）

拾弐貫五百文③　同　雑司谷　中村二郎右衛門

（中略）

三貫文④　同　高田内赤沢分

（中略）

以上九百卅壱貫三百八拾四文

〔史料3―B〕

新六郎書立上被申員数辻、但此外私領之内を自分ニ寄子衆ニ配当候書立

江戸

①卅弐貫九百十六文　市ヶ谷　斎藤分

（中略）

江戸

②拾貫五百文　落合鈴木分　長野弥六分

（中略）

六郷内

③壱貫八百文　一之倉　蒲田分

稲毛

④三貫文　座主分　同人

（中略）

以上四百八拾八貫五百文

合千四百拾九貫九百文　新六郎自分知行高辻

（中略）

都合千四百拾九貫九百文　人数着到出銭者如高辻

〔史料3-C〕

此外同心方

一　太田源七郎

江戸廻

拾①七貫五百文　目黒本村鈴木分共

同

拾②九貫文　桜田内西村分

以上卅六貫五百文

大普請之時半役　新六郎普請庭を可致之

人数着到者如高辻　但出銭者御免

（中略）

六郷内

一　五拾壱貫文　新井宿　梶原日向守

此度被改上知行役可申付　人数着到如高辻　出銭者御免

（中略）

合五百廿弐貫七百文　同心衆知行員数辻

此内百六拾四貫八百文　知行役可致辻

A　「太田新六郎知行」部分について

A①のような記述「百六拾七貫五百文　広沢三ヶ村」を一筆と数えれば、「太田新六郎知行」分は二八筆ある。そのうち一八筆は、A①のように、役高のつぎに書かれているのは「広沢三ヶ村」のような地名である。しかし、他の一〇筆にはすべてA②③④のように、登録地に対して北条氏と太田新六郎以外の第三者、あるいはそれらしき記載がある。

このうち②の「百卅三貫弐百文　志村廿一給衆」とは、佐脇栄智がいうように、太田新六郎康資が、自己の知行の志村一三三貫二〇〇文の地を、二一人の寄子衆に給与しているとの意であろう。(30)一人当たりの平均給地高は六貫三四三文となる。二一人の寄子衆に対する配当給与の多少は新六郎の恣意に拠ったものとみられる。寄子衆としてはB部分のそれと同じであるが、個人ごとの役高が『役帳』に登録されていないだけ、新六郎に対する従属は強かったかもしれない。その性格は、北条氏の貫高制下、太田新六郎知行内を、新六郎によって支給された下級家臣団だった。史料2にいう寄子衆の一部である。彼らが寄子と称されたように新六郎は「寄親」と呼ばれたかもしれないが、「寄親」というよりは寄子の主君であり、北条氏の貫高制下に構築された封建的主従関係の一環といえよう。ちなみに北条氏は、「足軽衆」として、より大規模な足軽軍団を組織していたが、その際『役帳』においては「足軽衆」に対して三貫文を給した。(31)この事例などからみれば「志村廿一給衆」への配当も六貫文くらいずつ、均等に配分された可能性がある。

A③は一二貫五〇〇文の雑司谷の知行地を、新六郎が中村二郎右衛門に給与したものであろう。ただし、中村二郎右衛門を中村宗晴と同一人とした場合には「中村二郎右衛門」の分は後筆の可能性が強い。なお、『役帳』江戸衆のなかに中村二郎右衛門と関連した次のような記載がある。(32)

〔史料4〕

買得

一　廿貫文　　竹松之内　　　中村平三郎

大普請之時半役　　　今ハ二郎右衛門拘

元小野知行

中村平三郎が名請した竹松之内の二〇貫文の地は「元小野知行」分を買得したもので、「今ハ二郎右衛門拘」となっている。「廿貫文　竹松之内　中村平三郎」の地を、今は二郎右衛門が拘え支配しているとの意である。中村平三郎のこの地についての買得関連記述を次に示す。(33)

〔史料5〕

西郡

一　八拾五貫四百五拾文　　竹松郷　　小野兵庫助

此外廿貫文　中村平三郎買得　十五貫百八文　御蔵納

役致来

史料4の「元小野知行」とは、竹松郷に小野兵庫助が知行する一〇五貫四五〇文のうち、二〇貫文を中村平三郎が買得したものだった。その地も、今は二郎右衛門の拘えになっている。この二郎右衛門とは、史料3-A③の中村二郎右衛門と同一人の可能性が高い。とすれば中村二郎右衛門は、A③一二貫五〇〇文の雑司谷の地を合わせ計三二貫五〇〇文の地を支配していたことになる。時代は下るが天正五年(一五七七)、北条氏は、遠山政景に船橋綱公物銭二九貫九五〇文を「中村二郎右衛門前」より請け取るよう命じている。(34)『役帳』の名請人の冒頭に書かれた役高が、在地における土地権利の売買をそのまま承認したものであることを知ると同時に、『役帳』に登録された事項が権利化し、「〜前」として大普請や公物銭など公方役の収支機構の一単位のように機能していることがわかる。

これと関連して注意したいのが、史料3-A④に見られる記載である。これは「三貫文　高田内赤沢分」のように役高・地名のつぎに「赤沢分」、つまり「〜分」の記載がある。これを「分付記載」と呼ぶことにする。分付記載はA部分の二八筆中七筆に見られる。そのうち五例は赤沢・添田・篠田・小櫃・三戸など地名か名字らしきもので、そのいずれか断定する史料を欠くが、史料3-Bの寄子衆の記載様式からみれば、後者の可能性が強いと思われる。他の二例は品川内布西寺分と稲毛龍寿院分という寺院名である。それぞれの寺院の元所領の意であろうか。

B　太田新六郎「私領之内を自分ニ寄子衆ニ配当候書立」部分について

B部分は、表題にあるように太田新六郎が私領のうちを自分の寄子衆に配当した「書立」である。複数の地を名請している寄子衆もいるのであるから、太田新六郎の家臣団の構造を分析するためには、その一筆ごと名寄集計が不可欠である。その際、もっとも注意すべきは、A④に見られたような「分付記載」の処理である。B部分のそれは、より複雑である。

寄子衆に配当された高辻は、B①のように、一筆ごとに配当高辻、地名、寄子らしき名を冠した分付記載の順で書き立てられている。B①の場合は、太田新六郎が私領のうち三二貫九一六文の江戸市ヶ谷にある地を寄子の斎藤が名請し、配当されたことを意味している。ただし分付記載の「斎藤」を新六郎の寄子と立証する史料はない。表題によって推定するだけである。B③④はこのような分付記載が新六郎の寄子の名を冠したものであるとの推定を補強する。③に「一之倉　蒲田分」とあるのに対し、次に「座主分　同人」とあり、③の「蒲田」は地名ではなく、名字であることが判明する。その多くはこの記載様式であり、配当高辻、地名の次の分付記載は新六郎の寄子名を冠したも

表1　太田新六郎寄子衆一筆ごと名寄表

No.	名　請　人	筆数	在　　　所	高辻（単位は貫）
1	斎藤分	1	江戸　市ヶ谷	32.916
2	三橋分	1	稲毛　小倉	15.000
3	長野弥六分	1	江戸　落合鈴木分	10.500
4	興津分	1	江戸　下渋谷	6.500
5	土屋分	1	千束　石浜	15.400
6	源七郎分	4	江戸　広沢内代山根岸　20.000 〃　土志田　6.500 中野内　大場　1.000 小机　潮田内　12.000	39.500
7	源三郎分	3	江戸　瀧之川　21.500 〃　中里市谷中村二郎右衛門　20.616 〃　金屋　11.365	53.481
8	伊佐分	1	江戸　今井	9.800
9	宮内分	1	江戸　石原内	7.000
10	岸分	7	江戸　十条内　田野分　8.300 〃　奥州方　5.500 石神井内　谷原在家　1.700 高田内葛谷　1.200 千束内　阿佐谷分　16.290 葛西内　在家一間　0.850 江戸　平塚内　田端在家　15.000	48.840
11	蒲田分	4	六郷内　一之倉　1.800 江戸飯倉内小早川　14.850 稲毛　座主分　3.000 〃　渋口分　10.000	29.650
12	山中分	1	江戸　戸塚内	11.500
13	谷平左衛門分	1	六郷内　極楽寺	6.050
14	梶原分	2	六郷内戸越村　13.300 〃　根岸　16.000	29.300
15	恒岡分	2	稲毛　長尾村鈴木共ニ　21.000 江戸　江古田　5.000	26.000
16	石原分	1	江戸　石原惣領分	25.300
17	牟久分	1	六郷内　入不斗花井方	5.132
18	飯島分	1	江戸　駒井宿河原	12.500
19	板橋分	3	江戸　板橋大炊助屋敷分　12.000 〃　志村内本分　14.000 〃　板橋内大谷口　3.300	29.300
20	中田分	2	稲毛　鹿島田借宿　2.500 〃　小田中分　1.200	3.700
21	中村分	1	稲毛　鹿島田	12.850
22	品川分	1	江戸　三田内寿楽寺分	5.000
23	渋江分	2	江戸　滝之川梶原堀内　21.000 〃　神田内新堀方　6.584	27.584
24	（新井）	1	江戸　銀	20.000
25	寺屋分	1	江戸　三田内箕輪	3.700
26	高城	1	葛西　長嶋	2.000

のである。

しかし、B②の一〇貫五〇〇文の地には「落合鈴木分　長野弥六分」と同一の地に二つの分付記載があり、④三貫文の「座主分　同人」の「同人」を③の「蒲田分」とすれば、②の場合と同じ内容となる。②③のような事例は、九例を数える。このように同一の地に二つの分付記載がある場合、前者の分付記載は、地名の可能性が高い。たとえば④の「座主分」は、稲毛荘の伝領に由来する地名である。[35] ②③のような事例の前者の分付記載を地名として整理し、太田新六郎の寄子衆一筆ごと名寄集計表を作成すれば表1となり、これをもとに貫高による名請高辻の階層表を作れば表2となる。

表1によれば、寄子衆のうち最大の高辻を名請したのは№7源三郎の五三貫四八一文、最小は№26高城の二貫文で、員数は二五人を数える。平均名請高は一九貫五四〇文で、表2太田新六郎寄子衆階層に明らかなように、三〇貫文未満五貫文以上の者一八人と過半を占めている。A②の「百卅三貫二百文　志村廿一給衆」の「廿一」を新六郎の下級家臣団とすれば、この寄子衆は中級家臣団とすることができよう。

表2　太田新六郎寄子衆階層表

高　　辻	員　　数
60貫文～50貫文	1
50　～40	1
40　～30	2
30　～20	7
20　～10	5
10　～ 5	6
5　～ 2	3
	計25 平均19.546

寄子衆の実名は、それぞれ不詳というよりほかないが、黒田は、表1№6の「源七郎」とは、新六郎の同心・庶兄の源七郎景資のことで、同じく表1№7の「源三郎」を新六郎の弟・源二郎資行としている。[36] №15の「恒岡」とは、同じく新六郎の同心・恒岡弾正忠の可能性が高い。また№19の「板橋」は同じく新六郎の同心・板橋又太郎か、あるいはその一族であろう。板橋氏は豊島郡の名族・豊島家の庶家である。[37] いずれにせよ№15と19は新六郎の同心かその一族である。この他、№11の「蒲田」は江戸家の庶家の名字であることが注目され

る。少なくとも江戸太田氏が意識的に自家の一族と地域の名族か、その庶家を寄子に取り立てたとみることはできよう。しかも単なる地域の名族だけではなく、№10の「岸」の場合は、①石神井内に谷原在家一貫七〇〇文、②葛西内に在家一間八五〇文、③江戸平塚内に田端在家一五貫文と三筆の「在家」を名請している。③の場合は比較的貫高も大きく、「在家」が地名化しているものと思われるが、①②の場合は直接「在家」を把握していたものとみられる。郷村に依拠したのではあろうが、在地支配に直面した在地領主そのものといえよう。彼らは寄親寄子制のもとにおける寄子だったかもしれないが、北条氏の貫高制下、太田新六郎の「私領」を給与された江戸太田氏の封建的家臣団内の中級家臣団であった。

このほか江戸太田氏の家中には、新六郎に「同心」として付属された人々がいた。それが史料3-Cである。

高辻(貫)	備　　　考
36.500	大普請半役，蔵出10.000 出銭御免
51.000	此度知行役　出銭御免
119.740	此度役100.000　出銭御免
93.250	此度知行役　出銭御免
20.000	大普請半役
28.680	大普請半役，出銭御免
25.014	同理
27.900	同理
49.080	大普請半役
7.000	
11.350	
15.180	
15.000	千寿成人之間無役　出銭御免
13.000	

C「同心方」について

C部分には、Bのような複雑な分付記載はみられない。五例の分付記載を数えるが、そのすべては史料3-C①「目黒本村鈴木分」のように郷村内の諸年貢貢納組織ないし単位を、一括して分付記載で捉えている。史料3-B部分の分析と同じように太田新六郎同心方一筆ごとに名寄表を作れば表3となり、これをもとに、名請貫高による階層表を作成すると表4となる。表3によれば、同心方のうち最大の高辻を名請

表3　太田新六郎同心方一筆ごと名寄表

No.	名請人	筆数	在所
1	太田源七郎	2	江戸廻　目黒本村鈴木分共17.500 江戸廻桜田内西村分19.000
2	梶原日向守	1	六郷内　新井宿
3	龍崎文四郎	2	江戸　湯島53.112　江戸　下石原海老名分66.628
4	恒岡弾正忠	7	稲毛　高田村32.500　江戸　下平川28.180 江戸　菅面之内中丸1.500 〃　牛込之内富塚0.500 〃　北見之内1.000 〃　板橋高本方共ニ13.000 〃　小日向之内16.570
5	平塚藤右衛門	1	江戸　平塚内西原
6	鴇田新三郎	2	六郷内　蓮沼25.830　六郷内　河崎内2.850
7	斎藤	1	〃　入不斗
8	牟久新次郎	1	〃　入不斗
9	中村平次左衛門	2	江戸　練馬豊前方38.680　江戸　三田内10.400
10	板橋又太郎	1	江戸　板橋内毛呂分
11	葛山	1	稲毛　平之村
12	中田藤次郎	1	稲毛　渋口三間在家
13	赤沢千寿	1	江戸　高田内
14	中村平次郎	1	江戸　高田内

したのは、No.3の龍崎文四郎の一一九貫七四〇文、最小はNo.10の板橋又太郎の七貫文で、その間に員数は一四人を数える。平均名請高は、三七貫三四〇文で、表4によれば六〇貫文未満一〇貫文以上が一一人と七八パーセントを占める。平均名請高が一九貫五四〇文、三〇貫文未満五貫文以上が過半を占める寄子衆を新六郎の中級家臣団とすれば、同心方は上級家臣団とすることができよう。

先述したように、同心方のうち、表3No.1の太田源七郎は新六郎の庶兄・景資であり、No.10の板橋又太郎は豊島郡の名族・豊島家の庶家・板橋氏の一族であろう。新六郎知行分・寄子・同心給つまり江戸太田氏の知行地は、江戸と稲毛・六郷に集中しているということはすでに指摘されているが、表3にみるように、とくに同心のそれは圧倒的に江戸に多い。実名不詳のものは多いが、彼らが江戸根生いの在地領主たる

員数	①＋②＋③	備考
26	2,414.084	
	627.597	註(38)
	787.376	註(39)
?	649.300	

表4　太田新六郎同心方階層表

高　　辻	員　　数
120貫文～110貫文	1
110　～100	0
100　～ 90	1
90　～ 80	0
80　～ 70	0
70　～ 60	0
60　～ 50	1
50　～ 40	1
40　～ 30	1
30　～ 20	4
20　～ 10	4
10　～　5	1
	計14 平均37.34

ことを示すものと思われる。

それにしても、彼らは『役帳』に江戸太田氏の同心として登録された以上、かつては江戸太田氏の当主を寄親とする寄子だったかもしれないが、北条氏と江戸太田氏の当主との二重の支配化の体制に、制度として組み込まれるに至った。一面では彼らは、北条氏から知行を安堵され江戸太田氏の当主の指南をうけるものとして江戸太田氏に配属された家中の上級武士層だった。さらに大普請役の負担という側面からみるとき、二つの階層に分かれる。一つは表3No.1太田源七郎、5平塚藤右衛門、6鴾田新三郎、7斎藤、8牟久新次郎にみられるように、「大普請之時半役　新六郎普請庭を可致之」と、半役ながら、江戸太田氏の当主を通して賦課される階層である。半役というのは一種の特権ともみられ、太田源七郎が入っている点からみれば、江戸太田氏の準一門的な人々であろうか。同心のうち最高の高辻の表3No.3龍崎文四郎、二位のNo.4恒岡弾正忠など九人には、この記載はない。おそらく役高の普請役を負担したのであろう。以上のように同心衆は、さらに二つの階層に分かれ、江戸太田氏の家中に属するが、志村廿一騎衆や寄子衆に比し、北条氏と江戸太田氏の当主への両属性を特色とすると言えよう。

D　江戸衆上層家臣団構造の二類型

江戸太田氏のように『役帳』の記載内容から、その家臣団の構造の概要を知ることができ

表5　太田新六郎ほか知行配分表

No.	名請人	①自分知行分(貫・文)	②同心知行分(貫・文)	員数	③寄子給分
1	太田新六郎	931.384	522.700	14	960.000
2	太田大膳亮	544.500	83.097	5	
3	嶋津孫四郎	533.132	254.244	5	
4	小幡源次郎	579.300			70.000

る事例は意外に少ない。江戸衆のなかに寄子や同心を『役帳』に登録しているものは、太田新六郎のほか、太田大膳亮・嶋津孫四郎・小幡源次郎の三人にしか過ぎない。その構造の概要を知るため、記載内容を整理して示せば表5となる。

表5によれば、同じように寄子や同心を『役帳』に登録しているとはいえ、No.1太田新六郎の場合は、①自分知行分、②同心知行分、③寄子給分を合計すると二四一四貫八四文と、その家中総高辻は江戸衆中、最大に達する。(40) そのうち②同心知行分と③寄子給分に一四八二貫七〇〇文と①自分知行分の約一・六倍を配当している。これに対し、No.2太田大膳亮は同心五人に八三貫余と①自分知行分の約一割五分を、No.3嶋津孫四郎は同心五人に二五四貫余と①自分知行分の約四割八分を、またNo.4小幡源次郎は員数不明ながら寄子に七〇貫文と①自分知行分の約一割二分を配当している。たしかに、No.2太田大膳亮、No.3嶋津孫四郎、No.4小幡源次郎の②同心知行分もしくは③寄子給分は、No.1太田新六郎に比し少ないが、彼らの自分知行分は、いずれも五〇〇貫文台で、江戸衆筆頭遠山綱景・太田新六郎・富永弥四郎とともに江戸衆のなかで最上層に属する。つまり、自分知行分五〇〇貫文台以上の江戸衆最上層六人のうち表5の四人は、同族と異姓の同心・寄子を『役帳』に登録し、その集団が太田「家中」「嶋津衆」などと呼ばれる家臣団を構成していたのである。

さらに興味あるのは、No.1太田新六郎と、2太田大膳亮、3嶋津孫四郎との関係である。『役帳』太田新六郎の項の末尾に次のような記載がある。(41)

〔史料6〕

此外
　本住坊寺領
一(a) 拾八貫四百十五文　　三田内惣領分
　春松院殿様御判形有之
一(b) 拾弐貫文　柏木角筈共　綾部惣四郎拘
　是者、嶋津同心江戸小三郎本地問答有
　但御判形御尋之上可有御落着間除之
一(c) 廿壱貫四百四十文　小日向屋敷分　太田大膳知行之内ニ入、
　大膳亮書立ニハ、柴崎新堀方と所領替ニ致由申　新六郎被申事者、前々馬寄之時出之由
　被申候

(a)部分の本住坊寺とは、新六郎康資の曾祖父に当たる太田道灌が、子息の夭折を悼み、江戸平川に創建したという。[42]しかもこの地については、大永四年（一五二四）十月九日、春松院殿こと北条氏綱が新六郎康資の父・萬好斎資高に与えた判物もある。[43]これが資高の惣領康資の代に、『役帳』においても再確認されているのである。萬好斎が本住坊に寄進し、大永四年十月九日それを承認した北条氏綱判物写には、寄進地の在所は「三田地頭方」とあり、これを再確認した『役帳』には史料6(a)のように「三田内惣領分」とある。両者は同地であろう。この地を新六郎の父資高の代に、太田道灌を開基と伝えられる本住坊に寄進して、その祭祀権を主張し、これを北条氏綱が公認している。これは、資高・康資父子の家は、このころ太田道灌の嫡流の系譜を継続する「家」の惣領と認識されていたことを意味している。しかも、「惣領分」としての得分の地が江戸三田内にあったことが確認できる。これが江戸太田氏である。

(b)(c)は、太田道灌の嫡流を継続する表5№1太田新六郎家と、№2太田大膳亮家・№3嶋津孫四郎家が関係する係争知行分に関する記述である。(b)の「但御判形御尋之上可有御落着間除之」の文言からすれば、(b)の問題は訴訟事件だった可能性が強い。係争の「柏木角筈共」一二貫文の地は、太田新六郎が自分知行分を綾部惣四郎に配当したものであり、綾部惣四郎は№1太田新六郎の同心か寄子である。したがって、「是者、嶋津同心江戸小三郎本地問答有」の本地問答が、嶋津同心江戸小三郎と綾部惣四郎との間に行われたのか、あるいは、その寄親№1太田新六郎との間になされたのか不明だが、いずれにせよそれぞれの寄親をまきこんだ前代からの土地権利関係と人間関係を臭わせる。

(c)の問題は『役帳』作成時には解決して、「太田大膳知行之内ニ入」っている。しかし、この土地「廿壱貫四百四十文　小日向屋敷分」の権利関係についても、№1太田新六郎と、№2太田大膳亮の主張は全く異なる。(c)には「大膳亮書立ニハ、柴崎新堀方と所領替ニ致由申、新六郎被申事者、前々馬寄之時出之由被申候」とある。大膳亮はこの土地は柴崎新堀方の太田新六郎の地と所領替にしたものであるとするのに対し、新六郎は大膳亮が江戸太田氏の馬寄だったときに大膳亮にこの地を与えたものであると主張している。

念のため(c)に対応する『役帳』の大膳亮の記載部分を史料7として引用し、その主張を確認する。[44]これは大膳亮の同心衆四人の末尾にある。

〔史料7〕

一　弐拾弐貫八百四十文　小日向弾正屋敷分　　小日向弥三郎
　　但太田新六郎と新堀方ニ所領替十余年以前致之

貫高に一貫四〇〇文の差はあるが「小日向屋敷分」と在所は同じであり、同地とみてよい。この地はすでに小日向弥三郎に配当している。小日向氏は地域の名門江戸氏の庶家と伝えられる。[45]史料7によれば、大膳亮が太田新六郎と所領替したのは十余年以前のことだった。ちょうど、このころのことであろう、天文八年（一五三九）北条氏綱が太田源次三郎と同心衆、同じく同心越前守の陣夫銭を定めた判物写が伝えられている。それが史料8である。(46)

〔史料8〕北条氏綱判物写

其方御知行分并同心之衆、同越前守拘地陣夫之事、壱年中ニ夫丸壱人之分ニ五貫文ツヽ、相定者也、仍而如件

但、此内弐人、三田之内本住坊領、桜田之内小日向分

（中略）

天文八巳（己）亥　五月廿八日

太田源次三郎殿

太田源次三郎とは、太田新六郎康資の父・資高の弟資貞、その同心越前守とは三善姓太田氏の太田宗真で、史料6-(c)の太田大膳の一族か、その父と推定されている。(47)さらに史料8の「其方御知行分并同心之衆、同越前守拘地」のうちの「三田之内本住坊領、桜田之内小日向分」の在所は、史料6(a)の「本住坊寺領」と(c)「小日向屋敷分」と対応する。「新六郎被申事者、前々馬寄之時出之由被申候」との太田新六郎の主張は事実だったことが確認できる。太田大膳亮家は、江戸太田氏の同心だった。その関係は新六郎や大膳より一世代前、新六郎の叔父・資貞や、大膳の父・宗真の代の天文期まで遡ることができる。以上の史料6・7・8にみる江戸太田氏の惣領・太田新六郎家と、太田大膳亮家・嶋津孫四郎家との馬寄・同心関係を巡る争論は、北条氏入部以前の江戸城の在地領主の様相をも示唆するものであろう。北条氏入部後、それ以前に江戸城周辺の在地領主間に結ばれていた寄親と同心・寄子関係は動揺する。それは『役帳』の記載にも反映している。それだけに『役帳』に同心・寄子と登録された在地領主は、それぞれの寄親の譜代的被官層か、その系譜を引く者とみられるのである。

第三節　江戸遠山氏とその周囲

一　江戸遠山氏の家臣団

大永四年（一五二四）北条氏入部以後、江戸城将となった江戸衆最上層の江戸遠山氏や富永氏の家臣団は、江戸太田氏等とはその構造を異にする。江戸衆の『役帳』記載筆頭者遠山丹波守は、都合二〇四八貫四三五文、富永弥四郎は都合一三八三貫七三〇文を有し、それぞれ軍役を課されたのであるから、それ相応の家臣団を編成していたはずなのに、『役帳』には同心や寄子を全く登録させていない。しかし、遠山氏は筆頭者遠山丹波守ほか同藤六・同弥九郎・同隼人佑の三人、富永氏は筆頭者富水弥四郎ほか同善左衛門一人と、同姓の者を独立した江戸衆構成員として『役帳』に登録させている。とくに、隼人佑の知行一五貫文は太田四郎兵衛から買得したものである(48)。このほか遠山丹波守の知行分のうち一筆ごと書上のなかに史料9のような記載がある(49)。

〔史料9〕

拾八貫文　同（葛西）　二之江　弥次郎ニ被下

百弐拾三貫八百九拾四文　葛西　篠崎上下　弥三ニ被下

都合弐千四拾八貫四百三拾五文　人数着到出銭如高辻
（中略）
遠山丹波守の役高高辻のうち、それぞれ葛西に一筆ずつ恩給された弥次郎と弥三は、実名は不詳だが、遠山氏の一族と考えられる[(50)]。丹波守綱景の嫡子隼人佑が弥六郎を称したと伝えられることから考えれば、綱景の庶子であろうか。

丹波守の高辻内であるから一八貫文、一二三貫文余のそれぞれの公方役は、惣領の丹波守綱景を通して負担したものであろう。このほか、綱景は一五貫文の買得地を嫡子隼人佑へ給している。隼人佑への分封地が江戸城に直近の下平川であり、また弥次郎と弥三の二之江や篠崎も葛西城に近い。当時、葛西城には遠山弥九郎が在番し、知行役を免除されていた。丹波守綱景は嫡子隼人佑と一族を、江戸城と葛西城近辺に分封し、彼らを中核として家臣団の増強を企図したとみられる。丹波守と隼人佑あるいは弥次郎・弥三は、親子もしくは同族であるが、丹波守の買得地やその知行分を給与された時点から、封建的主従関係に転化したと言えよう。とは言え歴史的伝統を負い、在地に立脚した江戸太田氏などの家臣団に比すれば、加世者や中間・小者を雇ったとしても相対的な家臣団の弱体性は否定できない。

二　浅草寺と江戸遠山氏

この相対的な家臣団の弱体性を補強したのが、一つには多様とも言える江戸遠山氏の族縁関係である。さきに浅草寺と江戸遠山氏の関係について触れたことがあり[(51)]、その後に黒田などの論考を得たので[(52)]、再考した[(53)]。これを受け、江戸遠山氏の族縁関係を重視しながら作成したのが先掲の図「江戸遠山氏略系図」である。

すでに、そのほとんどは黒田が紹介したところであるが、行論の便宜上、江戸遠山氏の系図史料のうち、代表的なものを取り上げれば次の六点となる。(54)

①「士林泝洄」巻三四所収「遠山系図」
②「浅羽本系図」三七所収「遠山系図」
③『寛永諸家系図伝』己三所収「遠山系図」
④『浅草寺志』巻七所収「遠山系図」
⑤「左衛門尉系遠山系図写」(牛込文書)
⑥『寛政重修諸家譜』巻七八九所収「直景流遠山系図」

江戸遠山氏の系譜をその族縁関係を初代直景・二代綱景を中心としてみるとき、まず注目すべきは、他の系図にはみられない系図⑤の忠善の存在である。系図⑤には江戸遠山氏二代綱景の弟とされる左衛門尉の弟に甲斐守と忠善をあげ、「浅草住侶、観音院ト云」と注記している。観音院とは浅草寺の本坊とみられる。「浅草寺旧蹟考」は、浅草寺の本坊伝法院歴代のなかで「中興第一世」とされる忠豪の前に「寂不知」として忠善上人の名をあげている。(55) 寺伝のなかには、かすかながら本坊伝法院歴世に忠善上人の名を伝えている。弘治二年(一五五六)三月十九日、北条氏は浅草寺大木屋忠善上人に禁制を与え、第一条に寺領・諸給衆領主の違乱、第二条に神馬納物の違乱、第三条に寺中屋敷に寺と在家の交居をそれぞれ禁止し、第四条に鐘推免、第五条に寺中放生を定めた。(56) この禁制の最後の文言「右五ヶ条改而被仰付上、於違乱之輩者、註交名可被遂披露者也」は、浅草寺大木屋忠善上人に右五か条の寺中、山内、寺領における検断権を与えたものである。寺中、山内、寺領における検断権を保有するこの地位は、近世初頭の浅草寺別当に相当する。系図⑤の忠善の存在を確認できるのである。黒田も指摘しているように、これらの系図は異同が激しく、相互の比較検討と文書史料の裏付けが必要となる。とくに系図④⑥のように初代直景・二代綱景の事績の混同が著しい。④⑥に直景の子女と伝えられる者は、ほとんどが二代綱景の子女である。

次に二代綱景関係をみれば、系図②④にはその子政景の弟の一人として忠孝の名を記している。そして忠孝の下に、②は「浅草観音」、④は「又忠豪　浅草寺観音院」と注記する。この注記からみて忠孝と忠豪は同一人である。系図⑤もこの人を忠豪とし、「浅草別当　観音院」と注記している。伝法院の過去帳に拠る「当院歴代」によれば、忠豪は「権大僧都、或忠孝、中興第一世、遠山丹波守直景子、慶長十四年己酉八月四日化」とある。[57]直景・綱景親子は受領名が同じで、初代直景は「古丹波」とも称された。[58]このための誤伝であるが、忠豪は江戸遠山氏二代丹波守綱景の子で、三代政景の弟だった。

江戸遠山氏初代直景はその子忠善を、二代綱景もまたその子忠豪を、浅草寺の本坊観音院に入寺させているのである。三代政景もまた、かつては相州大山の僧だった。殺生を業とする武家にとって、子女や一門の者を入寺させ、後生を祈ることは武門の習いでもあったが、江戸遠山氏の場合は、初代直景の妻「ゐとのあるしとお山かいのかみ母」「たいらのまつくす」の力が強かったものとみなければならない。三代政景の追憶によれば、「祖父古丹波三三ヶ廻」は、永禄八年（一五六五）に営まれるべきはずのものであった。[59]したがってその没年は天文二年（一五三三）となる。史料1にみたように、初代直景の妻「たいらのまつくす」が、武蔵国惣社・六所明神社の本地仏釈迦牟尼仏を造立し、その子江戸城代遠山甲斐守綱景と孫弥六郎隼人佑、さらにはわが身の無病息災を祈願したのは天文二十一年である。夫の二十回忌の年のことであった。老いたればこその心の深さが、願いの唱名をそのまま聴くかのように読む人の心に迫る。二代にわたる浅草寺との関係が、地域における遠山氏の影響力を強化したであろうことは言うを俟たない。

江戸遠山氏と浅草寺との関係は、この二代に止まらなかった。系図②は、忠孝の次代に忠存を置き「浅草寺僧正知楽院、忠孝弟子」と注記し、忠存の次代は忠運で、忠運は「浅草寺僧正知楽院、忠存弟子」と言う。先掲の伝法院の過去帳に拠る「当院歴代」も、中興第一世忠豪の後に第二世として忠存あるいは忠尊、第三世として忠運をあげている。浅草寺別当としての忠尊や忠運の活躍は、『本光国師日記』等から確認することができる。(60)さらに、「当院歴代」は、第二世忠尊を「伊丹三河守政富子　忠豪外し」とし、第三世忠運を「伊丹勘八直吉子　忠尊し」とする。いずれも、それぞれの兄弟姉妹を親とする甥ということである。系図④は忠孝の姉妹の一人を「伊丹三河守政富室」とし、その子に母を同じくする政親・直吉・忠存の三人をあげ、直吉の子を忠運としている。『浅草寺志』巻七所収「伊丹系図」には、忠運の記載はないが「伊丹三河守政富室」を遠山丹波守直景女、その子を直吉・忠存とする点は同様である。(61)なお、同「伊丹系図」によれば政富の兄康信は右衛門大夫を称したという。『役帳』の江戸衆の伊丹右衛門大夫とは、政富の兄康信である。兄康信が戦死した後、政富がその跡を継いだという。(62)江戸遠山氏二代綱景の一女は、江戸衆の伊丹政富に嫁し、その一男が、浅草寺別当第二世忠尊、その外孫が第三世忠運だったのである。

江戸遠山氏二代綱景には子女が多かった。系図④は直景の子女として、男子に綱景・忠孝、女子に伊丹政富室・太田康資室をあげ「右之外男子女子共多、略之」としている。(63)黒田は先稿で、さきの系図①〜⑤に登場する一五人の女子を個々に検討し、相手側の史料にも同じ旨の所伝が存在するのは、a大道寺政繁室・b太田康資室・c島津主水正室・d諏訪部定勝室・e宅間上杉規富室・f伊丹政富室の六人のみという。諸系図から摘出して文書史料で裏付けるという方法を採らざるを得ない以上、限界はある。一五人のなかでこの六人は綱景の娘である可能性が強いということである。

このうちa大道寺政繁は北条氏の重臣、e宅間上杉氏は『役帳』「本光院殿衆」の宅間殿、d諏訪部定勝は『役帳』御馬廻衆の諏訪部惣右衛門かその縁辺である。それぞれの家格に見合った縁辺といえよう。とくに注目したいのは、他の三女の縁辺である。三女の嫁ぎ先は、f伊丹政富が『役帳』江戸衆の伊丹右衛門大夫の弟であり、b太田康資は同じく『役帳』江戸衆の太田新六郎、c島津主水正も同じく『役帳』江戸衆の嶋津孫四郎である。(64) この三人は江戸遠山氏二代綱景とともに江戸衆の最上層を形成していた。さきに見たように江戸遠山氏は初代直景以来、忠豪と二代にわたって浅草寺観音院に入寺させ、二人は別当としての権限を行使した。そのほか江戸城代・二代綱景は三人の娘を江戸衆最上層の三家に嫁がせていたのである。

三　江戸遠山氏と富永氏

江戸太田氏や江戸遠山氏らとともに、江戸衆最上層を形成した富永氏も江戸遠山氏と同じような家臣団構造だった。筆頭者富永弥四郎ほか、同善左衛門と同姓のもの一人を独立した江戸衆構成員として登録させているが、『役帳』には同心や寄子を全く登録させていない。在地に立脚した家臣団構造を持つ江戸太田氏等に比し、相対的な家臣団の弱体性は否定できない。

『役帳』江戸衆の富永弥四郎とは、弥四郎康景とみられるが、(65) 富永氏はその子孫四郎政家のときに、北条氏から再度、江戸本城在番を命じられる。史料10遠山政景宛「北条家朱印状写」は、その事由を次のように説明する。(66)

〔史料10〕北条家朱印状写

富永ニ前々申付本城之番、先日彼者不足之儀有之付而、番衆相止、其方人衆指置候キ、此度模様相済間、如前々

富永ニ江城本城可被相渡候、仍状如件

亥（天正三年）
　三月十六日　山角刑部左衛門尉　奉之
　　遠山右衛門大夫殿

北条氏の江戸遠山氏三代政景への指令の主意は、再度在番を命じた富永政家に、江戸城本城を明け渡すよう指示したものであるが、ことここに至る経過の説明に注意したい。

前々から江戸城本城の在番は富永氏に命じてきたのであるが、先日その家臣団の員数に不足を生じたので、遠山政景に交代した。このたびその員数も整ったので、本城在番を交代し、本城を明け渡すよう命じている。富永氏の家臣団は、天正三年（一五七五）以前のある時期に江戸城本城の在番を勤めることができないほど弱体化したのである。その時期は不明であるが、自ら在番員数の不足を申し出、それが北条氏に承認されたことからみれば、永禄七年（一五六四）国府台合戦の直後かも知れない。当主康景が戦死しているからである。そうでなかったにしても、富永氏はその家臣団を質量ともに急速に充実させる必要に迫られたのである。富永弥四郎康景の仮名の「弥」の字、実名の「景」の字から江戸遠山氏との共通点に注目し、康景と遠山氏との系譜関係を推測する説があるのも肯ける。(67)それにしても同じような家臣団構造をもつ遠山氏に、何故その本城在番が可能だったのであろうか。それが遠山衆の存在である。

四　遠山衆の形成と変容―「衆」から「家中」へ―

大永四年（一五二四）、江戸地域が北条氏の治下に入って以来、北条氏の家臣団のうち、在地に立脚したもっとも強

出　　典	『北区史』	文　　言
遠山文書	421号	遠山衆太田四郎兵衛　彼を物主
土佐国蠹簡集残編5	449号	其方人衆本城番番衆
遠山文書	470号	葛西堤築立
上原文書	540号	遠山衆内百召連
藩中古文書十二	542号	遠山衆彼家中衆下知
山角文書	544号	普請遠山衆無届ニ致衆

力な家臣団は、それ自体が「家中」と呼ばれた江戸太田氏の家臣団だった。しかし永禄六年（一五六三）、太田新六郎康資は北条氏に叛いて江戸を退去し、その家臣団は崩壊する。江戸衆の最上層江戸城代遠山氏や富永氏は一族を中核として家臣団を形成しつつあったが、相対的に弱体であった。この時点でのその構造的弱体性を補強したのが、多様とも言える族縁関係と、北条氏による遠山衆の形成と育成策である。

遠山衆という文言所出や関係の文書史料を『北区史』資料編　古代中世一より摘出し、「遠山衆関係表」を作成すれば、表6となる。『役帳』作成時点の永禄二年には、遠山氏は江戸地域に同心や寄子を持たず、その家臣団は綱景の男子か一族を中核として編成されたであろうことは既述した。『役帳』には「遠山衆」の呼称はない。

表6№1は、遠山衆に関する初出史料である。遅くとも永禄十一年には、遠山衆が創出されていた。その形成の時期は不明だが、永禄二年『役帳』作成後から、同七年の国府台合戦の間ということになろう。国府台合戦では、遠山氏や富永氏は当主や嫡男が戦死するなど大きな打撃を受け、早急な家臣団の再編整備に着手しなければならなかった。

№1は、北条氏政が遠山新四郎康英を岩付城から沼田城に移した後、沼田城在番の物主に遠山衆太田四郎兵衛を任じようとしたもので、太田四郎兵衛がこの時点では遠山衆に組み入れられていた。太田四郎兵衛は『役帳』には独立した江戸衆の構

表６　遠山衆関係表

No.	年　月　日	署　　判	宛　　所
1	永禄11(1568).12.17	氏政(花押)	遠山新四郎殿
2	天正 3(1575). 3.16	山角刑部左衛門尉奉之	遠山右衛門大夫殿
3	天正 7(1579). 2. 9	山角紀伊守奉之	遠山甲斐守殿・千代菊殿 遠山同心衆中・高城下野守殿
4	天正18(1590). 4.13	氏直(花押)	伊丹殿・河村殿・上原殿
5	年未詳	氏規判	矢野右馬助殿
6	年未詳	「禄寿応穏」朱印	山角紀伊守殿

成員として出ている。関係部分を史料11として示す(68)。

〔史料11〕

一　　太田四郎兵衛

東郡

七拾貫文　　坂戸之内

於江戸諸侍触致之付而役出銭共ニ御免

①十五貫文　　給符以御礼銭被下

以上

買得　　江戸

②一拾五貫文　　下平川　　遠山隼人佑

元太田四郎兵衛知行

史料11②の条によれば、遠山綱景は太田四郎兵衛の下平川に所在の知行分一五貫文を買得し、北条氏の承認を得て嫡子隼人佑に配分した。気になるのは太田が遠山に売った知行分一五貫文と同額の一五貫文が北条氏から支給されていることである。①の「給符以御礼銭被下」の具体的内容は不明だが、『役帳』に記載されているのだから、単なる臨時的収支とも思われない。結果的に太田が遠山に売った知行分一五貫文を北条氏が負担している。綱景はまた江戸城代であった。北条氏が介在するこの知行分売買によって両者が、関係を深めたことは容易に想像できる。いずれにせよ永禄十一年には、太田四郎兵衛は岩付城在番衆の物主としてその本城、中城に在番する有力な遠山衆の一員だったのである。

こうして成立した遠山衆は、表6№1・2・4は城砦の在番と防備に、№3・6は治水の土木工事や城砦普請、あるいは№5は戦場へと動員されてゆく。

右のように、衆として土木工事や軍事行動をとるとき、指揮権の問題が重要となる。もちろん最終的には北条氏が把握するが、衆の指揮権を誰に委任するかということである。北条氏がその行動を指令したのは、№2・3は江戸遠山氏の当主であり、№6も若年の当主とみられる。№1は遠山衆の構成員であり、№4も衆の構成員であろう。№1・2・4の城砦の在番と防備も、№3・6の治水の土木工事や城砦普請も、一種の作戦行動である。北条氏が遠山衆に作戦命令を出す相手は江戸遠山氏の当主か、その構成員であった。その際の指揮権は、江戸遠山氏の当主か、あるいは、その指示を受けた遠山の衆構成員に付与されたものとみられる。

表6№5は、相模国三崎城主北条氏規が家臣矢野右馬助を「当手之人衆」の物主に任じて、その指揮権を委ねたものであるが、この折、遠山衆も一手の軍団として動員されたらしく、「遠山衆之儀者彼家中衆可為下知次第候」と、遠山衆は「家中衆」の者が物主に任じられその指揮権を行使する旨のことが述べられている。遠山衆が作戦行動をとる場合は、江戸遠山氏の当主か、遠山衆の構成員が物主に任じられて指揮権をとることが制度化し、そのような性格の軍事集団—家臣団が「家中衆」と呼ばれていたことを知るのである。この「家中衆」の中核を成すのが表6№3にも出てくる同心衆であった。その多くは№1の太田四郎兵衛、№4の伊丹殿・上原殿など、かつて江戸衆の構成員であった。太田四郎兵衛の例にみるように、北条氏から同心として配属されたものとみられる。北条氏の再編強化策に依るとはいえ、拡大構築された江戸太田氏家臣団構造と同様な姿をここにみるのである。

結びにかえて

大永四年（一五二四）江戸城は落城し、江戸地域は北条氏の支配するところとなる。その後、江戸の城砦に北条氏の家臣団として編成された江戸衆は、江戸地域に新たに入部してきた北条氏の譜代的家臣層と、扇谷上杉氏から離叛し服属したその被官層だった。前者の筆頭が、ここでは江戸遠山氏と称した江戸城代遠山氏であり、後者を代表する者が、その時期に自他ともに太田道灌の嫡流と認める江戸太田氏である。

両者の家臣団を永禄二年（一五五九）作成の『小田原衆所領役帳』より分析すると、その江戸地域における歴史的性格に由来する構造的差異があった。時の江戸太田氏の当主太田新六郎康資の家臣団は、「家中」と呼ばれ、「私領之内を自分ニ寄子衆ニ配当」した四六人の寄子衆と、北条氏と新六郎への両属を特色とする一四人の同心衆とを中核として構成された。寄子衆はさらに「志村廿一給衆」のように「衆」＝寄子集団として新六郎の私領を恩給された「衆」構成員と、個人ごとに私領を恩給された者とがいた。寄子衆はいずれも貫高制下の新六郎の私領を恩給された者である。新六郎は寄子の寄親と呼ばれたかも知れないが、両者の関係は、単なる寄親寄子関係ではなく、貫高制に立脚する封建的主従関係であった。これに対し同心衆は、北条氏と新六郎への両属を特色とするが、同心の「知行役可致辻」の知行役は新六郎を通して、また庶兄の源七郎など五人は新六郎を通して大普請役を負担している。同心は公方役の負担を通して新六郎に結びつけられていた。江戸衆の最上層、太田大膳亮・嶋津孫四郎・小幡源次郎らも同心知行分もしくは寄子給分を安堵され、小規模ながら「衆」を形成している。

これに比し、同じく江戸衆の最上層ながら江戸遠山氏と富永氏は、家臣団構造を異にした。『役帳』には寄子・同心の記載はなく、その家臣団は男子や一族を中核として編成されたと想定される。永禄期前後、北条氏は江戸地域の再編に着手したと思われるが、詳細は不明である[69]。しかし、永禄五年、江戸太田氏の当主新六郎康資が北条氏に背いて江戸を退去し、さらに同七年、江戸遠山氏二代綱景や嫡子藤九郎、富永家の当主・富永弥四郎が戦死するにおよんで、家臣団は質量ともに大打撃を受ける。富永氏は一時、江戸城本城の在番を辞退せざるを得ないほどであった。

本来、遠山氏や富永氏の家臣団は、この時点では譜代的寄子同心を欠くという構造的弱点を持っていた。この弱点を補強したのが、長年に地域と結んだ多様とも言える遠山氏の族縁関係だった。江戸遠山氏は、初代・二代にわたって浅草寺の本坊観音院に子弟を入寺させてその聖俗両権を握り、また二代綱景とその母まつくすは、数人の娘を江戸衆等有力な地域の在地領主に嫁がせていた。

他方、北条氏は支城主と重臣の家臣団の再編強化に着手する。治部少輔衆や遠山衆の形成がこれである。遠山衆は太田四郎兵衛や伊丹氏・上原氏のように、北条氏が遠山衆を強化するため江戸衆を遠山衆に配属することによって成立した。にも拘わらず遠山衆の性格は変容する。「衆」から「家中」へである。天正期、遠山衆が作戦行動をとるとき、北条氏の委託を受け、江戸遠山氏の当主か嫡男、若年だった場合には、遠山衆の構成員が指揮権を握ることが慣習化し、ほぼ制度化する。遠山衆は、かくして「家中」と呼ばれるに至る。それはかつての江戸太田氏家臣団の再生であり、ここに近世的家臣団の萌芽的形態をみるのである。

註

（1）　藤木久志説を受けて、「惣無事」令の過程と、関東・奥羽の領主の動向を具体的に追究したものに、粟野俊之「東国『惣無事』令の基礎過程―関連史料の再検討を中心として―」（永原慶二編『大名領国を歩く』吉川弘文館、一九九三年）、同『織豊政権と東国大名』（吉川弘文館、二〇〇一年）などがある。その政治過程の仕上げが家康の手による関東の国割りである。家康の関東入国後の国割りについては、藤野保（『幕藩体制史の研究』吉川弘文館、一九六二年、新訂版同、一九七五年）、北島正元（『江戸幕府の権力構造』岩波書店、一九六四年）の先業がある。近年、藤野は自説を再検討し、関東地域は豊臣政権に統一的に包摂され、家康の領国と非領国（常陸・下野・安房）との間に、近世大名の形成に二つの異なるコースを与えたとした（『近世国家史の研究』吉川弘文館、二〇〇二年）。豊臣政権との対比、とくに国制問題としては、笠谷和比古『関ヶ原合戦と近世の国制』（思文閣出版、二〇〇〇年）などがある。

（2）例えば「特集　大田の中世」（『大田区史研究　史誌』三六、一九九二年）、葛飾区郷土と天文の博物館編『東京低地の中世を考える』（名著出版、一九九五年）、自治体史としては『北区史』資料編　古代中世一（北区、一九九四年）、『北区史』通史編　中世（北区、一九九六年）、『台東区史』通史編一　上（台東区、一九九七年）など。とくに『北区史』資料編　古代中世一には、江戸遠山氏に関する資料がほとんど網羅されている。

（3）黒田基樹「江戸城将遠山氏に関する考察―北条氏の領域支配体制への位置付けを中心に―」（北区『文化財研究紀要』五、一九九一年。のちに同『戦国大名北条氏の領国支配』岩田書院、一九九五年に所収）。

（4）杉山博『戦国大名後北条氏の研究』（名著出版、一九八二年）四一一〜四二〇頁。

（5）柴辻俊六「後北条氏と江戸城代遠山氏」（東国戦国史研究会編『関東中心戦国史論集』名著出版、一九八〇年）。

（6）黒田前掲註（3）。

（7）黒田基樹「江戸遠山氏の族縁関係について」（『北区史研究』三、一九九五年、のちに同『戦国大名領国の支配構造』岩田書院、一九九七年に所収）。

（8）同右。

（9）前掲『北区史』資料編　古代中世一、二六一号文書。
（10）同右、五三六号文書。
（11）黒田基樹「江戸城将遠山氏の印判状について」（前掲『戦国大名北条氏の領国支配』〔第六章付論一〕）、前掲註（3）論文の註（4）。
（12）黒田前掲註（3）。
（13）黒田基樹「『御隠居様』北条氏政と江戸地域」（前掲『戦国大名北条氏の領国支配』第十章）。
（14）杉山前掲註（4）、柴辻前掲註（5）。
（15）前掲『北区史』資料編　古代中世一、三六一号文書。
（16）杉山前掲註（4）四一五〜四一八頁。
（17）池上裕子「戦国大名領国における所領および家臣団編成の展開—後北条領国の場合—」（永原慶二編『戦国期の権力と社会』東京大学出版会、一九七六年）。
（18）柴辻前掲註（5）。
（19）加増啓二「戦国期武蔵国足立郡舎人郷と舎人氏」（『地方史研究』二一七、一九八九年）、同「もうひとつの千葉氏—武蔵千葉氏に関する史料と基礎的考察—」（『八潮市史研究』一三、一九九三年）。
（20）長塚孝①「江戸在番衆に関する一考察—北条氏秀の動向と江戸地域を中心に—」（戦国史研究会編『戦国期東国社会論』吉川弘文館、一九九〇年）、同②「戦国期江戸の地域構造」（『江東区文化財研究紀要』四、一九九三年）。
（21）黒田基樹①「戦国期の武蔵千葉氏—北条氏との関係を中心に—」（前掲『戦国大名領国の支配構造』第十一章）、同②「江戸太田康資の考察」（前掲『戦国大名領国の支配構造』第十二章）。

(22) 黒田基樹「武蔵千葉氏補考」（前掲『戦国大名領国の支配構造』第十一章付論）。
(23) 長塚前掲註(20)①。
(24) 黒田前掲註(3)。
(25) 長塚前掲註(20)①。
(26) 黒田前掲註(3)。
(27) 前掲『北区史』資料編　古代中世一、四〇四号文書。
(28) 池上前掲註(17)七四・七七頁。
(29) 佐脇栄智校注『小田原衆所領役帳』（東京堂出版、一九九八年）八九～九九頁。引用はこの本に拠る。以下、『役帳』と略。
(30) 同右、八九頁、頭註5。
(31) 念のため史料を示す（『役帳』一四三～一四四頁）。

一　足軽衆
　　　　　中郡
　　　　　　岡崎給田
　①三百三拾五貫文
　　此内百九拾一貫文　大藤衆六十七人分　一人三貫文宛
　　②此外十貫文　加藤寄子分　公方へ上
　　③百五貫文　伊波衆　卅五人分
　　④卅六貫文　狩野介衆十二人分

三貫文⑤　　　　深井衆一人

以上三百卅五貫文　（下略）

①では諸足軽衆の筆頭大藤式部丞に大藤衆六七人分、③では伊波衆三五人分、④では狩野介衆一二人分、⑤では深井衆一人に、それぞれ三貫文ずつを給して、大藤式部丞などの寄親に付属させている。なお①「大藤衆六十七人分」に「一人三貫文宛」とすれば二〇一貫文の計算となるが、一九一貫文と算出されているのは、②にあるように一〇貫文を加藤寄子分として公方へ上知したからである。

①大藤は式部丞で実名は政信、相模国中郡の郡代であった（佐脇栄智「相模国中郡の郡代大藤氏当主考」〈同『後北条氏と領国経営』吉川弘文館、一九九七年〉）。

③伊波氏は、この前後に断絶し、その遺跡（伊波氏知行分と寄子知行分）を池田孫左衛門尉が継ぐ（『小田原市史』史料編　中世三、一九九〇年、二一六九号文書）。天正九年九月二十四日、孫左衛門尉は北条氏政から氏直への代替わり「着到定書」をうけた。以下、必要部分のみを抄出する（前掲『小田原市史』一三八一号文書）。

池田孫左衛門尉

一　百九拾壱貫六百文⑥　此内　百卅一貫六百文　中郡冨田・小柳之内
五十貫文　西郡杉崎分
拾貫文　喜瀬川之内於大平被下

此着到

（中略）

以上廿六人　自分

一　百七拾七貫五百文⑦　此内　廿八貫文　於大平被下
卅七貫五百文　中郡岡崎給田　一騎合侍十四人
百十二貫文　御蔵出

此給小割者、依人之上中下、池田可為計次第、但従前々相定、取来寄子者、可為其分、新儀者、可得御意、此着到

（中略）

以上廿八人

一　弐⑧拾貫文　於大平被下　歩鉄炮侍二人　（中略）

合五拾六人　　着到辻

（下略）

伊波氏の遺跡を継承した池田孫左衛門尉の着到帳は、⑥池田氏の知行分と、⑦この時には「一騎合侍十四人」と表現されている旧「寄子」衆への給分、⑧歩鉄炮侍二人への給分への軍役員数の内容から成る。⑥「自分」知行分は、一九一貫六〇〇文に対して二六人、⑦旧「寄子」衆への給分一七七貫五〇〇文に二八人、⑧二〇貫文に対し二人で、池田の高辻三八九貫一〇〇文に対し、五六人の着到軍役となる。『役帳』における伊波氏の知行分は、「西郡杉崎分三一貫七三〇文、中郡冨田小柳三九貫六〇〇文、同所癸卯増一五二貫文」など計六筆、三六二貫二四八文（『役帳』一四一頁）で、③足軽衆の「伊波衆」三五人分は中郡岡崎給田のうちの一〇五貫文だった。⑥池田氏の知行分と『役帳』における伊波氏の知行分の所在地―西郡杉崎分・中郡冨田小柳―、および①と⑦の給田の地名岡崎は一致する。貫高は異なるが、『役帳』における伊波氏の遺跡（自分知行分と寄子衆への給分）は池田孫左衛門尉に受け継がれていることを確認できる。

興味ある点は、北条氏にとっては陪臣団である旧「寄子」衆へのその規制である。それは二点に要約できよう。第一点は、天正九年時に「一騎合侍十四人」と表現されている旧寄子衆への給田一七七貫五〇〇文に対しては「此給小割者、依人之上中下、池田可為計次第」と、小割給与の権限は公認している。にも拘わらず第二点としては、「従前々相

定、取来寄子者、可為其分、新儀者、可得御意」のように、旧来の寄子の給田配当額を保証し、これを増減するには北条氏の許可を必要とするとした。これは北条氏の部将としての寄親の、寄子に対する支配権への規制である。寄親の、寄子に対する支配権を認めつつも、その権限を規制し、北条氏部将としての寄親を、一部将たらしめようとする配慮であろう。

他方「足軽衆」のなかには、「衆」の構成員なみの高辻を支給されているものもいた。御家中衆の高橋平左衛門は相模衣笠五〇貫文の地と蔵出二二貫四〇〇文を得ていたが、「足軽衆ニ付而前々無役」、しかも寄子一〇人の給田一五〇貫文を与えられていた（前掲『役帳』一八二頁）。

(32)　前掲『役帳』七四頁。
(33)　同右、六三頁。
(34)　前掲『北区史』資料編　古代中世一、四六二号文書。
(35)　前掲『役帳』九二頁、頭註11、補註44。
(36)　黒田基樹『扇谷上杉氏と太田道灌』（岩田書院、二〇〇四年）一六二頁。
(37)　豊島氏と板橋氏については、吉田政博「戦国期以降の豊島氏とその庶流」（特別展『豊島氏とその時代―中世の板橋と豊島郡―』板橋区立郷土資料館、一九九七年）。
(38)　前掲『役帳』八二～八五頁。「同衆」と肩書きされている四筆ほか小日向弥三郎を同心とした。小日向が名請した「小日向弾正屋敷」は大膳亮が、太田新六郎と所領替して得た知行地だった（同書、九九頁）。彼らを寄子ではなく同心としたのは、太田新六郎の同心と記載形式が同じだからである。なお、大膳亮は新六郎康資と同じく太田氏を称しているが、康資が源姓太田氏であるのに対し大膳亮は三善姓太田氏であり、同族ではない。小日向が名請した「小日向弾正屋敷」については新六郎康資と大膳亮との間に争論があり、新六郎は、「小日向弾正屋敷」は大善亮が新六郎の「馬寄」すなわち、同心だったときに所領として与えたものと主張している（黒田前掲註（21）②第十二章、三六〇頁）。

（39）前掲『役帳』七八〜八一頁。寄親嶋津孫四郎からの記載順は⑴嶋津又次郎、⑵嶋津衆太田新次郎、⑶梶原助五郎、⑷石井、⑸嶋津弥七郎元江戸小三郎の順となる。このうち⑸嶋津弥七郎こと江戸小三郎は「嶋津同心」である（同本、九九頁）。⑵嶋津衆太田新次郎は肩書から嶋津孫四郎の同心である。そこで⑴嶋津又次郎から⑸嶋津弥七郎までは嶋津孫四郎の同心グループと判断した。

（40）江戸衆筆頭は江戸城代遠山丹波守綱景である。たしかに、その自分知行分は二〇四八貫四三五文と江戸衆中最大であるが、遠山藤六・同弥九郎・同隼人佑を同家中として合計すると二二六七貫七二二文となり、太田家中には及ばない。

（41）前掲『役帳』九八〜九九頁。

（42）同右、九八頁。

（43）黒田前掲註（36）一二五頁。

（44）前掲『役帳』八五頁。

（45）前掲註（43）に同じ。

（46）前掲『北区史』資料編　古代中世一、三三二号文書。

（47）三善姓太田氏と江戸太田氏については、①湯山学「相模国東郡岡津郷の領主太田越前守宗真をめぐって」（『戦国史研究』七、一九八四年）、②長塚孝「戦国期の葛西地域」（『葛西城』XIII第三分冊、葛飾区遺跡調査会調査報告書第五集、一九九二年）、③黒田前掲註（21）②三六〇頁）、④前掲『役帳』補注（35）。①は同族とし、②により③と④は父とみている。

(48) 前掲『役帳』七三頁。
(49) 同右、六〇頁。
(50) 黒田前掲註(7)。前掲『役帳』六〇頁、頭註5。
(51) 拙稿「江戸前期の浅草寺別当」(『浅草寺』四二一、一九九四年)。
(52) 黒田前掲註(7)。
(53) 拙稿「江戸城代遠山氏と浅草寺」(『浅草寺』四六四、一九九八年。のちに浅草寺日並記研究会編『大江戸を歩く』東京美術、二〇〇四年に所収)。
(54) ①は前掲『北区史』資料編　古代中世一、三三一～三三五頁。
②は同右、三三五～三四〇頁。
③は『寛永諸家系図伝』九巻(続群書類従完成会、一九八六年)一三五～一四四頁。
④は『浅草寺志』上巻(浅草寺出版部、一九三九年、のちに名著出版より一九七六年に復刊)四七一頁。
⑤は『新編武州古文書』下巻(角川書店、一九七八年)九五頁。
⑥は『寛政重修諸家譜』十三巻(続群書類従完成会、一九六五年)九四～九九頁。
(55) 前掲『浅草寺志』上巻、四六四頁、頭註。
(56) 「北条家禁制写」(前掲『新編武州古文書』下巻)九三頁。
(57) 前掲『浅草寺志』上巻、四六四頁。
(58) 前掲『北区史』資料編　古代中世一、四七三号文書一。
(59) 同右。

(60)　拙稿「忠尊と天海と崇伝」(『台東区史』台東区、一九九七年)三六九～三八六頁。
(61)　前掲『浅草寺志』上巻、四六八頁。なお、政富は『役帳』所載の兄康信が、永禄年中に武州峰上城で戦死した後、その跡を継いだという。その岳父とされる遠山丹波守直景は、先述したように天文三年に没しており、その岳父は直景の子丹波守綱景とみるべきである。
(62)　前掲『役帳』六三頁。
(63)　本文や註(61)に検討したように、綱景を遠山丹波守直景の子とするのは正しいが、忠孝や伊丹政富室・太田康資室を直景の子女とするのは誤伝で、忠孝など三人は綱景の子女だった。
(64)　黒田前掲註(7)、前掲『役帳』七八頁、頭註6。
(65)　加藤哲「古河御所と富永左衛門尉」(『史翰』九、一九七三年)。富永氏については黒田基樹「江戸城将富永氏の系譜」(『六浦文化研究』六、一九九六年。のちに前掲『戦国大名領国の支配構造』所収)参照。
(66)　前掲『北区史』資料編　古代中世一、四四九号文書、拙稿前掲註(53)。
(67)　長塚前掲註(47)、黒田前掲註(65)。
(68)　前掲『役帳』七二～七三頁。
(69)　長塚前掲註(20)①。

Ⅱ　徳川権力と地域社会

*二〇〇〇年一月十四日、駒澤大学最終講義

将軍権力論
―成立過程とその歴史的意義をめぐって―

はじめに

過分なご紹介をいただきました所でございます。本日は私の最終講義に際しまして、多数の方にお忙しいなか、ご参会いただきまして、心からお礼申し上げます。先ほど、学科主任の廣瀬良弘先生からご紹介がございましたが、本学にお世話になりまして三十年、本当にあっという間でした。いろいろございましたけれども、総体的には、良き師、良き友を得て非常に幸せであったと痛感する次第でございます。定年を迎えましての最終講義、いささか感無量でございますが、いわば人生の通過儀礼です。ふり返ってみますと、何人の先生をこういう場でお送り申し上げたことでしょう。それにつきましても、若い人も結構多いようでございます。大事な青春を本当に認識なさいまして生きていただければ、ありがたいと思います。

一　戦後史学

主題は「将軍権力論」です。先ほど、廣瀬先生からお話がありましたように、私は戦前の昭和四年(一九二九)に生を享けているのですが、その小学生から中学校時代、敗戦までの、まさに青春時代の直前で、これは経験した人でないとわからない時代ですね、極端に言いますと、絶対主義に近い時代を生きてきたわけです。いわゆる天皇が神、現人神なのです。これを子供の時からたたき込まれてきました。私は個人的には天皇制はあってもいいですし、天皇自体は非常にいい人ですね。この前、日本学術会議五〇周年記念で昼もお会いしておりますし、また夜もお会いしております。なかなか素晴らしい方ですね、本当に人間的には。ただ、こういう方のお父さん、昭和天皇、この方が神、まさに現人神として君臨してきた。この体制は先ほど言いましたように、その時を生きてきた人でないとわからないと、そう思います。

その体制のなかで、やむをえず、日本全体は太平洋戦争に突入して行かざるを得なかったわけです。実は、これから話す「将軍権力論」の内容は、生きてきた人を絶対的な神として体制が位置づけるということが、江戸時代にはなかったのだろうか？　明治以降の日本の近代化、実は人間としての天皇を神として位置づけた時代ですね。また人間としての天皇を国家体制のなかに「天皇は神聖にして侵すべからず」と、神(現人神)として位置づけた時期、これが明治から昭和、敗戦までの一つの時代の特色であり、途であったと。いろいろ考え方があると思いますが、明治から敗戦までは天皇を神として体制的に位置づけた時代であるということができると思います。実はこの明治以来の途は近世にはなかったかというと、「いつか来た途」だったのですね。現在は一九〇〇年代が終わり、まさに新ミレニアム、二〇〇〇年代に突入しておりますが、ちょうど三百年前の日本は、そういう権力の頂点としての人間を体制の頂点に神として位置づけようとした段階があった。これが実は具体的には家康神格化への途であり、これが日本における将軍権力の果たした一つの大きな役割であるということができると思います。

もう一つ注意しないといけないのは、この将軍権力はどういう歴史的役割をはたしたのかということを考える場合、戦後史学のなかで私達は考えないといけないのですね。どういう二〇〇〇年代の新しい日本史学をつくるのか、それは、戦後史学の批判的継承を前提として出発しなければならないということです。（戦後史学といいますと、いろいろな位置づけがあると思いますが、昨年十二月の朝日新聞の夕刊で戦後歴史学の位置づけをしようとして三回ほど連載しております。非常にタイムリーな良い企画ですが、必ずしも私は内容については賛成ではございません。）

まず理論史学。理論史学の立場に立つと自認する人たちは科学的歴史学といいますが、狭い意味で申しますと、マルクス主義史学と称しても結構でございます。結局は、理論史学も実証史学の立場に立たざるを得ないのですが、いろいろな姿勢があります。それから学派から言いますと、どちらかと言いますと、理論史学のなかから派生したと思って結構ですが、地方史学もありますし、あるいは理論史学・実証史学の批判として、網野善彦先生や、あるいは近世では塚本学さんなど社会史的な立場に立つ方々がおります。

一応、私はこのように整理してもいいのではないかと思います。ただ問題は戦後史学なるものが出発点は何かといいますと、実は皇国史観に対する批判と克服、これから出発しているのですね。皇国史観といいますのは、簡単にいってしまいますと、「何故日本の国家主権が天皇にあるのか」、これを説明しよう、理論的に説明しようとした史観であります。戦争中、皇国史観がすべての人の生き方を規制したのです。戦後史学の出発点というのは、この皇国史観の否定だったのです。というのは、いわゆる天皇を神格化して日本を支配してきた体制に対する批判、これから出発しているのです。これは天皇個人に対する憎悪ではないのです。体制に対するものなのです。

戦後史学の出発というのは、皇国史観を否定し、先ほど、廣瀬先生が話されました「封建遺制」を克服する、これから戦後史学は出発したわけです。「封建遺制」の問題と関連して、天皇制に対する体系的な実証的な研究があるべきだったのですが、それがなかったのです。確かに天皇制に対する研究はありますけれど、現代に至るまでの天皇制に対する学問的な、それこそ実証的論理的な歴史学がなければならなかった。木村礎さんが言っているように、これが欠けていたのが一番大きな戦後史学の欠点だと思います。

結局、歴史というのは、先ほどの戦後史学を整理することだけでも難しいわけでありますが、姿勢にあります。どういう姿勢で歴史学をやるのか。これは全ての学問がそうだと思います。人文科学にしろ、自然科学にしろ、そうだと思います。人間としての姿勢です。二〇〇〇年から始まる新しい二〇〇〇年代の歴史学も、やはり戦後史学の批判的継承から出発しなければならない。先程申し上げたのですが、天皇の問題にしても、これからお話しする将軍権力論にしても、ひとつの視座に立ってみるのが私たち戦後史学から出た歴史学研究者、特に日本史研究者の義務であろうと私は思います。しかし、これは人によってはいろいろ違います。私はそれはそれでよろしいと思います。議論し合えばよろしいわけですから。

私の立場というのは、「日本民族と、地域の民衆の生活に果たした役割」から、日本民族の歴史をみようということです。例えば明治国家がとった天皇を神格化する政策、あるいは将軍権力の果たした歴史的役割も、いったい日本民族の発展と地域の民衆の生活にとってどのような意味があったのであろうか、また、どういう役割を果したのであろうか。そういう視角、姿勢から追究する必要があろうと思います。これが戦後史学を受け継ぐひとつの立場であろうと思います。

二　家康神格化への途

1　信長政権・豊臣政権・徳川政権を経て家光政権の寛永期に完成

ふり返ってみますと、家康神格化への途、将軍権力が採った歴史過程ですね。これは十六世紀初頭から将軍権力が一貫してとっておりますけれども、この途は先ほど述べましたように、明治国家が後にとった途に先駆けするように思われます。いつか来た途だったのです。狭い意味での将軍権力、征夷大将軍としての徳川氏が、家康を徳川氏の段階から神格化し始めたと考えるよりは、実は信長政権、それから豊臣政権から一貫してとられた途であった。これが将軍権力への途なのです。

こういう考え方は私が初めてではありません。京都大学を退官されました朝尾直弘先生の将軍権力論ですね。朝尾さんは、こういう将軍権力の原形を、江戸幕府がとった家康を神格化する途、この出発点を信長に求めております。当然反対があります。例えば、同じ京都大学を出ました脇田修さん。脇田さんはこれに反対してます。信長政権に対する位置づけが、朝尾さんと脇田さんは違うわけです。では、どういう史料の解釈の相違からきているのか、具体的に見てみましょう。史料1は信長の場合なのですが、朝尾さんは非常に重要視します。フロイスの『日本史』のなかに「信長は自分を神格化させようとしていた」という記述が出てくるのです。

〔史料1〕（フロイス『日本史』5、松田毅一・川崎桃太訳、中央公論社、一九七八年、一三二～三頁）

彼は時には説教を聴くこともあり、その内容は彼の心に迫るものがあって、内心、その真実性を疑わなかったが、彼を支配していた傲慢さと尊大さは非常なもので、そのため、この不幸にして哀れな人物は、途方もない狂気と盲目に陥り、自らに優る宇宙の主なる造物主は存在しないと述べ、彼の家臣らが明言していたように、彼自身が地上で礼拝されることを望み、彼、すなわち信長以外に礼拝に価する者は誰もいないと言うに至った。というのは、彼には超人的な何ものかがあり、また人々はそのように喧伝し、彼がその業においてますます繁栄して行くのを見ていたからである。

かくて信長は戦争においてますます順調に成果を収めていたので、彼がいまだ武力を行使したことがない坂東《バンドウ》地方の遠隔の多くの諸国までが、彼の名声と富裕さと権勢を耳にしただけで使者を派遣し、彼の支配下に入ることを申し出たほどであった。彼は、それらすべてが造物主の力強き御手から授けられた偉大な恩恵と賜物であると認めて謙虚になるどころか、いよいよ傲慢となり、自力を過信し、その乱行と尊大さのゆえに破滅するという極限に達したのである。

かくて彼はもはや、自らを日本の絶対君主と称し、諸国でそのように処遇されることだけに満足せず、全身に燃え上がったこの悪魔的傲慢さから、突如としてナブコドノゾールの無謀さと不遜に出ることを決め、自らが単に地上の死すべき人間としてでなく、あたかも神的生命を有し、不滅の主であるかのように万人から礼拝されることを希望した。そしてこの冒瀆的な欲望を実現すべく、自邸に近く城から離れた円い山の上に一寺を建立することを命じ、そこに毒々しい野望的意志を書いて掲げたが、それを日本語から我らの言語に翻訳すれば次のとおりである。

「偉大なる当日本の諸国のはるか彼方から眺めただけで、見る者に喜悦と満足を与えるこの安土の城に、全日本の君主たる信長は、摠見寺《ソウケンジ》と称する当寺院を建立した。当寺を拝し、これに大いなる信心と尊敬を寄せる者に授けられる功徳と利益は以下のようである。（中略）」

信長はその生涯を通じて明らかなように、つねに神《カミ》と仏《ホトケ》の礼拝を意としなかったのみならず、それらを嘲弄したり、焼却することを命ずるほどであったが、今回は悪魔の勧誘と本能に操られ、日本においてもっとも崇敬され、またもっとも多数の参詣者を集めている偶像を諸国から持ち来るようにと命じた。彼がその目的とするところは、それらを網として用い、自らへの信心をいっそうよく捉えるためであった。

神々の社には、通常、日本では神体《シンタイ》と称する石がある。それは神像の心と実体を意味するが、安土にはそれがなく、信長は、予自らが神体である、と言っていた。しかし矛盾しないように、すなわち彼への礼拝が他の偶像へのそれに劣ることがないように、ある人物が、それにふさわしい盆山《ボンサン》と称せられる一個の石を持参した際、彼は寺院の一番高所、すべての仏《ホトケ》の上に、一種の安置所、ないし窓のない仏龕を作り、そこにその石を収納するように命じた。さらに彼は領内の諸国に触れを出し、それら諸国のすべての町村、部落のあらゆる身分の男女、貴人、武士、庶民、賤民が、その年の第五月の彼が生まれた日に、同寺とそこに安置されている神体を礼拝しに来るように命じた。諸国、遠方から同所に集合した人々は甚大で、とうてい信じられぬばかりであった。

史料1の二行目、「この不幸にして哀れな人物は、途方もない狂気と盲目に陥り、自らに優る宇宙の主なる造物主は存在しないと述べ、彼の家臣らが明言していたように、彼自身が地上で礼拝されることを望み、彼、すなわち信長以外に礼拝に価する者は誰もいないと言うに至った」とあります。自分自身が神であるというのですね。自分自身が礼拝の対象であると。その後にも出てきます。「かくて彼はもはや、自らを日本の絶対君主と称し、諸国でそのように処遇されることだけに満足せず、全身に燃え上がったこの悪魔的傲慢さから、突如としてナブコドノゾールの無謀さと不遜に出ることを決め、自らが単に地上の死すべき人間としてでなく、あたかも神的生命を有し、不滅の主であるかのように万人から礼拝されることを希望した」。「不滅の主」といったら、これはキリストのことですね、フロイスが書いた本ですから。その後を見ますと「摠見寺と称する当寺院を建立した。当寺を拝し、これに大いなる信心と尊敬を寄せる者に授けられる功徳と利益は以下のようである」。それで、摠見寺に石を置いて礼拝させたというのです。

それで問題はこの史料の解釈です。朝尾さんはこれをそのまま史実として認めるわけです。脇田さんは「フロイスの書いたことには、いろいろ間違いがある。だから、この通りには信じることはできない」という説明です。ここにこの史料に対する決定的な認識の差があるのです。

次に秀吉の場合が史料2です。これは『徳川実紀』の慶長九年（一六〇四）の記述です。

〔史料2〕（『新訂増補国史大系38　徳川実紀』第一篇、吉川弘文館、一九二九年、一一七頁）

（慶長九年八月）○十四日伊勢。尾張。美濃。近江等大風。伊勢の長島は高波にて堤をやぶり暴張田圃を害す。この日京には豊国の社臨時祭あり。豊臣太閤七年周忌の故とぞ。一番幣帛。左右に榊。狩衣の徒これをもつ。次に供奉百人。浄衣風折。二番豊国の巫祝六十二人。吉田の巫祝三十八人。上賀茂神人八十五人。伶人十五人。合て騎馬二百騎。建仁寺の門前より二行に立ならび。豊国の大鳥居より清閑寺の大路を西へ。照高院の前にて下馬す。三番田楽三十人。四番猿楽四座。次に吉田二位兼見卿。慶鶴丸。左兵衛佐兼治仕ふまつる。猿楽二番終る時大坂より使あり。豊国大門前にて猿楽一座に孔方百貫づゝ施行せらる。（当代記、舜旧記）

通説では秀吉は吉田神道の神道理論によりまして明神号をもらうわけです。「豊国大明神」を。それで豊国社に神として祀られるわけです。ただし、これは秀吉の意志かどうかわかりませんけれども。信長の場合は、フロイスによれば自らの意志なのです。秀吉の場合は自らの意志かどうかわかりませんが、この点、大学院の学生の橋本訓人君がこの辺をやっていますから聞きたいものです。秀吉の場合、吉田神道から明神号を得て、やっぱり神として祀られるわけです。

それから家康の場合です。やっぱり人間はあの世に逝くわけです。家康もあの世に逝くわけです。元和二年（一六一六）正月までは元気だったのです。ところが家康はその前に、やむを得なかったのですが、とんでもないことをやっているのです。自分の孫娘の旦那の秀頼を大軍でもって囲んで殺しています。いわゆる大坂冬の陣・夏の陣ですね。これは元和二年の正月を迎える前の年です。家康という人は、宗教（仏教）に対する理解は深いですね。将軍家の宗派は浄土宗です。今も三河岡崎に大樹寺という寺があります。ここが菩提寺です。家康は三河松平氏の九代目の人です、三河松平氏が浄土宗となったのは三代信光の時代です。これはちょうど応仁の乱の頃で、まさに戦国時代に突入するその頃なのです。最初は三代信光は禅宗でした。曹洞宗の法王派、妙厳寺という寺があります。後に豊川稲荷で有名になります。その兄弟弟子を呼びまして、万松寺という寺を岩津につくっていますが、晩年浄土宗に転向するのです。ですから、家康も浄土宗です。人によっては疑う人もいますが、家康が書いたと言われる「南無阿弥陀仏」の紙が何枚も残っています。

大坂の陣、自分のかわいい孫娘の旦那を殺さなければならない、あの前後、非常に悩んだようです。どういう点にそれが出てくるかというと、このとき家康は天台宗の宗論を開いています。その宗論の数を曽根原さんが『駿府記』を基にして分析しています（『徳川家康神格化への道』吉川弘文館、一九九六年）。非常に数多くやっておりますが、ある時期に集中しています。それが大坂の陣の前後なのです。慶長十九年から元和にかけて一番集中しております。これを主催したのはもちろん天海でしょう。南光坊天海が実際は陰で主催しているものと思いますし、家康が出たかどうかはちょっと問題ですが、内容を見ますと家康の人間的な悩みを反映しているようですね。人と仏と神と、人の業、それは何なのだろうかと、それと自分の死を予測していたのでしょう。七十歳を過ぎた段階ですから、死というのは必ず来ると痛切に感じていたわけです。そういう人間的な苦しみ、人間的な業、これを家康は考えながら、最も政治的に強引に豊臣氏を滅ぼすのです。難癖をつけて、「国家安康・君臣豊楽」。そのままですよね。国が安らかになり、主君も家臣も楽しんで自由に世の中を送れるようにという願いでしょうね。それに難癖をつけたのです。鐘銘に。家康を二つに切れば、豊臣の天下が太平になって喜ぶよという感じで、屁理屈をつけて出兵するわけです。やはり、そういう人間としての悩みに遭遇しながら、家康は死を迎えました。

先ほど言いましたように、元和二年の正月までは元気だった。「一、富士、二、鷹、三、なすび」というのは、正月の初夢ですね。いろいろ説はありますが、家康が好きなものだったと言う人もいます。一番が富士山、二番が鷹、鷹狩りが大好きですね、三番がなすび、茄子です。もう一つ好きだったのが、今でいう天ぷらのような料理です。元和二年の正月をご機嫌に迎え、一月十二日に駿府から田中というところに鷹狩りに行きます。そこで油物を食べたのです。当時流行っておりまして、食べたらしい。その油物があたりまして、その晩からあげるのです。急遽、駿府に帰ってくるわけです。病状は一進一退しながら、悪くなっていきます。いよいよ危なくなってくると、家康周辺の老臣ですとか、秀忠も二月に入ると江戸から駿府に下向します。秀忠という人は非常に温厚な人です。至誠の人というのでしょうか、親孝行な人で、それからは家康に付きっきりです。そのうちに病が重くなりまして、四月に入りますと、家康も覚悟を決めます。史料3は『本光国師日記』です。大学院で、これをゼミの諸君と一緒に読んだわけですが、家康は、元和二年四月十七日に亡くなります。一月十二日から病気になりまして、一進一退を繰り返して、四月十七日に亡くなります。その死亡する二週間前のことです。傍線部を読んでみましょう。これは有名な家康の遺言です。人によりますと、家康遺言の捏造説を唱えた人もおりますが、これは否定することはできません。『本光国師日記』という一等史料ですから、本光国師＝崇伝は南光坊天海の競争相手です。結局、金地院崇伝の方が負けますけれども。

〔史料3〕（『新訂本光国師日記』第三、続群書類従完成会、一九六八年、三八二頁）

（元和二年四月）一、南禅寺迄好便候而。一書令啓達候。一伝奏衆帰京之刻。以書状申候。爰元之様子可被聞召候。一相国様御煩。追日御草臥被成。御しやくり。御痰など指出。御熱気増候て。事之外御苦痛之御様体ニて。将軍様を始。下々迄も御城に相詰。気を詰申体。可被成御推量候。伝奏衆上洛之以後。事之外相おもり申躰候。拙老式義ハ。日々おくへ召候て。忝御意共。涙をなかし申事候。一両日以前。本上州。南光坊。拙老御前へ被為召。被仰置候ハ。臨終候ハヽ、御躰をハ久能へ納。御葬礼をハ増上寺ニて申付。御位牌をハ三川之大樹寺ニ立。一周忌も過候て以後。日光山に小キ堂をたて。勧請し候へ。八州之鎮守に可被為成との御意候。皆々涙をなかし申候。一昨三日ハ。近日ニ相替。はつきと御座候て。色々様々之御金言共被　仰出。扨々人間ニてハ無御座と各申事候。此上ニても御本復被成候て。御吉左右申入度候。内膳殿ゟ可被仰入候。恐惶謹言。

卯月四日　　　　金地院

板倉伊賀守殿人々御中

卯月四日。与五郎。与三郎上ス。久右衛門方へ状上ス。荷物一荷上ス。崇壽院殿へも文上ス。板伊州へ状上ス。案右ニ有之。久右衛門方への状。良西堂へも（之ヵ）宛所ニて遣ス。

傍線部を読むと、「一、一両日以前。本上州。南光坊。拙老御前へ被為召。被仰置候ハ。臨終候ハヽ、御躰をハ久能へ納。御葬礼をハ増上寺ニて申付。御位牌をハ三川之大樹寺ニ立。一周忌も過候て以後。日光山に小キ堂をたて。勧請し候へ。八州之鎮守に可被為成との御意候」となります。「一両日以前」ですから、四月二日ということでしょう。「本上州」は本多上野介正純のことで、家康の側近中の側近です。今でいうと官房長官みたいな人です。「南光坊」、これが天海です。拙老、これが金地院崇伝です。

これは完全な遺言ですね。つまり、今でいう官房長官の本多正純と、天海、それから金地院崇伝に対する遺言なのです。意味はもうおわかりでしょうが、自分が死んだならば、遺体は久能山に一旦納め、葬式は増上寺でやりなさい。増上寺はもちろん浄土宗です（今年、駒澤大学が箱根駅伝で優勝しまして、非常にうれしいですが、必ず増上寺の前を走っています）。位牌は三河岡崎にある大樹寺、五代長親以来の菩提寺ですが、ここに位牌をたてなさい。今でも大樹寺に将軍と等身大の歴代の位牌があります。ぜひ行って見てください。一周忌も済んだら、日光山に小さな堂を建てて、そこに自分を神として祀れ。そうしたら自分は神として八州の鎮守になろうというのです。幕府の地域的基礎である関八州の守護神となるというのです。これは明らかに自分の意思ですね。

これはこの通り実行されます。問題は、家康が亡くなるのは巳の刻ですから、午前十時です。この日のうちに遺体を、年寄連中が担いで、久能山に納めるんです。仮の御霊屋を造って。しかも夜ですよ。雨の降る中。そこで密葬をしまして、一年したら神として祀るのですが、どういう神に祀ろうかというところで、先ほど言った崇伝と天海の間で論争があります。崇伝の方は吉田神道によって明神号をもって祀るべきだというのです。天海の方は山王一実神道によって権現号をもって祀るべきであると。山王一実神道は比叡山に興った中世的な神道です。結局は、「東照宮権現」として、一年後に天海の手によって久能山から日光山へ遷座するのです。ただ、遺体をそのまま遷座させたのかどうか。久能山と日光山で見解が違います。久能山の方は、今でも家康の遺体はここにそのままあると。日光山の方はこちらにあると。両方見解の相違がある。ただ、遷座したのは事実です。一つ、私は宗教史の人に注意を喚起したいのですが、久能山も日光山も補陀落信仰のある山です。久能山のことをいう人は意外に少ないのですが、やっぱり補陀落信仰があります。霊山ですよ、家康は遺言でいうのですね。遺体を久能山に納めろと。これ、補陀落信仰ですよ。それから日光山もそうですね。この辺、どう考えたらいいのでしょうね。注意しておきたいと思います。

問題は、この信長・秀吉・家康の三人が死に直面したときの状況です。信長の場合は摠見寺ができるのは天正になってからですが、まさに滅亡する寸前です。本能寺の変の直前の状況です。ですから、朝尾さんは、信長は全国統一を直前にむかえて、一向宗とか叡山とか深刻な対決をしますよね。ですから、それを克服するための手段であると、自らの神格化は一つの手段であると。そういうふうに位置づけるのですね、朝尾さんによれば、それは「新たな国家編成のイデオロギー」です。だから、家康の段階と同じだと位置づけるのです、朝尾さんは。先ほどから家康の神格化・神君化への途は信長政権の時から位置づけるべきだと言っていますが、では秀吉の時はどうだったのか。それから将軍権力の場合はどうだったのか。これを位置づけないといけない。実は、この将軍権力としての将軍の神格化、家康の神格化の問題は、古くから問題になっております。津田左右吉さんとか北島正元さんの時から問題になっているのですが、ようやくここ十年間でまた位置づけ直そうという動きが出てきました。それが朝尾さんの将軍権力論であり、朝尾さんに対する曽根原さんの批判なのです。

朝尾さんは、先ほど言った信長神格化のなかに徳川氏が家康を東照宮大権現として、神として位置づけようとした政策の原型をみているのです。ただ、家康を神として祀ったとしても、関八州、徳川氏の関東領国の地域的な神です。家康一代記の『東照社縁起』があります。天海がなぜ日光に家康を祀るのかの由来を書いております。そのなかで天海は、家康を単に関八州の鎮守としてではなくてアジアの、中国とインド、そして、日本の権威にしようとしたと朝尾さんは位置づけています。それに対する批判が曽根原さんの仕事です。曽根原さんは、日中印、東アジアの権威にしようとしたその思想は、すでに中世の天台教学のなかにある。比叡山のなかで生まれた山王一実神道のなかにある、だから、朝尾さんの史論は考え直す必要があると批判しています。

いずれにせよ、ようやく戦後史学が本来出発点とすべき明治から開戦まで辿った途は、相違はありますが信長・秀吉、そして江戸幕府が一度やっているんです。その異同性の問題に関して、ようやく最近議論が起こりつつある。特に朝尾さんの将軍権力論をめぐりまして、脇田さんは、信長政権にその原型を認めようとする説を批判している。それから曽根原さんも批判していますね。ようやくそういう論争ができつつあるんですね。本学は、宗教、仏教の研究が一つの基礎ですので、そういう点で是非こういう論争のなかに分け入っていただければと、話をしたわけですが、ようやくそれが緒に就きだしたところであります。将軍権力が歴史的に果たした一つの役割は、家康神格化・神君化への途なんですが、問題はこれと明治国家以降辿った、いわゆる、天皇を神格化させる途とは、当然違うんでしょうが、どういうところが違うのかとか、一度辿ってきた途を明治国家が再度何故辿ったのか、あるいは、今私が提案したようなことが、問違いなのか。やはりこれは、天皇制を追究するなかで、もう一度位置づける必要があるのではないだろうか。その際、宗教の方面から迫る必要もあるでしょうし、もう一つは、政治的な面から迫る方法もあるんです。

ところで、寛永寺の浦井正明さんが『もうひとつの徳川物語―将軍家霊廟の謎―』（誠文堂新光社、一九八三年）という本を書かれています。この本、なかなか手に入らないようですね。浦井さんは非常に細かく、家康の亡くなる前後の政治的状況と、それから日光の霊廟の問題を分析しています。家康を東照大権現として祀ろうという政治的決断をしたのは、二代目将軍の秀忠なんですね。これを細かく政治的過程を追って実証しています。それで、私の一つの批判といえば、天海の思想。これは、朝尾さんや曽根原さんが言うように大事だと思います。ただ、それだけでできるんですかね。浦井さんが言うように秀忠がやっているんです。家光も当然やっております。この政治過程をもう一度丹念に追究するという一つの方法があります。宗教史の面と政治史の面と両方から追究していけば、これは面白い問題になってくると思います。それで、そういうふうに、戦後史学を受けながら、この家康神格化への途をもう一度位置づける必要があるということなんです。

もう一つは、この問題を考える場合に、私なりに言いたいのは、朝尾さんとか、あるいは浦井さん、曽根原さんとは異なる視角から考える必要があるということです。

一つの視点はいままで述べたように、織田政権、豊臣政権、家康政権、秀忠政権を経て、家光政権の寛永期に完成するということです。これは一つの視点ですよね。もう一つは、国人領主制深化の構造的特質。この面から追究する必要がある。

2 国人領主制深化の構造的特質

何だか恰好いい言い方ですが、どういうことかといいますと、これは日本のいわゆる将軍権力は、結局、幕藩体制国家を完成させるわけですよね。幕藩体制国家の本質は何かということなんです。これは、実は戦前の日本資本主義論争以来の一つの課題です。これは永久の課題でしょう。考え方は、いろいろあります。私は国人領主制の一つの帰結が幕藩制国家だと思います。それで、近世国家を幕藩制国家として完成させたのが、将軍権力の歴史的意義なんですね。ですから、国人領主制深化の構造的特質は、あらゆる面から追究する必要がある。たとえば、今まであまり国人領主制深化の過程で、問題にされてこなかったことを、最近非常に深く認識しようとする若い人々の仕事が出てきている。宮島敬一君の仕事とか、あるいは廣瀬君の仕事とかです。つまり、領主制を深化させるのに、宗教を梃子にしたというんです。領主制というのは、職の体系下にあっても地代の徴収で実現される。このために信仰を利用しているんです。これを見事に宮島君とか廣瀬君が位置づけているんです。

かつて私は、二人ほどに明確な意識は持っていないんですが、やったことがあるんです。それが「幕藩権力の生成と農民闘争」（『史潮』一〇〇、一九六八年）なんです。これ、私が若い頃、ちょうど四十になった時ですかね。史料は出しませんでしたが、新行紀一さんと私の間で見解の相違がありますが、実は一向一揆なんかも、そうなんです。私はそう思います。今どういうふうに宗教史の方で考えているか知りませんが、本願寺は完全な戦国大名ですね。一向一揆も、そうなんです。だいたい寺僧は、在地領主の家を基礎にして入ってきます。また、国人とか国人以下の小領主もお寺に自分の子供を入れているんです。それから何も一向宗だけではないんです。国人が必ずお寺に子供を入れている。一つの夢だったんですかね。侍というのは人を殺すのが商売ですから、菩提を弔ってもらわないといけないでしょう。意識的に入れているんです。例えば、この辺りで言いますと、浅草寺なんかもそうです。遠山氏が別当として入れているんです。ですから家康神格化への途は簡単に言ってしまうと、一つは「国人領主制深化の構造的特質」、これに由来する。しかし、国人は自らが神になろうとはしていない。自らを神格化させる途は、津田左右吉さんが言ったように、信長になって初めて出てくるんです。それを秀吉がやり、それから家康がやっているんです。若い人々に、問題提起として、今申し上げているわけです、曽根原さんのように、日本の天台教学の一つとして出てきた山王一実神道、このなかで、天海あるいは家康の思想をみようとする方法。これは非常に基本的なことです。けれども、もう一度、これは世界史のなかで考える必要があるのではないかと思うんです。たしかに、朝尾さんの言うように、信長自身神格化させた一つの理由は、一向宗や天台教学に対抗する一つの方法かもしれませんけれども、もう一つ世界史のなかで位置づける必要があるんです。それは非常に簡単に言ってしまうと、キリスト教の影響なんです。

3　宗教論争

先ほど、家康は非常に宗学の論議が好きだと言いましたが、同様に好きだったのは信長です。永禄十二年（一五六九）四月二十日に、信長の面前で長時間、フロイス師とロレンソ修道士と、日乗上人が宗論を交えたことがありました。信長はそれを聞いているんです、終始一貫。信長はしょっちゅう会っているんです。この耶蘇会の人々と。ものすごく彼らを尊敬しております。これは、秀吉や家康に欠如している、一つの信長の姿勢でしょうね。それで、この問題をどう考えるかということなんです。これが非常に難しい問題です。日記なんか残っていませんし。そういう世界史的なキリスト教との接触というのは信長にどういう影響を与え、さらに秀吉、家康にどういう影響を与えたかということです。それで、これをどういうふうに明らかにしたらいいでしょうかね。一つそうしたことをやってくれる人がいれば非常にありがたい。そういうふうに思います。

三　都城建設から全国的視座からする治水へ

今日は「一　戦後歴史学」と「二　家康神格化への途」を中心にしてしまいましたが、あともう少し時間がありますので、「三　都城建設から全国的視座からする治水へ」、この問題に少し触れておきたいと思います。これは確かに十六世紀の末期から、十七世紀の転換期、今からちょうど三百年前ですね。今流に言うと、新しい世紀への転換の時期なんです。いうまでもなく、これは非常な転換期です。

これについては、いろいろな位置づけの仕方がありますし、もうよしますけれど、私は「家康神格化への途」、こういうふうに位置づけて、皆さんに問題提起したわけです。しかもそれは、秀吉と家光の政治的決断によってなされた政策である。これを明らかにしないといけないんです。そうしないと、明治以降の天皇を現人神・神格化するこの途との異同がとけないんです。こういうことを強調しながら、十六世紀末期から十七世紀初頭の新しい世紀を迎える、日本の歴史の意味、これを皆さんに問題提起したんです。

問題は、これが最初に言った、民衆の生活にとって、あるいは、日本民族全体の発展にとって、どういう意味があったのか、ということなんです。その点で私が注目したいのが、北原糸子さんの『江戸城外堀物語』（ちくま新書、一九九九年）という仕事です。これは面白いですから買って読んでください。最近は、考古学では近世のものまで掘っています。文化庁は近世はあまり掘らなくてもいいなんてことを言っているようですが、ぜひ掘ってもらいたいです。今、外堀よりに地下鉄が作られていますが、その地下鉄の工事と関連して、江戸城の外堀工事を文献と考古学によって位置づけたものです。こういう仕事の必要性は前から言われておりましたが、見事に、その点だけを追究しています。

だいたい寛永十三年（一六三六）に江戸城の外堀が完成する。信長・秀吉とか、それから家康・秀忠・家光、この時期は一言で言ってしまいますと、都城建設の時代です。二条城とか大坂城だって、秀吉が作ったものは、みんな焼けちゃって、それを、今の形状にまで作り直したのは徳川です。この時代、地方もそうです。名古屋城も、その他の大名も城と城下町を建設します。これはもちろん将軍や大名が支配をするために作った都城ですが、近世民衆から見ればどうなりますか。都市基盤の整備でしょう。この都城建設があって、はじめて町人が出てくるんです。今まで日本には現れなかった城下町に、町人が出てくるんです、新しい次の時代の担い手の。江戸城外堀が完成するのが、寛永十三年です。寛永十三年に完成された江戸の町というのは、地方の城下町と同じように、職業別構成なんです。つまり、同じ職業の人が、同じところに集まっている。大工町とか、畳町とか。その後、明暦の大火を画期にして、がらっと変わりますけれども。将軍権力が果たした家康神格化への途、もう一つが都市基盤の整備なんです。民衆にとって、日本民族にとって、こういう役割を果たすわけです。

面白いことに、都市基盤の整備がほぼ整って、農村のインフラの整備は、この後になって行われます。寛永期以降です。本来、封建領主の基本的な責任というのは治水の問題なのです。この問題に将軍権力が本格的に着手してくるのは、寛永十三年以降でしょう。城下町など都市基盤整備をした後に、将軍権力が治水政策に幕藩制の全力をかけようとしてくるのです。都城建設が終わってから、例えば、北原さんの仕事で面白いと思うのは、外堀の石垣を造るのは大変な作業なのです。大名百家を動員したという。その後の江戸の城下町もそうです。郡代・代官のみならず、大名を動員する。寛永期以降、幕府は利根川とか江戸川とか、木曽川の治水に全力を挙げ始めます。四代、五代将軍の治世も、そうです。綱吉という人はいろいろ難しいです。ただ、大名をもね、川の治水整備に動員していますよ。そういう意味でも、もう一度見直さなければ、いけないかもしれません。

つまり、家康神格化、神格化への途、もう一つの特色は都城の建設です。都城基盤の整備です。将軍権力は、日本民族や、あるいは、庶民にとって、地域の民衆にとって、どういう意味があったのか。それは寛永期まで都市基盤の整備。寛永期以降、初めて治水の問題が出てくる。農村基盤は小農です。小農自立の問題は、治水の問題と関連して出てくるのです。今まで大地主に隷属していた小農が治水政策を前提にして自立してくる。これがなければ、小農は自立できない。寛永期以降、治水政策、小農経営が、ある程度自立できる社会基盤の整備に、幕府が初めてあたってくる。そういう意味があるということを、今日は最後に述べてみました。

おわりに

戦後歴史学をどう受け継ぐか。一つは、「日本民族にとって、あるいは地域の民衆にとって、それが存在したということが、どういう意味があったのか」、との視角から見ようということです。これは現在の政治の問題でも、そうです。なぜ今の政権を存立させるのか、選挙の一票によって。民族と民衆にとって意味がない政府は何でもだめなのです。どういう政権でも。鄧小平さんが、かつて面白いことを言っていましたよね。「鼠を捕る猫は、白い猫でも黒い猫でも、いい猫だ」と。極端にいうと、そうなのです。皆さん一票を行使するわけですから、そういう目をもって、現在の政権も見ないといけないし、歴史を見る場合にも、一体、将軍権力は民衆にとって、どういう意味があったのか。天皇だってそうなのです。どういう意味があったのか。そういう目から見る必要があるでしょう。

ただ、これらと別の学問的視角もあります。「なぜ、おまえは、そんなに、つまらないことを明らかにする」、そこに歴史的事実があるからです。それを自分は明らかにしたい。それで、いいのです。「なぜ山に登る」、山がそこに、あるから。「なぜ、おまえ、そんな、つまらない歴史的事実を明らかにする」、そこに歴史的事実があって、自分がそれを明らかにすることに興味がある場合には、意味があるのです。意味がないことに皆さん興味を持たないでしょう。「そこに歴史的事実がある。だから、これを明らかにしたい」、必ず意義があるはず、それを自分が選択したのですから。

多様な観点から過去の現象を認識し、選択しながら、それぞれの研究課題を選んでいただきたい。これが私の最後の若い人に対するお願いです。どうも、ご清聴ありがとうございました。

徳川家康「関東入国」の歴史的意義

＊二〇〇二年四月、日本城郭史学会講演

はじめに

なぜ徳川家康の関東転封前後の段階を今回取り上げるのか、それは家康が徳川幕府を開きましたのが慶長八年（一六〇三）です。ちょうど来年二〇〇三年が、家康の江戸幕府開府四百年になります。家康が慶長五年の関ヶ原の戦いで事実上の覇王となり、その時、世嗣となっていました秀忠に、幕府を開くにはどこがよいか尋ねたところ、秀忠は守成の人といわれるように、非常に温厚な人です。自分は未熟でよくわからないから、御上のどうぞ良いように、ということで江戸に幕府を開いたわけです。当然、幕府を開く地としては、江戸か京都など。

家康が慶長八年に江戸に幕府を開く、その背景には江戸の方が幕府を開く条件を整えつつあったということです。天正十八年（一五九〇）に家康が関東に入りまして、江戸に本拠を置く、ということがなければ、江戸に幕府を開く、ということはあり得なかったでしょう。そういう意味では、天正十八年に家康が東海地方の五か国、すなわち三河・遠江・駿河・甲斐・信濃の五か国から関八州に入り、まして江戸に入ったことは、全国の歴史を考えるうえからも、江戸・東京の歴史を考えるうえでも、決定的な意味を持つわけです。そういったことから本大会において、天正十八年の家康の関東入国という問題を取り上げられたと思います。

前置きはこれくらいにしまして、文献史学の方で家康の関東入国というのが、今までどのように取り上げられているのか、この問題から解き起こしていきます。

一　家康「関東入国」に関わる一九五〇年代以降の研究史

まず、家康の関東入国に関しましては、江戸時代からの研究史があるわけですが、キリがありませんので戦後に限ってみていきます。家康関東入国に関わる一九五〇年以降における研究史、私が取り上げました論文は、一三編ございます（資料1）。

〔資料1〕家康「関東入国」に関わる一九五〇年代以降の研究史

(1)水江漣子「家康政権と関東」（『史潮』四九、一九五三年）。
(2)北島正元「徳川氏の初期権力構造―検地と分附記載より見たる」（『史学雑誌』六四―九、一九五五年。後に小和田哲男編『徳川氏の研究』戦国大名論集12、吉川弘文館、一九八三年に再録）
(3)所理喜夫「関東転封前後における徳川氏の権力構造について―特に天正十七・十八年の五ヵ国総検を中心にして―」（『地方史研究』四四、一九六〇年。後に拙著『徳川将軍権力の構造』吉川弘文館、一九八四年。小和田編前掲書に再録）
(4)藤野　保『幕藩体制史の研究』（吉川弘文館、一九六一年、新訂一九七五年）
(5)川田貞夫「徳川家康の関東移封に関する諸問題」（『書陵部紀要』一四、一九六二年）
(6)村上　直「甲斐における徳川氏の権力基盤―武田領国支配との関連において―」（『地方史研究』三七・三八合併号、一

九六三年）
(7)北島正元『江戸幕府の権力構造』（岩波書店、一九六四年）
(8)本多隆成「初期徳川氏の検地と農民支配—五カ国総検地を中心に」（『日本史研究』二一八、一九八〇年）
(9)水江漣子『家康入国—なぜ江戸を選んだのか』（角川書店、一九七六年）
(10)藤木久志「『関東・奥惣無事』令について」（杉山博先生還暦記念会編『戦国の兵士と農民』角川書店、一九七八年。後に同氏『豊臣平和令と戦国社会』東京大学出版会、一九八五年）
(11)和泉清司「関東入国時における徳川氏の領国形成」（『関東近世史研究』一五、一九八三年。後に同『徳川幕府成立過程の基礎的研究』文献出版、一九九五年）
(12)村上　直「徳川氏の関東入国と江戸周辺」（『東京の文化財』四五、一九九〇年）
(13)煎本増夫「徳川氏の関東入国」（『史誌』三四、一九九一年）

一九九〇年代まで掲げたのですが、面白いことに論文として出ますのは一九九一年の三月までで、それ以降はあまり論文は出ておりません。その内容をみると、大きな一つの動向が指摘できます。一三編の論文の内、(10)藤木久志さんを除きましたほかの方は、だいたいが専攻が近世史の方ですね。関東入国に関する一九五〇年代以降の研究史をみた場合、近世史専攻の方がこの問題に取り組んでおられる。

したがって、家康の関東転封の歴史的意義を考える場合、近世史の側からの視点でみることが多いといえる。江戸幕府創業史の前史としてみる研究が多い、これが研究史の第一の特色です。

次に第二の特色として、一九五〇年代以降の研究史のなかで、(10)藤木さんの論文、それともう一つ、(11)和泉清司さんの仕事。このお二人を除きますと、使っております史料がせいぜい『寛永諸家系図伝』『譜牒余録』『寛政重修諸家譜』等、十七世紀以降の編纂物を基本的な史料として論文を構成している、ということの二つの特色があります。つまり、一つは近世史の側からみた、江戸幕府創業史の前史としての研究。もう一つは使われた史料が十七世紀以降の幕府編纂物（もちろんそれ以外の史料も使われていますが）、近世の編纂物を中心として進められた研究。この二つの大きな特色があります。

以上のような研究史から、今後どのように展開していくべきなのか。一つには、一級史料・基本史料から歴史的世界を明らかにしていこうとする方法。もう一つの方法としては、近世史の前史としてだけみていくのではなくて、中世の側からみたらどうなるのだろうか、つまり、戦国大名の発展過程のなかに位置づけていく必要があると思います。

いわゆる徳川家康の関東入国をみていく場合、戦国史からみていく、具体的にいいますと戦国大名の発展過程、戦国大名から豊臣大名、そして将軍権力へと発展する日本史の流れがあるわけですが、その戦国大名の発展史として位置づける必要がある。ご承知のように徳川将軍家といいますのは、松平郷から出まして岩津の安城・岡崎に移り、岡崎城を中心とする小さな大名から、やがて戦国大名へと発展、さらに豊臣大名を経まして徳川将軍家を創出しまして幕藩体制を完成させるわけです。この戦国から織豊期を経て幕藩体制を完成させる過程に位置づけなければならない。ここに今後の進むべき研究方向があると思います。

敗戦後五十年を経て、戦国時代の研究もものすごく進展をしてます。戦国の個別の大名の研究も進んで、そのなかでもいわゆる後北条氏の研究、後北条氏に隣接する武田・今川氏の研究も進んできている。個別研究が進んでおりますから、この三つの大名の研究史、これを比較しながら、戦国大名の特色を明らかにする、という研究が現在ようやく可能になりつつあります。

そこでまず、この典型的な戦国大名の三つの大名を比較し、ついで地域権力としての松平・徳川氏権力の発展、つまり徳川氏が戦国・織豊期を経てどのようにして将軍権力となったのかが、このことを考えていくうえでこの家康の関東入国の問題を位置づける必要があるのではないか、ということで話を進めていきたいと思います。

二　戦国大名の領域支配制度の研究史

まず守護大名と戦国大名、どこが違うのかです。一九八〇年代以降の研究史で、この違いを領国制的公事の機構からみていきます。つまり守護大名というのは、自分の配下の部将に領国制的公事はかけられません。ところが戦国大名では自分の給人や被官、あるいは国衆に領国制的公事、典型的な例ですと軍役をかけることができる。これが守護大名と戦国大名の大きな違いです。戦国大名を特色づける領国制的公事です。ここでの視角として、領域支配者の地位と権限による類型化、とくに領域公権を構成する大名収取の領国制的公事に注目するということがあります。こういう分析方法が明確に打ち出されましたのは、後北条氏の研究を通じてです。

1　北条氏の事例

池上裕子さんが一九八三年に『歴史学研究』に発表された論文のなかで、後北条氏の領国制的公事を論じました。後北条氏は支配機構の特色「本城支城制」を永禄二年（一五五九）以降に打ち出します。

〔資料2―1〕北条氏の事例

A池上裕子「後北条領の公事について」（『歴史学研究』五一三、一九八三年。後に『戦国時代社会構造の研究』校倉書房、一九九九年）

〈視角〉公事収取における郡代・支城主の役割を明らかにし、領域支配制度としての郡、支配領制にも言及。

〈要旨〉延喜式の伊豆三郡・相模八郡を、伊豆を伊豆・伊豆奥の二つ、相模は西郡・中郡・東郡・三浦郡・津久井郡の五つに分ける郡制を施行。そして本城領に属する四地域にそれぞれ郡代を置き、本城主―郡代―触口という公事の収取機構を設け、相模東郡・三浦郡および武蔵久良岐郡は三縄城の、津久井は津久井城の支城領に再編成して、本城主―支城主―触口という公事の収取機構を設けたことを論証。この郡代制も支城領制も戦国期の新しい領域支配のための制度である。郡代制と支城領制とのあいだには連続面と断続面はあるが、郡代制が支城領制を生み出す歴史的前提をなす。

B浅倉直美「後北条氏の領国支配について―郡代と支城主をめぐって」（戦国史研究会編『戦国期東国社会論』吉川弘文館、一九九〇年。後に『後北条領国の地域的展開』岩田書院、一九九七年）

〈視角〉池上論文の提唱を受け、郡代制から支城領制を通して各地郡代の任用と支城領の形成について論証。

〈要旨〉天文・弘治年間の後北条氏の領国では後北条氏が設定した「郡」ごとに郡代が任用されて公事徴収にあたっていた。「役帳」成立後の永禄二年段階から滝山領・鉢形領から支城領制を展開し始め、それは永禄末年から元亀年間にかけて確立され、本城領では引き続き郡代制がとられた。そして天正二年（一五七四）～五年の郡代制と支城領制の改革を経て江戸領・川越領も、郡代支配から支城領主支配に切り替えられた。

C黒田基樹『戦国大名北条氏の領国支配』（岩田書院、一九九五年）、同『戦国大名と外様国衆』（文献出版、一九九七年）、同『戦国大名領国の支配構造』（岩田書院、一九九七年）、同『戦国期東国の大名と国衆』（岩田書院、二〇〇一年）

〈視角〉 年貢・公事の収取機構の体系化、領域ごとの支配機構の類型化、領域支配者の地位と権限による類型化→領域公権を構成する大名収取の領国制的公事に注目（年貢・万雑公事は大名の領域公権を構成しない）。
〈要旨〉 領域支配者の地位と権限による四類型化。
①郡代　(イ)大名収取の公事の賦課・徴収（伊豆入部以来の譜代重臣）。
②城代　前記(イ)と、(ロ)在城衆に対する軍事指揮権（「一族、一部の「御一家衆」」）。
③支城主　前記(イ)(ロ)と、(ハ)大名支配権の一部［知行宛行・安堵・裁判権等］（「御一家衆」～在城衆は被官・同心。当該領域内における自身、被官・同心の知行地に対しては大名と同等の権限～大名支配権の部分的分割）。
④支城領主　前記(イ)(ロ)(ハ)を含む領域支配権の全権を掌握（「御一家衆」）。
当該領域はすべて知行分。領域内軍事力はすべて被官・同心。
当該領域（「国」）の大名。
本城主発給文書は伝馬手形・禁制等のみ（「軍事的　公方役」）。

まず、これがどういうものなのか。池上さんによりますと、まず後北条氏は、古代や中世の国郡制とは異なる独自の郡制を創り出しています。そして、郡ごとに郡代を置いて公事を徴収させた。これが後北条氏独自の郡制であり郡代制であったわけです。

この郡代制から公事の徴収権、たとえば、岩付城。本城は小田原城ですから岩付城は支城となるわけですから、ここに公事が集まるわけです。さらに池上さんがいわれたのは、郡代制から支城主制への転換です。この池上さんの支城主制を発展的に理解したのは、B浅倉直美さんの考え方とC黒田基樹さんの考え方。とくに、黒田さんは四冊も本を出している。わかりづらいところもあるんですが、ともかく、池上さんの考え方を発展させたのは、Bの浅倉さんであり、Cの黒田さんのお仕事です。浅倉さんと黒田さんは考え方の違うところもあります。

黒田さんは、郡代・城代・支城主・支城領主というこの四つの類型を打ち出しています。「郡代」といいますのは、これは池上さん・浅倉さんと同じですが、(イ)大名収取の公事の賦課・徴収。これが郡代の役割です。これは初代の早雲から行われた制度と考えてよいと思います。それに次の段階から城代というのが出てきます。この「城代」というのは、先の(イ)大名収取の公事の賦課・徴収権と(ロ)支城つまりお城に在城する者に対する軍事指揮権をもっている。これが城代です。つまり城代というのは郡代の権限プラス軍事指揮権をもっている。その典型として黒田さんは、江戸の遠山氏を考えています。そのほかに支城主・支城領主というのがありますが、発展的に理解しています。郡代にどういう連中が任命されているかというと、伊豆入部以来の譜代重臣。「城代」には一族あるいは御一家衆。支城主には御一家衆。御一家衆とは簡単にいえば北条氏の一族です。そして、「支城領主」というのは領域支配権の全権を掌握している者で、北条氏政の子供とか兄弟にあたる連中です。後北条氏の仕組みを理解するのにこの郡代・城代・支城主・支城領主という類型を設定し、それを発展的に理解しようとしています。

2　武田氏の事例

次に武田氏についてですが、柴辻俊六さんのお仕事を核として掲げました。

〔資料2-2〕武田氏の事例

> **柴辻俊六「領国諸城と領域支配」**（同『戦国期武田氏領の展開』第二章、岩田書院、二〇〇一年）
> 〈視角〉　戦国期武田領の、しかもこの領国が最大限に拡張された天正初年（一五七〇年代前半）を中心として、この時期に

みられる支城主以下の諸城主の性格・実態を明らかにし、それぞれを武田氏の領国支配構造に位置づけ、さらにこれら諸城主の領域支配にかかわる諸権限の内容を分析し、その違いを明らかにして、領国維持上での機能分担の状況をみる（三八頁）。

〈要旨〉　天正初年（一五七〇年代前半）以降、勝頼は基本的には信玄最晩年の体制をそのまま踏襲。領域支配にかかわった支城主・城代・在城主・城番主の四概念（四七頁）。

①支城主（甲斐郡内領・小山田信茂、信濃仁科領・仁科盛信〜信玄五男）

・武田氏の関与はあるものの支配領域に対しては、知行宛行・安堵、諸役賦課・免除、軍役、過書発給。
・龍朱印状は奉じていない。
・判物とともに中途からではあるが、独自の印判による領域支配。
・世襲制。

立法裁判権は最終的には武田氏の専権、領域支配権については、ほぼ大名と同様な事項についての確認がとれる。

②城代（信濃海津城・春日虎綱、箕輪城・内藤昌秀）

・圧倒的に武田氏の発給文書が多い。
・独自の印判状はみられない。その判物は城への与力衆である地衆に限定。
・その書状は、外交関係が多い。
・城領内への指令は、多く龍朱印状で行われており、知行・軍役関係を中心に広範囲な展開をみせている。
・武田家当主から城代への書状は、軍事指令のみであり、龍朱印状でもその割合が多い。
・城代も龍朱印状の奉者を勤める場合が多く、城領内の地衆・寺社への取次役や指南役を勤め、その権限内での城領支配を分担していた。
・世襲制と交代制の折衷。

城代領に関しては軍事指揮権と城領内在城衆への取次・指南役のみ。
③在城主（駿河庵原山城・朝比奈信置、遠江高天神城・小笠原信興）
・帰順して本領安堵、帰属国としての限界をもっての城領支配。
・自領内被官に知行を再配分、被官に対する知行権と軍役賦課は保持し、城領内での領主的展開。
・公事賦課権は、朝比奈氏について黒田説は認めるが、これを保留。
④城番主（駿河久能山・板垣信憲、三河作手・小山田菅右衛門・浦野宮内左右衛門）
・武田家家臣が本領とは別に占領地の主要な城に在番主として派遣配置。
・在城衆や番手衆が付属し、在城領が付与される。
・在地支配の領域的展開はみられず、在城衆や番手衆に対する軍事指揮権のみ。

武田信玄から勝頼がその領国支配を受け継いだ段階の領国支配の構造を示しています。柴辻さんは四つの概念を打ち出しているんですね。これは一昨年の地方史研究協議会での発表ですので一番新しい仕事と思っています。ここでの支城主は、黒田さんが打ち出した支城主の概念と同じ内容です。柴辻さんによると、支城主・城代・在城主・城番主の四つの類型がありますが、支城主という点では後北条氏と同じです。城代もほぼ同じような概念です。ただ武田氏の場合の城代は公事徴収権をもたない。これが後北条氏と大きく異なる点です。また、支城領主ができた後も郡代は残りますから、郡代がいない点も武田氏は後北条氏とは異なります。

3　今川氏の事例

次に今川氏の事例に入ります。ここでは有光友學さんの研究を引用します。

〔資料2-3〕今川氏の事例

有光友學　「戦国大名今川氏の権力機構」（本多隆成『戦国・織豊期の権力と社会』吉川弘文館、一九九九年）

〈視角〉戦国大名の権力編成や支配機構の実態や性格・特質を明らかにしようとする研究についても、近年、次第に積み重ねられつつあるが、なおトータルな姿を提示するまでには至っていない。……これまでの研究は個別的戦国大名のさらに個別の問題について、戦国家法や当主発給文書などの断片的記載により、その実態を復元し、その特質を論ずるという段階にあるといえよう。戦国期の今川領国において権力機構を構成する職掌としてどのようなものがおかれたかについて必ずしも明確でない。そこで大永六年（一五二六）制定の「今川仮名目録」、天文二十二年（一五五三）の「同追加目録」、「定」と名付けられた「訴訟条目」にみえる名辞「宿老」「評定衆」「奉行」など、当主発給文書などにみられる個々の職掌、また「郡代」「守護代」、さらに軍事的意味の強い「城代」「城主」についてその実態を明らかにし、今川氏全領国における権力機構の復元を試みたい。

これは二年前のお仕事ですが、北条・武田氏とはちょっと違います。まず、黒田さんや柴辻先生のいう支城主あるいは支城領主という概念、これが今川氏の場合は考えられないとされます。城代、これはあります。これは後北条氏の場合と似ております。

それから郡代、これはないですね。ただ、一例だけある。それは有光さんによりますと、三河の場合しかない。ですから、後北条氏の事例や武田氏の事例とはだいぶ違う。次に幕藩体制を創出する松平氏・徳川氏権力の場合どうなのか、ということになります。関東入国の場合、戦国時代からみた家康のその意義を問うわけですから、松平・徳川氏権力の戦国から織豊期・江戸時代に至るまでの過程のなかでどのように位置づけたらいいのか、という問題に入りたいと思います。

三　地域的権力としての松平・徳川氏の発展

この問題を整理すると次のようになります。

〔資料3〕地域的権力としての松平・徳川氏権力の発展

(1)同族団的国人一揆	支城領主	戦国大名	豊臣大名	将軍権力	
(2)支城領主					
(3)戦国大名	宿老	城代	「城主」	郡代	「国事」
(4)豊臣大名	本城・支城領制	郡代・代官制			
(5)将軍権力					

ご承知のようにこの松平・徳川氏というのは、岡崎の小さな大名だった。それが急速に発展するわけです。その発展形態をどう把握したらいいか。それが(1)です。同族団的国人一揆。それから(2)支城領主・(3)戦国大名・(4)豊臣大名・(5)将軍権力という発展形態をとります。同族団的国人一揆の松平氏が支城領主に発展する過程です(これは去年武田氏研究会大会で講演したことがあり、『武田氏研究』第二六号にその速記録が載りますので、それを参考にしていただければと思います〔本書所収〕)。支城領主、これは有光さんによりますと、今川氏領国の場合には支城主とか支城領主はない、考えられないという。戦国大名としての今川氏の研究としては小和田哲男さんとともに第一人者です。

1　今川氏領国下での松平氏

これについては、松平・徳川氏の略系図があります。

【松平氏略系図】（藤野保他編『徳川家康辞典』、新人物往来社に加筆）

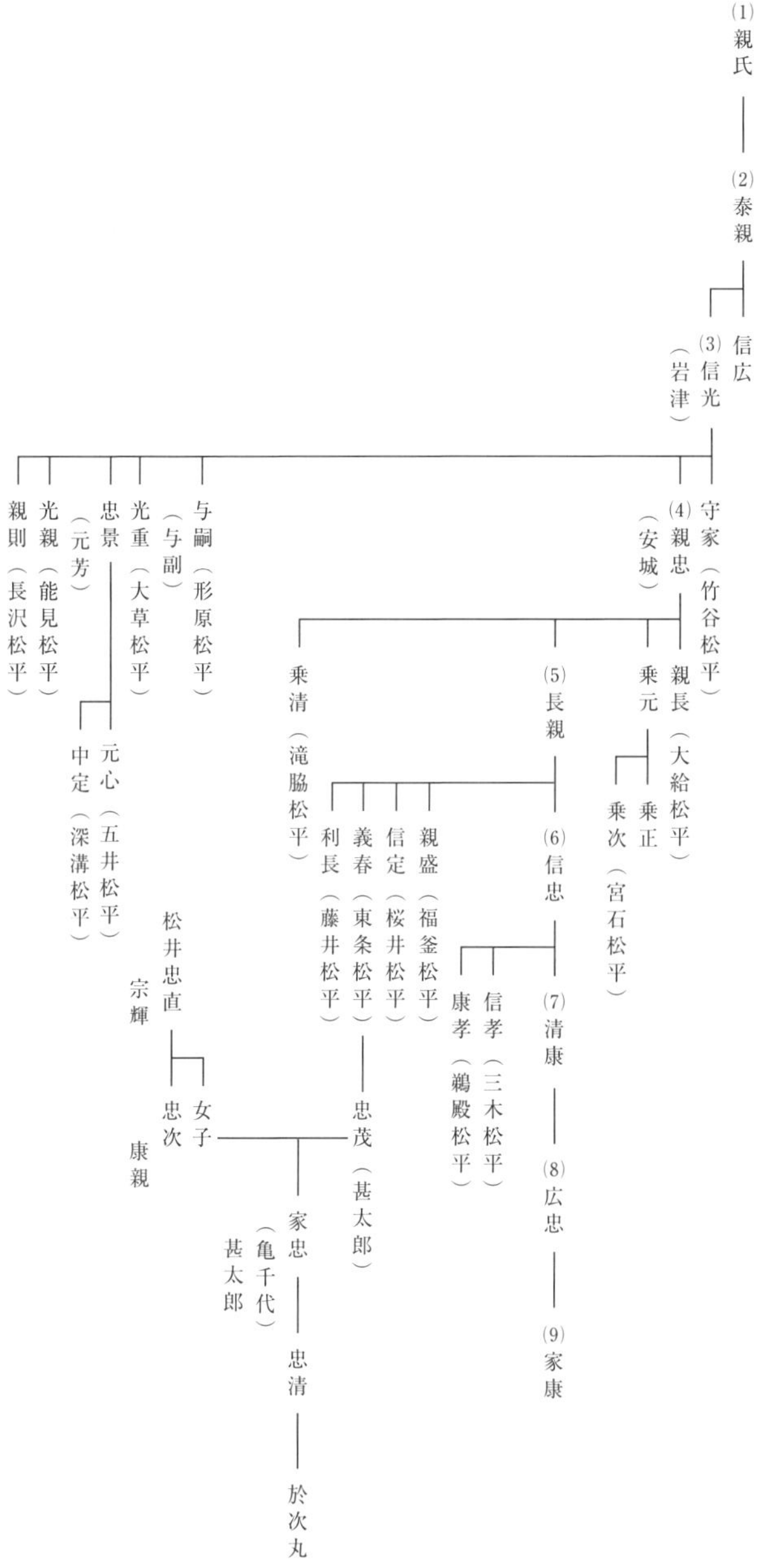

初代親氏・二代泰親までは、将軍家の家伝上の人物といってよいです。実在がはっきりする、基本史料に出てくるのは、三代信光です。沙弥信光とか出てきますが、近世では和泉守信光ということ。

この信光は松平氏の基礎を固めた人、将軍家の家伝によると、この人の段階で西三河の三分の一を切り取ったとあります。現在は岡崎市になりますが、岩津に城を築いています。台地の先端部に築かれているお城です。そのお城の周辺にお寺を三つ造っています。一つは万松寺という曹洞宗のお寺ですが、これは若いときに造っています。ところが、晩年に光明寺、それと妙心寺というお寺を造っている。城の周りにお寺を三つも造るとは、寺のあるところは平地なんですね。いわゆる出城としての役割があったのでしょうか。一代で寺を三つ造っている。これはちょうど応仁・文明の乱の頃になります。時期的にも小さなお城ですが、城を造って領主化していく時期になります。この信光の系統を岩津松平といっています。四代の親忠のときに安城松平氏の勢力が浸透し、五代・六代・七代と続きます。家康の父はいうまでもなく岡崎城主広忠、この広忠の時には西三河は完全に今川氏の領国となります。ですから、有光友學さんは今川氏の領国には支城主はない、といわれておりますが、実はそうではない。

将軍家の家伝は独立的な点を強調しています。将軍家の家伝や大名家の系譜をみると、七代の清康が三河一国をほぼ統一したとしますが、ちょっと疑問ですね。基本的には広忠の段階に今川義元の領国下に入る、ご存じのように家康は生まれてまもなく駿府に人質に出される。そういうことからも、今川領国下における支城主であった、このように把握できると思います。家康の前段階、将軍家は今川領国下の支城主であった。つまり、戦国大名今川氏における岡崎城の支城主であった、と把握することができると思います。

今川領国下の支城主として、家康は生まれ育つわけですが、駿府に人質になっておりました家康（まだこの頃は家康ではなくて松平元康です）が自立するきっかけになったのは、桶狭間の合戦です。いうまでもなく永禄三年（一五六〇）

です。それで将軍家の家伝によると、家康は、のちに秀吉の麾下として伏見とか肥前名護屋とかと江戸との間を往復しますが、その時、桶狭間の古戦場を通るときは必ず下馬をした、というそういう律儀なところがある（でも本当に律儀だったら、自分が長い間人質になっていた、あるいはお世話になった今川家の領国を分捕るなんてことはしないんでしょうけれども）。その律儀なところを秀吉は一面見込んでおりましたが、見事に裏切られます。ご承知のとおりです。

2 岡崎城時代の家康

ともあれ、永禄三年（一五六〇）今川義元が討死にします。家伝によりますと氏真、後継の氏真に何度弔い合戦を奨めてもやろうとはしない。そこで氏真と手を切って、永禄四年、織田氏（信長）と手を結びます。家康は永禄三年桶狭間の合戦の時には先鋒となって攻め込んで活躍していますし、今川氏にとっては不倶戴天の敵ともいうべき織田氏。その織田氏に対する外交政策を一八〇度転換。岡崎城を拠点として織田信長と同盟を結ぶ。それでまず西三河の統一を目指します。この時の状況を系図でみると、三代信光から色々な松平氏が出て、形原松平とか大草松平とか能見松平とか長沢松平とか。五代長親の系統からも幾つかの松平氏が出ています。これらが十四松平とか十八松平とかいわれる松平の諸家です。これによって作られたのが松平党ですね。そのなかの五代長親の系統に親盛・信定・義春がいます。この義春が分封といいますか拠点としたのが東条です。この義春の系統は「東条松平」と呼ばれます。

図1「戦国期中心聞見集関係要図」に「東条」とあります。矢作川の下流で、川の東側、西尾の東で吉良の上です。この東条には吉良氏がおりました。その吉良氏は室町期から、東条と西条の二つに分かれます。この東条吉良氏が拠ったのが東条城です。東条松平氏が城を持っていたかはわかりませんが、東条吉良氏の存在している吉良東条に分封、所領を持っています。その時、東条松平氏の義春の子、忠茂といい、甚太郎という。父も甚太郎です。松井忠

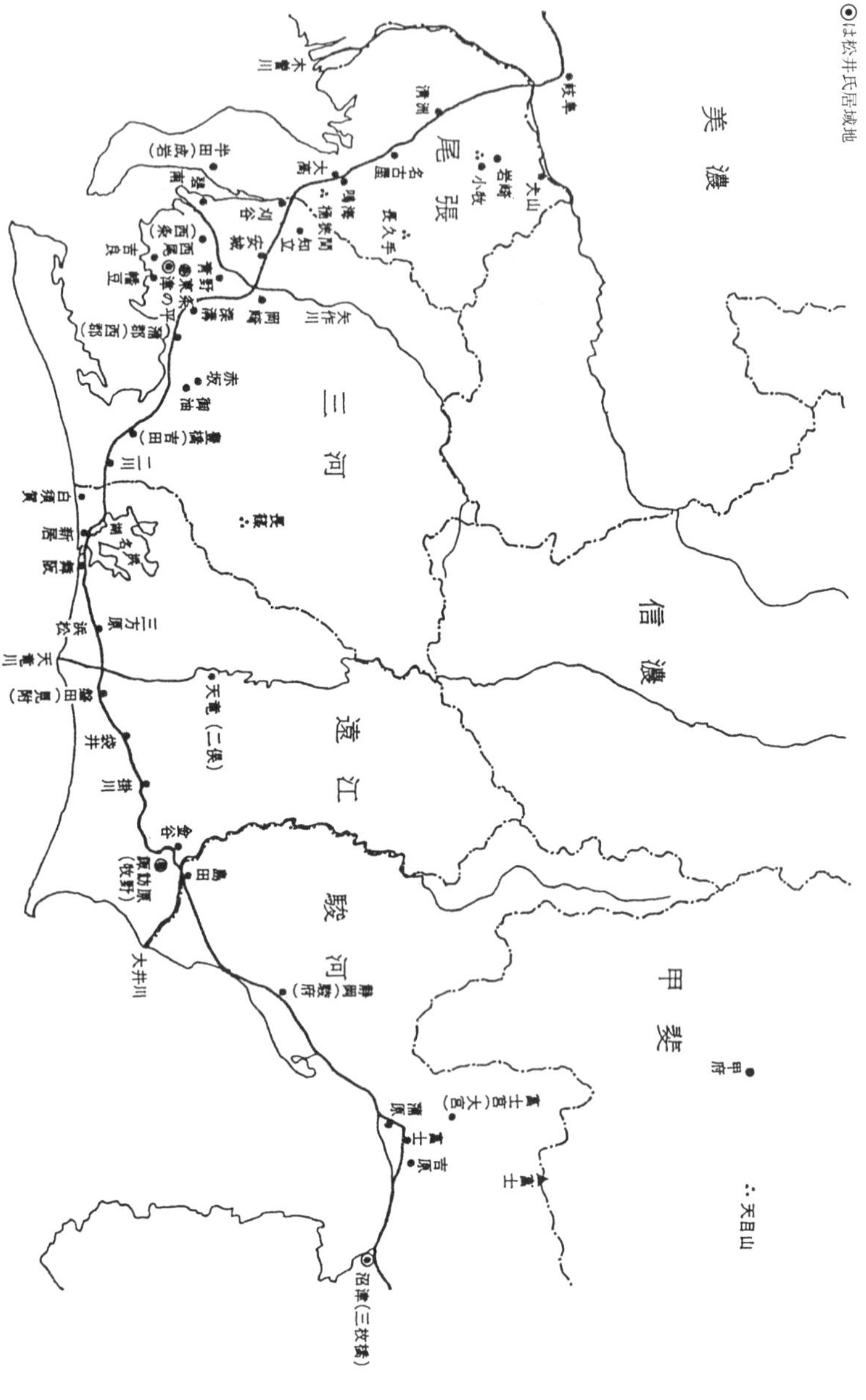

図1　戦国期中心聞見集関係要図（『石川正西聞見集』埼玉県立図書館、1968年より）

直これは一族といわれておりますけれども、これは東条松平の祖義春に今川氏から付けられた同心です。これは基本史料が残っています。義春の同心を命じた史料です。

このように松井忠直は東条松平氏の家臣・同心だった。それでちょうど家康が自立する時期、永禄四年今川氏真と縁を切って織田信長と同盟を結ぶ、その時期を迎える。また、東条松平の家臣の松井忠直の一族に石川正西《しょうさい》なる者がいた。ちょっとややっこしくなりますが、先の松平氏の系図をみると、東条松平の一族に松井忠直がいます。これが一族で、同心。忠茂の同心です。近世的にいうと、東条松平氏の家老になります（家老以上ですが、わかりやすくいえば松井忠直は東条松平の家老です）。さらに松井忠直の一族で同心に石川正西がいます。正西というのは祖父、三代以来からの襲名のようですが、その人が書いたものが『石川正西聞見集』という書です。近世になってから書いた。自分の父・祖父から実際聞いた話を書いていています。この『石川正西聞見集』は、埼玉県立図書館から刊行されています。松井松平家に伝えられました（史料5）。

これを読んでみると、「家康様岡崎の城主に為し成され候えども」とありますが、桶狭間の合戦のあと岡崎の城主になってから、ですから永禄四年の終わり頃と思われてます。「乱国のうえにてしかじかご奉公だて申し上ぐる者もこれなく、御たどたどしき御時分」というように、家康が今川の下を離れて信長と同盟を結んだ直後は大変だった。また、「御三代前の宗輝様（松井忠直）、津の平（つのひら）というところに新砦を立て成され、家康様を御馳走、それゆえ、岡崎・津の平三里の間の里々、地下人の心しずまり、次第次第西三河御下知に随い候えども、また東三河は御手に付かず候よし」とあって、とにかく家康の大変なときに、うちの殿様の三代前の宗輝様が津の平というところに砦を造って家康様のために働いた、ということです。②では、私・石川正西の先祖もその時参加して親類中から塩や味噌米などを集めて砦を造ったんだということが書いてあります。

先ほどみたように岡崎城に自立した後は、非常に苦しい時代だった。西三河の領主のなかでも服属しなかった領主がいたことがこれでわかります。事実、先ほどいいました東条城に、室町時代以来の源氏の名門の吉良義昭が籠り、今川氏と結んで松平元康、自立直後の家康と争っている。

豊臣秀吉は攻城の名手で家康は野戦の名手といわれておりますけれども、家康もなかなか城を攻めるのは上手ですね。吉良の籠る東条城に対して、先ほどの石川正西の思い出にもあったように、東条城に対して二つの砦を築かせる。一つはこの津の平。津の平の砦を造りましたのは松井忠直。もう一つは小牧というところに砦を造らせます。これは三河の幡豆郡の小牧で、小牧長久手の戦いの尾張の小牧とは違います。ここに行ってみましたが、東条城は今でも残ってます。ただ、田圃のなかの小さな台地。これに対して津の平、地名はあるんですけれども砦は全然わからない。小牧の方もわかりませんでした。

とにかく二つの砦を造らせて攻めたんです。この松井忠直、最初は忠次といいますが、この忠次と本多に攻められまして、ついに義昭は降参します。

3　松平・徳川氏の領国支配

この時、家康が与えた判物が史料1でございます。

その第一条に、「今度東条津平に取出《(砦)》を致し、勲功として津平の郷一円、永く領掌せしめおわんぬ」。この判物は永禄四年（一五六一）六月二十七日付ですが、これに関連するのが史料2です。

砦を造って吉良義昭追放に大きな役割を果たしたわけですから、この判物は史料2を前提として出されたものなんです。最初は松平元慶が松井左近に起請文を出している、それをみますと、「一、その家中の儀、被官以下申しよう候とも、取り上げまじき事、一、亀千代領中被官以下、諸事年来のごとく、其方異見為るべき事」という起請文を出している。起請文を出してその後に判物を出している、ということがわかります。さらに史料3をみますと、これには定代、「じょうだい」が出てくる。後北条氏や武田氏や今川氏の文書のなかに出てくる城代とは字が違いますが、「東条定代（城代のこと）の儀申し付け候」とあります。永禄五年の段階では松井左近は東条城の城代であったわけですが、史料4には、「今度忠節については、東条城並びに知行五百貫文これを出し置く、彼の知行在所の事」と出ています。永禄五年には城代だったが、永禄六年には「東条城並びに知行五百貫文」ですから、お城をもらっている。これは、城主です。近世の編纂物によりますと、松平・徳川家で最初に城主となったのは酒井左衛門尉忠次となっていますが、既に永禄六年に松井左近が東条城の城主になっています。

つまり、松井左近は松平姓をもらいますが、この永禄六年にもらったという説があります。それはともかくとして、この場合たった一年間で城代から城主になっています。城代という概念があって、そして、城主という概念に進むということが、これらのことからわかります。問題はこの城代がどういう権限を持っていたかということです。史料2に戻ってみると、「一その家中の儀、被官以下申しよう候とも、取り上げまじき事、一（自分の主人の）亀千代領中被官以下、諸事年来のごとく、其方異見為るべきの事」。このように、城に在城を命じられた自分の被官、それから亀千代の被官以下ですから、軍事指揮権を握っていることがわかる。もうひとつ、代官に任命されております。史料4には、「相残りの地、野山とも一円に代官の儀申し付け候」。つまり、東条城領の田地を引いた残りの土地すべてを代官しているということです。これは、史料2にも出ています。「諸公事の儀、一切筋目次第異見有るべし。また、用事直談にも有るべき事」とあります。

これらのことから、松平徳川氏の領国での城代というのは、在城衆の軍事指揮権と公事徴収権を握っていたということがわかります。これは単に松井松平氏だけでなく、史料6以降に掲げた史料にも城代は出ています。

まず史料7、これは永禄七年に酒井左衛門尉に宛てた文書です。酒井を領国の東の虎口とでもいうんでしょうか、東三河に置いています。今までは、例えば藤野保さんとか北島正元さんは、徳川氏が戦国大名に転化するのは、家康が一向一揆を克服した永禄七年から十一年にかけて、松平元康が三河一国を統一し軍制（軍隊組織）を整備し、東三河の国人の総指揮官に酒井左衛門尉を任命した。そして、西三河の総指揮官には石川家成を任命した。そして、全体の指揮権を家康が握ったその時期といっている。この時、酒井忠次が東三河の軍事指揮権を握ったと理解しています。

それがどういう意義をもつのか、平野明夫さんによりますと、酒井忠次は軍事指揮権のほかに公事の徴収権をもっていたという。そこでこの酒井左衛門尉忠次を城主、吉田城の城主だと理解している。現在の豊橋市にありました吉田城、これは支城ですから支城主となる。軍事指揮権と公事徴収権を持っていたとしても、ただ問題はそれをどう呼んでいたか。このことが史料8からみると、「城代」と呼んでいたことがわかる。本文の後ろから二行目、「此の上、城代酒井左衛門尉殿より」と出て参ります。城代から城主へと発展が考えられますけれども、城代と呼ばれていたことがわかる。

さらに、城代から支城主へとなっていたかも知れませんが。重要なのは次の郡代のことです。郡代とはどういうものかといいますと、松井家の史料を中心にしてみます。その前提として徳川氏の発展過程をみますと、家康は永禄七年に一向一揆を克服して西三河から東三河を統一。永禄九年までには完全な戦国大名に転化する。

そして、永禄九年に勅許を得て、松平姓から徳川姓に復帰する。本人は「復帰」といっていますが、永禄六年に松平元康から松平家康に変わり、永禄九年か十一年に徳川家康となります。これは永禄九年説と永禄十一年説とがありますが、永禄九年に徳川家康となる。

4 「五か国時代」の領国支配

家康は永禄九年から永禄十一年(一五六八)までは動かない。微動だにしないですね。三河一国の統治に尽くす。永禄十一年から武田信玄と密約を結び、大井川を境としまして今川領国を分割する。そして、駿河の支配を信玄と争います。

ところが、信玄が亡くなりますから、跡の勝頼と争う。信長と同盟を結びながら、天正十年(一五八二)に武田勝頼を亡ぼします。それでその時、恩賞として家康は三河・遠江に合わせまして、駿河国をもらいます。天正十年には有名な本能寺の変が起こります。この本能寺の変のどさくさ紛れに、信濃半国と甲斐の国を手に入れる。そうすると当然、後北条氏と熾烈な争いになる。その後北条氏との対決の最前線に立ったのは、先ほどの松井松平氏です。その本拠となったのが前掲図1の駿河の三枚橋城、現在の静岡県沼津市にあたります。家康の命を受けた松井忠次が、後北条氏と激戦を交えたその最前線です。三枚橋城は沼津の駅前にありました。徳川氏の兵学校の碑のあるところが二の丸の跡だそうです。韮山とはすぐ近くで戦いがあったことが『石川正西聞見集』に出て参ります。

この時の史料が史料11で、「駿州河東において、二万五千貫文余、同河東二郡の郡代」とあります。「右、年来東境目にあり、苦労つかまつり忠節致し候あいだ、彼の知行分の内、山川海上野地共、一切公方綺これなく、宛行うところ相違あるべからず」。河東二郡は、駿東郡と富士郡です。二万五〇〇〇貫文が松平忠次の知行地です。そのほかに山川海上野地共不輸不入の特権を与えられるわけです。公事それから「公方綺これなく」ですから裁判権も持ったわけですね。非常に強い権限を持った郡代です。郡代はこの松井忠次ほど、きちんと実証はできないですが、ほかに例を挙げることができます。ただし、残念ながら家譜が多く、基本的な史料が少ない。『寛政重修諸家譜』には、天正十一年に平岩親吉が甲斐国で郡代になったと記されている。それから、夏目次郎左衛門は三河・遠江の郡代になったという家伝がありますと、また坂本貞次・駒井勝盛、これが天正十年駿河国で郡代になったと、やはり『寛政重修諸家譜』に出てきます。これは裏付ける文書が一点あります。

ですから、北島正元さんや三浦俊明さんが言われたことなんですが、いわゆる五か国段階、戦国大名徳川氏は、直轄領を奉行―代官の系列で支配していた。有名なのは三河三奉行ですが、それと共に郡代―代官制という支配系列があったわけです。ですから戦国大名徳川氏としての権力構造のなかで、郡代・代官というのは、城主の他に非常に大きな役割を果たしたということがいえます。

5　関東転封と領国支配

では最後に関東転封についてですが、図2をみてください。これは関東転封後、慶長五年(一六〇〇)までの関東領国の国割り図です。小さな丸が一万石以上の、いわばのちの大名です。上野、それから下総周辺に多いことがわかります。この特色を藤野保さんは、幕藩体制の祖型ができた、といっています。

つまり、外辺に大きな大名を置いた。たとえば大多喜に本多氏、館林に榊原氏を一〇万石で置いて、結城に結城氏を最初は五万石ですが、のち一〇万石として佐竹や宇都宮の備えにした。そして、中心近くに禄高の小さい者を置いている。それから江戸を本城として、江戸の周辺に直轄領と一日で往復できるところに旗本を置いた、というのが北島正元さんの指摘にあります。地図のなかで大きく丸をしてある、例えば武蔵の小室、ここには伊奈氏がおります。これは一万石です。さらに横山(八王子)に大久保長安、大きく丸をしております。それから岡津には彦坂、浦賀には長谷川がいます。これらは代官頭です。村上直さんのいう代官頭と代官で直轄領を抑える、いわゆる、代官頭―代官

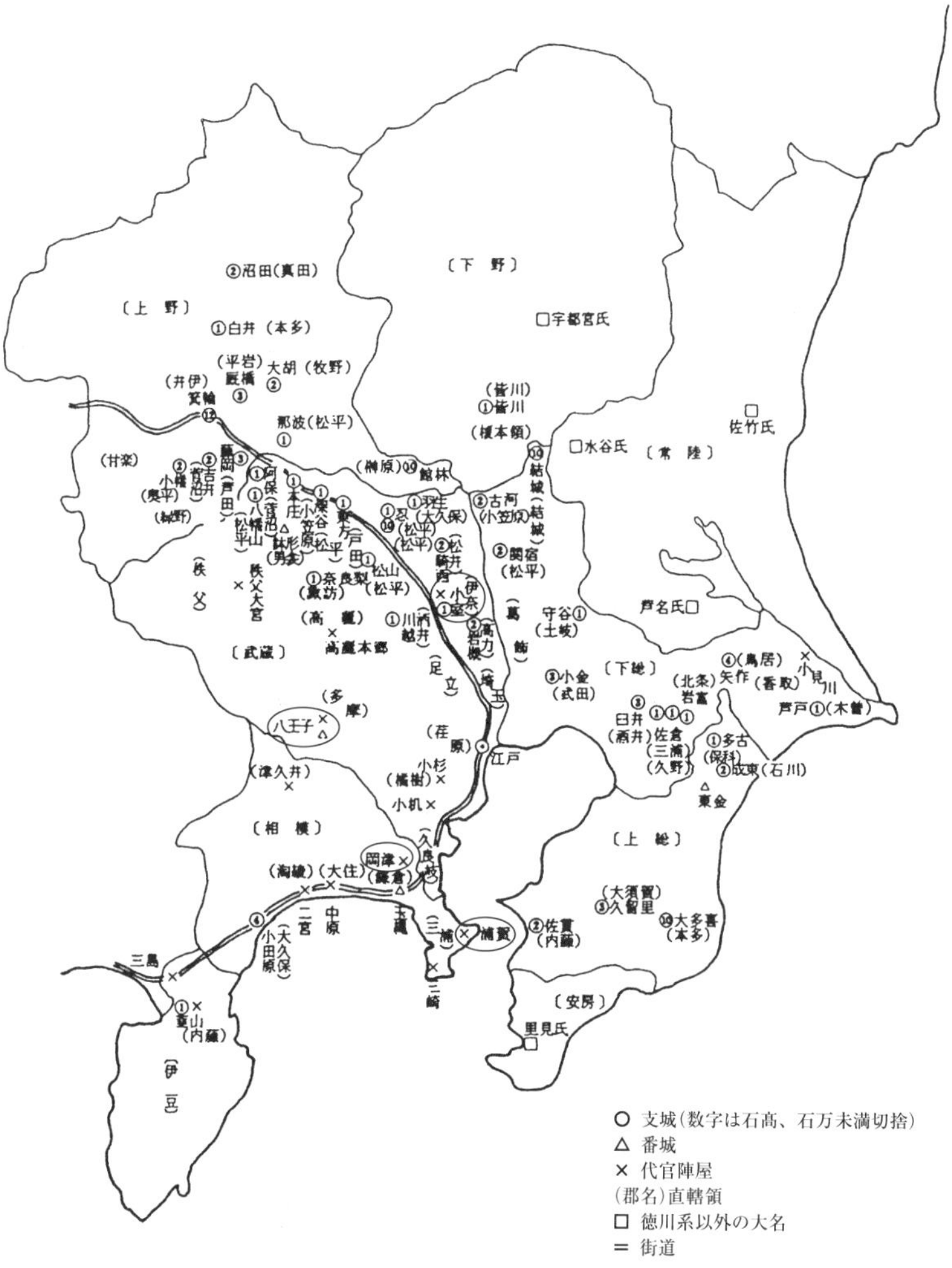

図2　関東領有時代の支城配置図(和泉清司『徳川幕府成立過程の基礎的研究』文献出版、1995年に一部加筆)

制です。

ところが、伊奈氏は一般には関東郡代といわれています。また、最初は関東代官ともいわれていた。しかし、関東転封以前に郡代—代官制があったのです。

一方で松井松平、松平忠次は天正十一年(一五八三)に死んでしまう。ですから松井氏が関東に入国した直後に、郡代といった職に任ぜられたかどうかわかりません。一方、伊豆一国を任されるのが伊奈忠次です。伊豆一国の法令を出しています。実質的には郡代と考えられます。

さて、一万石とか五〇〇〇石前後の部将は後北条氏の城に配置されている。関東転封後、慶長五年までの関東領国の構造の特徴は、本城—支城制です。後北条氏の本城—支城制を踏襲した。ただ、家康の時の本城は江戸に替わっています。一方、この後北条氏の本城—支城制は永禄十年には確立していたと思いますが、後北条氏の本城—支城制に立脚した、江戸を本城とする本城—支城制であったことが一つの特色なのです。

もう一つは、北島さん・村上さんが代官頭といっておりますが、実は代官頭というよりも郡代です。郡代—代官制。郡代—代官制はすでに、関東に入る前にあったのです。郡代—代官制をそのまま関東に持ってきて領国支配を行った、ということができる。

むすび

戦国大名の領国制的公事という視角からみると、松平徳川氏の場合、関東転封以前の天正期には、郡代—代官制をその直轄領に整備していたといえます。関東転封後の領国の支配構造の特色は二つあります。一つは、後北条氏の本城―支城制に立脚した、江戸を本城とする本城―支城制であり、二つには、直轄領に対して五か国時代の郡代―代官制をそのまま関東に持ってきて、支配を行っていた、といえることを指摘し、「むすび」といたします。

〔史料1〕松平元康判物（「松井文書」『新編岡崎市史』史料6、一、以下『岡』〇と略称）

一、今度東条津平仁致取出、為勲功津平之郷一円、永令領掌畢
一、於津平敵之給人衆令忠節、雖罷退候、判形出置之上者、於津平之儀者、不可有相違事
一、万一無事之儀候共、於津平不可有違乱事
右条々相定之上者、永不可有相違者也、仍如件
　　永禄四
　　　六月廿七日　　　　源元康（花押）
　　　　松井左近（忠次）殿

〔史料2〕松平元康起請文（「松井文書」『岡』三）

起請文之事
一、其家中之儀、ひくわん（被官）以下中様候共、取上ましき事
一、亀千代（松平家忠）領中ひくわん以下、諸事年来のことく、其方可為異見之事
一、亀千代成人之時、しせん（自然）何かと被申事候共、其方之儀、見はなし申ましく候事
一、此方之宿老中、其家中之儀何かと申事候共、取上ましく候事
一、諸公事之儀、一切筋目次第可有異見、又用事直談ニも可有事

若此儀少もいつはり候者、
梵天・帝釈・四大天王、惣日本国中六十余州大小神祇、別而伊豆・箱根両前権現・三嶋大明神・八幡大菩薩・天
満大自在天神之はつ《罰》可蒙者也、仍如件

松蔵

六月六日　　元康（花神）

松井左近殿

＊白山牛王宝印ノ裏ヲ翻ス

〔史料3〕松平元康書状（折紙）（「松井文書」『岡』二）

東条定代之儀申付候、比方へ一札祝着候、委細酒井雅《政家》楽助可申候、恐々謹言

永禄五年

四月十三日　　元康（花押）

松井左近《忠次》とのへ

〔史料4〕松平家康判物写（「譜牒余録」巻四一・『岡』五七）

今度就忠節、東条城幷知行五百貫文出置之、彼知行在所之事

一、斑馬之郷百弐拾六貫八百廿文

一、岡山之郷弐百貫文

一、荻原之郷草加次郎右衛門給六拾七貫七百廿文

一、荻原雑色藤左衛門給参拾貫弐百八十文

一、綿内之郷七拾六貫四百六十文
右、都合五百貫文出置候畢、東条領何もへ出置候、相残之地野山共、一円ニ代官之儀申付候、縦（中略）彼城知行を《（者カ）》永不可有相違者也、仍如件
永禄六年癸亥
壬十二月　日　　家康御在判
松井《（忠次）》左近将監とのへ

〔史料5〕『石川正西聞見集』（埼玉県史料集第一集、埼玉県立図書館、一九六八年、一四・一二三頁）

一①、家康様岡崎之城主に被為成候へ共、乱国のうへにてしか〳〵《（確々）》御奉公たて申上るもの無之、御たと〳〵しき御時分、御三代前之宗輝様《（松平康親）》、津の平《（三河国幡豆郡）》と云所に新取手《（砦）》を被成立、家康様を御馳走、それゆへ岡崎津のひら三里の間の里〳〵、地下人の心しつまり、次第〳〵西三河御下知に随ひ候へ共、また東三河ハ御手に不付候よし
一②、右津のひら取手御とりたて之比、拙者祖父石川平右衛門《（昌時）》身上、有徳又は御爪《（親類カ）》のはし故、御普請具塩噌八木等指上申候、宗輝様御満足のあまり、平衛門ほどの親類またも二三人もたせられたきよし家康様へ言上被成候条、御失念なく、たひ〳〵御尋被成候御諚之旨、末のケ条に可申上候、平右衛門法躰《（体）》仕正西と申キ

（中略）

一③、右のことく国々おさまり、駿河を家康様へ信長公より被為進、連々御約束のことく、富士のねかた《（根方）》より三牧《（枚）》橋まて宗輝様御拝領、城主にもならせられ候、富○《士》川の河嶋《（「加島」現富士市）》の里をはかじまと申候よし原迄御拝領、富士山も御領知之うち、是も御先約之由、ひかしハ三嶋のこなた大どい《（千貫樋）》のかかりたる所に少の町屋あり、駿河新宿《（黄瀬川宿）》と申、是迄宗輝様之御領分にて候つる、きせ川《（黄瀬）》のむかひ、ちいさき山城とくら《（徳倉）》と申候、是も御領知なり、小田原領にら山《（韮山）》と

入くミ申候つる、右之外に遠江之内河尻と申所にても御加増、都合四万石御分国にならふ御大名、其比無之候

[4]一、宗輝様御存生之内、小田原方にら山、徳倉なと、たひ〳〵のせりあひ足かるかけ引にて、にら山近所迄をしこミ、宗輝様の御おほえ無比類候由、（下略）

〔史料6〕　松平元康判物写（「譜牒余録」後編巻十八上・『岡』八五）

一、此間就有馳走、新城・田嶺・武節三所、小法師殿（菅沼貞吉）無在城之地、少之知行相副、一所城代申付之事

一、吉河之郷可申付之事

一、名蔵・作手方、可為如先判之事

右条々、聊不可有相違、然者於山中御身上就不相続、至此方為躰可然可申付之候、尚左衛門尉（酒井忠次）可申入、仍如件

蔵人

源元康御書判

（永禄四年）六月廿九日

菅沼十郎（定氏）兵衛尉殿

参

〔史料7〕　松平家康判物（致道博物館所蔵文書・『岡』一一）

吉田東三河之儀、申付候、異見可仕候、室・吉田小郷一円ニ出置之、其上於入城者、新知可申付候、由来如年来、山中之儀可有所務之、縦借儀等ニ向候共、不可有異儀者也、仍而如件

永禄七年甲子　蔵人

六月廿二日　家康（花押）

酒井左衛門尉殿

〔史料8〕　戸田成次寄進状（東観音寺文書・『豊橋市史』第五巻、三五一頁）

吉田之郷吉祥院之儀、今度不慮ニ相違仕候、某東観音寺江為新寄進、如前々申成事ニ候、此地者不準自余之間、不仰付別人修造勤行之儀尤候、此上城代従酒井左衛門尉殿、取一筆進入候、永相違有間敷候、仍後日状如此候

戸田橘兵衛

永禄八年乙丑　七月五日　　成次（花押）

東観音寺

〔史料9〕　徳川家康判物　（「松井文書」・『岡』八）

一、今度氏真（今川）就駿河入国、為牧野城番、其方相添依申付、駿州山東知行半分宛行事

付、国役等之儀者、其方申付可相勤事

一、山東無一篇間者、山西知行半分出置事

一、対氏真、諸篇異見可申、聊不可令疎略事

一、在手先之条、企逆心之由雖申妨、遂糺明、憲法可加下知事

一、従敵地為忠節、於有罷退輩者、其方江相尋、其上同心尓可申付事

右条々、令領掌畢、自今以後、成競望人雖在之、一切不可許容、永相違有間敷者也、仍如件

天正四丙子年

三月十七日　　家康（花押）

松平甚太郎（家忠）殿

同　周防守（康親）殿

〔史料10〕徳川家康判物　（「松井文書」・『岡』九）

一、於次(松平忠吉)事、松平甚太郎(家忠)為居跡相定之上、従是一切不可有綺、然者本知・新知、如先判形、永不可有相違事

一、寄騎・被官、如前々可為其方計事

一、駿州入国之上者、諸事国中之異見、其方可申付之事

　付、周防守自分ニ宛行所領本知・新知、如先判之、至子孫可知行事

右条々、永不可有別者也、仍如件

　天正九辛巳年

　　十二月廿日　　　　三河守(徳川家康)(花押)

　松平周防守(康親)殿

〔史料11〕徳川家康判物　（「松井文書」・『岡』一〇）

駿州於河東、弐万五千貫文余、同河東二郡之郡代之事

右、年来在東境目、苦労仕致忠節候間、彼知行分之内山川海上野地共、一切公方綺無之、所宛行不可有相違、縦以来増分雖申出、自其方相改可致所務、然者郡職之事申付候上者、於沼津諸公事等可有異見者也、仍如件

　天正十一年

　　二月十八日　　家康(花押)

　松平周防守(康親)殿

〔史料12〕酒井忠次に与へたる定書　（中村孝也『徳川家康文書の研究』上、三一九頁）

一、信州十二郡棟別四分一、其外諸役不入手出置事、

一、従国引付候面々、可為其方計、付信州無一篇間、奉公令退屈欠落候人、分国可相払、国衆内者、上下共同前事

一、国中一篇ニ納候上も、弐年本知令所務、其上者可被上、十二郡不納間令本知相違有間敷候、国衆同心同前事

一、国衆同心在国之衆者、其方同前可有走舞、信州一篇之間者、何も可令同心、少も於違乱之輩者、可知下知事

一、信州若不和成、於有相違者、前々知行無異儀可申付、幷国衆同心同前之事

右条々永不可有相違、縦先判雖在之、出置上者、一切不可有許容者也、仍如件

天正拾年壬午

七月十四日　　家康　御在判

酒井左衛門尉殿

〔史料13〕伊奈忠次郷中定書　（「杉山祐安氏所蔵文書」『静岡県史』資料編8中世四、二四六二）

宇佐美（伊豆国）之郷当成ケ之事、如前々被仰付候間、田地少もあれ候ハぬやうに、開発可被仕候、田地不荒様於開発者、前々定成ケ之内をも、少御宥免可有候間、散憐（沈淪）致候百姓何茂召返、指南可致仕候、種公用無之ニおゐてハ、入次第借可申候、何事茂てんやく（伝役）之儀、従　家康被仰付候分ハ、我等手形次第奉公可被申候、上様（豊臣秀吉）より之於御用等者、不限夜中御奉公可被申者也、仍如件

寅（天正十八年）五月四日　伊奈熊蔵（忠次）（花押）◯（黒印、印文未詳）

宇佐美之郷

百姓中

＊他に田方郡八通・賀茂郡一通

江戸幕府創業期における国郡制と「領」の構造

＊二〇〇二年十月十九日、地方史研究協議会第五三回（東京）大会公開講演

はじめに

「江戸幕府創業期における国郡制と「領」の構造」ということで、国郡制論と領制論を整理して、戦国大名論、特に領域制論のなかに松平氏、徳川氏の権力構造の問題を位置づけ、さらに関東転封以降の豊臣大名としての徳川氏、さらには将軍権力の関東支配の問題を具体的にみていく。そういう過程のなかでおのずから国郡制と、領構造の問題についての一端を明らかにするという方法をとりたいと思います。

一　松平・徳川氏の事例

松平氏・徳川氏の権力構造の発展を考える場合、今川氏権力を媒介として考えるべきです。有光友學さんによると、今川氏領国下では、支城主というような類型は考えられないということですが、この点について検討します。資料に「松平諸家系図」があります（図1）。この「松平諸家系図」は新行紀一さんの仕事に依拠したものですが、徳川家康というのは三河松平氏の九代目になるわけです。注意すべきことは、松平氏は、家康の父の広忠の段階には、戦

図1　松平諸家系図（新行紀一『松平の族葉—十四松平』〈三河武士のやかた家康館特別展図録、岡崎市　一九八九年〉より）

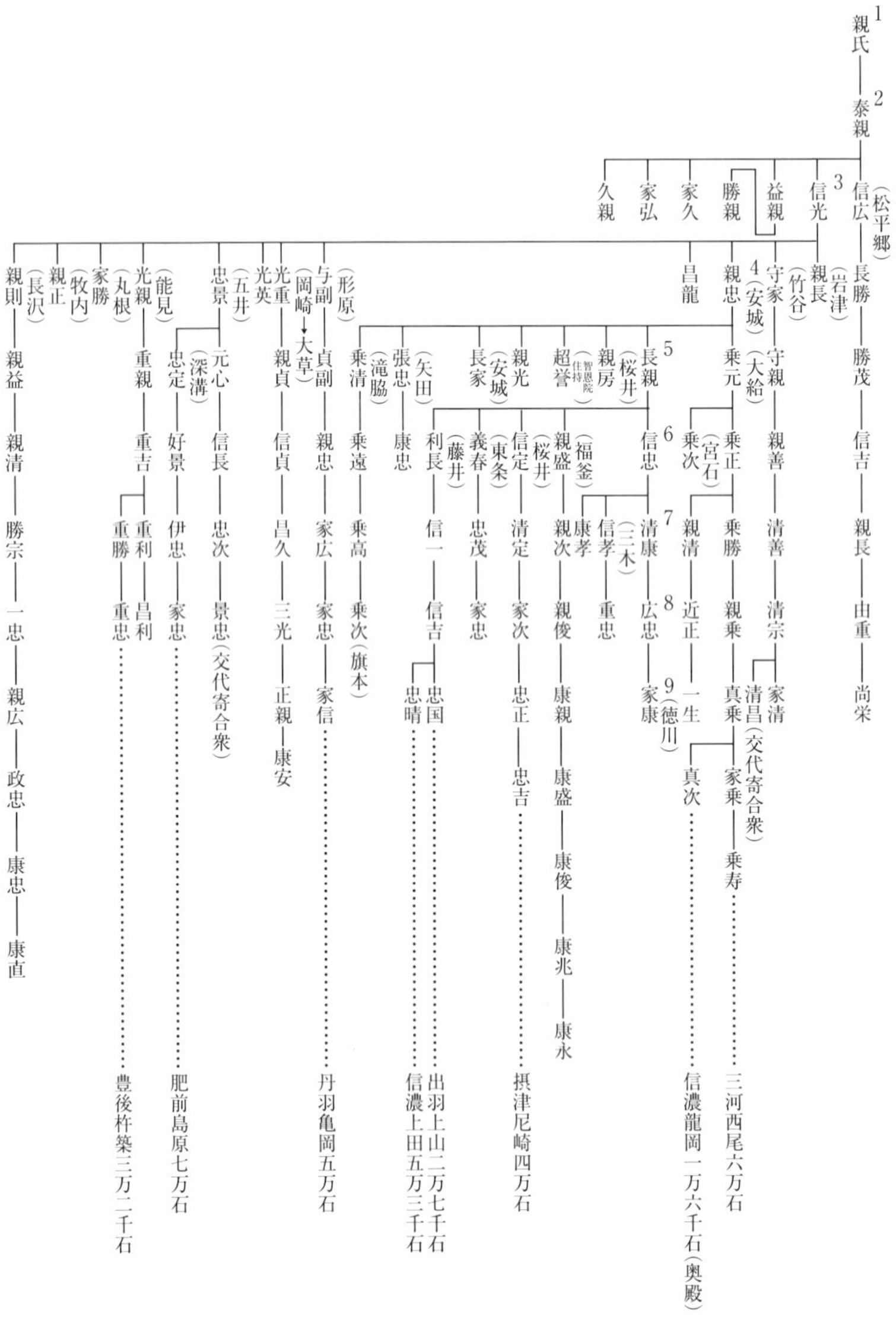

国大名今川氏の領国下に入っております。

つまり、松平氏は戦国大名今川氏の支城領主、あるいは支城主だったのであろうとみることができるのではないか。広忠の段階に、完全に今川領国下に編入されまして、戦国大名今川氏の支城主か支城領主として把握するべきでしょう。戦国大名徳川氏の前段階としての領国類型は、戦国大名今川氏の支城領主であったと把握したいと思っております。

そうしますと、戦国大名になる前の段階が問題になるわけです。以下に戦国大名の松平氏に関する主要論稿を挙げます。

引用文献

(1)所　理喜夫「幕藩権力の生成と農民闘争」(『史潮』一〇四、一九六八年)
(2)　同　『徳川将軍権力の構造』(吉川弘文館、一九八四年)
(3)新行　紀一『一向一揆の基礎構造―三河一揆と松平氏―』(吉川弘文館、一九七五年)
(4)有元　修一「三河国万松寺と松平信光―永享十二年銘雲版を中心として―」(『駒沢史学』二五、一九七八年)
(5)久保田昌希「今川領国三河の政治的特質」(永原慶二編『大名領国を歩く』吉川弘文館、一九九三年)
(6)平野　明夫「三河統一期における徳川氏の支配体制」(『戦国史研究』二三、一九九二年)
(7)　同　『三河松平一族』(新人物往来社、二〇〇二年)
(8)和泉　清司『徳川幕府成立過程の基礎的研究』(文献出版、一九九五年)
(9)柴　裕之「松井忠次の政治的立場」(『戦国史研究』四二、二〇〇一年)
(10)　同　「松井忠次の基礎的研究」(第二六二回戦国史研究会例会報告レジュメ)

⑾小和田哲男「東三河の旗頭酒井忠次」（『小和田哲男著作集第6巻』清文堂、二〇〇二年）

注目すべきは⑶新行さんの『一向一揆の基礎構造』で、これは一向一揆の研究が主眼ですけれども、それとの対極としての松平・徳川氏の戦国期に関する優れた研究です。最近では平野明夫さんが精力的にやっております。まず、どういうふうに松平・徳川氏の構造の発展を理解すべきなのか。

ここでは構造の発展を、城砦領主、支城領主、戦国大名、豊臣大名、将軍権力、こういうふうに考えたらいいのではないかと思います。

⑴城砦領主、これは何と規定していいか非常に困りまして、つけた仮の概念ですが、そこにA三代信光～E七代清康まで入れました。⑵の支城領主、これは八代広忠の段階、これが支城領主です。

構造の発展

⑴城砦領主～三代信光・四代親忠・五代長親・六代信忠・七代清康

A三代信光（応永十一〈一四〇四〉?～長享二〈一四八八〉）（有元前掲論文）

(a)幕府政所執事伊勢氏の被官（前掲拙稿・新行前掲論文）

(b)岩津城の周囲に万松寺・信光明寺・妙心寺を開基（有元前掲・平野前掲論文）

(c)松平一門・酒井一門と同族団的組織（史料1）

B四代親忠（永享十〈一四三八〉～文亀元〈一五〇一〉）

「城」「奏者」「縁者親類」（史料2）～行政組織

「松平一門」の内容（史料3）～「縁者親類」郡域を越えた同族団的機構

C五代長親（文明五〈一四七三〉〜天文十三〈一五四四〉）
D六代信忠（延徳二〈一四九〇〉〜享禄四〈一五三一〉）
E七代清康（永正八〈一五一一〉〜天文四〈一五三五〉）
「御城殿」「諸不入」、史料4―1・2・3の順に作成、一門・家中の出仕
(2)支城領主
八代広忠（大永六〈一五二六〉〜天文十八〈一五四九〉）
岡崎一城、知行宛行・安堵、諸役賦課・免除、軍役
(3)戦国大名
(4)豊臣大名
(5)将軍権力

図2と史料1〜4がこの広忠までの段階の松平氏の城砦領主、支城領主を言おうとして集めた資料ですが、時間的に深入りする余裕がありませんので、そういう概念だけ出しておきます。

〔史料1〕信光明寺観音堂建立棟札　文明十年（一四七八）四月四日（愛知県　信光明寺所蔵・岡崎市美術館保管〔重文・信光明寺観音堂一棟、附・棟札四枚のうち〕）

（表）

帝釈　天下和順　国豊民安　願以此功徳
日月清明　兵戈無用　普及於一切
大檀那松平和泉入道月堂信光同一門中同酒井一門中助成
奉建立精舎一字本尊釈迦如来信光明寺開山住持音蓮社釈誉法師于時文明第十戊戌年卯月四日

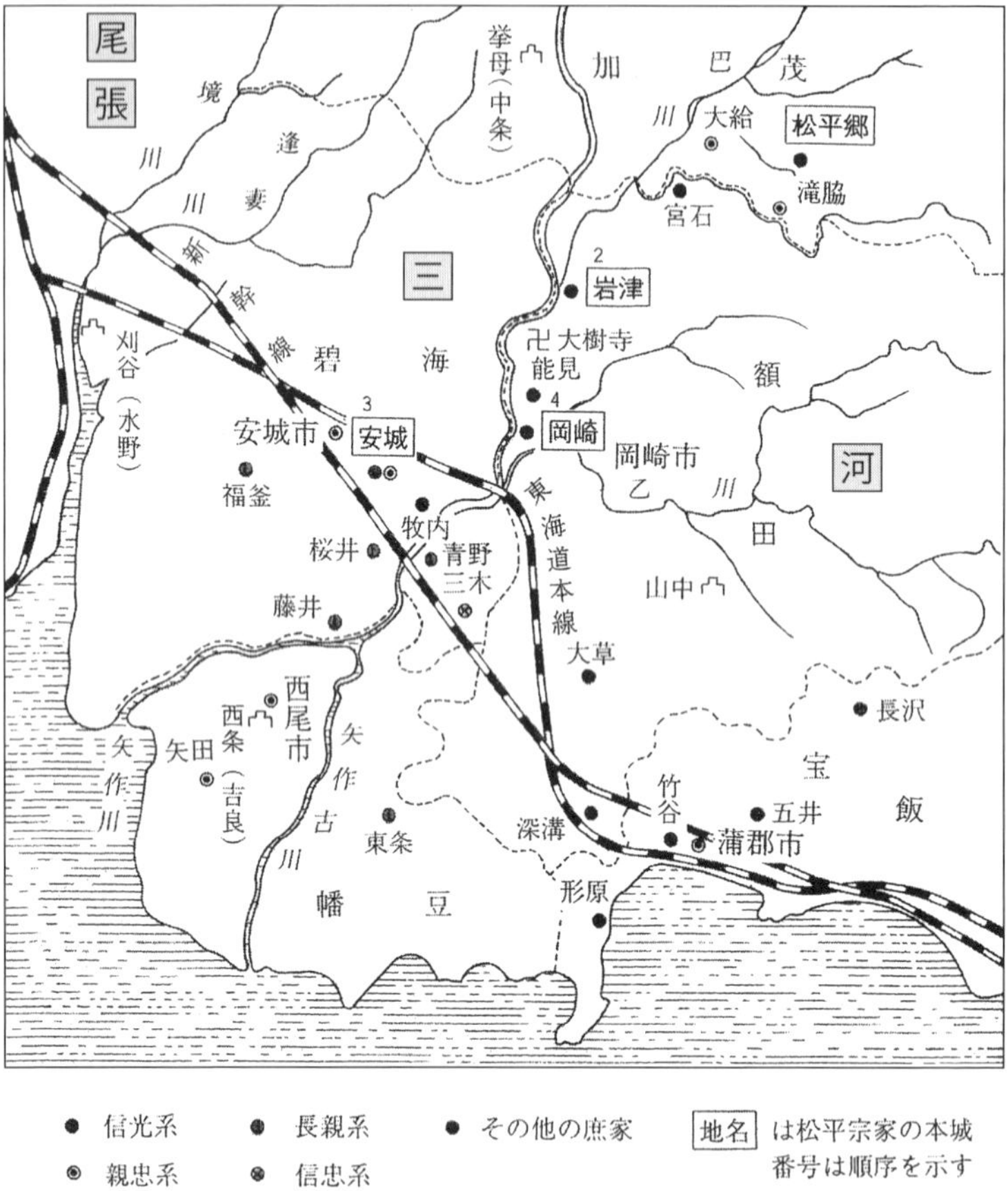

図2　松平諸家分立図（前掲「引用文献」(3)より）

梵天
風雨以時　崇徳興仁　我等与衆生　大工　鍛冶源右衛門　小工諸人等「　」
災励不起　務修礼譲　皆共成仏道　大工　右衛門太夫重家　小工太郎右「　」

(裏)
松「　」
「　」社「　」四月
肇誉(花押)
時上葺大工成□小工三郎右衛門諸人等

〔史料2〕松平親忠遺言状(「大樹寺文書」『新編岡崎市史』史料編6)

(端裏書)
「此書物大樹寺様被懸御目、道閲披見候て、光明寺其外之子共三郎ニも可御見候
西忠遺言状」

西忠(松平親忠)往生之時儀式同吊(弔)之事
一、往生仕候者、則大樹寺江可被寄召事
一、多ミ(荼毘)の事者、例式
一、中陰ハ二七日、但、初七日過候者、縁者・親類・女子共可帰候、隙ニて可有候間、三郎も其日限ニ城江可帰候、道閲(松平長親)、其外兄弟者、二七日之間色にて可有候、馬つれ、内之者も初七日過候者、可帰候
一、当流御門徒中、妙心院派、同大林寺衆、一日招請御申候而可然候哉、但、御長老様為御計、可被仰合候
一、四十九日ハ、御寺衆計心さしあるへく候
一、百ヶ日、如形之心さしあるへく候

一、いつしうき（一周忌）にハとんしや（頓者）
一、第三年、前七日御法談、又一日一夜不断念仏候可然候、但、蚊時なと似て候者、一日はかりにて可然候
一、七年より以後者、何成共如形心さしあるへく候
一、往生時節、十月より後の月に候ハヽ、幸御念仏ニ相か可被吊（弔）候
一、千部経之事、何も無力にて候間、ことた（足）らぬ体にてハしんせをかふむ（蒙）へく候、但、子共之中ニ、若内力者出来候而、心さしとして二万疋之公用なとも進上申候者、可有御興行候哉
一、大樹寺様之御事を大切ニ子共存候者、肝要候、御寺之事を如在候者、いかやうの吊（弔）候共、其心さしと、く（届）間敷候
一、西忠存分如斯候へ共、御長老様可為御計候、光明寺・道閲（長親）にも可被仰合候
一、前に大形申候へ共、二七日之中陰ハ、御末寺衆、同光明寺衆、悉御返し候て、子共ハ小者一人にて、奏者両人はかり置候、ひそ〳〵と可有御吊（弔）候哉
明応十年
五月廿五日

〔史料3〕大樹寺禁制（「大樹寺文書」『新編岡崎市史』史料編6）

於大樹寺定□□（条々カ）事
禁制
一、於当寺中狼藉之事
一、竹木伐取之事

一、対僧衆致非儀之事

右於背此旨輩者堅可処罪科候、当寺之事西忠為位牌所上者、自然国如何様之儀出来候共、為彼人数可致警固者也、仍而如件

文亀元辛酉八月十六日

次第不同

丸根美作守　家勝（花押）
田原孫次郎　家光（花押）
上平左衛門大夫　親堅（花押）
岩津源五　光則（花押）
岩津大膳入道　常蓮（花押）
岩津弥九郎　長勝（花押）
岩津弥四郎　信守（花押）
岩津八郎五郎　親勝（花押）
岡崎左馬允　親貞（花押）
長沢七郎　親清（花押）
形原左近将監　貞光（花押）
牧内右京進　忠高（花押）
竹谷弥七郎□□　秀信（花押）

岡崎六郎　公親（花押）
細川次郎　親世（花押）
岩津源三　算則（花押）

〔史料4―1〕六名村百姓等請文（「浄珠院文書」『新編岡崎市史』史料編6）

六名 甚七郎（花押）
六名 新六
同 彦左衛門（略押）
小代官宮地真三郎（花押）

六名天神崎分、御城殿より御寺屋敷、末代被成御寄進候、目出度奉存候、百姓中何も於子々孫々、如在申間敷候也、仍如件

六名 新九郎（花押）
同 左衛門三郎（略押）

天文五年丙申潤（閏）拾月廿五日

同 次郎兵衛（花押）
同 三郎次郎
同 太郎左衛門
同 新三郎（略押）

上和田
　浄珠院　参

〔史料4-2〕岡崎奉行人連署証状（同前）

六名之内天神崎分、寺屋敷ニ諸不入ニ、末代奇（寄）進被申候、異儀有間敷候、仍而為後日如件

天文五申
　壬（閏）十月廿六日

酒井与七郎　康正（花押）
小栗三郎二郎　信臣（花押）
堀平右衛門　重政（花押）
植村与三郎　康家（花押）
天野清右衛門　忠親（花押）
上田源助　元成（花押）
成瀬藤八郎　国重（花押）

〔史料4-3〕松平信孝居屋敷寄進状（同前）

六名天神居屋敷之分、諸不入ニ末代寄進至（ママ）候、此旨別儀不可有者也、仍為後日如件

岡崎与十郎　信孝（花押）

天文六年三月十二日
和田浄珠院　参

二　家康権力の発展

家康は支城領主から出発し、戦国大名になります。さらに戦国大名の段階の家康権力の構造は、三つの時期に分けて考えるべきではないかと思います。一つは、三河一国の戦国大名に成長するまで、それから、三遠二か国から五か国段階。もう一つは、豊臣大名の段階です。

1　戦国期三河一国支配の段階

三河一国の戦国大名に家康が成長したのは、永禄六年（一五六三）の一向一揆を克服した段階で、永禄六年から七年、永禄九年には松平姓から徳川姓になっております。この時期に名実ともに戦国大名に転化しました。これは近世史から打ち出したもので、藤野保さん（『幕藩体制史の研究』吉川弘文館、一九六一年、新訂一九七五年）、北島正元さん（「徳川氏の初期権力構造―検地と分附記載より見たる」『史学雑誌』六四―九、一九五五年）が言い出された考え方です。

これを中世の方から再検討したのが、平野明夫さんです。平野論文（前掲「引用文献」⑹）は、戦国期の史料からこれを裏付けたものです。

どういうことかといいますと、三河一国の戦国大名となるのが永禄九年で、家康は岡崎を本城としております。図3で渥美半島の根元に豊橋がありますが、これは戦国期から近世にかけて吉田といっております。家康は岡崎を本城として、吉田城を酒井忠次に与え、西三河の軍事指揮権は、もちろん家康が握るわけですが、東三河の軍事指揮権は吉田城主の酒井忠次に与えた、というのが藤野さんと北島さんの説です。

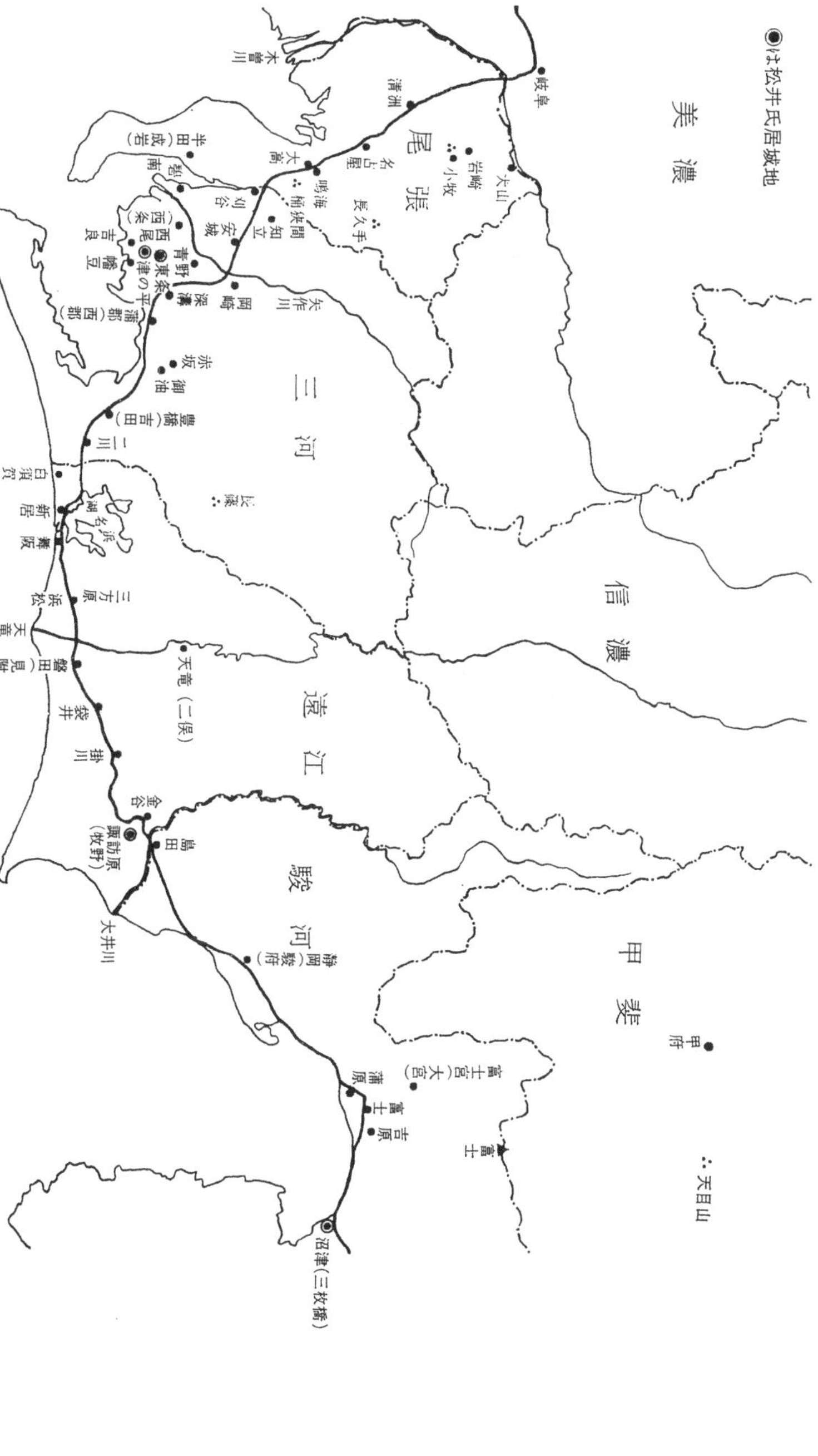

図3　戦国期中心聞見集関係要図（『石川正西聞見集』埼玉県立図書館、1968年より）

これを平野さんは、酒井忠次が握った東三河の支配権というのは具体的に何かを検討し、酒井忠次が家康の指令を在地領主に伝達する権利を考え、それから、公事を賦課する権限を与えられているということを実証しました。ただ、一つの問題は、藤野さんも北島さんも平野さんも、酒井忠次を城主としておりますが、果たして城主なんだろうか。これを示すのが史料5で、東三河に東観音寺という有名なお寺がありますが、その東観音寺に与えた文書です。

〔史料5〕戸田成次書状（「東観音寺文書」『豊橋市史』第五巻、一九七四年、三五一頁）

吉田之郷吉祥院之儀、今度不慮ニ相違仕候、某東観音寺江為新寄進、如前々申成事に候、此地者不準自余之間、不仰付別人修造勤行之儀尤候、此上城代従酒井左衛門尉殿、取一筆進入候、永相違有間敷候、仍後日状如此候

戸田権兵衛

成次（花押）

永禄八年乙丑七月五日

東観音寺

この史料5に傍線を引いておきましたけれども、「此上城代従酒井左衛門尉殿」と出てまいります。後に城主となった可能性は否定しません。ただ、史料的には城代として出てくるのです。少なくとも永禄八年の段階では、まだ城代として東三河の軍事支配権、つまり城将や軍団に対する軍事指揮権と、東三河の公事賦課権を把握していたということが言えると思います。

これがいわば三河一国の段階ですが、再び図3をみると、家康は永禄九年には三河一国の戦国大名となるわけですけれども、永禄九年、十年、十一年と三年の間、三河から動きませんでした。三河一国の整備にあたりまして、微動だにしません。永禄十一年、突如として遠江に侵入します。遠江の支配権をめぐって武田信玄と争うわけです。信玄との約束では、大井川を堺にして、今川義元の領国を分割しようとのことでした。

さらに駿河国を手に入れるのが天正十年（一五八二）です。これは武田が信長に敗れまして、論功行賞として駿河を与えられる。ですから、永禄十一年から天正十年までは二国から三国を支配しております。

2　三遠二国から五か国へ

家康は天正十年（一五八二）の本能寺の変後、甲斐と信濃二か国を掌中にします。こういうふうに家康が永禄十一年（一五六八）から急速に領国を拡大してくるわけですが、そのなかで新たな職制が出てまいります。国奉行ではないのですが、国奉行的な性格の職制が出現してまいります。それを示すのが史料6・7・9です。まず、史料8は郡代の史料となります。〔これらの史料については本書所収「徳川家康「関東入国」の歴史的意義」の史料9・10・12、および11を参照〕

一番典型的な事例が、松井松平氏なのですが、時間がありませんので、酒井忠次の事例だけを申し上げます。それが史料12です。「酒井忠次に与へたる定書」、これをみると、「国奉行」はどういう職制か。簡単に言ってしまうと、一国の軍事指揮権と諸役賦課権を与えております。史料12の場合は、信州一国です。酒井忠次に対して、まだ支配していない信州一国の軍事指揮権と諸役賦課権を家康が与えた史料です。

ところが、『三河物語』を見ますと、家康に判物をもらって、信州に攻め込んでいくのですが、忠次は、信濃一国は自分がもらったといっております。

こういう形で、家康は一国や郡を単位にして、軍事指揮権と諸役賦課権を与えております。松井松平氏もこの事例ですが、国奉行的な職制として出てくる。もう一つは、郡代として出てまいります。和泉さんがこの時期の郡代で、いくつか例を挙げておりますけれども（前掲「引用文献」⑻）、ただ、基本史料から押さえられるのは、松井松平氏だけです。この松井松平氏の事例については、最近、柴裕之さんが一生懸命研究されております(同⑼⑽)。

その松井忠次ですが、これを郡代に任命したのが史料11です。一行目に「河東二郡之郡代」とはっきり出てまいります。また、一番最後の行「沼津諸公事等可有異見者也」とあります。つまり、河東二郡の郡代、これは河東二郡の内で二万五〇〇〇貫の知行を与えておりますけれども、そのほかに郡代、これはどういう仕事をするのか。沼津城にあって、沼津城の城地域領、その他、河東二郡全域になると思いますが、つまり沼津城の城地域領・河東二郡の公事賦課権と軍事指揮権を与えられているということです。

こういうふうに遠州に攻め込んで、五か国領有段階にかけて、国奉行的な職制、さらに郡代としての職制が出てくるということ、これが一つの大きな特色でございます。

3　豊臣大名

こういう支配構造を持ちながら家康は天正十八年(一五九〇)に関東に転封します。まず関東転封時の国割りの問題をみます。

図4「関東領有時代の支城配置図」は、和泉さんのお仕事をお借りしております。

関東に入った直後の知行割りの特色ですが、これも藤野さんと北島さんが言われたことですが、藤野さんは、簡単に言いますと、一万石以上の、家康のまさに上級部将、これの配置に目を付けたわけです(前掲『幕藩体制史の研究』)。要するに上級家臣といいますか、万石級を領国の遠辺に配置した点に注目したわけです。

それに対しまして、北島さんは、そういう特色を認めながらも、中下級の旗本たち、それから御料の配置を重視します(『江戸幕府の権力構造』岩波書店、一九六四年)。御料は江戸の周辺、もう一つは、中下級家臣、五〇〇〇石とか一

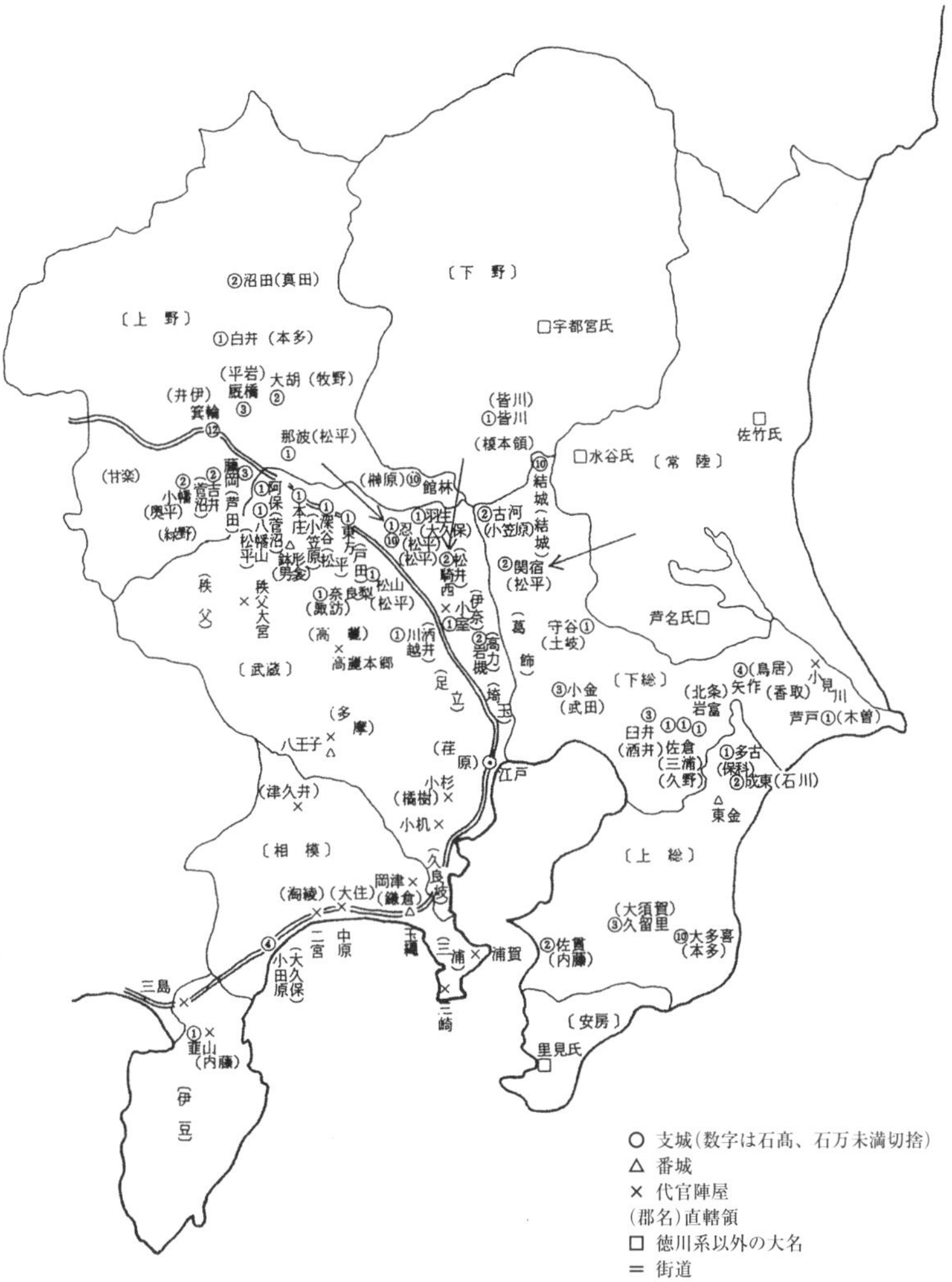

図4　関東領有時代の支城配置図(前掲 和泉清司『徳川幕府成立過程の基礎的研究』より)

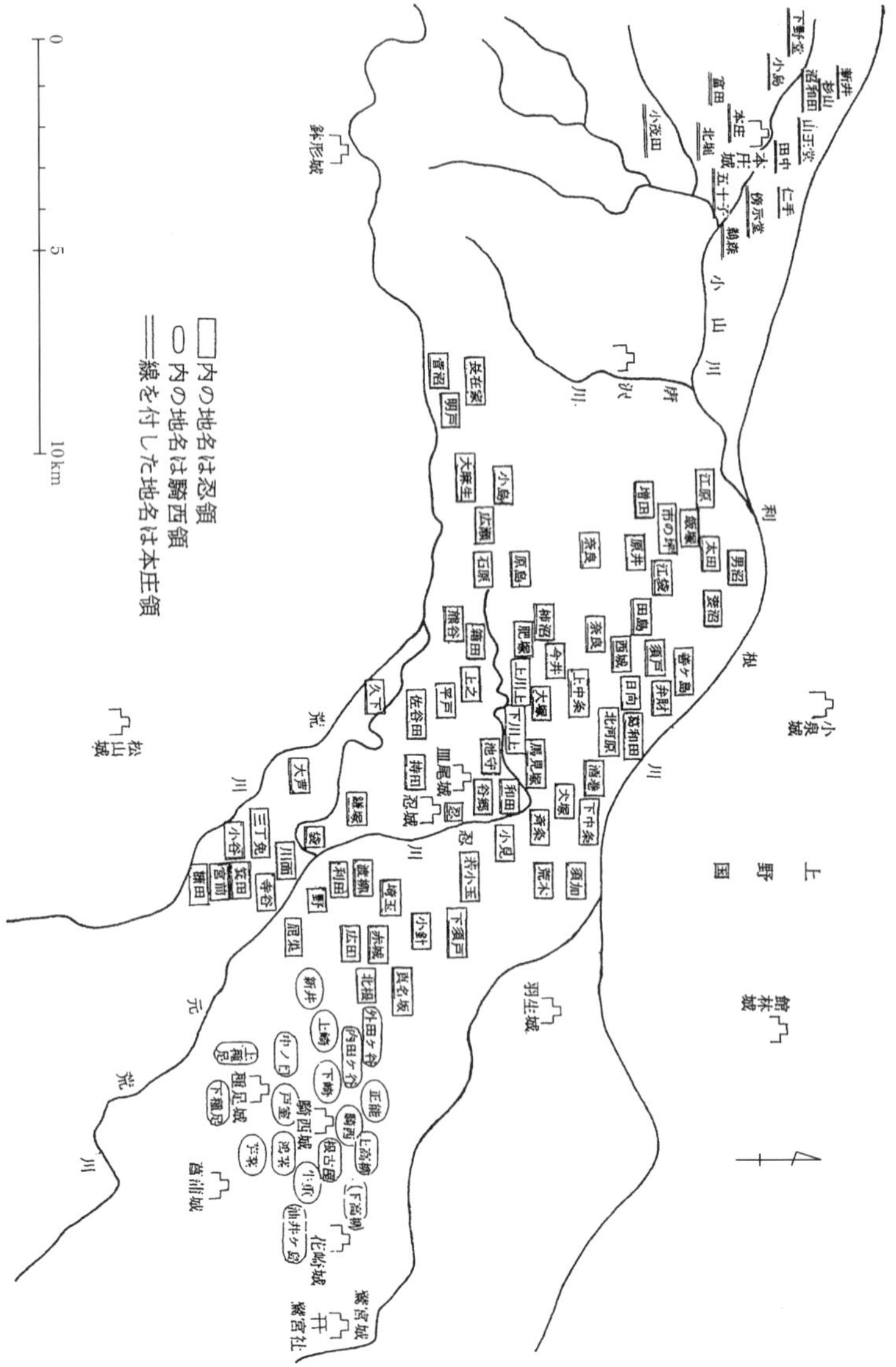

図5「忍領」略図（『鷲宮町史』通史上巻より）

〇〇〇石、これは江戸の本城周辺から一泊程度のところに配置したと。

それを批判したのが和泉さんです。和泉さんはこういうふうに言っております（前掲「引用文献」(8)）。まず、藤野さんはそこに幕藩体制の素型ができあがったと、つまり、一万石以上の上級部将が、藩の母体となったと見ています。これに和泉さんは疑問を呈します。一つの城に二人の城主がいる場合があるというのです。もう一つは、一〇〇〇石から、五〇〇〇石層の性格です。

一つの城に二人の城主、佐倉・川越・羽生・忍の例を挙げております。藩の素型ができてきたとするには、これはおかしいのではないか、と。実はこれには後北条氏の領国下の城領の問題が関係していると思います。武蔵国忍領の構造を事例にします。図5をご覧ください。これは江戸前期の忍領です。この図は、市村高男さんのお仕事を借りました。この忍領に入ってくるのが、家康の第四子の松平忠吉と、その実質的な付家老、先の松井松平直次の子松井康次で、天正十八年八月です。九月には松平家忠に忍城を渡して騎西に移ります。この忍のすぐ近くに騎西があります。これも図4に矢印しておいたのですが、騎西二万石、忍は一〇万石になっています。騎西二万石、これが松井松平氏です。後北条領国下の忍城主は成田氏ですが、この成田氏は、忍城領と騎西城領を領しておりました。

この忍城に自分の四子の忠吉と、それに騎西城に松井松平康次を付けて移します。これは駿河国河東二郡の支配をそのままに後北条氏の忍城領に持ち込んだことになります。

三　戦国的「国郡」「城領」制と近世的「国郡」「城領」「領制」

これに関しては、以下のような研究があります。

引用文献

(1)永原慶二・山口啓二「対談・日本封建制と天皇」(『歴史評論』三一四、一九七六年)
(2)池上　裕子「中世後期の国郡と地域」(『歴史評論』五九四、二〇〇〇年)
(3)三鬼清一郎「国郡制論をめぐって」(『駒沢大学史学論集』三一、二〇〇一年)
(4)小和田哲男「後北条氏の鉢形領と鉢形城」(『小和田哲男著作集』6、清文堂、二〇〇二年)
(5)藤野　保『幕藩体制史の研究』(吉川弘文館、一九六一年、新訂版一九七五年)
(6)市村　高男「武蔵国成田氏の発展と北条氏」(『鷲宮町史』通史　上巻、一九八六年)
(7)大谷　貞夫『江戸幕府治水政策史の研究』(雄山閣、一九九六年)
(8)葛飾区郷土と天文の博物館編『葛西氏とその時代』(崙書房、一九九七年)
(9)馬場　憲一「江戸周辺農村の広域支配と触次―武蔵国葛飾郡東葛西領を事例として―」(村上直編『幕藩制の展開と関東』吉川弘文館、一九八六年)
(10)橋本　直子「近世葛西用水体系の成立―葛西井堀から大葛西用水へ―」(『葦のみち』一四、二〇〇二年)
(11)葛西城発掘30年記念論文集刊行会編『中近世史研究と考古学』(岩田書院、二〇〇二年)
(12)加増　啓二「近世旧家層が育んだ地域の開発伝承と景観―由緒をめぐる文書・旧記・絵図の相剋―」(葛西城発掘30年記念論文集刊行会編『中近世史研究と考古学』岩田書院、二〇〇二年)
(13)多田　文夫「近世前期、江戸近郊低地における稲作地域の成立」(『地方史研究』二九九号、二〇〇二年)
(14)桑原　功一「近世中後期江戸近郊地域における地域編成の特質―武蔵豊島郡『峡田領』の再検討を通して―」(地方史研究協議会第53回大会実行委員会報告レジュメ)
(15)佐藤　博信『古河公方足利氏の研究』(校倉書房、一九八九年)

(16)長塚　孝「戦国期の簗田氏について」(『駒沢史学』三一、一九八四年)
(17)黒田　基樹「古河公方・北条氏と国衆の政治的関係―足利義氏の守谷城移座を素材として―」(『野田市史研究』九、一九九八年)
(18)島田　洋「後北条氏と簗田氏―古河公方足利義氏の家督相続と関宿移座をめぐって―」(『千葉県立関宿城博物館研究報告』二、一九九八年)
(19)新井　浩文「中世関宿城の構造とその機能―正保城絵図所収下総国世喜宿城絵図の検討を中心に―」(『千葉県立関宿城博物館研究報告』二、一九九八年)
(20)三郷市史編纂委員会『三郷市史』第六巻　通史編Ⅰ(三郷市、一九九五年)
(21)千葉県立関宿城博物館編『戦国の争乱と関宿』(千葉県立関宿城博物館、二〇〇一年)
(22)埼玉県中川水系農業水利調査事業所編『中川水系領域誌―流域の成り立ちと水利の歴史―』(埼玉県中川水系農業水利調査事業所、一九六〇年)
(23)尾白　和昭「利根川の治水工法と中川流域の水環境の総合的研究」(『徳川林政史研究所研究紀要』三三、一九九八年)

ただ今回は時間がありませんので、以下の見取図を示すだけにとどめます。

〈大途と支城領主〉
A郷と城領の給付と確定(引用文献(16)～(18))
B軍役と大普請役(引用文献(20)～(22))
〈近世的「国郡」「城領」「領」制へ〉
(a)忍領

(b)葛西・淵江・舎人領
(c)関宿・二合半領

この(a)忍領についてみますと、図5、忍領が四角の記号でくくってありまして、元荒川というのがあります。元荒川の南まで忍領となっております。これは江戸前期からの忍領の範囲です。実は元荒川の南は足立郡なんです。家康の入部直後は元荒川が荒川の本流です。ですから、元荒川から南は岩付領でした。戦国期と近世では領が違うのです。おそらくこれは元荒川が瀬替えされた後、元荒川から南で新荒川の北は忍領に編入されるのです。

こういうふうに後北条領国下の城領が、忍領の場合には、荒川の河流の変動によって再編されたものと思われます。とすれば、新荒川から北の足立郡域のところを追加しています。

つまり、近世の忍領は、後北条領国下の忍領に新荒川から北の足立郡が追加されている。その対極にあるのが、近世の「関宿領・二合半領」とから成り立っていた戦国期の「関宿領」です。後北条領国下の関宿領は、近世になって「城地城領」としての関宿領と、「領」としての二合半領とに分割されております。

おわりに

ここでちょうど時間になってしまいました。本来、近世における国郡制と領制論を考える場合には、「城地城領」論と「領」論を分けるべきだと思います。幕府は城地城領と領を整備しながら、国郡制を整備しているからです。下総国の場合がいい例です。下総国豊田郡では鬼怒川の改修後郡内に岡田郡を復活させ、豊田郡と岡田郡の二郡に分けております。

それから、戦国領国下の関宿、後北条氏の領国下における忍領・関宿領では、河川が改修されます。近世前期に非常に大きな河川改修があります。利根川水系の河道の整備にしたがって、国郡堺が確定してくるわけです。それの結果が国絵図です。おそらく国郡堺が確定するには、正保期では無理だと思います。元禄の段階であろうと。これは全国に及びます。とくに関東の場合は、河川改修と「領」の問題と関連して国郡堺が決められてくることを指摘したいと思います。

「城地城領」と、「領」の確定、整備、これと軌を一にして、国郡堺が再編整備され、それが正保の国絵図、元禄の国絵図を通して確定される。そういうことを結論としまして、大変まとまらなくて申し訳ありませんが、私の話を終わらせていただきます。

ご清聴ありがとうございました。

改易・転封策と街道の整備
――関ヶ原戦直後の東海道・中山道を事例として――

はじめに

関ヶ原戦直後における徳川家康の改易・転封策については藤野保[1]、また東海道と中山道の両街道の整備については児玉幸多[2]・丸山雍成[3]らの先業がある。藤野のそれは全国的視野、さらには近世全期を通じての改易・転封策の特質を究明されたものであった。その成果を前提として、さらに特定の時期、地域や、異なる視角から深化させることも可能であろう。後者すなわち児玉幸多と丸山雍成のそれは交通史の視角から、五街道の整備が関ヶ原戦直後から開始され、漸次に寛永の頃までに整備されてきたことを指摘した。しかし、五街道の時期的・段階的整備再編過程についてば今後の課題として残されたものとしてよいだろう。とくに成立期の五街道の整備は、優れて軍事的要請からなされた以上、幕政史との関連から追及することが不可欠であろう。

小稿は右の視角から、時期を関ヶ原戦直後の慶長五年（一六〇〇）・六年に限り、この間の家康の改易・転封策と、東海道・中山道の整備過程との関連を追求したい。

一　東海道における転封策

関ヶ原戦直後、徳川家康は果敢な改易・転封策を展開してゆく。慶長五年（一六〇〇）・六年のその特色は藤野保によれば、「徳川氏は関ヶ原の役後、関東においては領国（上野・下総・上総・武蔵・相模）の外に常陸・下野の大部分を獲得し、関東外においては領国伊豆の外、旧領五ヶ国（駿河・遠江・三河・甲斐・南信）を回復するとともに、尾張・越前の全部と近江の大部分および美濃・伊勢・陸奥（磐城）の一部を領有し、関東を中心に直轄領を設定・拡大しつつ、以上の諸国に徳川一門・譜代大名を配置して、ここに以上を基盤とする徳川幕藩領国体制が形成されたのである」とする。(4)

かくして江戸と京坂を結ぶ東海道・中山道はほぼ徳川領国に編入されたわけであるが、その改易・転封策には両街道の要地の城とその城地城領を掌握しようとする意図が顕著にみられる。以下その事例を列記しよう。(5)

①尾張国清洲　慶長五年十月、福島正則二〇万石を安芸国広島城四九万八〇〇〇石に移し、武蔵国忍一〇万石より四二万石を加増して松平忠吉を配置。

②三河国吉田城　慶長五年十一月池田輝政一五万二〇〇〇石を三六万八〇〇〇石を加増して播磨国姫路城に移し、同六年二月一日武蔵国八幡山郷一万石松平（竹谷）家清を二万石加増して配置。

③伊勢桑名　氏家行広二万二〇〇〇石改易後、慶長六年二月一日上総国大多喜五万石本多忠勝を、五万石加増して配置。

④近江国大津→膳所　大津城主六万石京極高次を二万五〇〇〇石加増して若狭国小浜城に移す。同六年六月二十六

日武蔵国高麗郡久志羅井五〇〇〇石戸田一西を二万五〇〇〇石加増して近江に配置し、大津城を壊して新たに勢田に城を築かしめ是所城と名づく。
⑤三河岡崎　田中吉政六万石に二二万五〇〇〇石を加増して筑紫国久留米城に移し、上野白井二万石本多康重を同六年二月、三万石加増して配置。
⑥三河深溝　下総小見川一万石松平(深溝)忠利を旧封のまま同年二月に配置。
⑦三河田原　伊豆下田五〇〇〇石戸田尊次に五〇〇〇石加増して同六年十一月に配置。
⑧三河西尾　下総小笹五〇〇〇石本多康俊を一万五〇〇〇石加増して配置。
⑨遠江浜松　一二万石堀尾忠氏に七万石加増して出雲松江に移し、武蔵松山二万五〇〇〇石松平(桜井)忠頼に二万五〇〇〇石を加増して配置。
⑩遠江掛川　六万八六〇〇石山内一豊に一三万四〇〇〇石加増して土佐高知に移し、同年二月下総小南三〇〇〇石の松平(久松)定勝に二万七〇〇〇石を加増して配置。
⑪遠江横須賀　三万石有馬豊氏を三万石加増して丹波福知山に移し、上総久留里三万石大須賀忠政を同年二月三万石加増して配置。
⑫駿河府中　一四万五〇〇〇石中村一氏を伯耆米子に三万石加増して移し、同年二月伊豆韮山一万石内藤信成を、二万石加増して配置。
⑬駿河沼津　慶長六年二月、上総茂原五〇〇〇石大久保忠佐を、一万五〇〇〇石加増して配置。
⑭駿河田中　慶長六年三月、武蔵川越領のうち三〇〇〇石酒井忠利を、七〇〇〇石加増して配置。
以上の一四事例から、次の三点をこの時期の転封策の特色として抽出することができる。

⑴近江・美濃・尾張・三河・遠江・駿河の諸国から豊臣系大名を転封せしめて、その跡地に徳川系大名を配置し、江戸と京都間を面的に把握しようとするものであった。

⑵江戸と京都間の要所の城と城地・城領に徳川系大名を配置し、これを江戸と京都間の拠点として確保したこと。

⑶豊臣系大名の加転は慶長五年十月から十二月にかけて、その跡地への配転は翌六年二月に集中している。

右のように、たしかにそれは江戸と京都間の近江・美濃・尾張・三河・遠江・駿河の諸国と関東領国を面的に把握しようとするものであったが、同時に三都間の要所の城と城地・城領を拠点としておさえ、点と線（街道）を再生産しながら、徳川氏の新たな支配体制を構築しようとするものであった。右のような転封政策を前提として、江戸・京都間を結ぶ幕藩制的な東海道と中山道の改編・整備がはじまる。

二　東海道宿駅制度の整備

児玉幸多によれば、徳川氏も三河時代から伝馬制度を設けていたが、関ヶ原役によって覇権を確立すると、その翌慶長六年（一六〇一）正月には、大久保長安・彦坂元正らに東海道を巡視させて伝馬を出すべき宿駅を定めて、伝馬を規定し、また慶長七年には江戸の町年寄の奈良屋市右衛門・樽屋三四郎をして各宿間の駄賃を公定させたという(6)。同六年正月、伊奈忠次・彦坂元正・大久保長安ら奉行衆が、東海道由比宿に下した「伝馬定書」は次のようなものである(7)。

〔史料1〕

御伝馬定書

一、(1)三拾六疋ニ相定之事
一、(2)上口ハ興津、下ハ蒲原迄之事
一、(3)右之馬数壱疋分ニ、居やしき卅坪宛被下之事
一、(4)坪合千八拾坪、居やしきを以可被引取事
一、(5)荷積ハ壱駄ニ卅貫目之外付被申間敷候、其積ハ秤次第たるべき事
右条々相定上、相違有間敷者也
慶長六年
丑正月　　伊奈備前(黒印)
彦坂小刑部(黒印)
大久保十兵衛(黒印)
由比
百姓年寄中

右の史料1とほぼ同様の記載内容をもつ史料が東海道五三宿駅のうち、一三宿から見出すことができる。(8)

史料1は、言うまでもなく慶長六年正月の期日を以て東海道由比宿に対する新しく構築される伝馬制の規定である。第一条では由比宿に常備すべき伝馬数を三六疋と定め、第二条では由比宿が継ぎ送るべき次の宿駅を上口すなわち京都に近い口は興津、江戸に近い下(口)は蒲原まで、第三条に伝馬の員数一疋に「居やしき」三〇坪を伝馬を負担する者に与えること、第四条にその地子免合計は「居やしき」一〇八〇坪であること、第五条に、一駄の荷積は三〇貫に限るべきことなどを定めている。奉行人伊奈忠次・彦坂元正・大久保長安は関東領国以来の代官頭である。家康

表1 慶長6年正月伝馬定書・掟朱印状の表

	A型						B型	
	有無	伝馬数	一疋分屋敷(坪)	屋敷合計(坪)	奉行人	宛名	有無	所蔵者職掌
品川								
川崎								
神奈川							○	
保土ヶ谷	○	36	50	1,800	伊奈忠次・彦坂元正・大久保長安	ほとかや年寄中	○	本陣 清兵衛
戸塚								
藤沢								
平塚								
大磯								
小田原								
箱根								
三島							○	
沼津	○	36	30	1,080	同上	沼津年寄中	○	
原宿								
吉原							○	
蒲原							○	
由比	○	36	30	1,080	同上	由比百姓年寄中	○	
興津								
江尻								
府中	○	36	40	1,440	同上	府中町年寄中	○	
丸子								
岡部								
藤枝	○	36	70	2,520	同上	藤枝年寄中	○	
嶋田								
金谷	○	36	30	1,080	同上	金谷年寄中	○	
日坂	○	36	40	1,440	同上	日坂年寄中	○	問屋 清兵衛
掛川	○	36	60	2,160	同上	懸川年寄中	○	問屋 五郎兵衛
袋井								
見付							○	
浜松	○	36	60	2,160	同上	浜松年寄中	○	本陣 助右衛門
舞坂	○	36	40	1,440	同上	舞坂年寄中	○	
新居								
白須賀								

	A型						B型	
	有無	伝馬数	一疋分屋敷(坪)	屋敷合計(坪)	奉行人	宛名	有無	所蔵者職掌
二　川								
吉　田								
御　油							○	
赤　坂							○	
藤　川							○	
岡　崎	○	36	50	記載なし	同上	岡崎年寄中		
知鯉鮒								
鳴　海							○	
熱　田							○	
桑　名								
四日市	○	36	80	2,880	同上	四日市年寄中	○	
石薬師								
庄　野								
亀　山								
関　宿								
坂ノ下								
土　山	○	36	記載なし	記載なし	同上	土山伝馬役中	○	
水　口								
石　部								
草　津								
大　津								

註　出典：中村孝也『徳川家康文書の研究』下の1、2

の意を奉じて、覇王としての段階に突入した徳川氏の伝馬制度の構築に当たっていたわけである。宛名は「由比百姓年寄中」とあり、この伝馬役は、百姓請の可能性もあることを示唆している。

先述したように史料1とほぼ同様の記載内容をもち、東海道五三宿のうち一三の宿の地名を含む宛所に発給した文書群がある。これらの文書群は、いずれも「御伝馬之定」で、本文は五か条より成る。第一条は同文、第二条は「上口は」と「下ハ」の地名のみ、第三条は馬数一疋分の「居やしき」の坪数が、第四条は、伝馬役負担に対して与えられる「居やしき」の合計数などが異なる。第五条は同文である。この史料群の記載内容を後の東海道五十三次順の配列表(表1)を作成し、その中に「A」型式として示した。これらの文書群から次の点の事実を指摘することができる。

①文書の発給年月日は、いずれも「慶長六年丑正月」である。
②伝馬数は全て、三六疋である。
③この伝馬に対して与えられる伝馬一疋ごとの居屋敷の坪数は三〇坪から八〇坪の間の坪数で、宿駅によって異なる。
④したがって宿駅ごとに地子免として与えられる「居屋敷」合計は、宿ごとに伝馬一疋分に与えられる「居屋敷」坪数に比例する。
⑤荷積は一駄につき、三〇貫目に制限している。
⑥奉行人として連署したのは、伊奈忠次・彦坂元正・大久保長安の三人である。
⑦宛所は、いずれも地名を冠した「年寄中」で、由比宿宛と土山宿宛がそれぞれ「百姓年寄中」「伝馬役中」と書かれている。

本文書群が一三事例発見されている点から、この「御伝馬之定」は、このときの奉行衆が東海道の宿駅と認定した全ての地点に発給されたものとしてよいだろう。まず、右の第一点の発給年月、慶長六年正月に注目したい。この時期は第一節に述べたように、豊臣系大名が東海道の要所より他の地域に転封され、その跡に徳川系大名が配置される直前であった。いわば、京都と江戸間の近江・尾張・三河・遠江・駿河は無主空白地であった。その時期の慶長六年正月に、一斉に東海道の各宿駅に本文書群が発給されたのである。右の第六点目に立証されたように伊奈忠次・彦坂元正・大久保長安を奉行人として、第二・第三・第四・第五点に示されるような新伝馬制の内容を構築しようとする家康の意図を読み取ることができる。その伝馬制の内容は、第二点、各宿駅の常備伝馬数は三六疋、第三・第四点、その伝馬役に対応して、一疋ごとに比例して「居屋敷」の地子免を与えること、第五点、伝馬一疋の荷積は三〇貫目に制限するというものであった。ところでこの伝馬役は第七点、由比宿には「百姓年寄中」、土山宿には「伝馬役中」とあり、百姓請・村請の可能性もあるが、他の一一例は地名を冠した「年寄中」とあり、本文書群で「年寄」と称した階層が請け負った可能性が強かったものと推定される。

また同年同月、たとえば東海道舞坂宿に次のような「伝馬掟朱印状」が発給されている。(9)

〔史料2〕

定（朱印）（印文「伝馬朱印」）

此御朱印なくして、伝馬不可出者也、仍如件

慶長六年

正月　日

前坂

本文書と同じ文面で宛所のみが異なった「伝馬掟朱印状」を、二二例見出すことができる。宛所はいずれも東海道の宿駅の地名と一致する。これを表1のB型欄に示した。内容は史料2が示すように、本文書に押印した徳川氏の伝馬朱印なくして伝馬を出すことを禁止したものである。印文はいずれも「伝馬朱印」とある。

徳川家康の伝馬朱印には二類がある。一はすでに児玉幸多が指摘したように、天正九年（一五八一）以来使用した「伝馬之調」の四字を二行に並べた印文のもので、この印判は関ヶ原役ごろまで使用された。(10)その二は「伝馬朱印」

という印文のものである。本文書群の「伝馬掟朱印状」に押捺したものが初見で、以後永く用いられた(11)。従来使用した伝馬朱印まで変えたところにも、家康と奉行人のなみならぬ覚悟を読み取ることができる。

本文書群は、表1B型欄に明らかなように、二二例のうち、東海道の保土ヶ谷・沼津・由比・府中・藤枝・金谷・日坂・懸川・浜松・舞坂・四日市・土山の一二地域において、A型文書と併存している。本文書群の発給年月日はすべて慶長六年正月である。したがって、B型文書はA型文書と対をなす文書である。各宿駅ごとに三奉行人から対をなして発給されたものであろう。ところで、本文書群には、所蔵者の近世における職掌が判明するものが四例ある。保土ヶ谷と浜松は本陣であり、日坂と懸川は問屋である。四地点にはA型文書が併存する。それぞれの文書の宛所は地名を冠した「年寄中」である。おそらくは文書中に「年寄」と称された人々の子孫が、後に本陣や問屋となったのであろう。さらに由比宿では、史料3が史料2に随伴している(12)。

〔史料3〕

尚々、此御朱印当月中ニ江戸へ届申間敷候間、罷上候御荷物、江戸衆手形を以、如此中届可被申候、以上

急度令申候、仍江戸迄上下之御伝馬、何時も此御朱印ニて可被仰付旨候間、彼御本文ニ能々引合、可被申付候、為其為引へ御朱印被遣候者也、已上

(慶長六年)正月　大十兵衛(黒印)

彦小刑(黒印)

伊備前(黒印)

由比

江戸までの上下の伝馬は、この御朱印にて指示する手形が来る。その控えとしてこの御朱印状を与える。なお、当

月中には今度改めたこの御朱印は江戸に届けないであろうから、それまでは江戸年寄衆の手形で勤めるようにとの意である。同様の文書は、駿河江尻・駿河府中・遠江見付・伊勢四日市・近江土山に宛てたものが知られる。伊勢四日市のそれには「尚々、当月中者、御朱印江戸へ参著間敷候間」[13]、また遠江見付の史料には「尚々、当月中ハ、此御朱印、江戸まで参届間敷候間」とある。[14] 慶長六年正月一日、家康は大坂城西丸に在って六十歳の新春を迎えていた。

この文面からすれば上方のいずれかで家康の指示を受けた三人の奉行衆は、東海道を巡察しながら、各宿駅ごとに前述の史料1・2・3を発給していったのであろう。

三　中山道の転封策

右にみた慶長六年(一六〇一)時における東海道の再編成状況に比し、中山道のそれは若干異なる。一つにはそれは信濃と甲斐に対する対照的な転封政策によっても規制されていた。慶長六年から七年にかけての転封策を概観しよう。[15]

①飯田　慶長五年十一月、城主八万石京極高知を丹後宮津一二万三二〇〇石に加転した跡に、同六年二月、下総国古河三万石小笠原秀政を二万石加増して配置。

②諏訪高島　城主二万八〇〇〇石日根野吉明は、慶長六年、上野壬生一万九〇〇〇石に減転、同年六月、上野総社一万二〇〇〇石諏訪頼水を一万五〇〇〇石加増して配置。

③高遠　慶長五年十一月、下総多古一万石保科正光を一万五〇〇〇石加増して配置。

④上田　城主三万八〇〇〇石真田昌幸改易の跡に、上野沼田二万七〇〇〇石真田信之を六万八〇〇〇石加増して配置。

右の①②③は南信であり、④は北信である。北信ではこのほか、松本深志八万石の石川康長、筑摩郡一万石の石川康勝、小諸五万石の仙石秀久、川中島一三万七五〇〇石の森忠政は、旧領安堵されていた。信濃では南信には徳川系大名は配置されたがそれも信州系大名であり、一国にわたって、三河以来の譜代大名は配置されなかった(16)。

これに対して、甲斐は対照的である。慶長五年十一月甲斐府中一六万石浅野幸長を二一万六五六〇石加増して紀伊和歌山に移し、甲斐一国を家康の直轄地とした。そして五か国段階と同様に城代に平岩親吉を任命し、大久保長安を国奉行(17)として、桜井信忠・跡部昌忠・石原昌明・小田切昌吉を四奉行に、甲府町奉行に日向政成・島田直時を登用して武田系の家臣によって掌握した。長安は慶長六年・七年に甲斐三郡にいわゆる「石見検地」を実施し、蔵入地と直属家臣の知行地との配分を決めた(18)。これと関連して長安が後の甲州街道の整備に着手したことは当然想定される。信州における中山道の整備も甲斐と密接に関係していた。

慶長六年三月、家康は信濃一国に検地を行い、知行改めを命じたが、この折、大久保長安家老と伝られえる田辺十郎左衛門は、在地代官の山村良勝・千村良重・原政重に次のような覚書を出している(19)。

〔史料4〕

覚

一、去年苅田放火ニ会候郷村人数書立被下候、手形を書越申候間、表ニ百姓之名を遊し判を御サせ候て、キヨスエ御遣、伊奈備前殿(忠次)手代衆より御請取候、為其我等裏判を越申候事、但二月・三月分之手形越申候

一、田丸殿(直昌)之儀、何様ニも御才覚候而、相済候様ニ御肝煎可被成候事

一、山銭之銭、石清(石原清左衛門)へ書状越申候間、御請取可被成候事

一、下条兵庫殿(頼氏)其御組へハ無御入候間、可御心易候事

一、六千弐百石之物成之内七百石余不足之処ハ、鎌戸之物成を以、御取可被成候、重而御勘定可申候、爰許取籠
故、早々御報申候、以上

（追筆カ）
「大久保石見家老」
田辺十郎左　在判

（慶長六年）
三月廿二日
（山村良勝）
山甚兵様
（千村良重）
千平右様
（政重）
原図書様

亦申候、三月分者、今度ノテカタノ如クカ、せ、百姓中判をサセ、早々御登せ可被成候、裏判をいたし可越候、
必々急々可給候、以上

第一条は関ヶ原戦のさいの苅田放火の災害に関する処理、第三条は山銭など小物成、第五条は（本途）物成不足の処置など、大久保十兵衛の家老と伝えられる田辺十郎左衛門が、山村甚兵・千村平右衛門・原図書に指示している。田辺十郎左衛門は、天正十九年（一五九一）九月二十四日の「下総国香取郡埴生庄福田郷御縄打水帳」の検地役人を勤めている。[20] また文禄四年（一五九五）の常陸国新治郡宿村検地帳に大久保十兵衛手代と出てくる田辺十郎右衛門と同一人物であろうか。[21] 本文書の田辺十郎左衛門の肩書き「大久保石見家老」は、『信濃史料』の編者のいうように追筆であろうが、大久保長安の下代官として間違いあるまい。宛所の山村甚兵衛は、後述するように長安の配下の木曽代官山村道祐の子、千村平右衛門良重もまた長安配下の在地代官である。大久保長安は、慶長六年の信濃一円の検地、知行改め、年貢収納をも差配していたのである。大久保長安はこの時期から、甲斐と同じように国奉行的役割を果たしていたのである。[22]

四　中山道宿駅制度の整備

大久保長安は信濃においても、甲斐と同じような国奉行的役割を果たしながら、木曽路の宿駅制度の再編整備に着手する。

史料5は、長安が筑摩郡塚本村に宛てた「伝馬手形定書」である。(23)

〔史料5〕

（付箋）
「徳川奉行
　大久保十兵衛殿定書」

大十兵衛（花押）（黒印）

追而御朱印之儀ハ、無相違可被相立候、もし又わかまゝ申ものあらは、押置、此方へ可被申上候、已上

右此判なくして、伝馬人足一切不可相立候、もし手形なく押而伝馬人足申付人あらは、其者之名を書付、則可申上候、仍如件

慶長六年

三月廿日

塚本□

「追而御朱印之儀ハ、無相違可被相立候」とあり、家康の「伝馬朱印状」はまだ渡されていなかったものと思われる。早急に中山道の伝馬制度を構築するための臨時的措置ともみられよう。この文書と同文で、同年（慶長六年〔一六

○一〕）月日の史料が、木曽贄川村にも存在する。この種の文書が中山道のどの範囲まで発給されていたのか不明というよりほかないが、木曽贄川村に存在することから、少なくとも木曽路には発給されたものとみたい。

木曽路に伝馬手形を発給する一方、長安は木曽街道と脇街道との整備にあたるよう、同年十月二十七日、在地代官山村道勇に指示している。それが史料6である(24)。長文にわたるが、中山道を扼する地位にある諸大名とも連絡を取りながら、信州一国単位の経営をはかりながら中山道の整備にあたっていたことが判明する史料なので、その全文を掲げる。

〔史料6〕

覚

一、〔1〕今度松本ゟ其口まつ〳〵御留主《(守)》ニ付て、なら井《(奈良)》・贄川《(木曽)》ニてとかく桜沢口《(伊那郡)》作度由申候間、願セ申候、其上少々榑・柾板等も下諏訪ニて商可仕候、同様之徳参り候とも松本領江参ましき由堅申候、諏訪殿《(頼水)》御頼ミ桜沢江作り申候、小野《(伊那郡)》とハ《(ママ)》小笠原信濃殿《(秀政)》取申候、五日之内出来申候事

一、〔2〕仙石越前殿《(秀康)》も佐久郡商人桜沢江可罷通候由、可被仰付候由御約束之事

一、〔3〕洗馬ニて米弐千五百俵かわセ置申候間、贄川の喜太郎《(千村重利)》・久兵衛両人呼候て様子申付候、又ハ川々扶持ニ入候ほと被遣候而、其外を慥成者に被仰付御うらセ可被成候事

一、〔4〕受永《(朝日近路)》の飛脚こし候て、箕輪《(伊那郡)》小野を御蔵入にいたし、ならゐ・贄川へ米入可申候間、可御心安事候、さやうニ候ハヽ、小野ニ貴所ゟよき代官を可被仰付候、才覚成者置候ハヽ、といや《(問屋)》もいたし、町わりをも仕、駄賃を付可申候間、可被心安事

一、〔5〕下諏訪のといや・町人、何れも悦候て、何様ニも関東ゟ参候荷物も其表可越由申候、可御心安候事

一、〔6〕石川玄蕃（康長）殿御女房衆上方ゟ就被下、馬四十疋馬籠（木曽）ゟ福島（木曽）迄御借候間、次兵衛殿も御談合ニて可有御馳走事

一、〔7〕桜沢江之儀付候て、次兵衛ゟさま〳〵訴訟候へ共引あい不申、其心得可被成候

一、〔8〕川中嶋・佐久・ちいさかた（小県）ニて米入候て、何ほと貴所へ調可有之、道ハ何方ゟ成共我等奉行を立、十万俵も入可申候、貴所商被成候とも少しも御かまいあるましく候事

一、〔9〕冬狩の木御出し候、稲葉右近（方通）殿・森右近（忠政）殿・妻木雅楽介（頼忠）殿・小田勇殿此表江書状を越可申哉、又貴所ゟ可被御触候哉、御報次第之事

一、〔10〕木取候人足ハ十郎左方へ申遣、可御心安事、以上

（慶長六年）十月廿七日　　大十兵（花押）直筆

山村道勇軒

参

まず「覚」の第一条では、木曽路の奈良井宿・贄川宿の要望で、桜沢口を通って下諏訪に街道を通したいこと、そして、これは転封して諏訪高島城に入った諏訪頼水の依頼でもあり、伊那の小野については飯田の小笠原秀政と連絡をとっていること、下諏訪に街道が通ったらそこで榑・柾板等を商売させたいが、松本領には行かせないよう厳重に申し付けてあること、としている。第二条、信州の米倉とも言うべき佐久平を領する小諸の仙石秀康も、佐久郡の商人に桜沢を通るよう命ずると約束していると告げている。第三条、木曽路の洗馬で米二五〇〇俵を買った、その処置については贄川の下代官千村喜太郎と久兵衛に申し付けている。木曽川など材木運輸の扶持にするためで、余りは身元の慥かなものに売らせてもよい。第四条、伊那代官朝日受永は、伊那の交通の要所たる小野は直轄領とし、木曽路

の奈良井・贄川へ米を搬入すると申し込んでいる。小野には山村道勇方から下代官を任命して、その者に問屋をさせ、新宿の町割もさせ、街道の駄賃を決めさせせたらよい。第五条、下諏訪の問屋・町人も以上の措置を喜んで、関東からの荷物は木曽まで運ぶよう言っている。第六条、松本城主石川康長の女房衆のため、木曽馬籠から福島まで馬四〇疋を次兵衛と相談して出すこと。第七条、桜沢への件について次兵衛が抗議するかも知れないが、相手にしないこと。第八条、川中島・佐久・小県で米を調達して、一〇万俵でも奉行人を立て木曽路へ運送しよう、その米を売って利をとられてもよろしい。第九条、冬狩の材の運輸役についての指令は、川中島の森忠政、在地代官稲葉右近[25]・妻木雅楽介[26]等へ当所から出すか、貴所から出すかは、返事次第である。第一〇条、木取人足動員の指示は家人の田辺十郎左衛門にしてあるから安心せよ、としている。

「覚」の主眼は第一条にあるように、木曽路から下諏訪、さらには伊那小野への連絡を意図したものであるが、それにしても小諸・高島・松本の諸大名と連絡を取りつつ、第三条・第四条・第八条など、代官の業務、さらには街道の整備が、米を中心とする在地の流通経済と深く係わっていることがわかる。しかも第四条に典型的にあらわれるように、在地代官に下代官を任じさせ、さらに下代官を問屋に任じて、宿立てや駄賃決めをさせようとしている点に注目したい。

さて前述の「覚」第四条には、「小野ニ貴所ゟよき代官を可被仰付候、才覚成者置候ハヽ、といやもいたし、町わりをも仕、駄賃を付可申候間、可被心安事」とあるが、小野には長安の下代で、道祐の一族でもある千村喜太郎と久兵衛が派遣されたらしい。長安は十一月十一日、両人に次のような書状を出している[27]。

〔史料7〕

尚々、小野之儀も木曽御蔵入ニいたし候間、心やすくあるへく候、やかてやしきわりに人をこし可申候間、

道勇（山村良候）たんかう候て、よきやうにあるへく候、以上
急度申入候、桜沢口何ほと出来候哉、承度候、ほしな（保科正光）との様子も無心元候間申入候、不及申候へとも、其元万事無油断やうに尤候、松本ゟもさま〳〵と申候へとも、此方之儀者一円たかい不申候間、其心得あるべく候、ほしな殿分者よく出来候由被仰候か、信濃殿（小笠原秀政）御手前もよく出来申候哉、是又承度候、恐々謹言

（慶長六年）霜月十一日　　長安（花押）

大十兵へ（大久保十兵衛）

千村喜太郎殿（重利）

久兵衛殿

参

高遠の保科正光、飯田の小笠原秀政に慎重に配慮しつつ、小野が木曽領に編入されたこと、屋敷割については山村道祐と相談すべきことを命じている。

その三日後、長安は、小野の情勢を報ずる。それが史料8である。(28)

〔史料8〕

尚々新町わり奉行に駒沢管左衛門こし申候、貴所ゟも只今御遣シ可被成候、以上
急度申入候、仍小野（伊那郡）海道出来候由申間、小野新町割ニ人を遣し、貴所ゟも慥成衆被遣、といや以下、何レ彼地、我等も此中頃さん〳〵とて甲府に居申候、はやよく候て昨十三日ニ罷立、江戸江参り候、用事の儀も候ハヽ、可被仰渡（越）候、恐々謹言

（慶長六年カ）霜月十四日

大十兵　花押

山道勇軒
―方へ

小野海道が出来たこと、新町割奉行に駒沢管左衛門がきたことを報じ、道祐方からも下代官を派遣し、問屋以下を任ずるよう促している。

なお、これより以前の同年六月十二日、山村道祐は、木曽野尻半分問屋に木戸某を、(29)また六月十三日には妻籠半分問屋に六郎左衛門を任じている。(30)在地代官山村道祐は大久保長安の指示を受けながら、木曽街道の整備にあたっていたのである。

五　大久保長安と在地代官山村氏

中山道の木曽福島の御関所御番は山村氏だった。山村氏は、徳川家康によって甚兵衛良勝の代に木曽代官に任じられた後、尾張藩祖徳川義直に付属せられ、以後、木曽福島の御関所御番として将軍に、尾張藩大寄合として尾張藩に両属した。

甚兵衛良勝の父良侯は初名三郎九郎、七郎右衛門・三郎左衛門とも称し、法号は道祐。はじめ木曽義昌に仕え、武田信玄が飛騨経営に乗り出したとき、これに応じ、信玄から美濃国千旦林・茄子川両村三〇〇貫文、父良利と合して六〇〇貫文の土地を与えられたという。(31)これが単なる家伝にとどまらないことは、元亀三年(一五七二)十一月九日付信玄の山村三郎左衛門尉宛の美濃安弘見三〇〇貫の宛行状、(32)および同日付信玄の山村七郎衛門尉宛の美濃国千檀林・

茄子両地三〇〇貫の宛行状(33)から、確認することができる。

この折に信玄から与えられた所領がその子勝頼の時にも安堵されたことは、次に示す史料9(34)によって立証できる。

〔史料9〕

定

自法性院殿(武田信玄)父子へ被相渡候濃州知行分之事、自今以後も尤不可有相違候、給衆分共無異儀可被相計者也、仍如件

天正弐年甲戌
三月晦日　勝頼(武田)(花押)

山村三郎左衛門尉殿(良利)
同　七郎右衛門尉殿(良侯)

小牧長久手役の直前、良侯は秀吉から次のような書状を得た(35)。

〔史料10〕

(端裏切封)「―」

於其許内々馳走旨、毛利河内守(秀頼)委細申聞候、弥此時可被入精事肝要候、巨細義昌(木曽)へ申候間、令省略候、恐々謹言

(天正十二年)三月廿六日　秀吉(羽柴)(花押)

山村三郎左衛門尉殿(良侯)
御宿所

木曽谷中における忠功は、毛利秀頼から報告があったところこれを賞している。しかし「巨細義昌へ申候間、令省略候」と、木曽義昌へ付属せしめられたことを知り得る。戦国期、木曽谷にあって武田氏から判物を得るほど自立性の強かった山村氏も、豊臣政権下にあっては、豊臣政権の意志によって木曽氏の与力として位置づけられた。これが近世の家譜に木曽氏旧臣と伝えられる内容であった。

木曽氏は義昌の子義利の代の天正十八年（一五九〇）、徳川家康の関東入国に従い、下総国阿知戸（蘆戸）一万石に封ぜられる。山村良侯もその子良勝とともに木曽谷を去って阿知戸に赴き、義利の家臣となる。しかし、慶長に入ってから年月は不明であるが、義利が叔父義豊を殺害したことを理由として、木曽氏は改易される(36)。木曽氏改易後、山村良侯は木曽谷に帰り木曽福島に居住し、良勝も浪人して佐倉に居住したという。木曽福島に帰住しながら、良侯は本多正信と大久保長安を頼って、徳川家康に仕官運動をしたらしい。「山村家先祖書」は「高祖父山村道祐儀者、関ヶ原御陣以前ゟ、権現様御前江本多佐渡守殿・大久保十兵衛殿御取次を以、度々致御目見、自然之儀御座候ハヽ、一廉御奉公仕度奉存旨、連々申上候由(37)」と伝えている。良侯が本多・大久保の両名の紹介で家康と面会できたかどうかは疑問であるが、関ヶ原役以前から良侯が佐渡・大久保と親しかったのは、後述するような点から事実と考えてよいだろう。

一旦は浪人となった山村氏が近世的領主として復活し得たのは、関ヶ原役における活躍であった。その間の事情を、同じく「山村家先祖書」は次のように生々しく伝える(38)。

〔史料11〕

（前略）景勝御陣出来仕候、其時分木曽ハ石川備前守代官仕候故、下代数多木曽ニ罷在候、中ニも原孫右衛門・同藤左衛門、備前守為下知、木曽之儀堅相守罷在候、其時権現様御諚被成候者、木曽路ハ中仙道之切所ニ候間、御手ニ御入被成度思召候、誰を可被遣哉と御詮議之処、本多佐渡守殿・大久保十兵衛殿被申上候ハ、木曽之儀、長キ谷合第一切所、其上百姓等鉄炮心掛申所ニ而御座候間、縦御人数大勢被遣候共、不案内之者早速退治難成奉存候、幸木曽ニ罷在候山村道祐嫡子山村甚兵衛・同一家千村平右衛門与申者木曽家立退佐倉ニ罷在候、此者共ニ被
　仰付可然御座候半哉、親道祐木曽ニ罷在、其上道祐年来御奉公申上度所存之旨、兼々申置候由、言上被申候ニ付、慶長五年子七月廿八日於下野国小山之御旅館御前江甚兵衛を被　召出、木曽路之儀被　仰付候故、則奉畏旨申上、方々ニ罷在候親類共・家来等招集、木曽路江罷向候、（後略）

当時木曽谷は、尾張犬山城主一二万石石川備前守貞清に預けられており、多くの下代官が任じられていた。石川貞清は西軍に属しており、中山道の切所としての木曽路は西軍の支配下にあった。

関ヶ原に際しては美濃方面の諸大名の多くは西軍に応じ、石川貞清は、美濃岩村城主四万五〇〇〇石田丸中務小輔具安、苗木城主一万石川尻肥後守直次、福束城二万石丸毛三郎兵衛兼利[39]等と策応して木曽路の険を扼した。右の「山村家先祖書」は、その木曽路を切り開くため、良侯(道祐)良勝父子と一族千村平右衛門ら、かつての木曽衆が、本多正信・大久保長安の推薦によって起用されたと伝えるのである。

「山村家先祖書」によれば、甚兵衛良勝が家康の小山宿所に召し出されたのは慶長五年(一六〇〇)七月二十八日だったという。同年八月一日小山に在った家康は、次のような朱印状を「木曽諸奉行人」宛に発する[40]。

〔史料12〕

信州木曽中諸侍、如先規被召置之条、各存其旨、罷出可致忠節候、猶山村甚兵衛・馬場半左衛門尉・千村平右衛門尉・千村助左衛門尉可申候也

慶長五年

八月朔日

（家康、印文「忠恕」）
（朱印）

木曽
　諸奉行中

本多佐渡守
大久保十兵衛
　奉之

一旦は改易した木曽氏旧臣＝木曽衆を山村甚兵衛良勝・千村平右衛門良重等を通じて召し抱え、木曽路を押さえようとしたものである。本多正信と大久保長安が連署している点に注目したい。かくして山村甚兵衛は「方々に罷在候親類共・家来等召集、木曽路江罷向」かったのである。

山村甚兵衛ら木曽衆を木曽路に発向せしめる一方、同年八月八日家康は木曽代官・犬山城主石川貞清に直書を与え「先度飛脚到来之砌、可為返礼之処、飛脚其儘立帰候間、無其儀候、其方兄弟之事、連々懇切之事ニ候間、弥不可有無沙汰と存候」[41]と牽制している。

塩尻を通って木曽谷に入った山村甚兵衛と千村平右衛門は早速、木曽路と美濃筋の状勢を家康に報告、これに対し家康は八月十三日付で次の直書を発した[42]。

〔史料13〕

美濃筋之儀申越尤候、愈境目江人遣、様体可被申越候、猶大久保十兵衛可申者也

（慶長五年）
八月十三日　　家康公
　　　　　　　　御書判

山村甚兵衛との
千村平右衛門との

「猶大久保十兵衛可申者也」と、大久保十兵衛の指揮を受くべきことを命じている。同十五日家康は再度両名に直

書を発している(43)。

〔史料14〕

大久保十兵衛(長安)かたへの書状披見候、今度早々参其地之儀申付之由尤候、人衆之儀も伊那侍従殿(京極高知)・石玄蕃(石川康長)両所へ申越候間、定無沙汰在之間敷候、猶十兵衛可申候也

(慶長五年)八月十五日　　家康(花押)

山村甚兵衛(良勝)とのへ

千村平右衛門(良重)とのへ

(包紙ウハ書)「慶長五庚子」

早速木曽谷に入り、支配しようとしていることを認め、加勢の軍勢も伊那の京極高知と松本の石川康長に依頼したことを申し送っている。

同日付で家康は次の直書を京極高知に発する(44)。

〔史料15〕

急度申候、仍木曽谷中之儀申付、山村甚兵衛・千村平右衛門差遣候処、妻籠江相移由申来候、人衆之儀、右両人申次第、御加勢頼入候、猶江雪(板部岡)可申候間、令省略候、恐々謹言

(慶長五年)八月十五日　　御名乗

御判

伊那侍従殿(京極高知)

板部岡江雪を使として、木曽谷平定のため派遣した山村甚兵衛と千村平右衛門への援軍を、京極高知に要請してい

るのである。

こうして両名は大久保長安と連絡しながら、木曽妻籠城を拠点として木曽谷と中山道の経営に乗り出す。その旨を川中島の森忠政に告げる。それに対する返書が次の史料である(45)。

〔史料16〕

去ル十五日之書状今日参着、令披見候、内府様(徳川家康)為御諚其地ヱ御越、則妻籠ノ城御取立、谷中無異儀候由尤之儀候、弥無油断事専用ニ候、次東美濃殊外取乱候由、定而可為其分ト令察候、其節ノ儀内々江戸ヱ申遣候、可為其返事次第候、委細縄生次郎助可申入候条、不具候、恐々謹言

(慶長五年)八月廿日　羽柴右近
忠政(森)在判

山村甚兵衛(良勝)殿
千村平右衛門(良重)殿

家康の命を受け、妻籠城を拠点とする山村甚兵衛と千村平右衛門の木曽路支配を、豊臣系大名で川中島城主の森忠政も承認している。

この頃、甚兵衛の父道祐は犬山に捕えられていたらしい。「山村家譜」(46)は、

〔史料17〕

(前略)慶長五子年、石田三成謀反之時、其党尾州犬山之城主石川備前木曽を奉行仕罷在候処、山村之親族関東ニ罷在、権現様ニ奉属候事を恐れ、道祐を捕、尾州犬山之城中ニ差置候処、忰甚兵衛、権現様上意ニ而木曽を攻取、幷苗木(美濃)・岩村(美濃)之両城ヲ攻落するニ因而、備前後難を恐、道祐を木曽ニ遣申候、(後略)

と伝えている。

こうして木曽谷は徳川方の支配下となり、徳川秀忠は関ヶ原に向かう途中、木曽福島の道祐居屋敷に一宿することとなるのである。[47]

慶長五年九月十五日、犬山城主・木曽谷代官石川貞清は改易となる。その跡に木曽谷代官となったのが山村道祐である。その代官職補佐の朱印状は、次の如くである。[48]

〔史料18〕

木曽谷中代官之儀被仰付候、幷材木等之儀木曽川・飛弾(驒)河共如石川備前(光吉)仕候時、可申付候也

慶長五年

十月二日(朱印)(徳川家康)　大久保十兵衛(長安)　奉之

山村道祐(良侯)

木曽谷中の代官と、木曽川・飛驒川による材木輸送を、豊臣氏代官石川貞清の時期と同様に行うように命じている。大久保長安ただ一人が奉行している点に注目したい。

翌慶長六年二月三日、関ヶ原役における木曽路攻略に功のあった山村甚兵衛父子、千村平右衛門等の木曽衆は、加藤喜左衛門・大久保十兵衛・彦坂元正の連署によって、美濃可児郡御嶽上之郷ほか五か村、同恵那郡落合村ほか七か村、同土岐郡大くて村ほか四か村、山野銭共で、合一万六二〇〇石余の知行を与えられた。うち一万石は下総の替、六二〇〇石は木曽の替であった。小山で与えられた慶長五年八月一日の家康朱印状（史料12）の文言「信州木曽中諸侍、如先規被召置之条」は、反故ではなかった。関ヶ原戦後の改易・転封策の過程で、文言通り遂行されたのである。その知行割は、次の通りである。[49]

〔史料19〕

右之わけ

三千石　山村甚兵衛（良勝）
三千石　千村平右衛門（良重）
千三百石　道祐隠居料（山村良侯）
千六百石　馬場半左衛門（昌次）
七百石　山村清兵衛（三得）
七百石　千村助右衛門（重次）
八百石　原図書助（政重）
六百石　千村二郎右衛門（重照）
五百石　三尾将監（長次）
五百石　山村八郎左衛門（一成）
三百石　千村藤右衛門（政利）
三百石　山村甚兵衛
三千弐百石同心知　千村平右衛門
以上壱万六千弐百石

山村甚兵衛と千村平右衛門が三〇〇〇石ずつと両人の同心知行合三二〇〇石、山村道祐も一三〇〇石を得ている。

同年二月十六日、大久保長安は、美濃国「にしこり、ほそめ、大田、あそう」諸村の「庄屋百姓中」に「急度申入候、仍沖乗之儀、前々石川備前守如召仕、向後山村道勇ニ被仰付候、其分心得尤候、夏川・冬川両度たるへく候、御扶持方之儀ハ道祐ニ被仰付候、何茂無沙汰被申間敷候」[50]と、道祐の指示によって材木輸送のための木曽川沖乗諸役を勤めるよう命じている。道祐は美濃国一三〇〇石余の在地給人ながら、木曽代官および木曽・飛驒両川の材木輸送権を得たのである。なお『寛政重修諸家譜』はこの時の道祐の采地を、恵那・可児・土岐三郡のうち五七〇〇石としている[51]。

この知行割で山村甚兵衛とともに三〇〇〇石の知行を得た千村平右衛門良重も慶長八年九月十二日、大久保長安の推薦によって下伊那代官と遠江奥山代官に任じられている。後の信州の代官所支配高は一万石、遠江は鐚成一〇四三貫一一四文および遠江舟明・大園村・伊須賀村・日明村の榑木役を支配したという[52]。いずれにせよ、家康は山村道祐や千村平右衛門のような在地給人を木曽谷・下伊那の代官に任じ、大久保長安をして支配せしめたのである。

結びにかえて

関ヶ原戦直後とくに慶長五年（一六〇〇）十月から翌六年の家康の転封策は、第一に関東領国と京坂間の豊臣系大名の配転を主眼とするものであった。そして、その無主空白地の東海道筋に宿駅を設定し、伊奈忠次・大久保長安・彦坂元正の三人の代官頭による三判証文の「伝馬定書」と「伝馬朱印状」が一斉に発給される。代官頭の実質的な支配は、慶長六年に家康が伊奈忠次・大久保長安・彦坂元正の三人を呼んで、三判証文によって行うよう指示したことに始まるともいわれるが[53]、慶長六年正月の東海道の再編整備はその典型とも言えよう。

これに対し、同時期の中山道の再編整備の事情はこれと若干異なる。それは、第一に信濃の改易・転封状況が、前述したように東海道筋と異なっていたこと、第二に大久保長安が木曽路攻略の端緒をつくり、さらに信濃・美濃・甲斐の国奉行を兼ねていたからであった。長安は代官頭、国奉行の権限を行使し、在地代官の山村道祐、千村平右衛門等を指揮しながら、その再編整備にあたった。もちろん東海道の裏街道としての整備という軍事的要請にもとづくものであったろうが、在地の流通経済と関く係わる方向で進められた。このような大久保長安の段階をへて、翌慶長七年から、一斉に伊奈忠次・板倉勝重・加藤喜左衛門・大久保長安の四奉行による宿駅制度の整備が中山道にも開始されるのである。

註

(1) 藤野保『新訂幕藩体制史の研究』(吉川弘文館、一九七五年)。
(2) 児玉幸多『近世宿駅制度の研究　増訂版』(吉川弘文館、一九六五年)五七〜六五頁。
(3) 丸山雍成『近世宿駅の基礎的研究』第一(吉川弘文館、一九七五年)三八一〜三八二頁。
(4) 藤野前掲註(1)二二〇頁。
(5) 藤野前掲註(1)、同校訂『徳川加除封録』(近藤出版社、一九七二年)による。大名の姓氏名、城地、石高はこの本の藤野の校訂に依拠した。
(6) 児玉前掲註(2)五七〜六一頁。
(7) 中村孝也『徳川家康文書の研究』下巻之一(日本学術振興会、一九六〇年)二三〜二四頁。但し箇条書きのアラビア数字は筆者。
(8) 同右、下巻之一と下巻之二(一九六一年)。以下、下之一、下之二と略記する。
(9) 同右、下之二、一〇九頁。

（10）児玉前掲註（2）五七頁。
（11）中村前掲註（7）下之二、一二四頁。
（12）同右、下之一、二二一〜二二三頁。
（13）同右、三七頁。
（14）同右、三三頁。
（15）『徳川加除封録』。
（16）藤野前掲註（1）二一六〜二一七頁。
（17）国奉行については高木昭作「幕藩初期の国奉行制について」（『歴史学研究』四三一、一九七七年）、同『日本近世国家史の研究』岩波書店、一九九〇年、第三章、中部よし子「国奉行の系譜―駿・遠両国を中心に―」（『地方史研究』一八六、一九八三年）、関根省二「幕藩制初期の駿河支配―駿河国奉行論の批判的検討―」（『地方史研究』二三五、一九九二年）等を参照。
（18）村上直「武田家臣団の解体と蔵前衆（下）」（『日本歴史』一四八、一九六〇年）、北島正元『江戸幕府の権力構造』（岩波書店、一九六四年）二八七頁。
（19）深秘木曽家古記録（『信濃史料』第一九巻、信濃史料刊行会、一九七二年、一八頁）。
（20）堀江俊次・川名登「下総における近世初期徳川検地について」（『社会経済史学』二八―三、一九六二年）。
（21）『茨城県史』近世編（茨城県、一九八五年）四三〜四四、七〇〜七一頁。
（22）和泉清司は、長安が信濃の国奉行となったのは慶長八年のことと推定する（「徳川幕府成立期における代官頭の歴史的役割―大久保長安と伊奈忠次を中心に―」『地方史研究』一九八、一九八五年）。これによると長安は大和・美濃・信濃のほか甲斐の国奉行でもあり、四か国の国奉行を兼ねていたことになる。

(23) 塚本文書(『信濃史料』第一九巻、一七頁)。

(24) 木曽旧記録四(同右、一五三〜一五四頁)。

(25) 方通、美濃西保の戦国期以来の在地給人。この時の石高は四五〇〇石、後に徳川義直に附属。兄貞通は郡上城主だったが、慶長五年十二月豊後臼杵五万六〇〇〇石に転封(『寛政重修諸家譜』巻六〇六、続群書類従完成会本第一〇巻、一九六五年、一七五頁)。

(26) 諱は頼忠・土岐郡妻木領主。関ヶ原の時に田丸勢と戦い、妻木の旧地と「信濃国木曽山の材を伐り出すことをうけたまわる」とある。采地は不明だが嗣子頼利が元和九年遺跡を継いだ時の石高は七五〇〇石余(『寛政重修諸家譜』巻三〇〇、続群書類従完成会本第五巻、一八〇頁)。

(27) 千村文書(『信濃史料』第一九巻、一五四頁)。

(28) 木曽旧記録四(同右、一五五頁)。

(29) 木戸文書(同右、四三頁)。

(30) 木曽古文書写(同右、四三頁)。

(31) 山村家系譜(同右、四四四〜四四五頁)。

(32) 山村文書(『信濃史料』第一三巻、五三三頁)。

(33) 同右(同右)。

(34) 同右(同右、第一四巻、一七頁)。

(35) 同右(同右、第一六巻、一四一頁)。

(36)『寛政重修諸家譜』巻一一六（続群書類従完成会本第二巻、三九三頁）。山村家譜（『信濃史料』第一八巻、四六一頁）。
(37)山村家先祖書（同右、五三〇頁）。
(38)同右（同右、四二五頁）。
(39)藤野前掲註（1）。
(40)千村文書（中村孝也『徳川家康文書の研究』中、日本学術振興会、一九五九年、五四七頁）。
(41)『譜牒餘録』三六（同右、五六七頁）。
(42)木曽家来歴（同右、五八一頁）。
(43)山村文書（同右、五八三頁）。
(44)『譜牒餘録』（同右、五八四頁）。
(45)深秘木曽家古記録写（『信濃史料』第一八巻、四六〇頁）。
(46)『信濃史料』第一八巻、四六一頁。
(47)山村家先祖書（『信濃史料』第一八巻、五三〇頁）。
(48)山村文書（同右、五二九頁）。
(49)木曽考続貂（同右、第一九巻、七〜八頁）。
(50)覚範随筆上（同右、一〇〜一一頁）。
(51)『寛政重修諸家譜』六二七巻（続群書類従完成会本第一〇巻、一九六五年、三一三頁）。
(52)深秘木曽家古記録（『信濃史料』第一九巻、六三八頁）。
(53)和泉前掲註（22）。

郷土における近世の成立

はじめに

現時点が歴史上重要な画期を形成する転換期であることは万人等しく痛感するところであろう。転換期を創出しつつある歴史社会の一員としての自己を認識するとき、新たな関心をもって過去の転換期の人と社会に注目せざるをえない。

このような日本史上の転換期の一つとして、戦国期から近世初頭の時期がある。それは畿内より全国に波及した体制否定の運動が、まがりなりにも、尾張・三河を地域的基盤として実現されたものだった。幕藩体制の確立は、一応その完結にほかならない。

このようにみるとき、我々は一つの大きな疑問に直面する。室町期以来の体制否定の運動が、なぜ、三河を地域的基盤として発展した徳川政権を中核とする幕藩体制に帰結せざるをえなかったかということである。

右の疑問に迫るためには、織豊政権論が一つの導入と考える。織豊政権論の一分野に、織豊政権がなぜ尾張・美濃地方という中間地帯から出現したかという論点があった。この論点に関しては、周知のように鈴木良一（「純粋封建制成立における農民闘争」『社会構成史体系』第一部、日本評論社、一九四九年）、豊田武（「織豊政権」『日本歴史講座』第三巻、

東京大学出版会、一九五六年）、宮川満（『太閤検地論　第一部　太閤検地の基礎的研究』御茶の水書房、一九五七年）、安良城盛昭（「太閤検地の歴史的前提」『歴史学研究』一六三・一六四、一九五三年）等の諸見解がある。

宮川・安良城の見解は、太閤検地論争のそれぞれの成果をふまえたものであった。とくに、安良城は日本における封建的進化の二つの途――労働力の奴隷より農奴への進化の過程が、家父長的奴隷制に基づく荘園制的支配隷属関係の多様な温存を通じてのみ実現される改良的＝反動的コースと、労働力の奴隷より農奴へ進化するに伴って封建的土地所有者に転化した名主が荘園領主階級を打倒することによって革命的に実現されるコースを設定し、尾張・美濃地方を基盤として発展を遂げた織豊政権は、日本における封建的進化の革命的な途を実現させるものとした。中世の体制否定の運動が、なぜ幕藩体制に帰結したかという疑問に迫るためには、まず、以上の諸成果をふまえなければなるまい。

かつて、織豊政権論における右の諸見解が出そろった頃、以上の諸先学の基礎構造解明のための実証分析の対象に、尾張・三河の太閤検地帳、ないしは、村落構造の分析がきわめて少ないことに若干の疑問を感じたことがある。選択された地域対象が、結果的には、あまりにも特殊先進地帯としての畿内と後進地帯にかたよっていたのである。たしかに、厳密な条件規定のもとにおける、対照的な二地域の基礎構造分析は、当然、その時期における発展法則を反映するものではあろう。しかし、中世より近世への転換期を全構造的に把握し、しかも、それが何故に幕藩体制に帰結したかという疑問に迫るためには、その前提となる基礎的作業がなければならない。

その基礎作業とは、幕藩権力の中核としての徳川氏が、その地域的基盤としての三河の基礎構造と、下からのつきあげに規制されながら、どのように権力を構築しきったかという課題の究明である。

このために、まず、三河および隣接地域の基礎構造、とくに村落構造を太閤検地帳と、近世初頭の徳川検地帳の集中的分析によって、明確にしようと決心した。これまでの諸先学の成果にどれほどのものを加えうるか、きわめて疑問ではあったが。

こうして、主たる地域的対象として三河を設定したものの、三河には一度の民俗調査の経験しかなかったので、どのようにして未知の地域の調査を進めるべきか、まったく当惑した。

幸いに、「近世庶民史料調査委員会」による『近世庶民史料所在調査目録』が刊行された直後だった。そこで東京大学史料編纂所、徳川林政史研究所、文部省史料館等を尋ねて関係史料を採集する一方、この目録から、三河の近世前期の地方史料所在地を選び出し「分県地図」を座右にして調査計画を練り、諸先学・学友に教示を受け、また、現地に紹介の労もとっていただいた。そのうえ古文書の読み方も教えろというのだから、まったく虫のいい話であった。

ともあれ、三河を中心に近世初頭の史料を採集しているうちに、一般の太閤検地帳とは記載形式の異なる天正十七年(一五八九)、天正十八年の一連の検地帳の存在に気づいた。これが、本文中にも述べる徳川家康の「五ヵ国総検」の検地帳である。

この五ヵ国総検は、本質的には太閤検地と同性格のものであり、中世末期以来、三河の基礎構造の変容に即しながら、独自の権力を構築した徳川氏権力が、統一権力の不可欠の一分枝としての構造をうち立てるためにとった基礎的作業であった。

他方、徳川氏は、その発展過程において岡崎→浜松→駿府→江戸と、一貫して東進政策をとっている。家康の政治的判断といわれればそれまでであるが、三河周辺の戦国期「領」構造のなかに、それを必然ならしめる要素があったのではなかろうか。

これを探るために、東三河に隣接する、遠州の一角を採訪し始めた。その一半が小稿構成の中心をなしている。

小稿は以上のような成稿過程をとったため、「郷士における近世の成立」を一般的に論じたものではなく、ある特定の地域の「郷士における近世の成立」を模索した具体的一事例にしかすぎない結果となる。

具体的にいえば、ある特定の地域とは、先述した地域の一部、遠州引佐郡井伊谷郷および隣接する気賀郷である。戦国期井伊谷郷は、戦国大名今川氏の一部将井伊氏、気賀郷は同じく浜名氏の領有下にあった。両氏はそれぞれ独自の権力機構をもって、井伊氏は井伊谷城、浜名氏は都築浜名城を中核とする一定の地域を領有していた。これが戦国大名領国形成の基本単位たる「領」である。井伊谷は「井伊谷領」に、気賀は「浜名領」に属していたのである。しかし、この戦国期的「領」構造も、五ヵ国総検によって否定され、この検地を画期として近世的支配体制のなかに組み込まれてゆく。

小稿はその過程、すなわち「郷士における近世の成立」の歴史的前景としての戦国期の「領」構造、それを否定した近世初期検地、その検地を画期とする「郷士における近世の成立」を、遠州井伊谷・気賀郷周辺を具体的事例として追究しようとしたものである。

一　「井伊谷領」の構造

1　井伊氏の家臣団

井伊谷は、東海道およびその一支線たる本坂通り（姫街道）を、畿内と東国の中間に扼する要衝として、南北朝以来その名を現す。戦略上重要地点なるゆえ、南北朝初期、京都・吉野方の争奪の地となり、この過程に、井伊氏が頭角を現すのである。

南北朝期の野伏的（「瑠璃山年録残編裏書」『静岡県史料』第五輯、一九四一年）武力集団としての井伊氏は、おそくとも一六世紀初頭、井伊谷地方を領有する地域的権力に成長した。この井伊氏の本宗が、近世においては彦根藩祖、井伊直政の祖と考えられている。

この井伊氏を中心として結集する集団を、権力機構たらしめる一根拠としての暴力装置は、戦国期、史料的には、「井伊谷親類衆、被官衆中」と表現される。

⑴井伊谷親類衆　その実態を明らかにしうる良質の史料は存在しない。そこで止むをえず、若干の史料批判の手続きをとりながら「寛政重修諸家譜」記載の井伊氏系譜に手がかりを求めよう。井伊氏略系を図1に示す。

右のうち直平以降は、戦国期の史料でその実在を確認しうるが、それ以前については今後の検討をまたねばならない。これを前提としてではあるが、次のようなことを推定しうる。この系譜によれば、直平より五代以前、井伊本宗より、田中・井手・谷津・石岡の四庶流が分出し、その後、本宗泰直より上野、景直より岡、忠直より中野、庶流田中家より田沢・松田の各家が分かれ出たことになっている。このうち谷津・石岡・上野・中野は、井伊谷より三km以内の集落名であ

図1　井伊氏略系

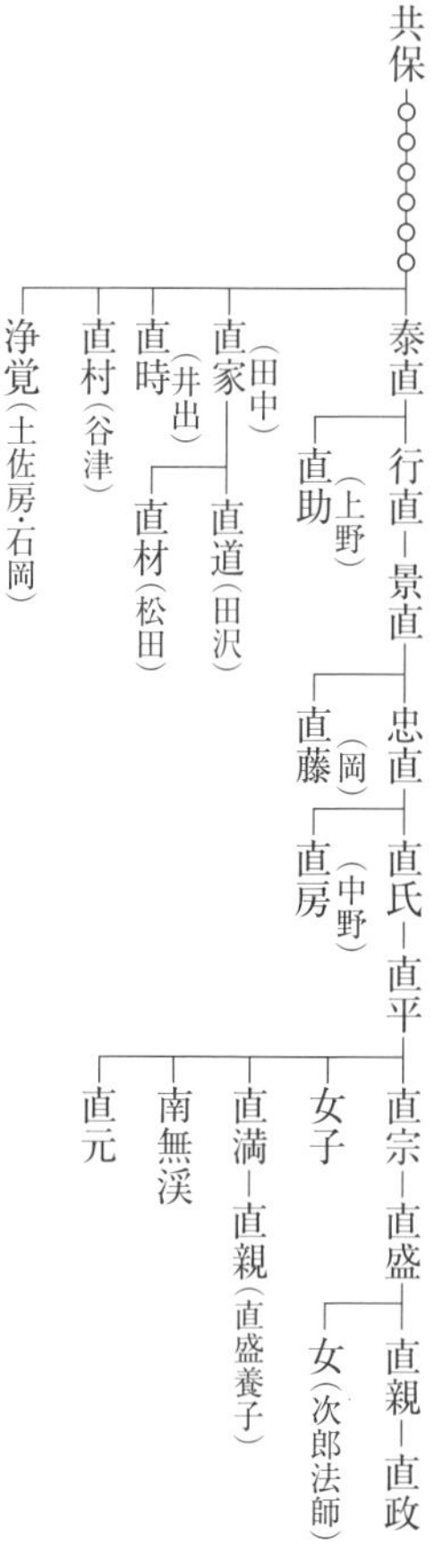

備考「寛政重修諸家譜」巻七六〇、『新訂寛政重修諸家譜』一二、二八五頁による。供保以前五代省略

り、庶流の多くは、本家より周辺の集落に分出し、以後本拠とする集落の地名を称したものと思われる。

他方、「武徳編年集成」九および「菅沼家譜新八郎定盈伝」（『大日本史料』第一〇編之一、東京帝国大学、一九二八年三三六～三三七頁）は、今川氏滅亡寸前の永禄十一年（一五六八）「井伊谷跡」を支配していたものとして、新参たる近藤信用・鈴木重路（時）のほかに井伊家臣として、小野・松下・松井・中野の名をあげており、井伊庶流の一部は本宗の家臣として認識されていたことを知る。

右のように、井伊氏各庶流の一部は、戦国末期には本宗の家臣化し、地域的権力としての井伊氏の重要な軍事力の一翼を構成していたものと思われる。「井伊谷親類衆、被官衆中」（「蜂前神社文書」一八、『静岡県史料』第五輯、一九四一年、九一一頁）の「親類衆」とは、右のように井伊氏の一族を中核とする集団だったと思われる。

⑵**井伊谷被官衆**　史料上により具体的に表現されたものとしては「都田上下給人衆」「瀬戸衆・都田衆」などがある（「蜂前神社文書」一八、『静岡県史料』第五輯、一九四一年、九〇五・九一一頁）。祝田・都田・瀬戸は井伊谷周辺の集落名である。井伊谷被官衆は、それぞれ在村したまま、井伊氏の家臣団に編成されたわけである。

永禄七年「祝田御年貢納所之事」（「蜂前神社文書」一二、『静岡県史料』同、九〇二～三頁）と題する文書には、この被官衆中に該当する人々が、「九百文太藤馬　十五貫文小野源一郎殿　参貫文小野但馬殿　廿五貫文御一家中　参貫文禰宜免」のように、その姿の一端を現す。それぞれの「――貫文」とは、祝田郷年貢合一二〇貫文よりの引高であり給地だったことを示している。

右のうち、①「小野源一郎殿」のように、個人として給地を与えられているもの、②個人として給地を与えられてはいるが「太藤馬」のように姓もなく、「殿」の敬語もつけられず、また給地も小さく、いわば中間的性格のもの、③「御一家中」と一括して、いわば衆として扶持されているもの、との三類型があることに気づく。もちろん、このほか他の郷にも散在所領を有する可能性は大きいが、「殿」を付されている、いわば上級給人の給地は比較的大きく、呼びすてに記載されているもの、および「御一家中」と把握されているものは、この給地高がさらに個人ごとに分轄されるので、やはり小さいということができよう。

以上、井伊氏の被官衆の家臣団編成には、個人ごとに給地を与えられている上級給人と仲間のような下級給人、および「衆」として一括して把握される中・下級給人のあったことを知る。このことは、戦国大名一般の家臣団編成の特色として明らかにされているところであるが（奥野高廣『戦国大名』人物往来社、一九六三年）、天文期すでに戦国大名今川氏の権力機構の一環に組み込まれた、井伊氏の武力編成にも貫徹していることを知る。

⑶年寄　このような「親類衆・被官衆」の最上層には「年寄」があった。永禄十一年（一五六八）、今川氏真は瀬戸方久なるものの井伊谷所々の買得地を「井伊次郎法師、年寄誓句」に基づいて安堵した（「瀬戸文書」二、『静岡県史料』第五輯、一九四一年、九二七頁）。このことは、次郎法師の地頭職が年寄の補佐を受けて執行されたことを示している。この年寄として史料上、実在を確かめうるものとしては、勾坂直興の三通の書状（「蜂前神社文書」一三～一五、『静岡県史料』第五輯、一九四一年、九〇三～八頁）に現れる小野但馬守がある。さきの永禄七年「祝田御年貢納所之事」の史料に、三貫文の給地を有した小野但馬と同一人物である。小野但馬は、名を道好といい、井伊の本宗、直盛の後嗣となった直親と対立して、今川氏真に讒し、そのため直親は掛川城主朝比奈泰能と戦い、敗死したと伝えられている。戦国末期、地域的権力としての井伊氏権力の内部に大きな矛盾があったことを推定せしめる。

2　「井伊谷領」の範囲と領域経済圏

以上の井伊氏権力は井伊本宗を頂点として、右に明らかにしたような年寄・親類被官をもって構成される暴力装置

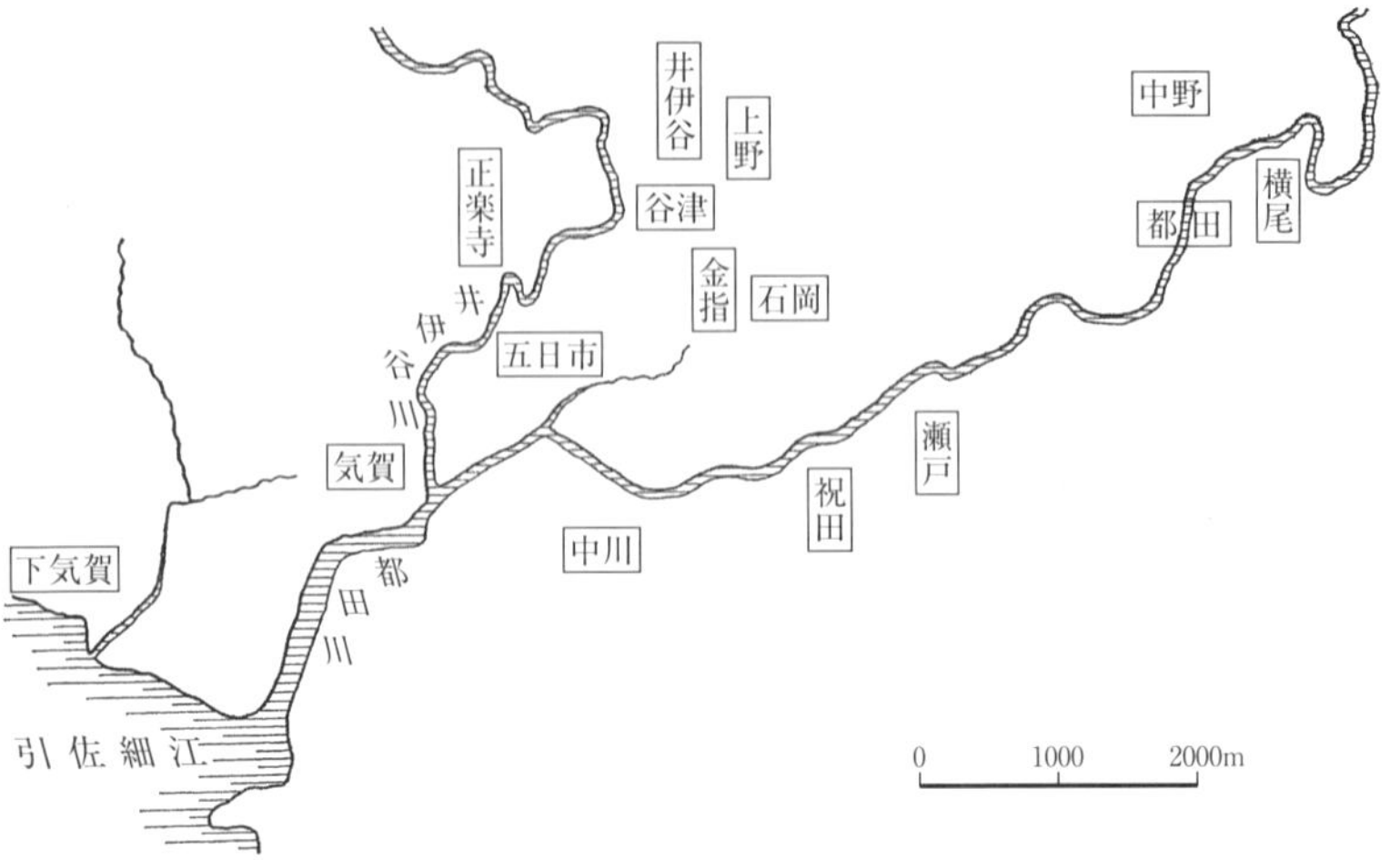

図2　井伊谷周辺

をもって、一定地域を一円的に支配した。これが戦国大名の分国形成の基本単位をなす「支城を中核とする「領」」である。ここではそれは「井伊谷領」と呼ばれている。まず、「井伊谷領」の地域的範囲を概略、確定してみよう。

このために、戦国期、井伊氏が独自の裁決により、給人・寺社・小領主ともいうべき小土豪層に与えた井伊氏判物、および先行する井伊氏印判等に基づく今川氏の判物に現れてくる集落名を摘出してみる(「龍潭寺文書」「蜂前神社文書」などによる。いずれも『静岡県史料』第五輯、一九四一年)。それらは当然、井伊谷領に含まれていたはずである。

この条件をみたす集落名として、井伊谷はいうまでもなく、祝田・正楽寺・横尾・都田・瀬戸をあげることができる。このほか、前述したように、井伊氏庶流が分出したとみられる谷津・石岡・上野・中野も、「井伊谷領」に含まれていたものとして大過あるまい。これらの集落を、井伊谷周辺の略図上に位置づければ図2となる。

図2によれば、これらの集落は、井伊谷川が貫流する山間の小盆地に井伊谷を中心として比較的近接する集落と、都田川の河岸

段丘、および扇状地、小沖積平野上に散在する諸集落で、井伊氏の本拠井伊谷を中心とすれば、約四㎞の半円内にある。しかも、庶流の分出したとみられる集落は、都田川の北岸・井伊谷に隣接しており、都田・瀬戸など、被官衆の関係している集落は南岸にある。井伊氏一族は井伊谷城の近隣、被官衆は、さらにその外辺部に所領を有していた傾向を指摘できる。

政治的支配単位としての「領」は、一般的には、六斎市場圏の一ないし数個を基礎とした支城中心の領域経済圏に規定されて成立したものだった。「井伊谷領」においても、祝田市・五日市の存在を確認しうる。天文二十一年（一五五二）、井伊直盛は、祝田禰宜に祝田市免の特権を与えており、これらの市場に対し何らかの統制が加えられたことを推定せしめる。当時「井伊谷領」の年貢は銭納を原則としたらしく、この意味でも、いわれるように市場は領域経済圏の核として機能を充分に果したことは推測しうる。しかし、永禄九年（一五六六）今川氏によって井伊谷に発令された徳政令は、在地給人・高利貸、「本百姓」との間に激しい利害の対立があって、相互に井伊谷の井伊氏、および駿府の今川氏に画策したため、二年余にわたって効力を発揮しえなかった。このことは、従来有機的機能を果していた領域経済圏が、すでにその機能を果たしえない段階に到達していたことを示すものではないだろうか。

3　「村」・年貢・農民と「領」の構造的危機

弘治二年（一五五六）、「井伊谷領」の当主井伊直盛は、祝田郷を構成する一集落鯉田の定成年貢高を確定した。この際の書状によれば、先年祝田鯉田の年貢高につき源四郎なるものより歎願があり二〇貫文に相定めたが、年々、もってのほかの水損を理由として年貢減額の詫言あり、ついに定成一四貫に相定めたとある。「井伊谷領」を構成する最小の基本単位が鯉田のような小集落であり、また、農民の立場からすれば、それを足場にした年貢減免闘争が展

表1　井伊谷領祝田鯉田永禄7年年貢納所高

引高項目	引高	集計			備考
		合計		納所総高に対する比率	
㋑井料引物	貫　文 8. 500	A	貫　文 36. 900	30.8％	祝田郷納所総高は120貫
㋺大明神修理田	2. 500				
㋩こい田けんミ所	25. 000				
㋥殿田御代官免	. 900				
㋭太藤馬	. 900	B	文 46. 900	39％	
㋬小野源一郎殿	15. 000				
㋣小野但馬殿	3. 000				
㋠御一家中	25. 000				
㋷禰宜免	3. 000				

「蜂前神社文書」12『静岡県史料』第5輯、1941年、902頁より作成

開されているのを知るのである。

そこで、次には「井伊谷領」構成の基本単位としてのかかる小集落に視角をうつし、その農民層の実態を追究してみよう。具体例として井伊谷領祝田郷鯉田をとりあげる。

永禄七年（一五六四）、井伊氏は祝田郷に対し、合一二〇貫文の年貢を割付けた。この一二〇貫文のなかには、合わせて八三貫八〇〇文と、約七〇％に及ぶ引高があった。これを表に示せば表1となる。

表1中、㋭～㋷、B部分は給地高であり、㋑㋺は生産の場としての郷の機能を維持するための引高、㋩㋥は地方支配機構維持のための高ということになる。㋑～㋥をA部分とする。しかし、納所合計一二〇貫文にもかかわらず、A・B部分合計は八三貫八〇〇文と、納所高に対する引高の割合は約六九・八％となる。とすれば、残りの三六貫三〇〇文、約三〇・二％が井伊氏蔵入高であり、給地やその他の土地に対していえば百姓地ということになろう。

このような百姓地は、どのような人たちによって経営されていたのであろうか。

ところで、これより先、右の祝田郷を構成する一集落祝田鯉田に

表2　祝田郷鯉田永禄7年農民階層表

名請貫文高	人数
2貫文代	1
2貫文未満　～1貫500文以上	2
1貫500文未満～1貫文以上	2
1貫文未満　～　500文以上	6
500文未満	5
計	15

「蜂前神社文書」10『静岡県史料』第5輯、1941年、900頁より作成

対し、井伊氏は、弘治二年、従来の年貢を一四貫文に減額するとともに、祝田鯉田の、「十四貫定成之日記」を作成した。名請貫文高により階層表を作成すれば表2となる。

彼らの記載名は、「弥八」「七郎五郎」「三郎兵へ」など、ほとんどが農民的名前であるが、「方玖」「禰宜」と、「兵へ五郎分」なる「分」の記載のあるものは、単なる農民的性格のものとは考えにくい。

方玖は二貫八五文と名請高は最大であり、禰宜も一貫一四二文と上位五人のなかに入る。「兵へ五郎分」は五〇〇文と少ない。彼ら以外の農民的名前のものはすべて二貫未満と小さい名請高であり、一貫未満が過半を占めていることが注目される。残念なことに、この一貫がどの程度の土地面積になるかは不明である。しかし、彼らのいずれも、筆数は一筆のみの名請であることは、たとえば「壱貫七百十五文、弥八、三百九十文、七郎五郎、百十一文、助馬……」の定成高が、すでに集計された数字であることを示すものであり、ほぼ現実の集落内保有地高の大小に比例した数字であることは確実であろう。

右のように、弘治二年の祝田郷鯉田「定成日記」は、一部を除いて農民的名前の、二貫未満のものが名請していることをみた。さらに、この史料の右裏には、「惣百姓御巳ひ事申候、拾四貫に申定、巳り付候上ハ……」との記載があり、名請人すべてがそのまま「百姓」身分であり、しかも、単なる百姓身分とは異なる「方玖」「禰宜」をも含めて、「惣百姓」という言葉から明らかなように、小共同体を構成していたことを知る。このような「惣百姓」の地域的占有が鯉田と称された集落だったのであり、またこのような、小共同体のさらに有機的集合体が郷だったのである。しかも、このような形での

百姓請が、郷を構成する一集落を基本単位としていることは、農民の農業経営のための地縁的共同体としては、郷よりも「村」が基本的役割を果たしていたことを示すものであろう。いうまでもなく、これが近世村落の母胎となるものである。これを仮に「村」としてみよう。

いわゆる近世村落の成立とは、幕藩領主による強制力によってのみ可能だったのではなく、その強行策を可能ならしめた条件が、地方に成熟しつつあったことを認めねばならない。「村」の成立が潜行しつつあったのである。

さて、「村」の基本的構成員だった右のような「百姓」は、井伊谷のこの時期の他の史料にも、「百姓衆」あるいは「本百姓」として現れる。

これら百姓衆とは別に、脇者《わきもの》・下人と呼ばれた階層が存在した。

天文十五年（一五四六）井伊直盛は禁令を下し、「祝田百姓等脇者下人」が地主に背いて、他の被官となったり、あるいは烏帽子子の契約を結ぶことを堅く禁止した（「蜂前神社文書」七、『静岡県史料』第五輯、一九四一年、八九七頁）。

この禁令の内容は、次のようなことを我々に示してくれる。

①「百姓」身分の下に、脇者・下人と呼ばれる身分階層が、かなり広範に存在していたこと。

②「百姓等脇者下人」層は、彼らが所属する「地主」以外のものと被官関係、あるいは烏帽子子関係を結び、「地主」の支配から脱脚しようとしていたこと。

③史料末尾に、この禁令に背くものは「地下中談合を以て、成敗すべきものなり」との文言がある。これは、「惣百姓中」または「地下中」とも称される「村」が、この検断権の主体たることを承認したものであること。

④脇者下人の自立抑制という点では、井伊氏権力と「村」主要構成員たる百姓との利害関係は一致すること。

右のように、脇者・下人層は確かに自立化しつつあった。これに対し、地主・本百姓身分のものは、史料上、「地下中」、ないしは「祝田鯉田の惣百姓」と表現される「村」を構成し、自らの地主的農業経営を維持するために、権力を背景とする検断権の行使によって、①拘置く名田内の脇者・下人の自立を抑制する一方、②他の地主＝百姓の脇者・下人を抱え込もうとする矛盾した運動方向を持っていた。

この郷村内の脇者・下人層の自立化運動、それに対応する「村」主要構成員、地主的農業経営の矛盾、まさにこれが郷土における戦国から近世への最も基底からの起動力だったのである。

すなわち、地主的農業経営にとって不可欠の存在たる脇者・下人の自立化は、地主的農業経営をきわめて不安定にする。そこで「村」主要構成員たる地主＝本百姓は、流通過程にタッチして貨幣の集積をはかり、また、名職を集積して経営の安定を意図する一方、「惣百姓」として根強い年貢減免闘争を展開した。この結果、たとえば祝田郷鯉田の年貢高は、二〇貫文に減額されたが、さらに弘治二年には一六貫文に減額された。

このように年貢高の減少にかかわらず、戦国大名今川の部将としての井伊氏には、一方的に軍役が賦課されてくる。その財政負担は相当なものだったらしく、特に遠路出陣の際は格別だった。

駿州出陣中かららしい井伊直之の国元への書状には、まず伊藤源三なるものの欠落を述べたのち、「爰元茶さへ候ハす候、不弁中々無申計候、何も濫妨にて、兵粮馬之大豆なと多候へ共、我々か不自《（扶持）》候へハ、御推量可有候」（「蜂前神社文書」五）と、歎いている。

郷村内の脇者・下人の自立化、地主的農業経営の不安定からもたらされる年貢減免闘争の激化、年貢高の減少、軍役の過重性等々、まさに戦国期的「領」として「井伊谷領」は、構造的危機に直面していたというべく、「領」の崩壊を一時的に回避するには、「領」の地域的拡大を目指す以外なかった。

十六世紀後半、戦国大名のあるものは武力侵入によって急速に領国を拡大し、他方においてあるものは一挙に領国を崩壊せしめられたのは、ここに由来するものと思われる。そして、その全国的拡大の過程の一環に郷土における近世の到来があるのである。

二　「井伊谷領」の崩壊と新たな支配機構の芽ばえ

永禄十一年(一五六八)、織田信長の上洛は、織豊政権への画期を切り開いたが、東海地方にもこの時を画して大きな政治変動が開始された。

この年十二月、武田信玄は、駿府を目指して、甲府を発した。今川氏真は、これを逃れて遠江懸川に走り、同月十三日、駿府は信玄の手に帰した。他方、徳川家康も信玄に呼応して遠江に侵入し、その経略に着手する。

この大きな政治変動は、先述のような戦国期的「領」の構造的危機に由来し、また、その危機を打開せんとする領主層の階級的要望でもあったが、動乱の過程にある「井伊谷」の人々の知るべくもなかった。しかし、井伊谷とその周辺の領主層は角逐する今川・武田・徳川の三勢力の間に、必死に自己の進むべき路を見極めようとした。まさに崩壊しようとしている今川氏の領国下の、この時点における「井伊谷領」、およびその周辺の領主層の動向をみ、そのなかから近世への胎動をさぐってみよう。

まず、井伊谷の北東は今川氏の支配下にあった。しかし、井伊谷の東南、本坂街道の要衝、本坂の麓の後藤覚蔵、本坂の巽、日々沢の城主後藤佐渡、都築浜名城城主浜名頼広、井伊谷の麓、気賀城主新田美作らは皆、今川氏を離れ、信玄に帰属した。

これより以前、武田信玄は、徳川家康と、大井川を画して今川領国の分轄を約していたのに、部将秋山信友は信濃より南下して遠江に入り、見付にまで侵入した。武田方に帰属した井伊谷周辺の諸領主は、この秋山信友の動きに応じたものであろう。

今川氏からみれば井伊谷の前面は、すべて武田氏に帰し、また、三河の徳川家康からみれば、三遠国境の遠江側要衝をすべて武田方に扼されて、遠江侵入は不可能となり、このまま推移すれば、遠江・駿河は信玄の手に帰することになる。

しかし、家康の手は、これら武田方の背後、井伊谷をついた。当時、氏真の命により、井伊谷を守っていたのは、井伊氏にとっては新参の近藤信用を長として、井伊一族の中野、譜代家臣小野・松井・松下、今川より付せられた鈴木三郎太夫・菅沼忠久らであった。このうち、近藤は井伊谷、菅沼は都田、鈴木は瀬戸に住していたという。

家康は菅沼忠久の一族・新八郎定盈に命じて、井伊谷の誘降を策した。忠久は、これに応じて画策した結果、井伊谷はあげて家康方に帰した。画して家康は、井伊谷を突破口として、一挙に三遠国境を侵し、同年十二月十八日には引馬(浜松)城に入り井伊谷・引馬周辺の今川氏領国は崩壊した。

この戦功により、「井伊谷三人衆」と呼ばれた菅沼忠久・近藤康(信)用・鈴木重時(三郎大夫)は、「井伊谷跡職《あとしき》新地本地一円」約五〇〇貫文ほか、計二五〇〇貫文を宛行われる。

こうして、戦国大名今川氏の領国形成の基本単位だった「井伊谷領」は、一括して徳川氏の領国に編入され、あらためて、井伊谷三人衆など、ここの領主層に給付された。徳川氏の領主規制が、そのまま在地に貫徹する新しい領国支配体制が成立したのである。

問題は、いかなる地方支配機構をつくろうとしたかということであろう。

天正三年(一五七五)、鈴木平兵衛内小野多兵衛は、平兵衛領祝田村八王子風呂の寺屋敷に対する検地を免じている。この検地は家康によるものか、または鈴木氏の私検地かは不明である。

今川氏が、分国内の処々に検地を施行したことはよく知られているが、少なくとも「井伊谷領」に関する限りは、その形跡はみられなかった。しかるに徳川氏の領国に編入後、「井伊谷領」にも、一部に新たな土地所有を目指しての検地が行われるに至ったのである。しかし、その具体的内容については、まったく不明というほかない。

このように、旧「井伊谷領」にも、わずかながらみられる新たな地方支配機構確立への動きは、やがて徳川氏の全領国へ拡大されるのである。

三 五ヵ国総検の前提

永禄六年(一五六三)、三河一向一揆と対決、それを克服し、三河の戦国大名へと転化した後の徳川氏の発展は、とくに、天正十年(一五八二)以降はまことに急速なものがあった。

さきにみたように、永禄十一年、遠江経略に着手して以来十四年、天正九年に、ほぼ遠江を掌中にした。家康にとっては武田信玄と争った辛酸の年月だった。しかし、天正十年三月の武田氏の滅亡と三か月後の本能寺の変は、徳川氏にとって大きな飛躍の契機となった。

すなわち、天正十年二月よりわずか二か月の戦闘によって織田政権より駿河一国を与えられ、さらに本能寺の変後、東海地方の織田領国の混乱に乗じて、甲斐・南信を経略した。

こうして、三・遠・駿・甲・信と五か国にまたがる大領国を形成し東海大名としての地位を確立した家康は、天正十二年三月織田信雄を連合し、分国の総力をあげて、畿内政権・豊臣政権と対決した。三河の給人衆はもとより、五か国領有へと発展していく過程において、家臣団のなかへ組み入れられていった武田・今川の旧臣らも、あますところなく戦場に動員されたのである。

さらに、領国からの戦力徴収において特徴的なことは、徹底した農民に対する軍役動員である。天正十二年、駿河志太郡郷民は、十五歳より六十歳までの者は下知次第、一人も残らず、罷り立つよう命じられ、一七か村より約一〇〇〇人の者が動員された。また、三河渥美郡田原地方は、小牧役に人夫を狩り集められて、農耕の業、荒廃し、ついに飢饉になったという。こうして小牧・長久手の役の天正十二年を画期に、権力の基盤たる農民支配機構のうえに重大な変革が加えられたことを想定せざるをえないのである。

後年の代官頭伊奈忠次は天正十二年、遠江国中泉に御殿建築を命ぜられ、駿河・遠江・三河に国役を課したと伝えられ、また、同年三月三日、家康は同月七日の出陣を前にして三遠両国に徳政を発令、さらに、翌天正十三年二月には惣国の人足にて、三河吉良の城かきを起こしている。給人および給人的代官の恣意に依拠した地方行政のうえに、一国または数か国を均一に規制する新たな法規範の出現を認めざるをえない。その背景にあるのは、全領国を徐々に画一的に把握しようとする権力の意志であり、この組織化の体現者として、この時期に伊奈忠次・大久保長安が頭角を現してくることも注目される。

右のように、小牧・長久手の役は、戦国期的「領」構造を否定し、新たな領国支配機構編成への第一の画期として把握しうるが、第二の画期は、天正十七・十八両年にかけて、いわゆる七ヵ条定書を基準として施行された五ヵ国総検であった。これによって旧井伊谷領はもちろん、三河・遠江・駿河・甲斐・信濃の全領国にわたって、戦国期的「領」構造は根底から否定され、五か国における近世的秩序形成への第二の画期が形成される。時まさに、豊臣政権と、東国政権、後北条氏との間は風雲急をつげ、豊臣政権の小田原攻総動員令が下される寸前だった。

小牧・長久手講和後、徳川氏の関東転封までのいわゆる豊臣政権は、畿内政権としての狭義の豊臣政権と、徳川・織田の東海政権との連合政権としての性格を強く内包するものだった。しかし、東海政権が不可分の一環を構成することによって、すでに全国統一政権としての実質を具備した豊臣政権の指令により、徳川氏軍団の主力が領国を離れて出陣した場合、徳川政権の安危を決定するものは、その動員しえた戦力以外にはない。かくして、家康の五か国の領国は天正十七年より異常なる動員態勢に突入する。

「家忠日記」を手懸りとして、その具体的事例を明らかにしてみよう。

深溝松平の当主家忠は、富士山木引普請のため、天正十七年七月十七日より十一月七日まで、連日動員されていた。この工事はきわめて大規模なもので、家康幕下の最高級の部将、井伊直政・酒井宮内を長とする二組を編成し、家忠はもちろん、菅沼織部・西郷弾正・本田中務・同縫殿介・設楽甚三郎・松平弥三郎・戸田左門など名ある人々と、甲斐衆・信濃衆・野田衆などが、四か月にわたって動員されている。家忠には、大仏の材木を引き出すためと説明されており、事実、多数の大木を引き出し、道普請を行っている。

とはいえ、この年一年間、家忠への課役は異常なものがあった。一月から二月にかけて駿府石かけ普請、二月十二日から三月十日まで駿府城小天守手伝い普請、五月四日から二十五日は駿府城石つみ普請、それに七月から四か月にわたる富士山木引普請と、間断なく駆使されている。しかも、これら駿河の普請には駿河川奉行衆なる常設機関が設置され、指揮監督にあたっていた。他方、三河・駿河の給人が、この工事に従事しているとき、九月十八日、甲斐・信濃衆の給人は、甲斐東郡の城普請の命を受けた。

さて、吉田の酒井宮内より、深溝の家忠に富士山木引普請の下命があったのは、天正十七年七月九日だった。この普請に動員された三河・駿河やその他の給人にも、この前後に下命されたことは想像にかたくない。これら後北条氏の分国と国境を接する、駿河・甲斐を対象とする集中的大土木工事は、小田原攻め出陣に備える以外の何物でもなかった。

このように、家康の全領国をあげて、小田原攻めを目指しての動員態勢にあった時期、天正十七年七月から翌年にかけて、五ヵ国総検が施行されたのである。

四　五ヵ国総検の一般的性格

1　七ヵ条定書

天正十七年（一五八九）・十八年の両年にかけて、家康は三河・遠江・駿河・甲斐・信濃五か国の全領国内に総検地を施行した。その統一的基準を示すものが、いわゆる七ヵ条定書であり、七月七日を期して、いっせいに郷村に下付された。先述したようにこの時期、全領国は小田原攻めへの動員態勢下にあり、また、これを利用して新政策が強行されたのである。

まず、七ヵ条定書の全文を紹介してみる。

（家康、印文「福徳」）
㊞定

一、[1]御年貢納所之儀、請納之證文明鏡之間、少も於無沙汰者可為曲事、然者地頭遠路令居住者、五里之中年貢可相届、但地頭其知行在之者、於其所可納之事

一、[2]陣夫者弐百俵ニ壱疋壱人充可出之、荷積者下方升可為五斗目、扶持米六合・馬大豆壱升宛地頭可出之、於無馬者歩夫弐人可出也、夫免者以請負一札之内壱段ニ壱斗充引之可相勤事

一、(3)百姓屋敷分者百貫文ニ参貫文充以中田被下之事

一、(4)地頭百姓等雇事、年中ニ十日宛并代官倩三日宛為家別可出之、扶持米右同然之事

一、(5)四分一者百貫文ニ弐人充可出之事

一、(6)請負申御納所、若大風・大水・大旱之年者、上中下共以春法可相定、但可為生籾之勘定事

一、(7)竹藪有之者年中ニ公方江五十本、地頭へ五十本可出之事

右七ケ条所被定置也、若地頭及難渋者、以目安可致言上候者也、仍如件

天正十七年七月七日

天野三郎兵衛

景能(花押)

駿州

岡部

(仁藤文書、中村孝也『徳川家康文書の研究』上、日本学術振興会、一九五八年、七三五頁)

定書第(1)(6)条は、年貢納入の規定である。第(6)条は、田畑を上中下の品等に分け、それに基づいて年貢を割付け、大風・大水・大旱など天災の年は検見《けみ》で年貢額を決定するとしている。それ以外は定納だったわけである。第(1)条は、第(6)条に示されるような特別の場合を含めての年貢納入についての一範的規定である。それによれば、年貢運搬は五里以内としている。年貢運搬について、地頭が恣意的に農民を駆使することを制限したものである。

一方、不納の農民に対しては、力をもって強制することを明記しており、領主の年貢を確保して、その経済的基礎を保護しつつ、しかも、給人の恣意的使役から権力の基盤たる農民生産を維持しようとする意図を読みとることがで

きる。

第⑵⑷⑸条は夫役に関する規定であり、第⑶条も夫役と関連して理解さるべきである。右によれば、農民に賦課される夫役は㋑陣夫（第⑶条）、㋺地頭・代官の私的使役（第⑷条）、㋩四分一（第⑸条）の三種類に画一化されている。㋑陣夫は年貢二〇〇俵に一疋一人ずつ、㋩四分一は一〇〇文に二人、第⑶条に百姓屋敷分は、一〇〇貫文に三貫とあることから、㋩は屋敷別に、㋑は田畑高に比例して課せられたものであろう。後述するように、五ヵ国総検は、田畑は「俵」表示、屋敷地は「貫」表示であり、この推定を裏づける。しかも、第⑵条にあるように、動員の際に、人夫には扶持米六合、馬には大豆一升ずつ、地頭が負担し、さらに、請負ったものは、夫免として一反に一斗ずつ年貢を減らすことを許されている。領民の農業経営を維持し、しかも権力のための年貢・夫役を確保するためには、給人の恣意的農民使役を制限しなければならなかった。第⑷条にあるように地頭は一年に一〇日、代官は三日とほとんど禁止されている。この際、家別に徴収と定められている点に注意したい。第⑸条で四分一が屋敷地保有農民に賦課されたらしいことと合わせ考えると、屋敷の有無が、夫役賦課の決定的基準になっていたことを知りうる。

以上、逐上吟味しきたった七ヵ条定書の主眼は、田畑の「俵」表示、屋敷地の貫文表示という新方式の土地所有制度を確立して、農民の年貢夫役、給人への軍役を画一化し、一定度の農業経営を維持せしめつつも、全領国から徹底的に戦力を動員しようとするところにあったといえよう。

これとともに注目すべきは、本史料の残存形態である。

中村孝也によれば、本史料が交付された時期は天正十七年七月七日より同十八年二月、原史料、写が現存するもの計一三四通、国ごとに文書の所在数を示せば表3となる。

みられるように、信濃を除く、遠江・駿河・甲斐・三河の全領国にわたる。この時期の、同一文言の文書が、この

表3　七ヵ条定書の国別残存数

国　名	発　布　年　月	残存数
遠　江	1589（天正）17.　7	51
	同　17.　8～12	12
	同　18.　1～ 2	1
駿　河	同　17.　7	40
	同　17.　8～12	20
甲　斐	同　17.　10～12	3
三　河	同　17.　9～11	5
不　明	同　17.　11	1

中村孝也『徳川家康文書の研究』上、日本学術振興会、1958年、736頁より作成

ように多数、しかも、広範囲に残存することは、むしろ異例に属する。この特殊な史料の存在形態が明確に示すように、さきにみた七ヵ条定書に示される分国統一権力の意図は、全領国に周知・徹底せしめられ、これを基準とする新たな地方支配機構の確立を目指す政策が強行されたのである。

さて、これら七ヵ条定書の末尾には、それぞれ「天野三郎兵衛景能（花押）」のような、署名と花押がある。七ヵ条定書の末尾に署名し、これを郷村に公布したことは、奉行だったことを意味する。彼らは、家康の意を受け、この七ヵ条定書を基準とする新たな地方支配機構編成の担当者だったのである。したがって、七ヵ条定書末尾の奉行別頒布図を作成すれば、それがそのまま各奉行の担当地域ということになる。これを表4として次に示す。

表4にみる奉行衆は、天野三郎兵衛ほか一九人に達する。天野三郎兵衛は、いうまでもなく三河三奉行以来、奉行衆としては練達の士である。このほか、小栗二右衛門の同心から地方巧者として急速に頭角を現す伊奈熊蔵の名を見出すことができる。関東入国後の給地高からも推察できるように、いずれもこれら奉行衆は、部将級家臣につぐ、中級家臣団出身のものとすることができよう。

次に、奉行別頒布地域をみれば、芝田七九郎を除いて、いずれも二郡以上にまたがり、しかも一六人は二か国にまたがり、伊奈熊蔵・寺田右京亮の二人は、遠江・駿河・甲斐の三か国に及んでいる。これらの頒布地域に、彼らは、七ヵ条定書に依拠しながら、検地を施行し、地方支配機構をつくったものと思われる。

表4　天正17・18年七ヵ条定書奉行別頒布（郡別）

奉行		三河	遠江	駿河	甲斐	関東入国
阿倍善八郎	正次	碧海(2)	佐野(1)周智(3)			武州鳩谷 5000石
天野三郎兵衛景	能力		佐野(2)豊田(1) 山名(1)磐田(1) ?(1)	駿東(6)富士(2) 志太(1)		江戸奉行 武州内 5000石
伊奈熊蔵	忠次		豊田(6)山名(3) 磐田(3)敷知(2) 浜名(1)?(1)	駿東(1)志太(2) ?	八代(2) 山梨(1) ?(1)	代官頭 武州小室 1300石
彦坂小刑部	元正	渥美(1)	周智(3)城東(3) 引佐(1)			代官頭 相州岡津
水野平右衛門	秀忠	?(1)	榛原(4)			
森川金右衛門	秀勝		周智(1)	安倍(1)		武州・上州 2000石
加藤喜助	正次		城東(1)	志太(1)益津(1)		
大久保与一郎	忠利		城東(1)	駿東(1)安倍(1)		
大久保次右衛門忠古(佐)			周智(2)城東(4)	安倍(1)		上総 5000石
原田佐左衛門	種雄		山名(2)引佐(4) 豊田(1)磐田(2)			代官
渡辺忠右衛門	守綱		?(1)	志太(1)		武州比企 5000石
渡辺弥之助	光		周智(2)城東(1) 磐田(1)	駿東(1)安倍(2)		
小栗二右衛門	吉忠		佐野(3)豊田(1) 城東(3)			
寺田右京亮	泰吉		浜名(1)	富士(1)	八代(1)	代官
倉橋長右衛門	昌次		敷知(1)周智(2) 山名(1)			
神谷弥五助	重勝	八名(1)	城東(3)磐田(1)	安倍(1)		代官 武州 2000石
酒井与九郎	重勝		榛原(2)城東(1) ?(1)	庵原(1)志太(1)		武州・上州 2000石
丹羽源右衛門	氏久		佐野(1)周智(3)	安倍(1)志太(1)		武州 5000石
島田次兵衛	重次		城東(1)磐田(1)			代官
芝田七九郎	康忠		榛原(1)			伊豆 武州羽生 銀山奉行 5000石

注1：中村孝也『徳川家康文書の研究』上巻、日本学術振興会、1958年、739～748頁、「寛政重修諸家譜」該当巻

2：村上直「関東郡代成立の歴史的前提」（徳川林政史研究所『研究紀要』昭和43年度、1969年）

たとえば、遠江の佐野・豊田・城東郡の各地の七ヵ条定書奉行人たる小栗二右衛門吉忠同心衆は、天正十七年十月十四日遠州中嶋、十八日小美の検地を施行しており、また、三河八名、遠江の城東・磐田の奉行衆・神谷弥五郎は、「家忠日記」天正十七年十二月十三日条に、「縄打之請負神谷弥五郎」と記載されている。

さらに、天正十七年十月二十日付の「三州渥美之郡細谷郷小松原方田畑屋敷共御縄打水帳之事」の末尾には、次のような記載がある。

彦坂小刑部殿　参

浅野　伝右衛門

岡部　半右衛門

河井　源　内

筆　橋野　万　助

彦坂小刑部は、三州渥美郡のほか、遠江三郡の七ヵ条定書奉行衆である。検地役人四人より、この検地帳を小刑部に提出する形式をとっていることは、小刑部がこの地方の検地を統轄していることを示す。

七ヵ条定書奉行衆は、頒布地域の検地奉行だったのである。以下、七ヵ条定書にみられた徳川氏権力の意図が奉行衆により、在地にどのように具体化されたか、検地帳の分析によってみてみよう。

2　五カ国総検検地帳

⑴史料

五ヵ国総検の検地帳で、現存するものは、きわめて少ない。管見にふれたものを例挙してみよう。

①（表紙）「天正拾七年己丑拾月二十日　三州渥美之郡細谷郷　小松原田畑屋敷共　御縄打水帳之事」

②（表紙）「天正拾七己丑年拾月九日　三州宝飯郡府中之郷御縄打水帳」
③（表紙）「己丑八月十八日　吉祥山今水寺領縄打水帳」（写）
④（表紙）「天正拾八年庚寅正月十四日　遠州伊奈佐郡井伊谷之内ミたけ之村　御縄打野帳」
⑤信州伊奈郡虎岩村検地帳（表紙）「天正十七年　太閤朱引御検地帳　丑九月吉日」
⑥遠州伊奈佐郡気賀上村検地帳（写）（表紙）「御縄打帳写　墨付十三枚　気賀上村内　田方分」

確実なものは六例にしかすぎず、その他確認しえないものを一、二聞くにすぎない。

みられるように、三河・遠江・信濃には残存しているが、駿河・甲斐からは、まだ発見されていない。甲斐の近世文書には「熊蔵縄」という記述が散見する。「熊蔵」とは、この頃から地方巧者として急速に頭角を現す後の伊奈備前忠次のことであり、五ヵ国総検が行われたことは確実である。駿河は、七ヵ条定書の残存数は遠江に次ぎ、七ヵ条定書奉行が検地奉行を兼ねたことから総検が実施されたことは確実と思われるが、今後の発見を俟つほかない。

⑵記載様式　①の三州渥美郡小松原検地帳と④の遠州伊奈佐郡みたけ村検地帳は、原文書であり、しかも保存の状態は、最もよい。みたけ村検地帳を例にとり、記載様式を示す。

（前略）
しり下　　　　上衛門分
下々　拾弐歩　畑　　　出羽作
同所　　　　　同分
下々　五拾弐歩　畑　　同　作
（後略）

全体を通じて、五ヵ国総検検地帳が記載形式において旧来の戦国大名、および太閤検地帳、近世検地帳と異なる点は次のごとくである。

㋐一筆ごとの明細な記載は、太閤検地帳や、近世検地帳とまったく同じであるが、一段の地積は旧制の三六〇歩を採用しており、一反の小割に畝の単位はなく、大・半・小の旧積を用いている。

㋑検地帳の全筆、あるいはほとんど全筆に、分付記載のあるものが多い。

㋒田畑は、上・中・下・下々の品等を付せられている。年貢賦課の単位は、一部の検地帳には一筆ごとに「何俵何斗何升」の、実質上の石盛が付されている点から、実質的には石高制に移行している。

㋓屋敷地の地積は「坪」で、一部の検地帳には「ひた――文」の記載があり、貨幣納と推定される。

㋔検地帳は、村ごと、さらに給地ごとに作成された。

以上、当然のこととはいえ、さきにみた七ヵ条定書の趣旨が、「五ヵ国総検検地帳」記載形式のうえにも貫徹され、その記載形式は、戦国大名の旧法とは異なり、かつ太閤検地帳とは異なる独自の内容を持っていたことを知りうる。

五　旧「井伊谷領」の五ヵ国総検

1　旧「井伊谷領」の七ヵ条定書

「領」としての「井伊谷領」の崩壊後、新たな地方支配機構・構築の動きがみられた井伊谷地方にも、五ヵ国総検が施行された。天正十七年（一五八九）七月七日付をもって、七ヵ条定書が発布され、遅くとも、翌年一月中旬には検地が終了し、それぞれ検地帳が交付されたらしい。

まず、七ヵ条定書についてみる。井伊谷地方に現存する史料はない。しかし、「御庫本古文書纂」には、旧「井伊谷領」の村々に下付された五通の七ヵ条定書が掲載されている。いずれも、発布年月日は天正十七年七月七日付、奉行は原田佐左衛門尉種雄である。文書の宛所・文書所蔵者は左記のごとくである。

（宛　所）　　　　　　　　　　　　　　　　　　　　　（文書所蔵者）

①遠州かなさし村百姓等・同石岡百姓等　　　　　　　金指村（名主）

②遠州法田百姓等　　　　　　　　　　　　　　　　　祝田村（百姓）

③くるめ木五郎右衛門・谷衛門三・川な四郎兵衛　　　久留米木村（名主）

たつさ太郎左衛門・わしさハ八太郎右衛門・みたけ九郎右衛門

④遠州瀬戸村百姓等　　　　　　　　　　　　　　　　瀬戸村（名主）

文書宛所をみれば、①②④の、かなさし・石岡・法田（祝田）・瀬戸百姓等と、村の百姓総体に公布されているものと、③のくるめ木五郎右衛門・みたけ九郎右衛門などと、村ごとではあるが、特定のものに宛てられているものとに二分類できる。

まず、いずれも村ごとに出されている点が注目される。このことは、村ごとに七ヵ条定書を基準として新たな地方支配機構に編成したものであることを示す。

次に、交付された者の性格については、―村百姓とある場合には、その村落を構成する百姓身分総体に交付されたものであることは明白である。たとえば、第一節3項に明らかにしたように、戦国末期、法田（祝田）、鯉田には、「惣百姓」と称する村落共同体が成立していた。このような「村」構成員―本百姓総体に交付されたものである。

特定のものに宛てられている場合、たとえば、③の「みたけ九郎右衛門」は後述するが、五ヵ国総検検地帳に分付百姓として現れる。やはり「百姓」身分である。七ヵ条定書の宛先は、いずれも村落を構成する「百姓」身分なのである。

では何故、宛先に、村宛と特定の百姓宛の二つの記載様式がみられるのか。奉行の相違に由来するとする考え方がある。伊奈備前系の奉行は村と村に住む土豪的百姓の名前をあげ、彦坂小刑部系の奉行は村宛の記載様式をとるというのである。興味ある説だが、これでは旧「井伊谷領」のように、同一奉行人が、同一地域に二つの記載様式を採用している疑問を解くことができない。

図2をみれば、宛先が村百姓と村宛になっている金指・石岡は、台地と平野の接線上、瀬戸・祝田は都田川の河岸段丘と氾濫原上に位置している。図2には表示しえなかったが特定の百姓名が記入されている川名・みたけ・くるめ木・鷲沢などは、井伊谷北部の山間村であることに気づく。とすれば、七ヵ条定書の宛所記載様式の二類型は、奉行の性格に由来するとみるよりは、地域の経済諸力の発展段階に規定される村落構造の相違の反映と考えるのが妥当ではあるまいか。以下、旧「井伊谷領」において、七ヵ条定書を基準として、どのような検地帳が作成されたか紹介しつつ、右のような観点から、検地帳分析を通じて、村落構造を追究してみよう。

2　旧「井伊谷領」における五カ国総検検地帳と村落構造

旧「井伊谷領」検地帳としては、前節であげた④（表紙）「天正拾八年庚寅正月十四日　遠州伊奈佐郡井伊谷之内ミたけ之村　御縄打野帳」と、⑥遠州伊奈佐郡気賀上村検地帳（写）がある。

みたけ村は、井伊谷郷を形成する一集落で、南北朝初期、井伊氏が、宗良親王を擁して拠ったという三岳（海抜四六七m）の山麓に位置する。みたけ村九郎右衛門は、くるめ木五郎右衛門・谷衛門三・川な四郎兵衛・たつつ太郎左衛門、わしさハ太郎右衛と一括して一通の七ヵ条定書を交付されている。これらの諸集落は、井伊谷の東北方、三岳の周辺に散在する小集落で、七ヵ条定書宛所とされた「百姓」身分のものと、その一族は、おそらく村内において支配的地位を確保していたものと推定される。この点を、みたけ村検地帳の分析を通じて考察しよう。

みたけ村検地帳は、二冊に分冊されている。表紙は分厚な良質な紙が使用されており、筆跡は、表紙・本文とも同質、五ヵ国総検の原史料が、完全な形で、現存する数少ない事例である。第二冊の表紙左肩には「鈴木平兵衛方□」、第二冊には同じく「近藤平衛門方□」の記載がみられ、「鈴木平兵衛方□」と記する検地帳の末尾には「天正十八年正月十四日　遠州井伊谷内ミたけ之村屋敷三方付こみ」なる表紙を有する屋敷帳の記載がとじてある。

この鈴木平兵衛・近藤平衛門なるものは、天正十二年（一五八四）家康の命によって、菅沼二郎右衛忠久とともに井伊直政に付属せしめられたという鈴木秀路・近藤秀用である。したがって、この史料は、みたけ村の両人の給地に対する検地帳ということになる。内容記載形式は、前節に内容の一部を紹介したので、略するが、特色としては、以下の三点をあげることができる。

㋐屋敷地を除く田畑には、「はたけ田大明神領　下々弐反三歩　田□両三人方　五郎左衛門作」「下々百拾八歩田けいそう阿ん領主作」なる二筆を除いて全筆にわたり分付記載がみられ、分付記載には、「―分　―主作」と「―分　―作」に区別されている。

㋑地積の単位は、大・半・小、一反三六〇歩の旧制を使用している。

㋒屋敷の地積単位は坪であるが、屋敷名請人の上に、分付主とは異なる「二郎右方」「平兵方」「平右方」「三方」なる肩書がある。

内容記載形式は、五ヵ国総検検地帳の典型を示すものであるが、さらにほぼ全筆に分付記載を有することと、屋敷名請人の肩書に分付主と異なるものの記載がみられることが顕著な特色である。

屋敷名請人肩書人、分付主、分付百姓の性格を明らかにするため、まず、屋敷帳の内容を左に示そう。

弐拾七坪　二郎右方　五郎左衛門居
弐 拾 坪　同　　方　左衛門六居
拾 六 坪　平 兵 方　九郎衛門居
二十四坪　平 右 方　左衛門太郎居
六 十 坪　三　　方　慶蔵庵居

屋敷　合　百八拾七坪

屋敷名請人の肩書人「二郎右」「平兵」「平右」は、田畑名請人としては出てこない。つまり、百姓身分とは考えにくい。彼らの性格を示す傍証として次のような史料がある。

天正三年、鈴木平兵衛内小野多兵衛は、龍潭寺領之内祝田村大藤寺屋敷を、平兵衛領之内の祝田村八王子風呂へ、替地した事実を証し、検地を免ずる手形を、龍潭寺大藤寺に与えた。この件に関し、総検直前、瑠聞なるものは、次のような証状を小野多兵衛に寄せている（「龍潭寺文書」七、『静岡県史料』第五輯、一九四一年、九四一頁）。

龍潭寺東之市蔵主罷有候屋敷者、鈴木平兵衛殿方にて候を、祝田大藤寺屋敷ニ去天正三年亥之弐月かゑ地ニ仕候事実正也、彼市蔵主屋敷ハ龍潭寺門之中ニ而候条、御縄打ハ無御座候、誰人如何と申候共、此趣可申延候、後日ニ為訴人之一筆如件

天正十七年己丑四月廿日　瑠聞（花押）

（傍点は引用者）

平兵衛□内（殿カ）
小野多兵衛殿
参

右の史料によれば、かつて検地免除の明らかに領主的土地所有権を付与された鈴木平兵衛の屋敷地は、「東之市蔵主罷有候屋敷者、鈴木平兵衛殿方にて候を」と、みたけ村近隣の祝田村の屋敷地に対する領主的土地所有権は、「――方」と表現されている事実を知る。

さて、さきに「みたけ村検地帳」は、鈴木平兵衛、近藤平右衛門の給地に対する検地帳であるとした。その屋敷帳の記載と、右の龍潭寺文書の記載とを対比すれば、たとえば、

拾六坪　平兵方　九郎衛門居

のごとき記載、「平兵方」とは、この屋敷地が鈴木平兵衛の所有であり、九郎衛門が居住権を有していたことを示している。とすれば、「平右」が近藤平右衛門であり、「二郎右」は菅沼二郎右衛門であることは明白であろう。すなわち屋敷名請人肩書人は、その屋敷地に領主的土地所有権を有する給人ということになる。しかも、彼らは、鈴木平兵衛が祝田村にも屋敷地を有していたように、みたけ村のほかにも散在所領を有していたということになろう。

次に、屋敷名請人の性格についてみよう。さきに掲げた七ヵ条定書第(3)(4)条によれば、百姓屋敷分は、一〇〇貫文に三貫文充、地頭・代官への夫役は、家別に出すべきことを規定している。したがって、さきに屋敷帳記載内容に示した五郎左衛門・左衛門六等の屋敷名請人は、それぞれ肩書人の菅沼二郎右衛門・鈴木平兵衛・近藤平右衛門の知行屋敷地に居住権を保証された公法上の独立農民、いわば本百姓である。しかも、彼らは、この地の地頭にして家康の給人の屋敷地に居住する以上、家別一〇日宛の夫役を、検地帳上の屋敷肩書人に徴収されたのである。

表5 遠州みたけ村検地帳 分付主による名寄集計

分付主	屋敷地	主作地		分付地		分付百姓数
		田	畑	田	畑	
上衛門				5反106歩	1反287歩	4
左衛門太郎	34坪	5反204歩	1反199歩	236歩	1反137歩	4

表6 遠州みたけ村検地帳 一筆毎名寄集計

屋敷名請人の肩書名	分付主	分付	屋敷	主作地		分付地	
				田	畑	田	畑
平兵方	上衛門	九郎右衛門	16坪			3反261歩	353歩
〃	〃	右近七	24			1反115歩	271歩
三方	〃	けいそう	60	118歩	35歩		80歩
	〃	出羽					12歩
二郎右方		五郎左衛門	60			4反 06歩	
平右方	左衛門太郎		34	5反204歩	1反199歩		
	〃	けいそう			115歩		
	〃	出羽					12歩
	〃	常てい					151歩
	〃	主抱					53歩

このうち分付主は左衛門太郎一人にしかすぎない。分付主以外の農民が比較的多数、屋敷名請人として登録されている。このほか、無屋敷農民として出羽・常てい・主抱の三人がある。これらの屋敷名請人、無屋敷名請人のなかには分付主の一族もあったであろうが、「主抱」と表現されるような農民が登録されている点、および、後述するような分付記載の特色から、基本的には中世末期における半隷属民が分付百姓として登録されたものと把握しうる。

にもかかわらず、屋敷地を除く全農地は、二筆を除いて上衛門・左衛門太郎の二人の分付主に分付されている。分付主ごとの集計を表5に示す。

さらに、田畑名請人を中心として、屋敷名請人肩書、分付主を加えた名寄集計表を示せば、表6となる。

村内を分付主として二分する上衛門は、主作地、屋敷地は一筆も名請してないが、さきにあげた分付記載のない二筆を除いて、「鈴木平兵衛方」検地帳の全筆に分付主として記載されている。

他方、左衛門太郎は、三四坪の屋敷地を有するほか、七反四三歩（三六〇歩一反）の手作地を有し、近藤平右衛門方検地帳の全筆に分付主として記載されている。分付主としての上衛門・左衛門太郎が分付主としてのみ現れ、しかも、前者が、鈴木平兵衛方検地帳にのみ、後者が近藤平右衛門方検地帳にのみ現れることは、上衛門が鈴木平兵衛、左衛門太郎が近藤平右衛門と特殊な従属関係を持つと同時に、村内の鈴木・近藤の給地において、それぞれ支配的地位を占めていたことを物語っている。

この上衛門家・左衛門太郎家の村内における優位性は、近世を通じて変わらなかったらしい。みたけ村は落人伝説のある現在五〇軒ほどの集落である。南北朝期、この村の山、三岳に宗良親王が籠ったとき、それに従って負傷したものが拓いた村とも伝えられている。分付主として出てくる上衛門は、最も地の利の良い所に屋敷を有し、村の人はそこを本郷と呼んでおり、昔は二つの流れがあって争っていたという。確実な史料のない現在、この二つの家の流れを上衛門家と左衛門太郎家と直ちに結びつけることはできない。しかし、右のような分付主としての上衛門・左衛門太郎の存在からみて、みたけ村は、かつては家康の有力給人と特殊な従属関係を有した二軒の家を頂点とした、いわば豪族百姓の村ともいうべき村落構造を有していたものとみられよう。

しかし、若干、気になるのは上衛門の存在である。左衛門太郎は村内に屋敷地・手作地も有するが、上衛門は、その屋敷地の存在が伝えられているのに、屋敷地を有しないだけではなく、一筆の手作地も持たないのである。この際、上衛門の計七反三三歩の分付地の過半四反二五四歩を上衛門のみから分付されている九郎右衛門に注目したい。この九郎右衛門は七ヵ条定書にみたけ九郎右衛門と宛所とされた人にまぎれあるまい。検地帳集計の結果よりみれば、七ヵ条定書に宛所とされるような有力農民は、上衛門か、左衛門太郎、ないしは、それと同族関係にあるものしか考えられない。分付関係よりみれば、九郎右衛門は、上衛門と親子関係、もしくは、同族関係にあったものと推断しうる。

また、左衛門太郎と同じく、「平右方」屋敷名請人の左衛門六は、その名前からみて、左衛門太郎と同族の可能性が強い。このように屋敷名請人の一部は、分付主の同族であったと推定される。

以上、七ヵ条定書宛所に、特定の百姓名が記入されている山間村の一事例として、みたけ村をとりあげ、その五ヵ国総検検地帳の分析を通じて、それが、屋敷名請人を重要な構成単位としながらも二人の分付主を頂点とする豪族百姓の村ともいうべき村落構造だったことを論証してみた。これに対し、同じく旧井伊谷領に属するとはいえ、都田川の河岸段丘や氾濫原上に位置する瀬戸・法田村は、七ヵ条定書宛所も、瀬戸村百姓等、法田村百姓等とあり、右と異なった村落構造ではないかと推定した。法田村に関しては、第一節3項で明らかにした戦国末期の祝田鯉田の年貢割付の分析は、これを立証するわけであるが、それは近世的秩序の下における姿ではない。七ヵ条定書は残存しないが、次に同一条件にあった、気賀上村の五ヵ国総検時の村落構造を、その検地帳分析を通じて明らかにしてみよう。

六　気賀郷の五カ国総検と吉村新町・新宿の設定

1 中世末期の気賀郷と新町の設定

気賀は、近世、東海道の主要なる脇往還本坂通り（通称「姫街道」）の一宿である。本坂通りにおける宿駅としては、市野・気賀・三ヶ日・嵩山があった。気賀が初めて宿駅として定められたのは、「気賀町取捌定書」によれば、天正十五年（一五八七）二月二十二日、本多作左衛門の指令に基づき、人馬継立にあたっていたところ、慶長五年（一六〇〇）伊奈備前の仕置によって、御伝馬所として確定したという。元和五年（一六一九）には、有名な気賀関所が設けられている。

集落の位置する場所は、都田川と、その一支流井伊谷川の合流点の西北に突出した台地上と氾濫原上にあり、姫街道と浜名湖北辺の水運を扼する要衝である。

室町末期、今川氏の領国下において、気賀には、気賀城主として新田美作なるものが存在していたという。第二節で述べたように、美作が永禄十一年（一五六八）、武田・徳川勢の遠江侵入にあたって、都築浜名城主浜名頼広と行動をともにし、武田氏に属した点からみれば、気賀は、地理的には井伊谷に近いが、むしろ、浜名領の一翼を形成していたとみるべきであろう。

今川氏領国の崩壊直後、気賀郷は、井伊谷等とともに、井伊谷三人衆・菅沼忠久・近藤庸用・鈴木重時に与えられた。

しかし、家康は、この地の重要性に着目し、気賀郷に吉村新町を営ましめ、天正十五年二月二十二日、本多作左衛門は、中村与太夫に新町の代官を命じた。「気賀町取捌定書」が、同年同月同日、本多作左衛門の指令により、初めて駅が定められたとするのは、この本多作左衛門の手形によったものであろう。同年六月一日、同じく本多作左衛門は、中村与太夫に吉村湊出入の舟役徴収を命じ、さらに、同日、吉村郷田畠荒地につき、「何連之名職之内に候共、見立候て、作人申し付けらるべく候」と、その開発権を与え、また、右の年貢の米銭取次を申し付けている。この中村与太夫の家は、天正二年、武田家より遠州八幡嶋に屋敷三間と二〇貫文の恩給地を与えられた土豪だったが、徳川氏の新領国下に、吉村新町（気賀町）の代官と、吉村湊の舟役徴収権、吉村郷の荒地開発権とその年貢米銭徴収権を与えられたのである。

なお、吉村郷の荒地開発権を与えた文書宛所与太夫の肩書には、「新宿」とあり、遅くとも、天正十五年までには、吉村宿(気賀宿)が成立していたことになり、「気賀町取捌定書」の記述を裏づける。後年(天正十八年十一月十九日)与太夫は、吉村宿の市日升取を与えられており、交通上の要点吉村新宿を中心として新たな地域的市場圏を設定しつつ、それを代官を通じて把握しようとしていたことをも知りうる。

ともあれ、いわゆる宿駅制度の設定は、単に交通政策の面よりのみ考察すべきではなく、個々の宿駅を中心とする、地域的市場圏の設定と、その把握を通じての市場圏の把握の一面にも注目すべきであろう。中村与太夫は、荒地開発権を有する土豪百姓・代官・町人(「中村文書」一五、『静岡県史料』第五輯、一九四一年)、の三面の性格を具有していたのである。以上の気賀の歴史的背景と、吉村郷(気賀郷)の中村与太夫の存在を念頭におきつつ、その近世初頭における構造をさらに明確にしよう。

2　気賀上村の五ヵ国総検と家康の地方支配政策

気賀宿文書(文部省史料館蔵)のなかに「気賀上村内御縄打帳写」なる史料がある。本帳は田方・畑方に分冊されている。時代は降るが寛永期の気賀村は、本町・仮屋町・上村・油田・下村・呉石村・小森・吉本より構成されていた。本史料は、この上村の検地帳写である。内容の一部を左に示す。

田方

宮前

五斗弐升弐合弐勺四才

上　半五拾五歩　　　　　　　右衛門次郎分

（中略）

河原田

　　　　　四斗五升八合三勺三才

下　大六十六歩　　　　　　　同

　田合弐町五反半五十参歩

　　右合拾八石弐斗五升壱勺四才

　　　此内弐石五斗六升夫免ニ被下候

一見、近世の名寄帳に酷似しているが、次のような内容記載上の特色がある。
①地積の単位は、大・半・小、一反三六〇歩の旧制である。
②屋敷の記載は坪で、二坪ひた二文の割で、貫高の記載がある。
③地積の下にある石高の記載は、その数量から石盛とはみなしにくく、収納高、つまり、俵高と考えうる。
④七ヵ条定書第⑵条、規定の一反一斗充の夫免が分付主ごとに記載されている。
右の四点から、本史料は、五ヵ国総検検地帳を基本として作成された分付主ごとの名寄帳と推断される。さきに示した内容一部からもわかるように、本帳には「――分」なる記載は一筆ごとに存するが、その下に分付百姓の記載がない。他の地域の検地帳記載形式からみて、当然、原本には記載されてあったのであろうが、分付主ごとの名寄帳のため、省略したのであろう。
分付主の名請地積を表7、年貢・夫免高を表8に示す。記載上は田畑一筆ごと、分付主ごとに寄せ書きし、田畑地

表7 分付主の名請地積

分付主	屋敷		田		畑	
	筆数	坪	筆数	広さ	筆数	広さ
右衛門次	4	346	32	町 段 歩 2. 5. 半. 53	不明	町 段 歩 1. 0. 半. 22
弥次郎	1	136	22	1. 8. 81	5	1. 大. 27
右馬四郎	1	108	20	1. 9. 88	15	8. 小. 22
七郎五	2	333	21	1. 9. 94	11	5. 65
与太夫	5	639	9	1. 2. 03	5	3. 半. 17
定使			6	5. 半. 36	4	2. 小. 34

表8 年貢高・夫免集計

分付主	年貢高		夫免	
	田	畑		
右衛門次	石 斗 升 合 勺 才 18. 2. 5. 0. 1. 4	石 斗 升 合 勺 才 7. 4. 5. 2. 2. 4	田	2石5斗6升0合0勺0才
			畑	1. 0. 5. 2. 2. 4
弥次郎	12. 3. 4. 9. 5. 2	1. 2. 2. 9. 0. 8	田	1. 8. 2. 1. 0. 0
			畑	不明
右馬四郎	14. 2. 1. 8. 9. 0	5. 6. 6. 3. 6. 8	田	1. 9. 2. 7. 0. 0
			畑	8. 3. 4. 5. 0
七郎五	12. 2. 8. 4. 1. 5	3. 6. 0. 8. 4. 5	田	1. 9. 3. 0. 0. 0
			畑	5. 1. 6. 5. 0
与太夫	8. 8. 3. 5. 4. 8	2. 5. 0. 8. 5. 6	田	1. 2. 0. 0. 0. 0
			畑	3. 5. 1. 5. 0
定使	なし	不明	田	
			畑	

積、収納高が分付主ごとに集計してあるため、年貢・諸役の納入は分付主を徴収単位としたかのごとくである。ところで、表中の与太夫は、先述した中村与太夫にまぎれあるまい。与太夫は吉村郷（気賀）の荒地開発権と、その地の年貢、米銭徴収権を付与されていた。この与太夫が、検地帳上には、屋敷五筆計六三九坪、田畑計一町五反半二〇歩の分付主として現れているのである。与太夫が、これらの土地の年貢米銭の徴収権を付与されていたことに、もはや疑いあるまい。

さらに、七ヵ条定書第(2)条には「陣夫者弐百俵ニ壱疋壱人充、之ヲ出スベシ……夫免者請負一札之内ヲ以テ、壱段ニ壱斗充、之ヲ引キ相勤ム可キ事」とある。表7・表8に明らかのように、分付主たちは、分付地積、一反につき一斗の夫免を得ている。分付主は陣夫をも請負っているのである。すなわち、分付主は、七ヵ条定書に規定のある年貢米銭、陣夫を請負い、一反につき一斗の夫免を保証されたのである。彼らの性格は、与太夫の場合に明らかなように、室町末期の元在地小給人、ないしは戦国期的本百姓の近世的転化の形態だったのである。

これら六人の分付主たちのうち、与太夫は、吉村新宿代官、新宿市日升取人として、村落において支配的地位を占めたものと思われる。しかし、その権限は「然共与太夫横合申懸くるに於ては、書付を以て申す可く候。糺明を遂げ、申し付く可く候」（天正五年・本多重次手形「中村文書」二）と濫用を禁止している。また、上村に関する限り、与太夫の分付地の地積は、定使を除けば、分付主中、最下位である。したがって、先述した一連の中村文書によれば、与太夫の支配的地位を想定しうるにかかわらず、それは権力が保証した権限に関してのみであり、気賀上村の村落構造は、まず、六人の分付主を中核としたとみなければならない。

しかも、屋敷は、合計一三筆の屋敷地を、定使を除く五人の分付主が、すべて名請している。田畑に分付百姓の記載がないのは、本帳が分付主ごとの名寄帳としての史料的性格に由来するものと思われるが、それにしても屋敷名請人がすべて分付主であるということは、分付主の村内における優位性を決定づける。この背景には分付主の村内における地位を補強しようとする権力の意図を感ずる。

しかし、このことは、中世以来の系譜を引く有力農民としての分付主の勢力を、単に、村内に温存せしめようとする政策のみを示すものではない。

先述したように、分付主中村与太夫は、気賀・吉村郷の田畑荒地開発権と年貢徴収権を保証されたが、その際「何連之名職之内候共、見立候て、作人申付けらるべく候」と、作人補任権をも得ている。この権限は、戦乱に荒廃した農地に小農を扶植し、その経営を維持し、また、その量的増大を目的とする権力の意図によって与えられたものであった。

また、徳川氏権力は、上村に隣接する吉村に新町を営み、宿駅制度と分国流通市場の一地域的拠点にしようとしていた。この目的を貫徹するには、当面、気賀上村はじめ周辺有力農民に依拠する以外にはない。上村の分付主与太夫を新町の代官とし、また、吉村湊出入舟役銭を付与したのも、このことを示している。すなわち、分付主の地位を補強しながら、これに依拠しつつ、小農経営を維持し、さらに量的増大をはかり、新たな領国支配機構を構築しようとしたのである。つまり、分付主に依拠しつつ、近世的秩序を形成しようとしたのである。

七　気賀・井伊谷地方の幕藩体制の確立

天正十八年（一五九〇）八月、徳川家康は関東に転封し、当地方は、堀尾吉晴、浜松一二万石の領有に帰した。ついで慶長六年（一六〇一）堀尾氏の松江転封後、直轄領、慶長十四年、徳川頼宣の領国、元和五年（一六一九）、近藤石見守秀用（井伊谷一万五〇〇〇石）の領有と、領主は替わった。

　この領主変遷にかかわらず、右の政策は、一貫して維持・発展せしめられる。家康の転封直後の史料と思われる梅原吉家の与太夫宛手形には、「吉村新宿事、前々より万、申付けられ候由承候間、先々の如く、相替らず、申付けるべく候、幷市升取之儀も右同前候」とあり、与太夫の地位は、そのまま保証されている。天正十八年十二月五日、堀尾の代官落合祐斎と同助右衛門は、与太夫と興津左近両人に、気賀町屋敷六〇〇坪の年貢を扶助した。慶長十八年、与太夫の跡目次右衛門は、町屋敷地、高一石を「前々の如く」除地として与えられており、近世中期、与太夫の子孫は、これを「本屋敷」と称している。この点よりみれば、天正十九年五月十八日、与太夫は、さらに気賀村坪屋敷永荒、三反六〇坪の石、二斗五升の納所を命ぜられてはいるものの、この頃より次第に生活の本拠を新宿に移したもようである。つまり、気賀上村分付主から、新町の代官的町人の色彩を濃くしたものと思われる。

　慶長六年六月、家康の代官頭・彦坂小刑部手代・小嶺藤右衛門は、中村与太夫に「吉村新宿之儀、前々の如く町人たるべく候……猶以て、何事茂、前々の如く申付候間、御公方役無沙汰有間敷候」と、与太夫の新宿町人たるべきことを決定し、従来の地位を保証する代わりに、公方負担を義務づけた。さらに同年十一月、気賀村に、「気賀町中諸役等、直に申し付くるの間、村々より申分有間敷者也」と、気賀村よりみれば、権力が強制的に創出した一枝郷にしかすぎない気賀町（旧吉村新宿）の諸役を、気賀村中より徴発すべきことを、気賀町中と与太夫宛に保証した。この諸役は、気賀町の整備と、宿駅、および市町としての機能を果たさしめるためのものだったと思われる。

　ちなみに、近世中期、元禄十二年（一六九九）の気賀村は、上村・油田村・伊月村・下村・小森村・吉本村・呉石村・気賀町・枝郷老ヶ谷の一町七か村一枝郷よりなり、高二六五〇石の大村であったが、諸役負担の基準ともいうべき気賀町の高は、一五石八斗六升五合にすぎなかった。

ただし、宿駅としての諸役分担は、町が駄賃・伝馬役、七か村は天役（御上洛名代、朝鮮人、琉球人来朝の節、今切へ渡舟二三艇を出す舟役）と、はっきり分離されていた。町が宿駅として設定された以上、駄賃・伝馬役を負担することは当然とはいえ、すでに後述するような地域市場圏の中核としての機能が低下した気賀町にとっては、きわめて大きな負担だった。

これに対し、近世初頭にあっては、気賀町中とそれを代表する与太夫が、村中より一方的に諸役を徴発する権限を保証された点に、きわだった特色を有する。このことは、吉村新宿＝気賀町の町立て、宿場町・市場町の機能が、周辺諸村、その中核としての分付主のごとき有力農民に依拠して遂行されたものであることを示している。

気賀町を、気賀村周辺、地域市場の中核たらしめようとする政策は、慶長九年に制度化される。代官石川半三郎の手代野村理兵衛は、同年五月二十四日、気賀町の市割りを行い、上町一三人、中市一三人、下町一五人の者の名前を列挙し、市を立てるべきことを命じている。しかも、同年八月十二日、石川半三郎は、とくに「町きも入」中村与太夫に書状を寄せ、「市日他郷より入候者共、心安せうはいいたし候様ニ、才覚仕るべく候、何者ニてもおしかいろうせきなと仕者候ハヾ、急度申越可し、少もかくしおき後々聞出し候は、其方急度成敗申し付くべく候」と、市日に他郷よりくるものの商売を保護し、さらに市場内の商行為が円滑に行われるよう厳重に指令している。

この市場町で、売買される主要商品としては、米・雑穀・塩などが想定される。米・雑穀については、すでに町内に「御蔵」が設置されており、年貢米の一部が放出されたものと思われるが、これを立証する史料はない。塩については、井伊谷筋から気賀にかけて、三州塩を入れることを禁じて、「上様御所務」としての、浜松塩の入荷を保護し、しかも気賀町に塩を入荷しうるものは気賀町への夫役負担者のみに限定している。

このことは第一に、気賀町を中心とする地域的市場圏は、旧気賀郷から旧井伊谷領を中心として、三河の一部を含んでいる、つまり、戦国期に特徴的な「領」単位の市場構造の克服のうえに立った、近世的地域市場圏であったことを示している。第二に、宿駅としての気賀町への夫役負担者のみが、町への塩の入荷権を得たことから、特定のもの（分付主的有力農民）に、地域市場圏から抽出する一定の剰余部分の留保を保証し、それに依拠して気賀町の宿駅としての機能が維持されたことを知る。気賀町の宿駅としての機能は、気賀町を中核とする地域市場圏の存在を前提として、はじめて維持可能だったのである。

こうして、家康の五か国領有段階の、分付主的有力農民に依拠しての吉村新町の経営、それを中核とする新地域市場圏と新町への宿駅設定の政策は、慶長九年の頃ほぼ制度的に確立した。

このうえに立って、元和五年八月、近藤秀用が、上野相模のうち一万五〇〇〇石より、当地域に転封を命ぜられるとともに、気賀町に関所が設定され、近藤氏がこれを支配した。

東海道の荒居に関所が設定されたのは、一説に慶長五年とされている。しかし、気賀に関所が設定された同年、元和五年の八月二十二日、松平康信は荒井奉行を、同年九月十日、服部政信・同政重は今切番を命ぜられている。こうして、東海道をその中間において、荒居関所・今切渡船・気賀関所に扼する幕藩制全国支配機構の一環は元和五年に確立したのである。

結城・佐竹旧領下における備前検地と小農経営

はじめに

小稿が意図するところは、慶長七年（一六〇二）常陸・下総両国、とくに、佐竹・結城氏旧領下における村と農民が直面した諸条件の解明にある。近年の近世村落研究の動向としては、中・近世の歴史的展開の過程で村と農民の果たした歴史的役割を、新たな視角からふたたび見直そうとする動きが強い。

たとえば、木村礎は、日本の歴史の根底を貫通している村の歴史を、古代から一貫して景観論と共同体論から把握すべきであると問題提起し(1)、自らはその方法論にもとづく全国的素描を試みるとともに(2)、地域的には筑波山麓地方を選んで研究グループによる研究成果の具体化を進めている(3)。また、畿内については、摂津・和泉両国における一村落の精緻な研究を中心とする分析視角鋭い水本邦彦(4)と菅原憲二(5)の成果がある。水本は惣村が獲得した自治理念は近世国家が成立した後も庄屋への「委任」論理として発展的に近世村落摂津柱本村に継承されていることを論証した。また、菅原はほぼ同様の視角から和泉五百井村村算用における近世的変容を構造的に明らかにした。

右の成果に触発されながらも、常陸・下総地域を対象とする小稿の分析視角は若干異なる。家康政権の関東領国下では、端的に言えば、全体としての国家権力の重みをより重視したい。常陸・下総地域における近世村落と小農経営の展開は、個別村落の条件の差異はあるにせよ、その重みに堪えながら成立し展開してきたと考えられるからである。以下、関ヶ原の合戦後に家康政権によって発動された大名の改易・転封策、およびその直後に強行された、いわゆる備前検地が、常陸・下総地域ことに佐竹・結城氏の旧領下の村落と農民に、どのような歴史的条件を付与したか、その一端を明らかにしよう。

一 結城・佐竹氏の転封と大名配置

慶長六年(一六〇一)から同七年にかけて、常陸・下総両国にも大規模な改易・転封策が強行される。慶長六年常陸下妻六万石=多賀谷重経、下総山川の山川朝信が改易されたのと裏腹に、同年の末、結城秀康は結城一〇万一〇〇〇石から越前北庄六七万石へ加転し、佐竹義宣は水戸五四万五八〇〇石から出羽秋田二〇万五八〇〇石余に減転する。(6)かくして、中世以来の根生《ねおい》の豊臣大名は常陸・下総地方から一掃されるにいたった。

関ヶ原の合戦の戦後処理の一環として行われた結城秀康と佐竹義宣の転封は、常陸・下総地方の政治情勢を一変させた。まず、結城・佐竹両氏が去った後の両氏の旧領における新領主層の配置を概観する。

秀康が結城城を去った五月、結城領の本城結城城は代官頭伊奈忠次が接収した。結城領であった土浦には松平(藤井)信一が、宇都宮城主蒲生郷成の支城だった笠間には、松平(松井)康重が配置され、このほか、下総古河には、小笠原秀政が去った跡に、松平(戸田)康長が二万石をもって入部する。

旧佐竹領国には、本拠水戸城に慶長七年、家康の第五子武田信吉が一五万石をもって配置される。下総佐倉四万石より一一万石の加増転封である。山口重政が上総のうち五〇〇〇石から一万石を与えられて牛久に入るが、宍戸五万

表1　慶長8年佐竹・結城氏旧領および周辺における大名配置

城地	領主	石高 千石	前城地・石高 千石	徳川家康との関係
水戸	武田信吉	150	下総佐倉(40)	徳川家康五男
笠間	松平(松井)康重	30	武蔵騎西(20)	譜代
土浦	松平(藤井)信一	35	下総布川(5)	譜代
牛久	山口重政	10	上総のうち(5)	譜代
宍戸	秋田実季	50	出羽秋田(50)	外様
手綱(松岡)	戸沢政盛	40	出羽角館(40)	外様
府中	六郷政乗	10	出羽六郷(5)	外様
志筑	本堂茂親	8.5	出羽本堂(8.5)	外様
武田	仁賀保挙誠	5	出羽仁賀保(5)	外様
下館	水谷勝俊	32	下館(31)	外様
小張	松下重綱	16	遠江久野(16)	外様
信太郡	青山忠俊	5		譜代
守谷	土岐定義	10	守谷(10)	譜代
古河	松平(戸田)康長	20	上野白井(20)	譜代
江戸崎	青山忠成	18	相模高郡(7)	譜代

『寛政重修諸家譜』該当巻、『徳川実紀』第1編、第2編、藤野保『新訂幕藩体制史の研究』

石に秋田実季、松岡(高萩市)四万石に戸沢政盛、府中一万石に六郷政乗が出羽より転封されてくる。六郷政乗が出羽六郷より五〇〇〇石の加増となったほかは旧封据えおきであり、石高は出羽にいたころと同額である。佐竹氏の国替えにともなう便宜的転封策とみられよう。このほか、出羽より常陸に移されたものとして志筑(千代田村)八五〇〇石に本堂茂親、武田五〇〇〇石に仁賀保挙誠がある。なお、慶長八年には、松下重綱が遠江久野より一万六〇〇〇石をそのまま小張(伊奈村)に移されている。以上の領主変動の結果を表1として示す。右以外の地域は、青山忠成が上総・下総のうちに一万八〇〇〇石、山田重則が信太郡に一〇〇〇石、上杉長員が同郡に一四九〇石など、譜代大名の飛地や、旗本領に与えられた地域もあるが、結城や下妻のように、家康の直轄領になったとみてよい。

慶長八年、徳川家康は征夷大将軍に補任され、幕府を江戸に開く。このころまでには結城・佐竹両氏の旧領域を中心とする常総地方にも、家康の改易・転封策によって政治的新秩序が形成される。表1によってその特色を考える。

第一は、下館城の水谷氏を除いて中世以来の旧族大名が一掃され、重要拠点に徳川氏の一門・譜代が配置されたことである。宍戸・手綱・府中・志筑・武田には出羽から転封された外様の諸小大名が入部するが、彼らは関ヶ原の合戦の時、最上義光の与力大名として当初から上杉景勝と戦った親徳川色の傾向の強い大名たちだった。もしそうでないにしても、周囲を水戸・笠間・土浦・古河と徳川氏の一門・譜代に包囲されては身動きはできない。

第二に常総地方が、江戸を本拠とする徳川将軍家の関東領国の一環としての色彩を濃くしたことである。下総国はこれ以前から徳川氏の関東領国に属した。佐竹旧領の主体は常陸国である。佐竹旧領五四万五八〇〇石余のうち、外様系の大名に与えられた石高は、宍戸秋田実季五万石ほか、四家計七万三五〇〇石余にしか過ぎない。四七万二三〇〇石余とその圧倒的部分が、将軍家の一門・譜代大名・旗本の所領や将軍家の直轄領と、徳川系の所領に編入された。常陸国も将軍家の領国化し、その政策が深く浸透する条件が成立したのである。

第三に常総地方は、背後に利根川を負ってその後に江戸幕府の本拠江戸を守護するため、東北外様に対する北の備えとなる。なかでも家康が水戸にその第五子武田信吉を配したのは、水戸を常総両地方の全国知行割＝大名配置に占める、この役割の拠点にしようとしたものである。水戸に一五万石という関東でも最大の城地・城領を設定して、要塞＝城と、軍団＝家臣団を維持し、その役割を笠間・古河・土浦城に配置した譜代家臣団をして補助せしめようとするものであった。

二　いわゆる備前検地について

常総地方にも慶長七年（一六〇二）、いっせいに検地が施行される。佐竹氏の旧領水戸地方では、その年七月から伊奈忠次・彦坂元正・島田重次・内藤清成・長谷川長綱らを検地奉行として施行されている(7)。結城氏の旧領結城地方では、同年二月より伊奈忠次配下の役人の手によって(8)、また、改易された多賀谷重経の旧領下妻地方では、同年八月、井手正次を検地奉行として実施されている(9)。

伊奈忠次・彦坂元正はいうまでもなく代官頭で(10)、井手正次は、家康の関東入国直前に代官として駿河・伊豆の蔵入地を支配し、一時駿府の町奉行を兼ねている(11)。また、島田重次(12)・長谷川長綱(13)も練達の検地奉行だった。内藤清成は別格で、職掌は関東総奉行、常陸国江戸崎領をはじめ、相模国東郡、下総国海上郡、上総国成東領のうちに二万一〇〇〇石を領していた(14)。ただし、『慶長江戸図』をみると、本丸の北東には「代官領」があって、そこに伊奈忠次・大久保長安・彦坂元正などの代官頭をはじめ、内藤清成・青山忠成・板倉伊賀守・島田次兵衛・加藤喜左衛門・間宮彦三郎たちの預り蔵が立ちならんでいる(15)。内藤清成も代官を兼ねていたのであろう。関東総奉行・代官頭・代官衆が検地奉行として検地を分担したのである。

奉行衆の地域割は、検地帳の残存が少ないため必ずしも明白ではないが、伊奈忠次は常陸国茨城・那珂両郡、下総国結城・猿島の両郡、彦坂元正は鹿島郡のほか岩城氏の旧領陸奥岩城地方、島田は常陸国茨城・那珂・行方・新治の各郡、長谷川は常陸国茨城郡下古内村を、井手は常陸国河内郡渋井村を行ったことが知られている。

伊奈忠次の実施範囲がもっとも広いようである。伊奈忠次は、水戸藩領をはじめ常総の蔵入地を支配しており、検地後、下総の鬼怒川および小貝川流域には、忠次による寺社領黒印状が大量に発行されている(16)。常総地方の慶長七、八年検地は、改易・転封された諸大名の跡地に、家康の指令によって実施されたものであるが、忠次の影響がもっとも強かったとみてよいだろう。後年、常総地方でもこの検地を「備前検地」と呼ぶのももっともである。備前検地は、分附記載があるほかは太閤検地とほぼ同じ基準で行われた。打出しが苛酷であったらしく、後世まで「慶長の苛

法」として語りつがれている。(17)

三　水戸藩農政論における小農経営

近世における小農は、どの程度の田畑を保有すれば農業経営のみによって生計を維持することができたのであろうか。時代によって、また、地域によって相違はあったであろうが、従来の村落構造や小農経営の分析のさいには、五反前後が一つの目安とされていたようである。常総地方の場合を、水戸藩の一人の地方役人の著作によって考えよう。

寛政十二年(一八〇〇)ごろ、水戸藩の南部紅葉組郡奉行＝小宮山楓軒の下に、坂場流謙という郡方役人がいた。流謙の出自は必ずしも明瞭ではない。瀬谷義彦氏によれば、彼が出自した坂場家は水戸藩領常陸国茨城郡若宮村の庄屋で、父太衛門治時の代から水戸藩郡奉行所の下役になったという。流謙も明和元年(一七六四)父が没した後、郡方勤務となったらしく、寛政九年六月十九日、抜擢されて町与力となり、一〇〇石を与えられている。同十年買物役格大吟味方勤務、同十一年草木植立懸りをへて、翌十二年にはふたたび郡役所勤務に転じ、南部紅葉組の郡奉行小宮山楓軒の下に勤務する。郡方勤務は文化二年(一八〇五)四月まで続く。父治時が没した直後に郡方勤務になったとすれば、一時町方に転じたとしても在職は四〇年に及んだこと、また、出自が庄屋の分家であったことに注意したい。

流謙はこの長期にわたる郡方勤務の経験を、将来の郡奉行や郡吏の民政担当に生かすため、『国用秘録』五巻七冊にまとめている。成立年代は文化年代後半と推定される。内容は水戸藩の農政上の豊富な史料を提供するとともに、民政担当の経験と奥州や畿内方面の産業経済事情視察の結果などを交えて、ある程度改革的見解をも示している。(18)水戸藩の農政論は寛政前後から文化文政時代にかけて活発となり、藤田幽谷の『勧農或問』、高倉逸斎の『田制考証』、小宮山楓軒の『農政座右』などの地方書を生む。流謙の『国用秘録』は、それらの地方書のなかでも水戸藩の農政の特色を知るためには、質量ともにもっとも優れた地方書の一つと位置づけることができる。(19)

そのなかで流謙は、一軒の農家の保有土地面積について、「一、耕作之制は一夫耕す所田三反畑三反也、二夫の職壱町弐反を民七口の家を養ふ七口の民、七人を以傭夫一人を出す、これ禁廷の夫也」と、「一夫耕す所田三反畑三反」計六反を、「耕作之制」としている。(20)

さらに、経営規模については、次のようにいう。(21)

右百姓壱軒前の年貢取実之作徳を記し、経営の見通迄ニ記置き、国中の惣括をあらしめ度ク、大意を述ルもの也、又百姓壱軒前ニ而高三、四石持では作徳至而少く、経営ニなりがたし、七、八石より拾弐石限りニ而よし、真土へ石交りの地ハ壱軒ニ而拾石以上作り仕付ならず、野土ハ拾弐石迄ニ而も余れる事なし、拾五石より廿石、三拾石ニ至りてハ、一家人別八、九人ニ而も作り、余りて入作ニする外なし、下男女を抱て給金扶持米ニ掛り多く、多分の作徳なし、爰を以井田の法ニ而ハ、下男女を不抱して一家の人別を以作りて、過不足なき様ニ割渡し、土地の売買ならぬ御定也、然ルニ今国中の百姓持高、甚高下ありて、井田の法ニ背き困窮の元起り也と心得べし、

石高にして三、四石の田畑では、経営が成り立ちにくい、七、八石から一二石限りがもっとも望ましい、といっている。もっとも、それは土質によっても異なる。石交りの土質の場合は、一〇石以上耕作しなければ経営が成り立たないであろうし、また、関東ローム層が露出しているような野土の地は、流謙が限界経営規模とする一二石以上耕作しても不十分としている。注目すべきは「拾五石より廿石、三拾石ニ至りてハ、一家人別八、九人ニ而も作り余りて、入作ニする外なし、下男女を抱て給金扶持米ニ掛り多く、多分の作徳なし、爰を以井田の法ニ而ハ、下男女を不抱して

一家の人別を以作りて、過不足なき様ニ割渡し、土地の売買ならぬ御定也」と述べている点である。一五石以上の田畑の耕作は、家族労働力だけでは経営不可能で、といって下男下女を雇っては賃金高騰のため経営上不利である。七、八石以上、一二石限りの田畑を家族労働力のみによって耕作すべきことを主張している。

水戸藩の斗代は上田が一三、上畑が一一の二つ下がりである。平均すれば一〇、つまり一反につき一石の石盛となる。地域の条件によって差はあるが、石高にして七、八石から一二石限り、広さにして七、八反から一町二反限りを家族労働力のみによって耕作するのが、もっとも安定した小農経営であったことをうかがうことができる。

しかるに、彼が直面した水戸藩領の情況は、どのようにその目に映じたのであろうか。

水戸領国中の百姓家六万軒あり、壱軒ニ付拾弐石六斗ツ、割渡し、高七拾五万六千石迄ハ荒所もなく、蒔仕付可成所、水戸領四拾万石ニ而荒所五万石、永引壱万八千石あり、漢の文帝の時、国中の租税取実三十歩一を収納して、古代聖人の井田の法よりも年貢取上少キ故、国中の農民可富栄筈なれ共、国君へ取上ル所斗三十歩一ニして、小百姓壱軒切に持高定なく、当世のごとく富家の百姓より千金を敷き、土地を買上、一家ニ而作り余れる故、貧民へ入作とて、四ツ取の田籾拾表年貢出ル所ハ、十五表廿表ニも貧人請作して、富家ハ不労してもうける故、貧人富家の為メニ労して万姦(カ)起り、刑罪ニ逢民多し、是皆年貢を安く取上名而已ニ而、小百姓の身の上迄深く不察役人まかせニして置ク故、富家の姦計起りて貧民くるしめり、水戸領六万軒の百姓、壱軒ニ付拾石ツ、、
平均ニ持高為持六拾万石迄ハ仕り仕付も成ル見通し也、
七石ツ、為持四拾弐万石作り仕付成ル也、
本米崎村高千石、此百姓家百七拾軒あり、壱軒ニ付五石八斗八升ツ、ニ而、皆相応の百姓にて父母妻子を養也、
水戸領本郷新田高四拾万石あり、作り余りて荒所五万石あるべき筈なし、畢竟古代聖人の道ニ疎く、士農工商の

業民の心まかせニして、法の取〆なき故、万姦奢侈物草起りて荒所多き事、此国斗ニあらず、[22]

水戸領の実高四〇万石に、農家数六万人、一軒に平均七石ずつ持たせたとしても、四二万石は十分耕作できるはずなのに、荒所の無耕作地が五万石もある。その原因を流謙は、「小百姓壱軒切に持高定なく、当世のごとく富家の百姓より千金を敷き、土地を買上、一家ニ而作り余れる故、貧民へ入作とて、四ツ取の田籾拾表年貢出ル所ハ、十五表廿表ニも貧人請作して、富家ハ不労してもうける故、貧人富家の為メニ労して万姦起り、刑罪ニ逢民多し」とみる。村落階層の両極分解化、寄生地主制の萌芽的現象がその主因と鋭く指摘している。

坂場流謙の『国用秘録』から、化政期ごろの水戸藩農政担当者が描いた小農経営の典型が浮かびあがる。それはそのころ崩壊の危機に直面していた、七、八反以上、一町二反限りの耕地を保有し、それを家族労働力のみによって経営する階層であった。これをそのまま近世初頭に移行することはできないが、一応の目安として、慶長期の村落階層の分析に移ろう。

四　結城・佐竹旧領下の村落構造

慶長七年（一六〇二）、常総地方に対する備前検地の検地帳残存度は少ない。わずかに九例を得たに過ぎない。一筆ごと名寄集計表から得た村落階層表をつくり、表2として示す。参考のため慶長十六年、常陸国信太郡安中郷大塚村の事例を加えた。

一覧して気づくことは、少ない事例内のことではあるが、常陸諸村落と下総諸村落とのきわだった相違である。下総国結城郡結城寺村は正保四年（一六四七）、京極領と結城寺領に耕地と百姓分けが行われ、京極領は本高一三一

慶長7(1602)		慶長7(1602)		慶長7(1602)		慶長7(1602)		慶長7(1602)	
常陸・太田		下総・結城寺村		下総・上山川村 せんほうち		下総・上山川村 くぼうちわつた		下総・上山川村 うめた	
佐竹 → 幕領		結城 → 幕領		結城 → 幕領		結城 → 幕領		結城 → 幕領	
3(3)	%	0	%	0	%	0	%		%
9(7)	25	1	1	0		0			
5(3)	33	2	55	0	23	4	35	6	38
5(4)		10		7		7		3	
2(2)		5		4		6		6	
4(2)		15		5		5		11	
9(0)	42	25	44	29	77	34	65	30	62
11(4)		14		24		7		13	
48(25)		72		69		63		69	
52%									
同村検地帳(永原慶二・長倉保「後進＝自給的農集地帯における村方地主制の展開(一)」〔『史学雑誌』64-1〕)		同村検地帳(『結城市史』第5巻74頁)		同村検地帳(同左)		同村検地帳(同左)		同村検地帳(同左)	

石で、同年の打出高八四石四斗九升四合を加えて、二一五石四斗九升四合、寺領分は一一四石四斗五升三合と決定され、合わせて三二九石九斗四升六合の村高となっている。[23] 表2に示した検地帳には「寺家分」とあり、結城寺領のみの検地帳であった可能性が強い。

これに対し上山川村は、元禄郷帳一六五八石一斗九升、天保郷帳では二四八一石六斗六升八合の大村で、慶長七年検地帳は、「せんほうち」「くぼうちわつた」「うめた」のように、字名別の冊子となっている。これらの検地帳は、上山川村の袴田七右衛門・平岩甚左衛門・五味民部のように、伊奈忠次配下の検地役人によって作成されたものであるが、いずれも分附記載があることを特徴とする。上山川村を例にとれば、次のようである。

(表紙)「下総国山川領上山川村御縄打水帳」

(前略)

表2　慶長7年常総地域諸村落階層表

	慶長7(1602)		慶長7(1602)		慶長7(1602)		慶長7(1602)		慶長16(1611)	
	常陸・上佐谷村		常陸・雪ヶ谷村		常陸・当間村		常陸・神宮寺村		常陸 安中郷大塚村	
	佐竹 → 本堂		佐竹 → 本堂		佐竹 → 幕領		蘆名 → 幕領		佐竹 → 幕領	
30反以上	11(10)	%	4(3)	%	1(1)	%	1(1)	%	1(1)	%
15－30反未満	9(6)	41		10	16(7)	12	3(2)	2	0(0)	0.8
10～15 〃	6(4)	37	4(2)	44	7(3)	25	7(4)	28	1(1)	11
7～10 〃	6(3)		4(2)		7(2)		11(7)		4(2)	
5～7 〃	3(0)		5(1)		7(0)		13(10)		7(2)	
3～5 〃	3(0)		4(2)		15(1)		31(17)		15(4)	
1～3 〃	6(2)	22	7(2)	46	44(2)	63	76(14)	70	29(0)	78.2
1反未満	5(3)		11(1)		46(3)		78(10)		73(2)	
計	49(28)		39(13)		143(19)		220(65)		130(12)	
比率	57%		33%		13%		30%		9%	
史料・出典	「常陸国新治郡三内上佐谷村御縄打水帳」		「常陸国雪谷村御縄打水帳(1冊)」千代田村雪谷石塚保氏蔵		同村検地帳		同村検地帳		同村検地帳	

(　)内は屋敷地保有農民、上山川村屋敷帳は未発見、比率は$\frac{屋敷保有農民}{登録員数}\times 100$

上畠　せんぼうち　壱反参畝拾八歩　外記分　主作
下畠　同所　四畝拾歩　不作　同分
下畠　同所　参畝弐歩　同分　四郎兵衛作

ただし、その分附記載は比較的単純で、次の三類型しかない。

①分附地と主作地をもつもの
②分附地と被分附地をもつもの
③被分附地のみをもつもの

①と②は分附主で、③は分附百姓である。分附主には主税・外記など武士的名前がみられ、③は分附百姓がもっとも多い。結城寺村の場合は「主作」と「作」のみで、さらに単純化される。表2の村落階層表は、記載様式の異なる名請地の一筆ごと名寄集計表をもとにしている。表2中の下総の諸集落は隣接しており、分附記載と複雑な出入作関係を考慮しなければならないが、それにしても、一町五反以上の耕地保有者がほとんど皆無で、三反未満の零細農が多い

ことを特色としている。

他の慶長期の常陸の諸村には分附記載はない。いずれも百分率の数値の相違はあるにせよ、一町五反以上の有力農民が存在する。とりあえず、一町五反未満で三反以上の耕地保有者を小農経営とする。面白いことに有力農民の百分率が小さい大塚・神宮寺・当間の三村は、小農経営の数値も少なく、その反対に三反未満の零細農の数値は七八・二％、七〇％、六三％と圧倒的に多い。雪ヶ谷村は有力農民は一〇％と少ないが、小農経営と零細農が残りのほぼ半分ずつを占めている。一般に有力農民が少ない村には自立的小農経営が少なく、零細農が圧倒的に多い傾向にあったとみることができよう。

これに対し、上佐谷・太田の両村は、有力農民は四一％、二五％と、他の諸村に比しいちじるしく多い。小農経営も三七％、三三％と他の諸村に比し、決して少なくはないが、三割台である。さらに三反未満の零細農は二二％、四二％と相対的にはもっとも少ない。有力農民の多い村は、小農経営者も零細農も相対的に小さい数値を示す傾向にあったとみることができよう。

また、従来指摘されてきたことではあるが、全体を通して、上佐谷村を除いては、屋敷地を保有するものが少ないことに気づく。比率のもっとも高い上佐谷村でも五七％と六割弱で、最低の大塚村では九％に過ぎない。いったい無屋敷農民はどうしていたのであろうか。この疑問を解くヒントは、保有耕地一町以上のものはほとんど屋敷地を保有するが、耕地面積が減少するほど屋敷保有農民が少なくなり、一反未満の多くは、屋敷地のみの保有者であるということである。無屋敷農民の多くは、有力農民の屋敷地に家を建てていたか、あるいは、有力農民の屋敷に同居する肉親か、使用人ということになろう。無屋敷農民が過半以上に達するというのは常総地方だけではなく、太閤検地帳と慶長期の徳川系検地帳の一般的傾向である。

右のように、一般に慶長期における常総地方の村落では、結城寺村のような特殊な例を除いては、表2の小農経営の比が一一％から四四％に散在しているように、村落構成員の過半には達せず、有力農民が圧倒的勢力を保持していたとみることができよう。

では何故、結城寺村のような特殊な村落構造が出現したのであろうか。また、上山川の諸集落も、それが集落ごとに検地帳が作成されているとはいえ、一町五反未満の小農と三反未満の零細農のみによって構成されている。これも表2中にあっては異例である。この村落構造の特色は、両村が負った政治的条件にあるものと思われる。結城寺・上山川の両村は、山川領であった。山川領の領主は鎌倉以来の門閥で、結城氏の一門＝山川朝信である。朝信は関ヶ原の合戦の戦後処理で、下妻の多賀谷重経とともに山川二万石を没収されるが、当時十一歳の山川菊松(朝貞)は、結城秀康に従って越前に転封、吉田郡花谷で一万七〇〇〇石を与えられている。(24)朝信と朝貞は、あるいは親子であったかも知れない。いずれにせよ、相当数の朝貞の家臣団が山川領を去るのである。

これが結城寺・上山川村の村落構造に反映したものと思われる。もっとも小農経営者といっても結城寺村では、検地帳名請人七二人のうち、美濃・和泉など受領名、あるいは監物・勘解由など官途名、そのほか、武士的名前が一九人、同様に上山川では三六人を数える。上山川では分附主である場合も多い。小農経営者であるとともに、なお武士的性格を備えていたとみることができよう。

中世以来の根生の大名たちの下級家臣団の多くは、当時なお在村して農業経営を営み、そのまま農村支配機構の末端となっている場合が多かった。これらの人々がすべて主君に従って故郷を後にしたわけではない。山川朝貞の主君結城秀康は、結城一〇万一〇〇〇石余から越前六七万石へと実に六倍する加増転封であった。しかし、その本領結城本郷には、その旧家臣筋にあたる少なくとも二八家が自ら希望して残留する。彼らは結城本郷が幕領となった後も結城本郷六一〇〇石余の年貢諸役徴収権を握り、あるいは穀類の独占集荷販売権を与えられて、後に十人士・十八人士と称された門閥町人に転化する。(25)しかし、加増転封の場合は、それらの武士的性格をも内包する有力農民層が、故郷を去って専業的武士に転化する機会が多かったこともまた事実であろう。

これと反対に、常陸の諸村はすべて佐竹氏の旧領であり、さらに、中世以来の佐竹氏本領というよりは、戦国末期から織豊期初頭の時期の征服地であった。当間村・神宮寺村・太田村などがこの事例である。二〇年も経たないうちにその佐竹氏が事実上の改易、さらに二分の一強の減封となって転封されたのである。佐竹氏は転封にあたって下級家臣団の整理をしなければならなかった。(26)このような歴史的条件を負わされた佐竹旧領下の諸村落には、佐竹旧臣筋のものが農村に土着する場合が多く、また、武士的性格をも内包する有力農民が、専業的武士に上昇転化する機会が相対的には少なかったことは容易に推定できる。一つの具体例をあげよう。

表2に示した常陸国茨城郡太田村(友部町)に、江戸時代から今日まで村内に卓越した地位を占めた友部家がある。(27)この太田友部家は、小田氏の庶流にあたり、小田氏の部将をも勤めたが、小田原合戦後、小田本宗の没落とともに太田村に土着したものという。友部家は慶長七年検地で「太郎二郎」の名前で八畝歩の屋敷地と二町五反八畝の田畑を名請している。耕地の名請面積でいえば、友部家の「太郎二郎」のうえに、「源兵衛」三町八反、「内き」三町三反、「おいの助」三町二反と三人の農民は存在するが、実情はそれほど単純なものではなかったらしい。

元和六年(一六二〇)、同村に再度検地が行われる。このとき友部家は「屋敷まへ」に一一筆と「蔵わき」に三筆、合計二反四畝一八歩の屋敷地のうちに、八人の分附百姓を名請させている。村内最大の屋敷地保有者で、また、村内最多の分附百姓保持者として出現する。これらの屋敷地と分附百姓は、十八年前の慶長七年にも存在していた可能性が強い。田畑についても同様であろう。どの程度か不明であるが、相当程度の除地があったと思われるのである。

いずれにせよ、佐竹氏の旧領、さらに加増転封となった結城氏の旧領にも、戦国大名や、佐竹・結城氏の旧臣筋のもので、故国に残留するものも多かった。慶長期の検地帳に有力農民として武士的名前で耕地を名請しているのは彼らか、その系譜に属する階層で、また、三反未満の零細農は「門《かど》の者」「屋敷の者」などと称された隷属農か、有力農民の一族のものが多かったのである。小農経営者の力はまだ微弱で、有力農民の実質的支配下にあったとみてよいだろう。

結びにかえて

以上、慶長七年(一六〇二)前後における常陸・下総両国、とくに結城・佐竹氏旧領下の村と農民が負った歴史的条件について考えてみた。領主が原封の六倍強の加増転封を受けた結城氏旧領下と、二分の一弱の減転となった佐竹氏旧領下の村と農民が受けた影響とは対照的に異なる。とくに、それは兵農分離過程にある旧小領主層の動向を左右するからである。

結城氏旧領下の結城寺村・上山川村では、検地帳記載様式に分附記載を残すとはいえ、検地帳の一筆ごと名寄集計によれば、佐竹旧領下の常陸諸村に比し、村落内における小農と零細農の展開度は相対的に顕著としなければならない。もちろん、家康政権の改易・転封策→旧小領主層の動向→村落構造の三点を、ストレートに結びつけることに若干の危険性はあるし、また、結城氏旧領下の諸村が、すべて同一の影響を受けたものでもあるまい。しかし、結城氏旧領下では、佐竹氏旧領下の諸村に比し、相対的に小農と零細農の展開が現出しやすい条件下にあったことは否定し得ないのではなかろうか。

註

（1）木村礎『日本村落史』（弘文堂、一九七八年）。
（2）木村礎『村の語る日本の歴史』古代・中世編、近世編①、近世編②（そしえて文庫、一九八三年）。
（3）駿台史学会「特集　村落景観の史的復原―下猿島地方―」（『駿台史学』五六、一九八二年）。
（4）水本邦彦「近世初期の村政と自治―摂津国芥川郡柱本村における―」（『日本史研究』二四四、一九八二年）。
（5）菅原憲二「近世前期の村算用と庄屋―和州平群郡五百井村を中心に―」（『日本史研究』一九六・一九七、一九七八・一九七九年）。
（6）藤野保『新訂幕藩体制史の研究』巻末附録1・2（吉川弘文館、一九七五年）。『新訂寛政重修諸家譜』該当巻（続群書類従刊行会。以下『寛政重修諸家譜』はこの本による）。転封前後の事情については『水戸市史』上巻・『結城市史』四巻が詳しい。以下大名の改易・転封、大名配置はこれらの史料と『徳川実紀』によった。
（7）『水戸市史』中巻㈠（水戸市、一九六八年）一二頁。
（8）乙竹孝文「北関東における近世初期検地について―史料学的検討をふまえて―」（『駒沢史学』二九、一九八二年）。『結城市史』第五巻（結城市、一九八三年）五一～五三頁。
（9）『下妻市史』（下妻市、一九七九年）一六二頁。
（10）村上直『代官』（人物往来社、一九六三年）一五～六九頁。
（11）『新訂寛政重修諸家譜』第一七巻、九四頁。
（12）同右、第五巻、一九三頁。

(13) 同右、第一四巻、一〇〇頁。
(14) 同右、第一三巻、二二六頁。
(15) 村上前掲註(10)六六頁。
(16) 和泉清司編『伊奈忠次文書集成』(文献出版、一九八一年)三五〇〜三五一頁。
(17) 同右、三五〇頁。『水戸市史』中巻(一)、一三頁。
(18) 茨城県史編さん委員会編『国用秘録』上・下(茨城県、一九七一年)。同書上巻に瀬谷義彦による「解説」がある。坂場流謙および『国用秘録』の史料的性格については、瀬谷の「解説」に依拠した。
(19) 同右、瀬谷義彦「解説」、同右上、八頁。
(20) 同右上、三一六頁。
(21) 同右上、九九頁。
(22) 同右上、二八七頁。
(23) 『結城市史』第五巻、三〇七頁。以下、結城寺村と上山川村については乙竹孝文前掲論文および前掲『結城市史』第五巻。
(24) 『結城市史』第四巻(結城市、一九八二年)七五九頁。
(25) 『結城市史』第五巻、二五四頁。
(26) 『水戸市史』上、八四三頁。
(27) 太田村友部家については永原慶二・長倉保「後進=自給的農業地帯における村方地主制の展開」(一)・(二)(『史学雑誌』六四―一・二、一九五五年)。

土浦土屋藩主歴代と江戸幕府奏者番

はじめに

近世における各藩は大藩にせよ、中小藩にせよ、中央における幕政の展開の影響下にそれぞれの地域に藩体制を成立させ、それを維持してきた。小稿は土浦土屋藩を事例として、幕政の展開とともに土浦土屋藩主の家格が、奏者番を経由して老中に任じられる大名家に定着してゆく過程を探り、幕府と譜代中小藩の関係の一端に迫ろうとしたものである。

さいわいこの度、茨城県史編集会は土浦土屋藩をとりあげ、平成七年(一九九五)三月二十七日付で『茨城県史料』近世政治編Ⅲとして公刊した。巻頭には久信田喜一がこの史料集の構成にしたがって「概観、一藩主、二家臣団、三藩政、四藩領、五財政、六藩主日記」と解説し、土浦土屋藩の構造を明らかにしようとしている。小稿もこの史料集編集成果の一端である。小稿は、一では江戸幕府奏者番の研究史、二では戦国期甲斐の名家土屋氏の近世的変容としての土浦土屋藩主歴代と奏者番の関係、三では幕閣における土浦藩主の位置を二代政直にしぼって追究し、右の課題に迫ろうとした。

一　江戸幕府職制としての奏者番

江戸幕府奏者番について近年の研究は意外に少ない。それはすでに『古事類苑』や松平太郎の研究によって、その大略が究明されていることと、江戸幕府職制における奏者番の役割を軽視したからであろうか。まず、奏者番について、『古事類苑』は、次のように概述する(1)。

奏者番ハ、万石以上ノ人ヲ以テ之ニ補ス、其人員ハ二十人、若シクハ三十人ニシテ、当番助番非番等アリテ、交番ニ其職ニ従フ、大名旗本等ノ将軍ニ謁見スル時、某姓名ヲ言上シ、其進物ヲ披露シ、又将軍ヨリ下賜ノ物ヲ伝達スル事ヲ掌ル、又三家及ビ大名ノ家格ニ依テ、奏者番ヲ以テ上使ニ充ツルコトアリ、而シテ寺社奉行ハ、必ズ此職ヨリ兼帯スルヲ例トス、抑々此職ハ、慶長年間、足利氏ノ遺臣本郷信富・同勝吉等ヲ之ニ補セシヲ始トシ、文久二年ニ一旦之ヲ廃シテ、其職務ハ、詰衆・寺社奉行・進物番・高家等ニ分属セシメシガ、同三年ニ再ビ之ヲ置ケリ、西丸ニモ亦奏者番アリ

そのほか説くところは、次の三点につきる。第一は、その職員数は二、三〇人で、寺社奉行が必ず兼帯していること、第二に、職掌としては、①御目見得のとき、姓名を言上すること、および②御三家もしくはそれに準ずる格の大名家の上使をあげ、第三に、職制のはじめは慶長期に室町幕府の遺臣を任じたことにある、としている。

その所引の「明良帯録前篇」御奏者番は「君辺第一之職にて、言語伶利、英邁の仁にあらざれば堪へず(2)」と奏者番が重職であることを強調している。

松平太郎は、奏者番は「幕府典礼の掌務に与るもの」もしくは「一に礼儀作法を以て君側に奉ずる任(3)」であるとす

る。前記『古事類苑』の概述の第一点については同じで、「本来城主の任なれども、才幹に因り一万石を以て此任を拝せしもの少からず、芙蓉間に班し、従五位下朝散大夫なれども、家格四品の者之に任ぜらるゝを妨げず、又外様を以て此職を拝せしものあり」(4)と述べる。

第二点、職掌について、『古事類苑』と松平太郎とは所説が異なる点がある。すなわち、第二点の①に関しては「其任務の職とするところは、歳首・五節句・朔望・相続・叙任・参勤・就封等に方り、諸侯以下将軍家に謁する時、その姓名・献上の太刀等を披露し(三家三卿国持等は老中披露し、奏者番之を引いて納むるなり)、営内に於て下賜品を伝達し」(5)と、同様である。ただし、②の上使については、『古事類苑』が、「三家及ビ大名ノ家格ニ依テ、奏者番ヲ以テ上使ニ充ツルコトアリ」としているのに対し、松平は「准国主、国持家の隠居等参勤就封の時上使を奉ず(但三家国持は老中上使たり、又対州及宇和島のみは参勤の時老中上使、就封の時奏者番なり)、また、三家在国の際、使者の任に服することあり、将軍家通常の仏事、三家の法会に代参し」(6)とする。松平によれば、参勤・就封の際の三家・国持に対する上使は老中で、奏者番は国主・国持家の隠居等参勤・就封の時の上使としている。

また、松平によれば、奏者番には当番・助番・非番の制をとり、家臣の中より留役を任じて典礼を調査させ、登城の際には、連絡係としての押合、祐筆一人ずつを随従させたという。さらに「凡て奏者番は詰衆・詰衆並・大番頭・大坂城番等より補し、秩禄によりて京都所司代・大坂城代・若年寄等に補せらるゝなり」(7)と指摘している点は注目される。

近年の奏者番に関する研究には、丸山昌子・藤木久子(8)や、小沢文子(9)の研究はあるが、もっとも精力的に基礎的研究にあたったのは、美和信夫である(10)。美和はまず『柳営補任』の奏者番就任記載者を、『寛政重修諸家譜』『徳川実紀』『続徳川実紀』、上記以外の江戸幕府諸役人任免記類等により、個別に調査・検討し、「江戸幕府奏者番就任者一覧表」を作成した[11]。そのうえで、「一覧表」をもとに、一「奏者番就任者数」、二「年齢」、三「就任期間」、四「石高」、五「領地」、六「前職」、七「後職」、八「その他」、にわたって、数量的分析を行った[12]。

その成果によれば、一「就任者数」は、延べ四二八人でそのうち再就任者は二一人、再々就任者は二人、奏者番初任者数は四〇五人である。

二「年齢」は、延べ四二八人中、不明の二人を除いた平均年齢は就任時が三十六歳弱、退職時が四十四歳強で、老中の就任時の平均年齢の四十五歳、若年寄の就任時の平均年齢四十一歳に比し、全体的に就任時・退職時とも老中・若年寄の平均年齢よりも若い傾向がみられる。年代別の状況は、老中や若年寄と同様に年齢の分布の幅は大きいが、就任時に最も多いのは三十代、ついで二十代で両者で全体の六六・七％、四十代の就任者を含めると全体の八八％をも占め、老中や若年寄よりも若い年齢で就任・退任の割合が高い。

三「就任期間」、平均就任期間は八年五か月、老中の場合より五か月は短く、若年寄の場合より一年ほど長い。最も多いのは五年未満で一七四人(四〇・六％)、十年以上十五年未満九四人(二二％)、五年以上十年未満七九人(一八・四％)、十五年以上二十年未満四二人(九・八％)の順となる。

四「石高」、一万石未満から一三万石に至る幅で分布。就任時平均石高は四・一万石。五万石未満での就任者は二五五人(五九・六％)、五万石以上一〇万石未満では一三九人(三二・五％)、一〇万石以上では三三人(七・七％)、不明一人。就任時一万石未満のものは一五人にしか過ぎず、『古事類苑』が「奏者番ハ、万石以上ノ人ヲ以テ之ニ補ス」とする説を確認することができる。

五「領地」、全国に及んでおり、なかでも関東地方が一四四人(三三・六％)で最も多く、ついで中部地方一三三人、近畿地方七八人(一八・二％)、東北地方三〇人(七％)、九州地方二〇人(四・七％)、中国地方一九人(四・四％)、四国地方二人(〇・五%)の順。この関東・中部・近畿・東北の各地方の順位と割合は、老中・若年寄の場合とほぼ同じ。

六「前職」では、初任者四〇五人中、三一四人が「前職なし」(七七・五%)、ついで五代将軍綱吉時代に存在した「奥詰」よりの一〇人(二・五%)、「大坂定番」と「伏見奉行」よりの各七人(一・七%)の順。したがって、奏者番は通常万石以上の譜代大名が初めて就任するという性格の強い役職であったとする。なお、奏者番初任者中、若年寄より奏者番に就任した者が五人(一・二%)ある。この五人はすべて貞享二年(一六八五)六月就任した堀田正英以前である。したがって、江戸幕府確立後は、奏者番から若年寄への昇進が通常のコースであり、江戸幕府確立期や再任者などを除いて、その逆は元禄期以後みられなくなる[13]」との指摘は重要である。幕政に占める元禄期の意義をさらに追究する必要があろう。

七「後職」、退職理由により後歴をみるに、他の役職に移った者一七四人(四〇・七%)、辞任・罷免・閉門などの免職一六三人(三八・一%)、死亡九〇人(二一%)の順となる。他の役職に移った者の比率四〇・七%は、最終職歴であった老中は別として若年寄の三四・二%より多く、奏者番就任者は、若年寄就任者の場合よりもさらに他の役職に就任する可能性が多かった。昇進先は一七四人中、若年寄への八四人が最も多い。しかし、奏者番経由という経歴からみた場合は、大坂城代就任者六六人中五二人が奏者番経由者で七八・八%、京都所司代就任者五六人中四九人が奏者番経由者で八七・五%の割合。老中の場合でも、奏者番から直ちに老中もしくは老中格への昇進者は一七人であるが、そのほかに八〇人が他の役職を経て老中まで昇進している。この九七人という奏者番経由老中就任者数は、老中就任者数の約三分の二にも達する。こうして幕閣への昇進コースとして奏者番→大坂城代→京都所司代→老中が一つの典型的昇進コースとなる。一つの課題はこのような幕閣への典型的な昇進コースが、いつごろ出現し、どのように定着してくるかということであろう。以下、土浦土屋藩歴代の事跡を追い、その一事例を明らかにしたい。なお、この点については、前掲久信田喜一の成果と筆者の小稿がある。(14)

二　土浦土屋藩主歴代と奏者番

初代数直

土浦土屋藩祖数直の家は、一色氏の出であると伝えられる。家譜によれば、家祖範貞は一色左京大夫詮範が二男で、四代藤次の代より甲斐武田氏の被官となり、秋山もしくは金丸と称していたが、昌次・昌恒(七代)兄弟の代より、武田の長臣土屋の称号を許されたという。昌次が長篠の戦で戦死し、昌恒が天目山で武田勝頼に殉じたことは、当時から世に知られていた。

この昌恒の子が土浦土屋藩祖数直の父忠直である。昌恒が勝頼に殉じたとき、忠直は五歳だった。忠直は、土屋昌恒の子の故をもって、後に徳川家康に召し出され、慶長七年(一六〇二)には、上総国久留里城主となり、二万石を領した。

忠直には、利直・数直・之直という三人の子があった。嫡男利直の家は、その子直樹の代の延宝七年(一六七九)、狂気の沙汰ありとして改易されたが、男子逵直は父祖の功業を理由に三〇〇〇石を与えられる。二男数直が、土浦土屋藩藩祖であり、三男之直の家は、後に三〇〇〇石の旗本となる。

土浦土屋藩祖数直は、慶長十三年土屋忠直の二男として生まれた。元和二年(一六一六)、九歳のとき二代将軍秀忠に拝謁し、同五年、後の三代将軍家光に附せられ、同八年御近習、同九年御膳番となり、御書院番をへて、寛永九年

（一六三二）、新たに進物番が設置されたとき、同職に任じられている。御膳番とは、将軍御膳の毒味をしたり、給仕を任とする。[15]進物番は奏者番の指揮を受け、下賜物・献上品を儀席に配置出納する任で、大番・御書院番の両番より出役が通例であった。寛永九年十一月、小姓島田刑部小輔直次など三〇人を選抜してその宿直を免じ、三番を以て営中に伺候せしめたのが始まりという。[16]数直も新設の進物番に選任された。大御所秀忠が没して二元政治が解消し、文字通り三代将軍家光による親裁政治が展開しだした直後のことであった。

この状況下にあって、数直は幼児より家光に附属されて、御膳番・書院番・進物番と、家光の側近衆の一員として頭角を現しはじめる。寛永十八年には御書院番頭、慶安元年（一六四八）には御小姓組番頭となる。受領名は寛永元年大和守、御小姓組番頭に任じられたとき但馬守に改めるが、職掌に比し禄高は意外に少ない。寛永元年大和守に叙されたときに三〇〇俵、[17]同三年五〇〇石、同十年二〇〇石加増されて七〇〇石と、家光の治世には七〇〇石を領したに過ぎなかった。

寛永九年四月、家光は大名クラスの御書院番頭を一斉に更迭し、後に六人衆の一員となる太田資宗ら八人を新しく御書院番頭に任ずる。新任の書院番頭は、二〇〇〇〜五〇〇〇石の家光近習出身の上級旗本で、家光は父秀忠直臣の大名クラスの書院番頭を更迭し、近習出身の直臣から専任の書院番頭をえらび、これによって親衛軍の体制を固めたのである。[18]これより十年後、数直も側近的色彩の強いこの期の書院番頭をへて小姓組番頭となった。周知のように寛永・慶安期の老中政治は、松平信綱・阿部忠秋・堀田正盛らによって展開される。彼らを家光の側近第一グループとすれば、[19]数直らは家光の側近第二グループと把握することができよう。数直ら家光の側近第二グループが幕閣に参画するのは、家光没後のことであった。

慶安四年四月三代将軍家光が没する。数直のさらなる立身はこの直後からはじまる。すなわち同年十一月一〇〇〇俵加増されて七〇〇石一〇〇〇俵、承応二年(一六五三)には新将軍家綱の御側に抜擢される。松平信綱・阿部忠秋ら寛永の遺老たちの推薦によるものであろう。明暦元年(一六五五)正月には日光、七月には京都への上使の任を勤め、同二年十二月二〇〇〇俵加増されて都合七〇〇石三〇〇〇俵、同三年十二月には一三〇〇石加増のうえ、切米の分を知行地に直して都合五〇〇〇石を茨城郡宍戸領のうちに拝領。さらに寛文二年(一六六二)二月若年寄に補されると同時に五〇〇〇石加増、都合一万石となって大名に列せられ、同四年には五〇〇〇石加増、同五年十二月にはついに老中にまで登りつめた。

老中となった直後、位も従四位に叙せられ、同六年七月二万石、同九年六月には一万石を加増されて土浦城主に補せられ、武蔵国埼玉郡、常陸国新治郡・信太郡・筑波郡のうちに、四万五〇〇〇石を領し、同十年十二月には侍従に任じられた。この後約十年、下馬将軍と称された大老酒井忠清の支配下ではあったが、無事、老中をつとめあげ、延宝七年四月二日に没した。行年七十二歳。将軍家綱に先立つこと一年であった。

数直の家は甲斐国の名家出自の譜代ではあったが、酒井氏のような門閥譜代層ではなかった。しかもその底流から出て、三代・四代将軍に仕え、近習→御膳番→書院番→進物番→御書院番頭→小姓組番頭→御側→若年寄→老中、家禄も切米三〇〇俵から土浦城主四万五〇〇〇石へと立身した。

五代将軍綱吉の治政下、土浦土屋藩の基礎を固めたのが、二代政直である。

二代政直

政直は寛永十八年(一六四一)、初代数直の嫡子として生まれた。承応三年(一六五四)五月十四歳のとき将軍家綱に目見え、万治元年(一六五八)十二月能登守に叙爵、寛文五年(一六六五)十二月相模守と改めた。延宝七年(一六七九)五月亡父数直の遺領土浦四万五〇〇〇石を継ぎ、同年九月奏者番となる。延宝八年五月、綱吉が将軍継嗣に決定したとき、御三家の筆頭尾州家への上使となり、ついで同月家綱の追善法事の奉行を命じられている。奏者番のなかでもっとも有能な人材と認められていたのであろう。翌天和元年(一六八一)十二月酒井忠能改易のさい、駿河田中城請取りの上使となり、翌年二月同所に転封、同国志太郡・益頭郡、遠江国榛原郡・城東郡、上総国山辺郡、常陸国茨城郡のうちに、四万五〇〇〇石を領した。さらに奏者番となって四年十か月後の貞享元年(一六八四)七月、大坂城代に転じて二万石加増され都合六万五〇〇〇石、同二年九月には京都所司代となり、同年十月には従四位下、侍従、同四年十月十三日老中となり、城地も常陸国土浦城に転じて、同国新治郡・筑波郡・信太郡・茨城郡、上総国山辺郡、和泉国大鳥郡・和泉郡・日根郡、近江国伊香郡、下総国相馬郡の内に、六万五〇〇〇石を領した。

その後元禄七年(一六九四)四月に一万石を加えられ七万五〇〇〇石、五代綱吉から六代家宣・七代家継・八代吉宗の治世、享保期にいたり、同三年三月老年の故を以て老中を免じられている。実に老中在職三十一年余に及んだ。この間、正徳元年(一七一一)一万石、享保三年(一七一八)老中引退のとき、さらに一万石を加えられ、都合九万五〇〇〇石となり、同四年引退。同七年十一月十六日に没した。行年八十二歳。

右のように政直は、父の遺跡を継いだ直後に奏者番となり、大坂城代→京都所司代→老中と、封建的吏僚として典型的な立身のコースをたどり、しかも老中として綱吉・家宣・家継・吉宗と四代の将軍に仕え、前述のように老中在職期間は三十一年余に達した。とくに五代綱吉には、側用人牧野成貞や、柳沢吉保ほどではなかったにせよ、それなりの信任を受けている。それを証するように元禄七年四月十日、同八年八月二十六日、宝永二年(一七〇五)十月二十二日の三回、将軍綱吉の「御成」を受けている。第一回の御成のさいには、新たに和田倉門前に屋敷を与えられ、御成御殿をつくるため一万両の拝借を許される。

彼はまた儒学を学んで林鳳岡や新井白石と交流した好学の士でもあった。元禄五年十月晦日綱吉の御前で大学を、

第一回の御成の元禄七年正月二十九日には、中庸を講じている。茶の湯に関しても、教養やたしなみの域をこえていた。政直の茶道具のコレクションは、土屋蔵帳に示されるように茶の湯の世界では有名である。(20) 寛政期にはその一部を京都や大坂で売り立て財政改革の一助にしたという。(21) 彼は柳沢吉保や間部詮房のような専権はふるわなかったものの、封建吏僚として、また、文化人としても一流の人物であったといえよう。

三代陳直

陳直は、政直の四男として元禄八年（一六九五）十二月に生まれ、宝永六年（一七〇九）三月左京亮を叙爵、享保四年（一七一九）五月政直隠居の跡を継ぎ、土浦城九万五〇〇〇石を領した。同八年二月但馬守と改め、同年三月奏者番となったが、同十三年二月、病気のため奏者番を辞し、同十九年正月に没した。行年四十歳。

四代篤直

篤直は陳直の次男で、享保十七年（一七三二）六月の生まれ。享保十九年三月、その遺領土浦城九万五〇〇〇石を継いだ。年わずかに三歳、延享四年（一七四七）十二月能登守を叙爵、宝暦十年（一七六〇）正月奏者番、明和六年（一七六九）十月寺社奉行加役を命じられた。安永五年（一七七六）五月病気のため両役御免を願い出たが許されず、同月二十日に没した。行年四十五歳。篤直は藩主としての在職期間は四二年余で、柳営でも奏者番・寺社奉行加役であったが、病気勝ちで、充分な活躍ができず、これからというときに没した。

五代寿直

五代目としてその跡を継いだのが寿直である。寿直は篤直の長男として宝暦十一年（一七六一）五月に生まれ、安永五年（一七七六）七月、父の遺領土浦城九万五〇〇〇石を継ぎ、同年十二月相模守に任官したが、翌年七月病没した。藩主の在任期間わずかに一年だった。行年十七歳。

六代泰直

泰直は、四代篤直の次男で、明和五年(一七六八)三月の生まれ。安永六年(一七七七)九月、兄寿直の末期養子となり、土浦城九万五〇〇〇石を相続。天明三年(一七八三)能登守に任官、同七年三月奏者番となったが、翌月から病み、寛政二年(一七九〇)五月、弟英直の養子願を出し、同月三日病没。行年二十三歳だった。

七代英直

英直は寛政二年(一七九〇)五月二十三日遺跡を継ぐが、土浦藩にとって思わぬ事件が発生する。所領の一部替地である。しかもそれは高免地より低免地への引き替えであった。四代篤直が宝暦十一年(一七六一)十一月二十二日付で受けた領知目録によれば、[22] 土浦藩の所領は常陸国新治郡のうち四五村・高二万九〇四九石七斗四升一合、同筑波郡のうち五六村・高二万三〇〇三石五斗七合二勺、信太郡のうち一四村・高七一三九石三斗七升一合、茨城郡のうち五村・高四〇三六石二斗三升三合三勺、下総国相馬郡のうち六村・高三四六三石七斗一升四合七勺、和泉国日根郡のうち一〇村・高八〇六四石八斗九升、同南郡のうち九村・高三五八七石九斗八升九合八勺、美作国勝北郡のうち一〇村・高六八六八石一斗二升六合、同吉野郡のうち三二村・高一万二〇四三石五斗四升六合、近江国伊香郡のうち一八村・高六〇〇〇石三斗九升三合の都合九万五〇〇〇石で、ほかに八二五七石五斗二合の物成詰込高と六一一八石一斗八升九合一勺の新田改出があった。常陸国新治郡・筑波郡・信太郡・茨城郡、下総国相馬郡に与えられた諸村は、土浦城の城地城領にあたり、飛地としての畿内近国の所領は二代政直が大坂城代として二万石加増されたときの所領に系譜を引く高免の地だった。

英直が就封して間もない寛政二年十一月十二日、幕府は英直に所領のうち和泉国南郡のうち九村・高三六三六石九斗四升四合五勺、近江国伊香郡のうち一八村・高六一〇二石九斗二升六合四勺、美作国吉野郡のうち三五村・高一万二九三石一斗九升二合の上知を命じ、替地として陸奥国石川郡のうち一〇村・高五八四五石八斗九升八合、岩瀬郡のうち二村・高一一七九石七斗八升三合四勺、出羽国村山郡のうち一八村・高一万三〇〇七石三斗八升一合五勺、合計上知高と同高を与えた(23)。表高は同高で、上知高と替地高の差引は増減無しであるが、実質的には減封に近い処分とも見られよう(24)。六代泰直から七代英直への相続は末期養子だった。土浦藩はその間隙をつかれたのである。これが直接的な契機となって土浦藩の財政は悪化してゆき、財政改革が不可欠となる。英直は以後財政改革につとめ、同十年六月十九日には奏者番となるが、病気勝ちで、享和元年(一八〇一)十月九日には病気を理由に同職を辞し、同三年八月十二日に没した。行年三十五歳だった。

八代寛直

寛直は寛政七年(一七九五)七代英直の嫡子として生まれ、享和三年(一八〇三)十月四日その家督を継ぐが、生来の病弱だった。長じて文化七年(一八一〇)十月十三日、将軍家斉に初目見のため登城を命じられたが、病気のため辞退という重大局面に立たされた。しかも「難治之症ニ而快気可仕容体無御座」、土浦藩は同年十二月十三日親族松平和泉守ほか三人と連名して藩領返上願いを出した。これに対し幕閣は同月十五日将軍家斉の上裁を仰ぎ、先祖の旧功に免じ、藩主寛直に養子縁組を進めるよう命じた。藩では寛直の妹を養女とし、水戸藩主徳川治保の三男治三郎を養子に迎えることができた。実は前年十月十五日寛直の将軍初目見のとき、彼は急死していたのだという。土浦藩はようやく無嗣改易の危機を脱することができた。

九代彦直

彦直は、寛政十年(一七九八)水戸藩主徳川治保の三男として生まれた。後の彦直が、右のような事情で養子として土浦藩に迎えられたのは文化八年(一八一一)四月十九日で、土浦城九万五〇〇〇石の藩主となったのは同年十一月二十三日だった。以後同十四年九月十日奏者番、文政十一年（一八二八）十一月一日寺社奉行となり、順調に出世コースをたどるかにみえたが、目を病み、天保五年（一八三四）十二月二十二日寺社奉行、翌年五月晦日には奏者番をも辞して同九年十二月七日に隠居した。弘化四年（一八四七）七月晦日に没した。行年五十歳。

一〇代寅直

寅直は、彦直の長子として文政三年（一八二〇）二月二十四日生。[25] 父彦直隠居の跡を受け、天保九年（一八三八）十二月七日土浦城九万五〇〇〇石を相続。江戸城が開城した直後の慶応四年（一八六八）五月三日隠退して養子の余七麿（水戸藩主徳川慶篤弟）に家督を譲っているから、事実上の土浦藩最後の藩主だった。この間、天保十四年十一月晦日奏者番、嘉永元年（一八四八）正月二十三日寺社奉行見習、同年十月十八日寺社奉行加役を経て、嘉永三年九月一日大坂城代を命じられ、摂津国で役知一万石を受け、翌年正月十九日出立、二月五日に着坂した。以後八年間、寅直は在坂して国事に奔走したが、安政五年（一八五八）十月七日、江戸に召し返される。同月十三日大坂表を発駕した彼は旅中より大坂城代の辞表を提出、同月二十六日着府した当日に受理される。

彼が幕政に関与する機会はもう一度おとずれる。文久三年（一八六三）九月十日、再び奏者番と寺社奉行の兼帯を命じられたからである。いうまでもなく内外ともに多事のなか、奏者番・寺社奉行とも新役の者も多く、翌年に入っては引き続いて月番を勤めなければならない有様だった。しかし、幕府の頽勢をどうすることもできず、慶応四年二月十八日両役御免の願書を差し出し、三月一日受理され、同年五月三日太政官より隠居を許され、家督を養子余七麿（徳川慶篤弟）に譲った。寅直は余七麿こと十一代藩主挙直が明治二十五年（一八九二）十一月に没した後、その家督相続人正直の後見人となり、同二十八年十一月二十九日に死去した。行年七十五歳。

三　幕藩政の展開と奏者番

前節で述べた土浦土屋藩歴代の略譜から、藩主襲封期間、その間の江戸幕府職制における在職名を抽出して表をつくれば、次頁の表となる。

藩祖数直が三代将軍家光の近習から老中まで立身し、それを受けて二代政直が老中として幕閣に入り、土浦土屋藩の基礎をつくったことは先述した。問題は三代陳直以降の歴代藩主である。表をみて第一に注目すべきは、襲封後間もなく没した五代寿直・八代寛直は別として、二代政直以後の歴代藩主はすべて奏者番になっていることである。このことは、二代政直が奏者番となった延宝七年（一六七九）以降、三代陳直が同職に就任した享保八年（一七二三）ごろまでの間に、奏者番初任の大名家として土浦土屋藩主の家格が定着したことを示すものと思われる。

第二に奏者番だけに止まった三代陳直・六代泰直・七代英直にせよ、また、寺社奉行兼帯まで進んだ四代篤直・九代彦直も、病気により辞任せざるを得なかったことである。三代目以後の例外は一〇代の寅直だけである。この場合、奏者番を経由して老中に就任した者の員数は九七人、それは老中就任者数の約三分の二に達し幕閣への昇進コースとして奏者番→大坂城代→京都所司代→老中が一つの典型的昇進コースとなるとの美和信夫の指摘は、重要な意味を持つ。それは二代政直がたどったコースでもあった。政直以後の歴代藩主は、その可能性を持ちながら、病のため幕閣への夢を断ち切られたからである。

嘉永三年（一八五〇）九月一日、一〇代寅直は土浦土屋藩主として久方ぶりに、奏者番・寺社奉行兼帯から大坂城代に補される。二代政直が任命されて以来の慶事である。行装上のことについて寅直は次の二点を幕閣に願い出る。(26)

代	藩主名	藩主在任		幕府職制在職名	行年	備考
		時期	年			
1	数直	寛文 9.(1669)〜延宝 7.(1679)	10	近習→御膳番→書院番→進物番→御書院番頭→小姓組番頭→御側→若年寄→老中	72	家禄4万5000石
2	政直	〜享保 4.(1719)	35	奏者番→大坂城代→京都所司代→老中	82	1682〜87年は田中城主 家禄9万5000石
3	陳直	〜享保19.(1734)	15	奏者番	40	家禄同上 病により奏者番を辞す
4	篤直	〜安永 5.(1776)	42	奏者番→寺社奉行加役	45	家禄同上 病気勝ち
5	寿直	〜安永 6.(1777)	1		17	家禄同上
6	泰直	〜寛政 2.(1790)	13	奏者番	23	家禄同上、奏者番となった翌月から病
7	英直	〜享和 3.(1803)	7	奏者番	35	家禄同上 病気を理由に辞
8	寛直	〜文化 8.(1811)	8		17	家禄同上 病気勝ち
9	彦直	〜天保 9.(1838)	27	奏者番→寺社奉行加役	50	家禄同上 眼病のため辞
10	寅直	〜慶応 4.(1868)	30	奏者番→寺社奉行→大坂城代、奏者番寺社奉行兼帯	75	家禄同上

(一)(嘉永三年)◎同年十二月七日、御役儀結構被　仰付、今度登坂ニ付二代目相模守政直御役中、元禄七戌年四月十日常憲院様役宅被為　成候節、御鞍置御馬拝領御品柄ニは候得共、右拝領之御馬具旅中幷彼地　御城入其外式立候節相用度且乍、差越御差図御坐候上は、右御鞍江掛候鞍覆如何様之品相用可申哉、御品柄之義付猶更御内慮相伺可申候得共、虎皮鞍覆相用度段奉願候而も不苦哉之旨、十月中阿部伊勢守正弘江内慮伺書差出処、拝領之御鞍旅中幷於彼地相用候義は不苦候、虎皮鞍覆之義は改而内慮申聞候様可致旨差図有之

(二)(嘉永三年十二月)◎同八日、先代相模守政直儀、従　常憲院様拝領御鞍鐙、来春登坂之節旅中幷於彼地相用申度、就而は御品柄之儀付、虎皮鞍覆相用候様仕度旨

奉願候而も苦ヶ間敷哉之旨、牧野備前守忠雅江内慮伺書差出候処、同十四日表立相願不苦旨差図有之、同十五日願書同人江差出処、同十六日可為願之通差図有之、同十七日先代相模守政直拝領御鞍鐙旅中并於大坂相用候付、虎皮鞍覆之義奉願処願之通被　仰出、右ニ付両鞍覆并馬乗之節相収候節、箱等江も御紋相用候様仕度旨、願書牧野備前守忠雅江差出処、同二十一日可為願之通旨差図有之

一つは登坂の途中また在坂中に二代政直が五代将軍綱吉から与えられた馬具と虎皮鞍覆、二つには「馬乗之節相収候節箱等」へ、葵の御紋を使用したいとの願書を差し出し、二つとも許可されている。二代政直の先例に学ぶこと、それが寅直はじめ土浦藩上下の願いでもあり、夢であったのだろう。

ところで何時から、何故に奏者番→大坂城代→京都所司代→老中というような幕閣への立身コースが定着しだしたのであろうか。再び二代政直を事例として考える。

政直は貞享四年(一六八七)十月十三日、京都所司代より老中に任じられる。同元年大老堀田正俊が柳営で刺殺された三年後で、通説では牧野成貞から柳沢吉保の側用人政治への移行期ということになろう。

時の幕閣は四人の譜代大名から構成されていた。老中就任順に列記すれば次のようになる。

①大久保加賀守忠朝　延宝5・7・25〜元禄11・2・15　相模小田原城一〇万三一〇〇石余。
②阿部豊後守正武　天和元・3・26〜宝永元・9・17　武蔵忍城九万石。
③戸田越前守忠昌　天和元・11・15〜元禄12・9・10　下総佐倉城六万一〇〇〇石。
④土屋相模守政直　貞享4・10・13〜享保3・3・3　常陸土浦城六万五〇〇〇石。

老中の席次は、特命のない限り就任順を原則としたから、(27)老中首座は大久保忠朝である。時の幕閣の性格を知るた

め、各人の略譜を紹介する。

①大久保忠朝(28)　大久保忠隣の三男教隆の二男として寛永九年（一六三二）生まれた。四代将軍家綱の小姓となり慶安四年（一六五一）従五位下出羽守。万治三年（一六六〇）小姓組番頭。寛文十年（一六七〇）忠隣の嫡孫、肥前唐津八万三〇〇〇石、忠職の養子となる。延宝五年（一六七七）七月二十五日老中となり加賀守にあらため、従四位下。同六年正月二十三日下総佐倉に転封。同八年正月十二日一万石加増、貞享三年（一六八六）正月二十一日小田原城に移され一万石加増あり計一〇万三一〇〇石余。元禄七年（一六九四）二月晦日将軍綱吉、忠朝の邸に渡御。同年四月二十一日一万石加増され、すべて一一万三一〇〇石余を領す。同十一年二月十五日職を辞し、正徳二年（一七一二）九月二十五日没。行年八十一歳。忠朝は、一旦は改易されたとはいえ、秀忠附年寄大久保忠隣の直系であり、門閥譜代大名といえよう。

②阿部正武(29)　系譜のうえでは、寛永期の近習出頭人系の老中阿部忠秋の嫡孫にあたる。正武は慶安二年（一六四九）武蔵忍城九万石阿部正能（延宝元年十二月二十三日〜同四年十月六日の間、老中）の嫡男として生まれ、延宝五年七月四日忍城八万石を襲封。一万石を弟三人に分知した。同八年閏八月十一日奏者番に列し寺社奉行を兼帯。貞享三年正月二十一日一万石加増。元禄七年三月十日将軍綱吉、正武の邸に渡御。同年四月二十一日一万石を加増。計一〇万石。同八年五月十二日将軍綱吉渡御。宝永元年（一七〇四）九月十七日死去。行年五十六歳。寛永期近習出頭人系の新参譜代大名で、奏者番・寺社奉行から若年寄を経ないで老中になった。

③戸田忠昌(30)　寛永九年（一六三二）、田原戸田氏政光系田原城一万石戸田尊次の二男忠次の長男として生まれた。同十六年九月二十六日伯父忠能の養子となり、正保四年（一六四七）八月二十一日襲封。寛文四年（一六六四）五月九日肥後国天草二万一〇〇〇石に加増転封。同十一年正月二十五日奏者番となり寺社奉行加役、同日付をもって常

陸下館城に転封。延宝四年四月三日京都所司代。同年七月二十三日従四位下侍従、越前守、一万石加増。天和元年（一六八一）七月十九日一万石加増、同年十一月十五日老中となり、同月十九日山城守。同二年二月十五日一万石加増して武蔵岩槻城に転封。さらに、貞享三年正月二十一日下総佐倉城六万一〇〇〇石に加転。元禄七年三月二十五日将軍綱吉渡御。同年四月二十一日一万石加増されて、すべて七万一〇〇〇石となる。同十二年九月十日病没。行年六十八歳。忠昌は田原戸田氏一万石から出発しており、小なりとはいえ門閥譜代大名。奏者番・寺社奉行より京都所司代を経て老中になった。

④土屋政直　政直は、さきにみたように、寛文期の近習出頭人系の新参譜代大名家で、奏者番から大坂城代・京都所司代を経て老中となっている。

以上を要するに、貞享四年政直が老中となったときの幕閣は、門閥譜代大名系より二人、近習出頭人系新参譜代大名系二人の四人より構成され、両系より一人ずつは奏者番を経由して老中となっている点が注目される。

宝永六年正月十日五代将軍綱吉が没した。この日儲副家宣は前将軍の枕頭に、側用人柳沢吉保を呼んで、生類憐みの令の撤廃を告げた。吉保がこの旨を諸老臣に告げた時「松平右京大夫輝貞・松平伊賀守忠周はじめ今まで寵眷蒙りしともがら吉保にむかひ、此後の事いかゞ侍るべきと申けるに、吉保、御遺命の旨のこさず儲副に聞えあげぬ。この後の事は、とにもかくにも吾々がしる所にあらず」[31]と応えたというのは有名な話ではあるが、この時の政治状況をよく伝えている。次代の政治は側用人間部詮房と儒官新井白石によって担われる。しかし、そこには封建的官僚機構として確立した幕閣の壁があった。

時の幕閣は、土屋政直を老中首座とするつぎの六人によって構成されていた。以下就任順に列記する。

①土屋相模守政直　　貞享4・10・13～享保3・3・3　常陸土浦七万五〇〇〇石。
②小笠原佐渡守長重　元禄10・4・19～宝永7・5・18　武蔵岩槻六万石。
③秋元但馬守喬知　　元禄12・10・6～宝永4・8・2　武蔵川越五万石。
④本多伯耆守正永　　宝永元・9・27～正徳元・4・2　上野沼田四万石。
⑤大久保隠岐守忠増　宝永2・9・21～正徳3・7・25　相模小田原一一万三一〇〇石余。
⑥井上大和守正岑　　宝永2・9・21～享保7・5・17　常陸笠間五万石。

老中首座土屋政直については先述した。次席以下、就任順にその略譜を示そう。

②小笠原長重(32)　長重の家は、藩祖忠知が同名秀政と家康の嫡男信康の女から生まれたことから、忠知が寛永九年十一月豊後杵築城四万石に襲封のとき、譜代大名に列せられ帝鑑間詰となっている。長重は二代長矩の二男として慶安三年(一六五〇)に生まれ、貞享二年(一六八五)七月九日兄の三河吉田藩四万石三代藩主長祐の養子となり、元禄三年(一六九〇)十月十日襲封した。同年十二月三日奏者番となり寺社奉行を兼帯。同四年閏八月二十六日京都所司代に進み、同十年四月十九日老中。武蔵岩槻城五万石に加転。宝永二年(一七〇五)八月二十七日西丸老中となり一万石加増。計六万石。同六年正月十日、綱吉薨去の当日本丸老中となるが、翌七年五月十八日、職を辞して致仕した。享保十七年(一七三二)八月一日没。行年八十三歳。

③秋元喬知(33)　秋元家は管領家上杉氏に仕えた上総国秋元庄から出た旧族であったが、長朝の代に家康に見出され、その子泰朝は甲斐谷村城一万八〇〇〇石の大名となった。喬知は、母が泰朝の跡を継いだ富朝の女だったことから、富朝の養子となった。喬知は、実は慶安二年(一六四九)、戸田忠昌の長男として生まれ、秋元富朝の養子となって明暦三年(一六五七)に襲封、延宝五年(一六七七)七月三日奏者番、天和元年(一六八一)十一月二十九日寺社

奉行兼帯、同二年十月十六日には若年寄に進んだ。実父戸田忠昌はこの前年十一月十五日老中となっているから、親子して老中・若年寄と並んだことになる。そして、実父忠昌が病没した後、これと交代するように元禄十二年（一六九九）十月六日老中となった。家禄も正徳元年（一七一一）十二月一日には五度目の加増を得て武蔵川越城六万石を領した。同四年八月十四日病没。行年六十六歳。

④本多正永(34)　正永は正保二年（一六四五）大番頭八〇〇〇石の本多正直の嫡男として生まれ、延宝五年（一六七七）七月十二日遺跡七〇〇〇石を継ぎ、弟正方に一〇〇〇石を分知。天和元年（一六八一）正月十一日書院番頭、同年五月二十六日大番頭、同二年四月二十一日二〇〇〇石加増、元禄元年（一六八八）十一月十四日一〇〇〇石加増、すべて一万石の大名に列せられ寺社奉行、宝永元年（一七〇四）九月二十七日には老中となり、家禄も沼田城四万石を領した。正徳元年（一七一一）四月二日職を辞し、五月十九日病没。行年六十七歳。

⑤大久保忠増(35)　忠増は大久保忠朝の嫡男として明暦二年（一六五六）生まれ、天和元年（一六八一）八月十六日奏者番となり、同三年十一月二十二日一万石の新恩の地を賜わり、貞享二年（一六八五）七月二十二日寺社奉行を兼帯し、同四年十二月十八日若年寄に進む。このとき父忠朝は老中の職にあったためか元禄元年（一六八八）八月二日職を辞し、所領一万石は公に還附した。しかし、元禄十一年二月十五日父忠朝が職を辞するや同年十一月十六日小田原城一一万三二〇〇石余を襲封、宝永二年（一七〇五）九月二十一日老中となっている。正徳三年（一七一三）七月二十五日職を辞し、この日病没。行年五十八歳。

⑥井上正岑(36)　正岑は、二代将軍秀忠の近習出頭人系大名井上正任の二男として承応二年（一六五三）に生まれている。元禄六年（一六九三）九月二日美濃郡上城四万七〇〇〇石を襲封、弟正長に三〇〇〇石を分知。同八年十二月二十二日奏者番、翌九年寺社奉行兼帯。同十年丹波亀山城に転じ、同十二年十月六日若年寄。同十五年九月一日

常陸下館城五万石に加転。さらに同月二十八日笠間城五万石に移り、宝永二年（一七〇五）九月二十一日老中となる。享保三年（一七一八）三月三日一万石加増。同七年五月十七日病没。行年七十歳。

六代将軍家宣継統期の土屋政直首座の幕閣の性格をみるため、彼らの略譜を記した。二席の小笠原長重、三席の秋元喬知の家は戦国期の名門出自ではあるが、将軍家からみれば新参譜代大名である。しかし、喬知の実父は前代の門閥譜代系の老中で、さらに小笠原長重・秋元喬知ともに奏者番を経由して老中となった。五席の大久保忠増はいうまでもなく門閥大名。首座の土屋政直、六席の井上正岑は近習出頭人系の譜代大名であるが、三者とも奏者番を経由して老中に任じられている。五人とも奏者番を経由して老中まで登りつめた。四席の本多正永はやや異なる。奏者番を経由していない。正永は宝永元年九月二十七日本丸老中となり、同年十二月五日世嗣家宣に附属されて西の丸老中に転じた。家宣が正式に綱吉の儲副として西の丸に移ったその日である。つまり、綱吉と世嗣家宣、側用人柳沢吉保との接点として寺社奉行から老中に進んだ可能性が強い。いずれにせよ、新幕閣構成者六人のうち五人が奏者番を経由して老中となっているのである。

土屋政直が老中となった貞享四年には、奏者番を経由して老中に任命されたのは四人中二人だった。宝永六年家宣継統時には奏者番経由が六人中五人を数える。奏者番経験者の内から老中をという原則が、このころまでに確立したのであろうか。

文治主義政治の進展する過程で、柳営中における儀式・典礼の幕政中にもつ意味は深まる。今後、柳営中の儀式・典礼に果たした奏者番の機能は日記等から検証されなければならないが、老中の指示に従いながら、高家・進物番を指揮して、儀式・典礼を指揮したらしい。老中にとっても幕政のなかで重要な位置を占めるようになった儀式・典礼を執行するにも、また、朝幕関係をとりしきるにも、公家と武家の有職故実の知識と体験は、不可欠であった。それが土浦土屋藩主二代政直が歩んだような幕閣への典型的昇進コースを生み、また、元禄・享保期に主として奏者番経験者から老中を選ぶという慣行をつくったものと考えるのである。

註

（1）『古事類苑』巻一七　官位部五五（吉川弘文館、一九六七年）二七八頁。
（2）同右。
（3）松平太郎著・進士慶幹校訂『校訂江戸時代制度の研究』（柏書房、一九六四年）一三三頁。
（4）同右、一三六頁。
（5）同右、一三三頁。
（6）同右、一一三～一一四頁。
（7）同右、一三七頁。
（8）丸山昌子・藤木久子「江戸幕府の職制について―奏者番と側用人―」（『史窓』二七、一九六九年）。
（9）小沢文子「寺社奉行考」（児玉幸多先生古稀記念会編『幕府制度史の研究』吉川弘文館、一九八三年）。
（10）美和信夫『江戸幕府職制の基礎的研究』（広池学園出版部、一九九一年）第十二章　奏者番就任者に関する検討、第十三章　奏者番就任者の数量的考察。
（11）同右、第十二章所収「江戸幕府奏者番就任者一覧表」（以下「一覧表」と略）五六〇～五八一頁。
（12）同右、第十三章、五八五～六〇五頁。

(13) 同右、五九八頁。
(14) 小稿の土浦土屋藩主歴代に関する記述は『新訂寛政重修諸家譜』〔以下『寛譜』と略〕第二巻(続群書類従完成会)、一八三～一九六頁。および「土浦土屋家系譜」一～四(『茨城県史料』近世政治編Ⅲ、茨城県、一九九五年〔以下『茨城県史料』と略〕)、一二三～六三頁)に依拠した。土浦土屋家系譜についての史料紹介および同藩主歴代の事績については、久信田喜一の解説がある(同巻、一〇～一二頁)。また、藩祖数直と二代政直については拙稿「近世前期幕政と土屋土浦藩主―藩祖数直と二代政直を中心として―」(『茨城県史料』付録36、一九九五年)がある。本稿の第二節は両稿に依拠している。
(15) 松平前掲註(3)一五三～一五四頁。
(16) 同右、一三八頁。
(17) すでに久信田が指摘したように、教直の最初の切米高については三〇〇俵説(史料「一　土浦土屋家系譜一」『茨城県史料』一二三頁)と五〇〇俵説(『寛譜』第二巻、一八九頁)とがある。
(18) たとえば、家光は寛永九年四月、父秀忠直臣の大名クラスの書院番頭を更迭し、松平忠晴(就任時二〇〇〇石)、酒井忠重(二〇〇〇石、翌年三〇〇〇石加増して都合五〇〇〇石)、大久保幸信(二〇〇〇石)、永井直清(二五〇〇石)、本多忠相(八〇〇〇石)、太田資宗(四九〇〇石)、田中吉官(五〇〇〇石)、大久保教盛(三〇〇〇石)の八人を書院番頭に任命した。彼らのほとんどは秀忠直臣で、家光に付属された近習衆の出身者であった。それだけに前任の大名クラスの書院番頭より家禄は少ないが、それにしても二〇〇〇石～五〇〇〇石の上級旗本だった(煎本増夫『幕藩体制成立史の研究』雄山閣出版、一九七九年、二〇三～二〇七頁)。彼らに比すればこの十年後、同職に任じられた数直の家禄七〇〇石は少ないとみなければならない。

(19) 藤野保『新訂幕藩体制史の研究』(吉川弘文館、一九七五年)三一三頁以下。同編『徳川幕閣のすべて』(新人物往来社、一九八七年)一七頁。
(20) 熊倉功夫「土屋蔵帳の世界」(『土屋家の茶の湯―土屋蔵帳と大名家の茶―』土浦市立博物館、一九九二年)。
(21) 木塚久仁子「土屋家の茶の湯」(『茨城県史料』付録36)。
(22) 『茨城県史料』二九八〜二九九頁。
(23) 同右、三〇五頁。
(24) 「土浦御代官定書略抄」寛政三年の条によれば、一か年で一万五、六百両の減になったという(『茨城県史料』二六六頁)。
(25) 『土浦史備考』(土浦市教育委員会、一九八九年)一一〇頁。
(26) 『茨城県史料』四〇頁。
(27) 美和前掲註(10)三〇五頁。
(28) 『寛譜』第一一巻、三八二頁以下。
(29) 同右、第一〇巻、三六五頁。
(30) 同右、第一四巻、三三四頁。
(31) 『新訂増補国史大系四四　徳川実紀』第七編(吉川弘文館、一九六五年)二五五頁。
(32) 『寛譜』第三巻、四〇六頁。
(33) 同右、第一五巻、一九〇頁。
(34) 同右、第一一巻、二九八頁。

(35) 同右、第一一巻、三八四頁。
(36) 同右、第四巻、二九六頁。

利根川東遷論と江戸川

＊二〇〇四年五月十六日
松戸市立博物館講演会「歴史を語る②」講演録

はじめに

私は茨城県の生まれでございまして、現在は三郷《みさと》市（埼玉県）に住んでおります。生まれたところは江戸川水系の一つの有力な支流である鬼怒川に面している石下《いしげ》町というところで、古い方はご存知だと思いますけど、長塚節の生まれた町でございます。今日は年配の方々が結構多いようでございますので、長塚節というとピンとこられると思いますが、若い方々はなかなかピンとこないでしょうね。私の同僚に源氏物語の専門家がおりまして、有馬稲子とテレビかラジオで対談するというんで、非常に喜びまして学生にそれをいいましたら、学生諸君がポカンとしているというんです。

そういう点、世代の相違というのをしみじみ感じますけど、ともあれ私たち世代は一番苦労した世代でございまして、そういう意味でも歴史を負っているわけです。若い時になぜ私が歴史に興味を持ったのかというと、国家権力というのはどういうものなのだろうかという観点からでした。

現在の日本の動向をみる上でも、一体国家権力というのはなぜ存在しているのかという観点を絶えず持ちながら、現在の国家権力と自分たちの生き方をもう一度考える必要があるのではないかと思います。世界の歴史や日本の歴史のなかで国家権力というのはどういう役割を果たしたのか、特に私たち庶民の立場から振り返る必要があるのではないでしょうか。

一　日本における国家権力

国家権力とはどういう役割を果たしたのか。いろいろな政治的な、あるいは政治史的な立場があるかとは思いますが、結局国家というのは基本的人権の保証のために存在するわけです。現在のイラクの情勢をみましても、歴史の今昔を痛感する次第です。あのイラクというのは四大文明の発生地の一つです。その四大文明の発生地をみますと、川と人間と文明との接点で出てくる。問題は文明と文化はどう違うのかということですけれど、ただどうも民族の問題と関係してくるようですね。エジプト、メソポタミア、あるいはインドも中国も単一の民族じゃない。文明の発生地というのは多民族国家なんです。川を中心にして生まれた農耕文化の周辺にいわゆる遊牧民族がいるわけで、いろいろな民族が川を中心にして集まって、雑多な闘争を展開していく。その闘争のなかで民族を超えた普遍的文化が生まれてくる。それが文明です。これに対して、日本の地域は人類が住みだしておそらく万年の単位なんでしょうが、文化はあっても、文明としてみた場合、やっぱり日の丸、君が代では普遍性を持ちえない。

ただ一つ言えますことは、こういう四大文明の発生地で人類初めての典型的な国家というものができあがってくる。一方、現在の国家の主導原理は民主主義ですが、この淵源はギリシャです。ギリシャというのはエジプト文明の周辺に出てきた特殊な文化と社会構造を持っていました。四大文明はそれぞれオリエント的ないわゆる専制的な権力を生み出しているのですが、たった一か所ギリシャで民主制を生み出すんですね。それを普遍化していったものが、ヨーロッパであり、それからアメリカの信ずる主導原理です。そういう特殊性が普遍性に転化する場合もありますけども、国家権力というのが一番典型的な形で出てきたのは、四大文明の発生地です。

この四大文明の発生地で典型的に出ました国家権力というのは、地域における治安の維持を目指します。それからもう一つの役割は領域人民の生産力基盤の整備、領域に住んでいる人の生産力的基盤の整備です。例えば、エジプトでは、ある特定の期間にナイル川が氾濫するわけで、その時期を中心にして農耕を行わなければならない。そのために、暦の必要が出てきて、天文学が発達する。そして、洪水が干上がるとその土地をどう分配したらいいのかという問題が出てきて、幾何学が非常に発達する。また、畑には水を引かなければなりませんから、組織が必要になってまいります。そのためにできたのが国家権力です。

つまり、人々の生活を維持するためにできたのが権力であり、その小権力が民族を超えて闘争を展開していく。その結果が一つの帝国、多民族国家です。領域の人々の生産力基盤を維持し、より良い生活ができるように王と官僚が出現し、王も官僚も記憶だけで統治はできませんから、そのために有効な役割を果たすのが文字です。つまり、文字の占有者が官僚なんです。

文明は発生しませんでしたが、これは日本でも同じです。日本の歴史のなかでも、国家権力の役割は基本的には領域人民の生産力的基盤の整備、これを元にして成立しているという観点からもう一度、歴史を振り返る必要がある。面白いことに、世界史の中でも、あるいは日本の歴史のなかでも、権力が生産力的基盤の整備に有効な役割を果たしえなくなった場合には必ず衰え、あるいは滅亡していっているんですね。

これはもちろん現在でも同じです。日本のこれまでの文化、あるいは四大文明でも、文化を維持する生産力基盤は少なくとも前近代では農業でした。ですから、前近代の国家権力の意味というのは、農業生産力の生産力基盤を整備することにあった。それは時代ごとに違ってきますが、日本においても、古代の生産力的基盤を維持したのは古代国家であり、その生産力的基盤を維持できなくなってくると古代国家は崩壊していったのです。日本の古代国家権力が、どのような形で農業生産力の基盤を整備・維持していったのか、この地域でみますと、利根川水系を維持する上で有効な役割を果たしております。これを次にみてまいります。

二　古代の利根川水系

現在の利根川水系は、新潟県と群馬県の県境地帯から利根川の源流が発し、渡良瀬川と合流して、関宿を通ってかつて「下総川」とか「常陸川」とか呼ばれた川筋を通って、銚子口で太平洋へ流入します。これが現在の利根川本流です。

ところが、古代や中世の利根川はこれと全く流れが違っていました。図1「中世東国の水系と関係地名略図」の左端に入間川がありますが、この入間川から浅草の方を通って東京湾に入るのが現在の荒川の系統です。それから入間川の東の方に古利根川があります。これは現在の中川の水系です。その右側に、太日川というのが現在の江戸川の水系となります。注意していただきたいのは、中世以前の利根川は入間川の系統と古利根川と太日川の系統で、いずれも東京湾、江戸湾に流れ込んでいるということです。それから、これらとは別に銚子の方に流れていく下総川というのがあります。そして、この図の中央上の下妻（茨城県）の西を流れるのが鬼怒川で、下妻の東の細い川が小貝川です。つまり、中世以前の利根川というのは関東平野を南下して江戸湾に流れ込んでいた、現在の利根川の本流とは全然別系統だったということです。簡単に言ってしまいますと、入間川の水系、利根川の水系、それから下総川の水系

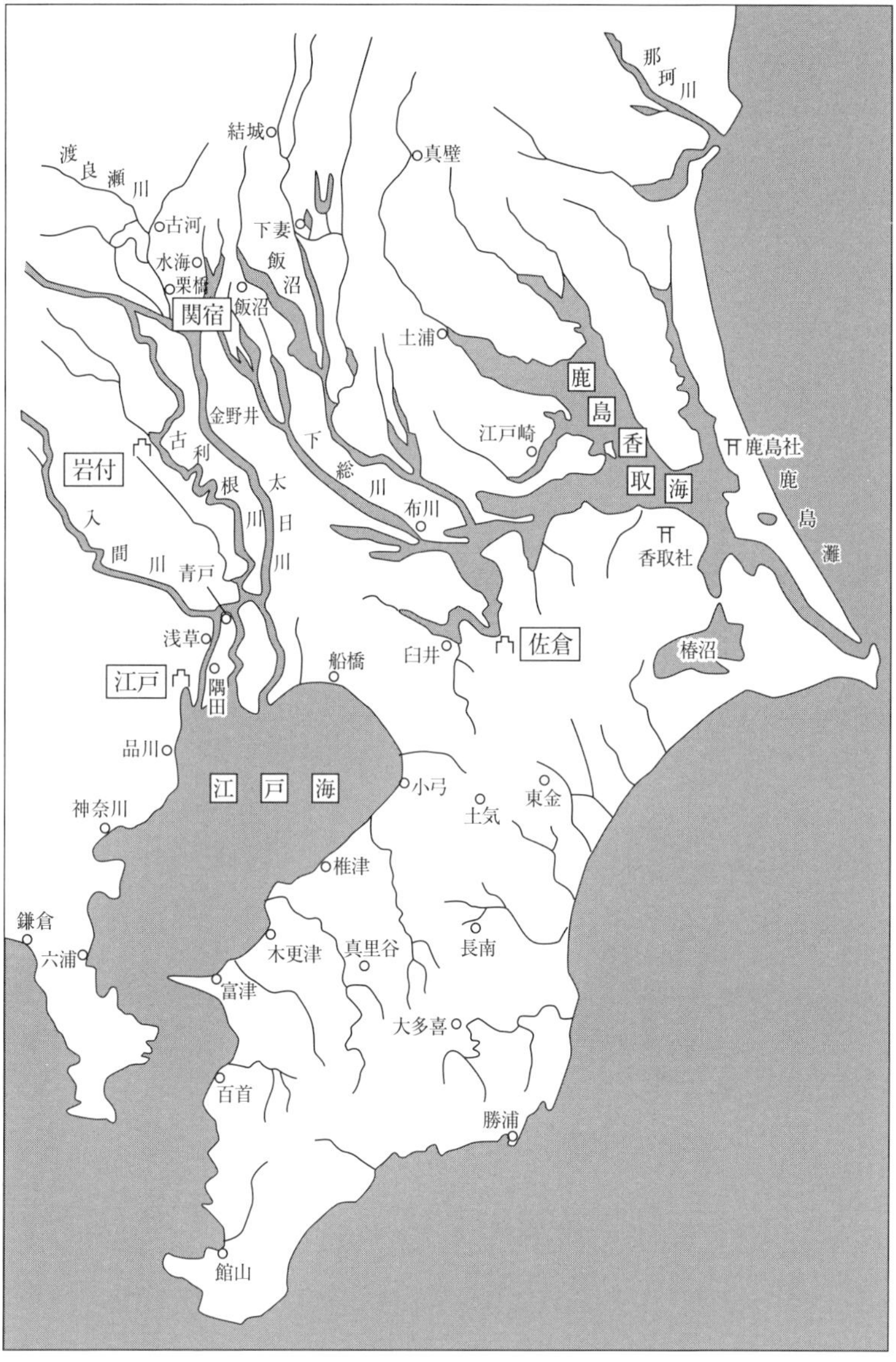

図1　中世東国の水系と関係地名略図(『北区史』通史編、1996年より)

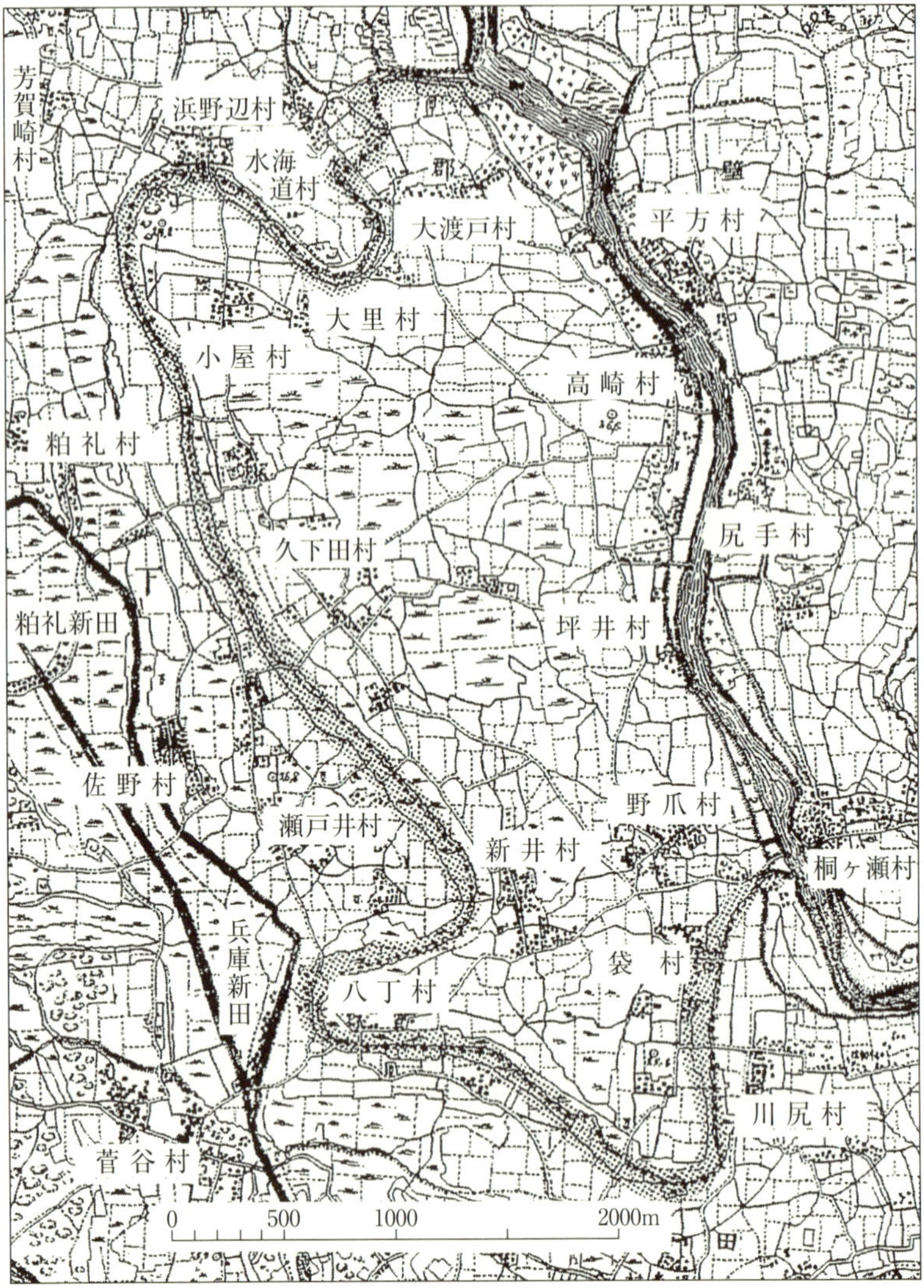

図2 鬼怒川の旧河道（『関城町史』通史・上、1987年より）

という三つの川に分かれていた、これが中世以前の特色です。また、これが現在の学界の通説です。

そして、実は古代国家がこの鬼怒川に大規模な河道改修工事を実施しているんですね。図2「鬼怒川の旧河道」をご覧ください。川は蛇行運動を繰り返します。この図で西側に大きく蛇行しているのが鬼怒川の旧河道です。大水のとき、この丸く湾曲した内部は大変ですから、この蛇行している部分をまっすぐ三km以上掘り割りしました。これは航空写真でみると今でもはっきりわかります。この図は参謀本部が明治十六年（一八八三）測量、同十八年に製版した「迅速測図」という二万分の一図からとったものですが、この地図からも掘り抜いた様子が見てとれます。

さらに珍しいことに、この河道改修工事についての史料が残っております。こういう大規模な古代における工事を文献の上から確認できるのは非常に少なく、中国でも文献上から確認できるのは稀です。それが史料1（『続日本紀』神護景雲二年（七六八）八月庚申（十九日）条、『下妻市史』上（下妻市、一九九三年）より引用）です。

〔史料1〕

下総国言《もう》す。天平宝字二年（七五八）、本道（東海道）問民苦使《もみくし》正六位下藤原朝臣浄弁等、具《つぶさ》にまさに毛野川を掘り防ぐべきの状を注して官に申す。聴許すでにおわりぬ。その後すでに七年を経る。常陸国の移を得るにいわく。今、官符（太政官符）を被《こうむ》りて、まさに川を掘らんと欲す。その水道を尋ぬるに、まさに神社を決すべし。しかのみならず百姓の宅損する所少なからず。ここをもって状を具して官に申す。宜しく掘ることなかるべしてえれば、此れ頻年洪水、損決日に益す。若し早く掘り防がずんば、恐らくは渠川崩埋し、一郡の口分《くぶん》（口分田）二千余田（町）、長く荒廃とならん。是において両国に仰せて掘らしむ。下総国結城郡小塩郷小嶋村より、常陸国新治郡川曲郷受津村に達する一千余丈、その両国の郡界は亦《ま》た旧川を以って定めとなし、水に随って移し改むことを得ざらしむ。

ここに、この時に完成したという記述が出てきます。「下総国言す」つまり下総国の国庁、今でいう県庁ですね。「本道問民苦使」は東海道のあちらこちらの民衆の不満を聞く巡察使みたいなものです。「具にまさに毛野川を掘り防ぐべきの状を注して官に申す」、鬼怒川を掘って、治水すべきことの上申書を書いて、中央の太政官に申し出た。つまり、天平宝字二年（七五八）に東海道の巡察使の藤原朝臣浄弁等が鬼怒川を掘り割って、人民の苦労を除くべき旨を中央政府に申し出て、「聴許すでにおわりぬ」、すでに許可が出た。ちょうどその新しく掘ろうとするところに神社があったり、それから下総国と常陸国の国境だったりするものですから、両方で利害の対立がある。

工事をすべきであるという案が天平宝字二年に許可されているのに、その後、常陸国と下総国と意見が合わなかったり、あるいは現地の調整に手間取ったりして、結局、着工したのは天平神護元年（七六五）で、約三年の月日を要して完成したと書かれています。こういう大規模な工事を行った日本の古代国家は、八世紀の中頃まではそれなりに有効な役割を果たしている、農業の基盤を整備するために、これ程の大工事を完成しているんですね。この治水工事はそのひとつの象徴とみられます。

ただ注意しなくていけないのは、藤原京か奈良時代まで天皇制国家の華やかな文化が開きますが、この古代国家が崩壊していきます。なぜかというと、結局、古代国家が行った「班田収授法」は、「お前たちはこれだけの田んぼを耕してそれで食べていろ」ということです。国家の収入の大半は傭役、労働力収奪という形で出てくる。そのための戸籍を作る、そのためにも官僚は必要なわけですが、その官僚が収奪しだすのです。土着した多くの下級貴族の連中が人々を収奪して、労働力の形で勝手に人民を動員しだす。当然、民衆は耐えられなくて逃げ出します。国家権力が崩壊していく原因はこれなんですね。マイナスの反対運動です。それで逃げ出していった連中は、食えるところに行く。食えるようなところというのは、新たに発生した在地土豪のところです。

三　中世の利根川水系

古代の国家権力が有効な役割を果たしていた時期に行った鬼怒川の大規模な河道改修、この近くで思わぬ大乱が起こります。平将門の乱です。この平将門の地域的基盤は、古代に鬼怒川の河道大改修をやった南の地域です。なぜ平将門はこの大規模な反乱を組織できたのか、将門はこの地域の開発領主だったからなんです。平氏や源氏などの、地方に下ったかつての貴族の子孫です。彼らは「在庁」と言いまして、下級官人になるんです。つまり今で言うと、中央政府のキャリアじゃなくて、松戸市とか、あるいは県とかの官僚になる。そして、そういう地域の権力を利用しながら、逃げ込んできた人や、自分の身体を売った人を集めて労働力を編成して、地域的に生産力条件を整備し、そして開発領主になっていく。

つまり、奈良や平安京に結集する貴族連中は、もはや生産力的基盤の整備に何の影響もない。実際に農民を組織して地域の小さな水路を整備したりしていくのはこの開発地主です。ですから、国家権力のような大きな権力の場合は大規模な河川開発ができるのですが、そういう大規模な開発はだいたい奈良時代でストップします。平安時代になりますと、国家権力が着手できなかった未開の土地を囲い込んで、下級官僚が開発地主になっていきます。それが実は源氏とか平氏の下に集まった武士たちです。

そのような連中が在地で生産力の基盤の整備にあたり、国家権力は意味を失う。だから崩壊していくんですね。京都の公家社会は、実権がこういう開発地主の手に移っているという歴史的事実に気が付くのが遅すぎたんです。これが政治的に組織されたのが鎌倉幕府の成立です。つまり、古代においては国家権力がそれなりに有効な役割を果たしたわけですが、平安時代から鎌倉・室町・戦国と、中央における天皇を頂点とする中世の公家社会はもう寄生的な存在になっている。実際に生産力基盤の整備にあたったのは武士階級です。その事例に徐々に武士階級が気づいて、自ら国家権力を編成していく。それが鎌倉幕府であり、室町幕府であり、江戸幕府です。

ですから、鎌倉幕府とか室町幕府の段階では、大規模な河川改修、自然改造は行われていない。つまり、労働力編成が古代の国家権力のように大規模にできないですから、比較的小規模なんです。例えば、足利尊氏や新田義貞が出た地域は上野国の丘陵地帯です。この松戸や三郷とかのように大河川のある平野部じゃない。それから徳川家康の九代前の祖先は松平郷というところから出たといわれていますが、ここは岡崎から矢作川の支流を上がっていった山のなかです。そういうところに有力な武士団の連中が出現する。なぜかというと、このような場所を開発するためには大規模な土木工事が必要ないんです。小さな川を何人かで堰き止めて谷戸田を作る。そういうところの方がむしろ生産力が安定している。足利氏・新田氏や徳川氏の祖先が出たのはそういうところなんですね。

ところが、同じ武士政権でも、江戸幕府は世界的にみても特殊な封建国家です。この時期の天皇はあってもなくてもいいような存在ですが、京都がなにを握っていたかというと暦と栄典です。栄典を授与する権限を持っていた、それだけです。

戦前から日本資本主義論争っていうのがありました。この会場で僕と同じ位の年齢の方、何人かいらっしゃいますよね。僕たちが育った世界は近代ですかね、そのような世代は「恐れ多くも」といわれると、背筋をピシッとさせました。「赤紙」一枚で引っ張られる、時代は確かに近代ですが、半封建的です。だから、講座派の学者は「半封建的軍事的絶対主義」といっています。

ともあれ、このような明治の天皇制国家というのは、実は江戸幕府の性格をそのまま受け継いでいるんですね。もちろん明治国家は立憲君主制ですが。江戸幕府というのは世界的にも特色がありまして、良くいいますと「最も完成された封建主義」で、極めて集権的です。将軍が自由自在に国替えして、大名の首をすげ替えることができる封建的な国なんていうのは、ヨーロッパではありえません。ですから、江戸幕府は非常に特殊な封建制であるというのが、世界の歴史学界の共通した見方です。

ただ、典型的な意味での封建制を歴史的に通過したというのは、アジアのなかでは日本だけです。このような典型的な封建制を通過した地域はもう一つあります。それがヨーロッパです。もしかすると、中国も秦・漢時代から封建制と考えれば、これに当てはまるかも知れません。しかし、ヨーロッパ的なフューダリズムとしての封建制を通過しているのはヨーロッパと日本だけです。これがロストーやライシャワーの近代化論の特徴です。近代化を達成することができたのは、典型的な意味での封建制を通過した地域であり、それがヨーロッパと日本である。これが近代化論の考え方です、最近ではこういう意見を言う人も少なくなりましたが。

四　江戸幕府による利根川東遷事業論と江戸川の開削

織田信長・豊臣秀吉・徳川家康を通じて確立した日本の封建国家は、世界史でも珍しい、特殊な集権的封建制です。その集権的な性格が「江戸幕府による利根川東遷事業論」につながってくる。

古代国家では鬼怒川などで大きな河道改修工事をやる。中世ではとてもそういう大土木工事はできないですが、それでも、積極的に武士階級、戦国大名が治水工事にあたります。有名な甲斐の武田氏による笛吹川の河川工事や、具体的には良くわかりませんが、後北条氏が葛西堤の大工事を実施しています。しかし、一地域に止まります。

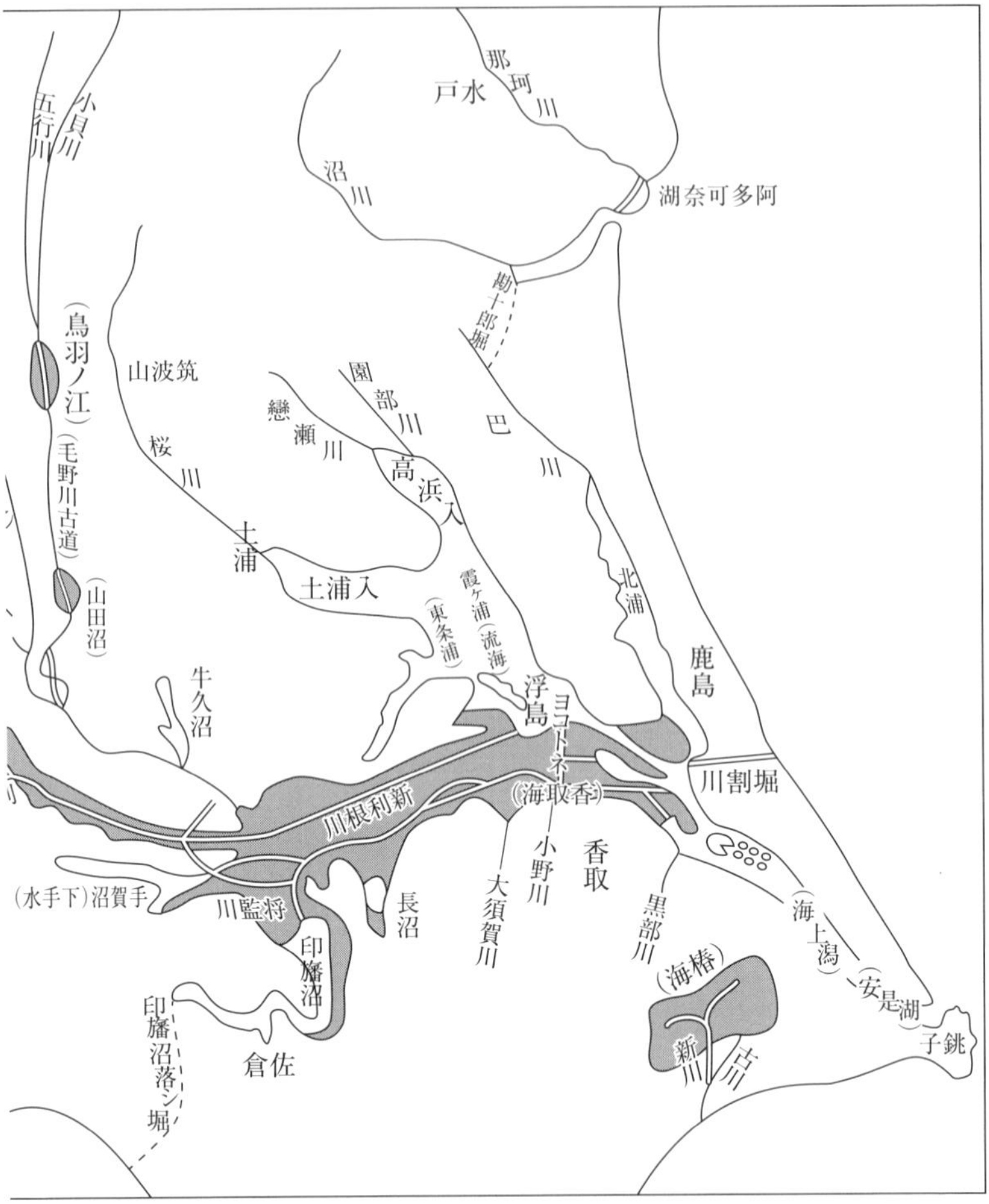

域景観の変貌―治水及び利水・開発の時期的特質―」・吉田優「利根川東流と五霞村」〈木村編

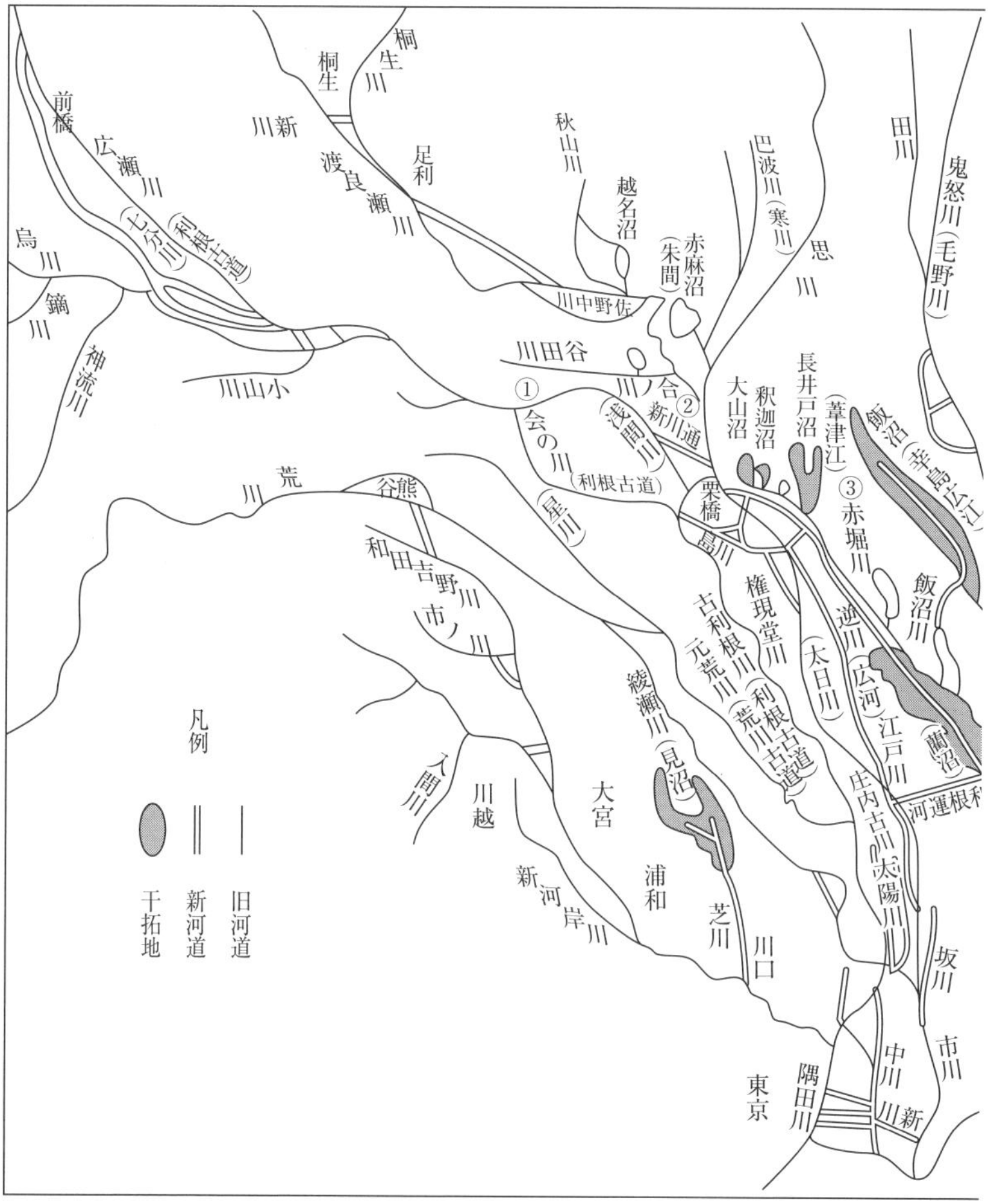

図３　利根川変流図

（栗原良輔『利根川治水史』〈官界公論社、1943年〉、木村礎「利根川流域における地
『村落景観の史的研究』1988年、八木書店〉より）

①②③は引用者による。

ところが、江戸幕府は集中的に利根川水系に対して自然改造計画に基づく大土木工事をやるんですね。江戸幕府が最も重視しましたのは、江戸前期で利根川と木曽川、それから淀川です。

ここで「利根川東遷事業論」とあえて「論」を付けましたのは、これはあくまでも仮説だという意味です。つまり学問というのは理論を作りますが、その理論を実証しないといけない。これは物理学でもなんでもそうですね。この「利根川東遷事業論」もまだ仮説で、実証されていないということです。

図3「利根川変流図」をご覧いただきますと、利根川の水系と、小貝川・鬼怒川（図3の右）の水系が全然別であることがおわかりいただけると思います。しかし、実は学界では、江戸時代以前、既に関宿のところで二水系が合流していたという説もあります。二つの水系に分かれているという説とそうじゃないという説がありまして、結論が出ておりません。ところが、否応なしに結論を出さざるを得ない状況になってきました。新しい史実が明らかにされてきたからです。

利根川東遷事業は、文禄三年（一五九四）から始まります。徳川家康が会の川を堰き止め、利根川の本流を浅間川の系統の方にします。浅間川のところに新川通という新しい川を掘り割って、利根の本流を栗橋で思川と合流させる。さらに、ここから赤堀川と権現堂川という二つに分かれさせます。つまり、江戸時代の利根川は、ここで赤堀川・権現堂川に分かれていたのです。赤堀川・権現堂川を新しく作って、この権現堂川に続くのが江戸川です。そうして、もう一方の赤堀川を通じて利根川の本流を廣河とか鬼怒川とか小貝川が合流する常陸川の方に流した。つまり、利根川の流れを東へ東へと導いて、その本流を常陸川の方に流して、現在のような利根川の水系をつくった。それが江戸幕府であり、その発端を築いたのが徳川家康であるというのが「利根川東遷事業論」なんです。

ところが、最近いろいろなことがわかってきて、そのような考えについて、疑問が出てきた。この松戸市立博物館の『特別展　川の道江戸川』図録にもそのことが書かれています。利根川や江戸川を考える上で、この図録は面白い資料です。

　結論を先にいいますと、上利根川から中利根川にかけて集中的な土木工事があったことは事実です。例えば、江戸川の開削もそうです。しかし、江戸川の開削を利根川東遷事業論で説明できるかというと、これは説明できないと思います。

　また、前述の松戸市立博物館『特別展　川の道江戸川』に写真が掲載されています船橋市西図書館蔵「下総国絵図」と秋田県公文書館蔵「下総国絵図写」「武蔵国絵図写」の絵図がありますが、これはいずれも元和期（一六一五～二四）から寛永期（一六二四～四四）、近世前期にかけて作られた絵図です。これを見ますと、利根川と常陸川が一緒になっています。江戸前期で既に利根川が常陸川の方に合流している。これは東遷事業論にとって都合が悪いですよね。なぜなら、利根川東遷事業論では利根川東遷が完成したのはもっと後と言われていますから。

　それから、寛永八年（一六三一）の史料２（『竹橋余筆』影印本、一三三頁）には「利根内河通、近郷…」云々と出てきます。

〔史料２〕

　伊奈半左衛門御代官所

　　利根内河通度（渡）シ之儀ニ付寛永年中出候御書付写

　　　覚

一、利根内河通、近郷之樵夫草刈耕作人之外、一切川向江不可越之所付在、別紙若往還之輩猥に相渡にをいてハ、縦後日に聞立候共、其在所之者曲事に被仰付へし、通候ものをとらへ差出候は、其人により御褒美之高下有之而急度

可被下之、自然礼物を出し可相通申族あらはとらへ置申上へし、金銀米銭何にても其約束之一倍可被下之旨候

寛永八年九月廿一日

出　羽　守
丹　後　守
大蔵少輔
（後略）

この史料の本文一行目にある「利根内河」というのは、後の江戸川のことです。つまり、関宿から金杉までずっと掘って後の「江戸川」ができますが、幕府の正式文書では享保（一七一六～三六）の頃まで江戸川のことを「利根川」と呼んでいます。寛永十七年（一六四〇）の開削着工といわれますが、江戸川はずっと「利根川」なんです。金杉に江戸川開削の碑がありますが、それも「利根川」とあります。

この寛永八年の幕府の法令で「利根内河」というのは、どこか。この幕府の出した法令が、たくさんあちこちに出ている。その場所をたどると、「利根内河」の流れは、栗橋から下総台地の端を流れる庄内古川の沿岸になります。この法令が出された地域が、幕府のいう「利根内河」つまり「利根川」本流なんです。法令が出されたなかでは南の場所に「小向」というのがあります。今の三郷市にある小向には、対岸の松戸との間に「渡し」があった。だから今の江戸川がこの頃も利根川の本流だった、ということになります。

おわりに

ともあれ、最近はいろいろこのように、利根川東遷論に都合が悪い資料がどんどん出てきて、もう一度「利根川東

遷事業論」というものを考え直さなくてはならない段階に来ているということです。

ここで利根川の河道、その本流がどのように変わってきたかを整理しますと、今から二万年くらい前から利根川と呼んでいいような川の流れは、確かに東へ東へと変わっています。先ほどの寛永八年(一六三一)の法令などによりますと、利根川は江戸時代前期には会の川筋から江戸川に流れていた可能性がある。なぜ、あの法令で「利根内河」と言っていた川を「江戸川」と呼ぶように変わったのかというと、ここがその後に江戸に通じる舟運の中心水路となったからです。それまでは「利根川」だった。

つまり、利根川や江戸川がこのように流れているのは何万年も前からの地形の影響があるわけです。そうすると、万が一上流が決壊したらどうなるかというと、人間が自然改造をやって付け替えた川は元の流れに戻ります。その兆候を示したのがカスリーン台風の水害です。

昭和二十二年(一九四七)のカスリーン台風の際の「浸水図」(高崎哲郎「カスリーン台風」宮村忠監修『アーカイブス利根川』信山社サイテック、二〇〇一年、所収図)を見ると、これは栗橋の辺りで決壊して南側の下流一帯が浸水し、松戸も一部浸水しています。この浸水地域は「古利根川」沿いです。つまり、万が一の時には元の流路に戻ろうとするということです。

最後に、国家権力というのはどういう役割を歴史的に果たしてきたのでしょうか。その役割を果たし得なかった国家権力は衰亡します。

今のイラクを見てください。日本は二十一世紀にそうならないという保証はありません。中国・インドは二十世紀より遥かに立派になるでしょう、中国などのこの十年間の変貌はすさまじいですから。しかし、平穏な地域社会が前提ですから、やはり地域の歴史を振り返りながら将来を考える必要があると、しみじみ痛感する次第です。どうも

ご清聴ありがとうございました。（拍手）

江戸幕府と利根川東遷事業

はじめに

私たちは利根川治水政策に関して、江戸時代以来の膨大な研究史を持つ。江戸幕府による利根川東遷事業とは、そのなかで成立した歴史概念であり、通説といってよいだろう。

では、それはどのように規定されているのであろうか。もっとも手近な川名登執筆の『国史大辞典』「利根川」の項をみよう(1)。

(近世前期)以前の利根川本流は現埼玉県北埼玉郡大利根町佐和(さわ)の少し上流から南下し、現在の古(ふる)利根川筋を流下して東京湾に注いでいた。また渡良瀬川もこれと並行して東側を南流し、下流は太田川などと呼ばれており、鬼怒川・小貝川や常陸川(現利根川下流)とは別水系であった。この利根川の本流を東へ東へと付け替え、最後には太平洋へ注ぐようにしたのは、近世初期より数度にわたって実施された江戸幕府による改流工事であった。

近世前期以前は東京湾に注いでいた利根本流を、江戸幕府は、その河道を政策的に東へ東へと付け替え、銚子附近に注ぐようにしたというのである。これがいわゆる江戸幕府による利根川東遷事業である。もっとも川名は、その本支流東遷工事の目的は「江戸を水害より守るため、新田開発のためなど諸説が過去にはあったが、その第一の目的は、江戸を中心として関東各地と結ぶ舟運路の創出にあった」と、東遷事業の主因を、江戸を中心とする流通路の整備にあったとしている。戦後の地方史研究の成果をもっともよく編纂作業にとり入れたとされる『角川日本地名大辞典』や平凡社の『日本歴史地名大系』の該当県の「利根川」の項をみても、記述内容は江戸幕府の利根川東遷事業説に依拠している。(2)

さて、江戸幕府による利根川東遷事業説は、江戸時代後期、おそくとも化政期には成立していた。内容については別稿を期したいが、それは自ら利根川の大水害を体験した流域の住民、具体的には関宿藩士や、医師・国学者等の知識層の間に形成された歴史観であると同時に、その治水対策であった。

それより約二世紀後の現在まで、読み切れないほどの研究史がある。しかし近代史学成立以降、現在までの利根川治水史を概観するとき、江戸期の東遷事業説に対する⑴肯定説、⑵疑問説、⑶否定説、の三説に分類することができる。まず、これら三説の紹介からはじめたい。

一　江戸幕府利根川治水史論争史

1　江戸幕府による利根川東遷事業説

江戸幕府の利根川東遷事業説の、近代史学成立以降の研究史については、木村礎(3)・大谷貞夫(4)・大熊孝(5)・佐藤俊郎(6)らの先業がある。ただし、佐藤は⑴肯定説、木村と大谷は⑵疑問説、大熊は⑶否定説である。右のうち大熊は江戸幕府の利根川東遷事業説の研究につき次のように総括し、明治以後の⑴江戸幕府の利根川東遷事業肯定説の各説を精細に

紹介・検討し、(3)否定説を打ち出している。(7)

この東遷事業に対する従来の評価は、河田羆「利根川流域沿革考」(『史学雑誌』第四三号、明治二六年六月)にはじまり、根岸門蔵「利根川治水考」(明治四一年六月)、吉田東伍「利根治水論考」(明治四三年十二月)をへて、その後、佐藤俊郎は、「利根川の治水史について」(Ⅰ)(Ⅱ)(『水利科学』№21・22、水利科学研究所、一九六一年)において、河田、根岸、吉田、栗原の見解を整理しているが、東遷事業の評価に関して基本的には栗原の見解を踏襲している。

佐藤の右の二論文は、『利根川―その治水と利水―』として結実するが、所論に基本的な変化はない。(8) その後、利根川東遷事業に関しては尾白和昭の論稿がある。文禄三年(一五九四)の初発以来、赤堀川の開削(元和七年(一六二一)～承応三年(一六五四))の経過を第一期と第二期に整理した後、「利根川の東遷の目的についてはさまざまな意見(軍事目的、新田開発、治水、舟運、街道整備等)があるが、入府当初、関ヶ原、大坂夏の陣、家康の病没、吉宗後など、その時期によって目的や役割も移り変って来たように思える」としているが、その変化の内容については一切ふれていない。基本的には栗原説に依拠している。

以上の江戸幕府利根川東遷事業説は、文禄三年の会の川締め切りに発し、元和七年にはじまった赤堀川の開削が、改修増深され、利根川の水が常陸川筋に本格的に流れ込んだ承応三年に完成するという共通した特色を持つ。これを体系化したのが先述したように栗原良輔だったが、佐藤俊郎は、この期間を六つの期間に分け、また尾白和昭は、河川工学等の成果を取り入れ、第一期と第二期に分け整理している。(9)

尾白によれば利根川の東遷は、第一期(文禄三年～慶長期)と第二期(元和七年～承応三年)に分けて考えることができる。第一期は、文禄三年、忍城主松平忠吉が、家臣に命じて会の川を締め切らせ、利根本流を浅間川に移したことに始まる。これに対応して、対岸の利根川左岸と、渡良瀬川に翌年「文禄堤」と呼ばれる大堤防、さらにその翌年から、利根川の狭窄部(酒巻・瀬戸井)の上流右岸では、福川の右岸側に中条堤の築造が開始された。これらの締め切りや築堤は自らの領地を開発・保全するために行われたようである。第二期は、新川通と赤堀川の開削が開始された元和七年から、利根川の水が常陸川筋に本格的に流れ込んだといわれる承応三年までである。この間、寛永十八年(一六四一)には権現堂川と佐伯渠・遊川が、また、同十二年から正保元年(一六四四)には江戸川が開削されたとする。

ところで、(1)(2)(3)の三説のいずれをとるにせよ、三説には、一つの前提がある。それは栗原が想定した中世の関東中央部の各河川水系図だった。図1は栗原が提案し、木村礎が作成した「利根川変流図」である。[10]〔編集部註—図は前論文336〜337ページ図3と同図のため省略した。〕

図1によれば、中世の関東中央部には、東から、第一に小貝川・鬼怒川の水系、第二に思川・渡良瀬川の水系、第三に利根川の水系があった。第一の小貝川・鬼怒川の水系は、南流した後に東流して大湖沼地帯をへて、銚子附近で太平洋に注いでいた。この水系には、下総・常陸の西端から発し東流する常陸川と呼ばれた支流があった。第二の思川・渡良瀬川の水系は、下総国に入ってその下流は太日川となり、市川を経由して江戸湾に流入した。第三の利根川の水系は、利根古道と伝えられる会の川から古利根川を経て隅田川となり江戸湾に流入していた。実はこの中世の三水系の流路自体が問題となる。後述する(2)疑問説や、(3)否定説は、一つには、この中世の利根川水系に対する見解の相違でもある。

ともあれ、現在の利根川水系が、江戸時代に完成していたとすれば、図1上の①会の川を締め切って、本流を浅間川筋に流し、さらに、②新川通を切り開いて、本流を思川・渡良瀬川水系に移し、三たび③赤堀川を掘って、その本流を常陸川を通じて鬼怒・小貝川水系に落とさねばならない。江戸幕府による利根川東遷事業説は、図1の①②③

を、幕府は国策として施行したことを実証しなければならなかったのである。この実証の透き間をついて次の⑵疑問説と、⑶否定説が出てくる。

2　東遷事業疑問説

右にみてきたように、利根川東遷事業説では、承応三年（一六五四）、赤堀川の拡幅・増深工事によって利根本流は、常陸川筋に落ち、東遷事業は完成するという点では一致している。⑴説の研究史を詳細に検討した大熊孝は、この点に異論を提出した(11)。これ以前⑴説に基本的な再検討を迫ったのは小出博だった。承応三年に、二回目の拡張が行われて一〇間幅とし三間水深を増したとしても、利根川の本流の水を十分呑みこむことはできず、利根川の水の大部分は依然として権現堂川および浅間川を流下したにちがいないと重要な論点を指摘したのである(12)。

小出博と大熊孝の批判は、いわば河川工学の方法論からする鋭い批判だったが、文献史学の側からも出てくる。それは、まず史学方法論としての甘さである。大谷貞夫は、近世の治水に関する論説は、多くが戦前の成果に負うところが多い。やはり地方史料を中心に幕府や藩の史料を収集・検討すべきである、と問題提起した(13)。木村礎もこれを受けて、利根川治水の研究史を検討した後、多岐にわたる研究史の批判的総括を試みる必要があるとし、とくに江戸初期についての論及はおおむね『新編武蔵風土記稿』や『下総国旧事考』といった後代の記述にもとづいており、同時代の確実な文書・記録による研究の必要性を強調した(14)。

木村が指摘した実証的欠陥について、大谷は、会の川の締め切りと赤堀川の開削問題を取り上げ、次のように主張する(15)。言うまでもなく文禄三年（一五九四）の会の川締め切りは、⑴説が江戸幕府の東遷事業の初発であり、また赤堀川の元和七年（一六二一）の一番堀、寛永十二年（一六三五）の二番堀、そして承応三年の三番堀で、東遷事業が完結するとした事件である。大谷は、(1)説が文禄三年の会の川締め切りを実証するものとする史料と、赤堀川の開削・拡幅・増深の根拠とする有名な元禄十一年(一六九八)川妻村役人証文を史料批判した後に結論づける。

会の川の〆切りは、忍藩が独自の判断で実施したものであり、赤堀川は関東郡代が自ら支配する幕府領の水害を防除するために、独自に行ったものと理解される。やはり幕府が利根川水系全体を見渡して、治水政策を実施する体制はできていなかったのであり、享保改革以前では藩や郡代・代官はそれぞれ独自に判断して治水、新田開発を推進せざるを得なかったのである。もちろん、そのことが結果として利根川の東遷につながった事実は重要である。

すでに大熊孝は、会の川締め切りを東遷事業の出発点とする(1)説に疑問を持ち、「会の川〜古利根川筋を近世直前の利根川幹川と考えない方が理解しやすい。会の川の締切りは、利根川東遷事業という遠大な構想のもとにおける工事ではなく、単なる一派川の締切りにすぎず、より直接的な目的のもとに締切られたものであったと思われる。その直接的な目的とはおそらく、忍城付近の水害防除、いいかえるならば農業生産の安定化にあったのではないかと思われる」と推断している[16]。方法論を異にする両論の推断が一致している点に注目したい。

(2)疑問説が、小出博の提言から出発したことは先述した。この提言をうけて、論争の地点、五霞村にしぼって、河川と村の状態を描き出そうとしたのが吉田優「利根川東流と五霞村」である[17]。吉田は、新川道と赤堀川に関する(1)説の諸見解を検討しながら、いくつかの村絵図を丹念に復原し、川と村の状況を探究した。そこに復原した一例が、図2として紹介する「赤堀川切広場所幷川筋絵図　文化六年(一八〇九)写」である[18]。吉田はこの図と、承応年間以降に作成されたと思われる絵図[19]を対照させながら、次の二点を明らかにした。

①川妻村と中田宿の間は狭く描かれている。この狭窄化しているところを文化六年にすこしずつ増削した。しかし

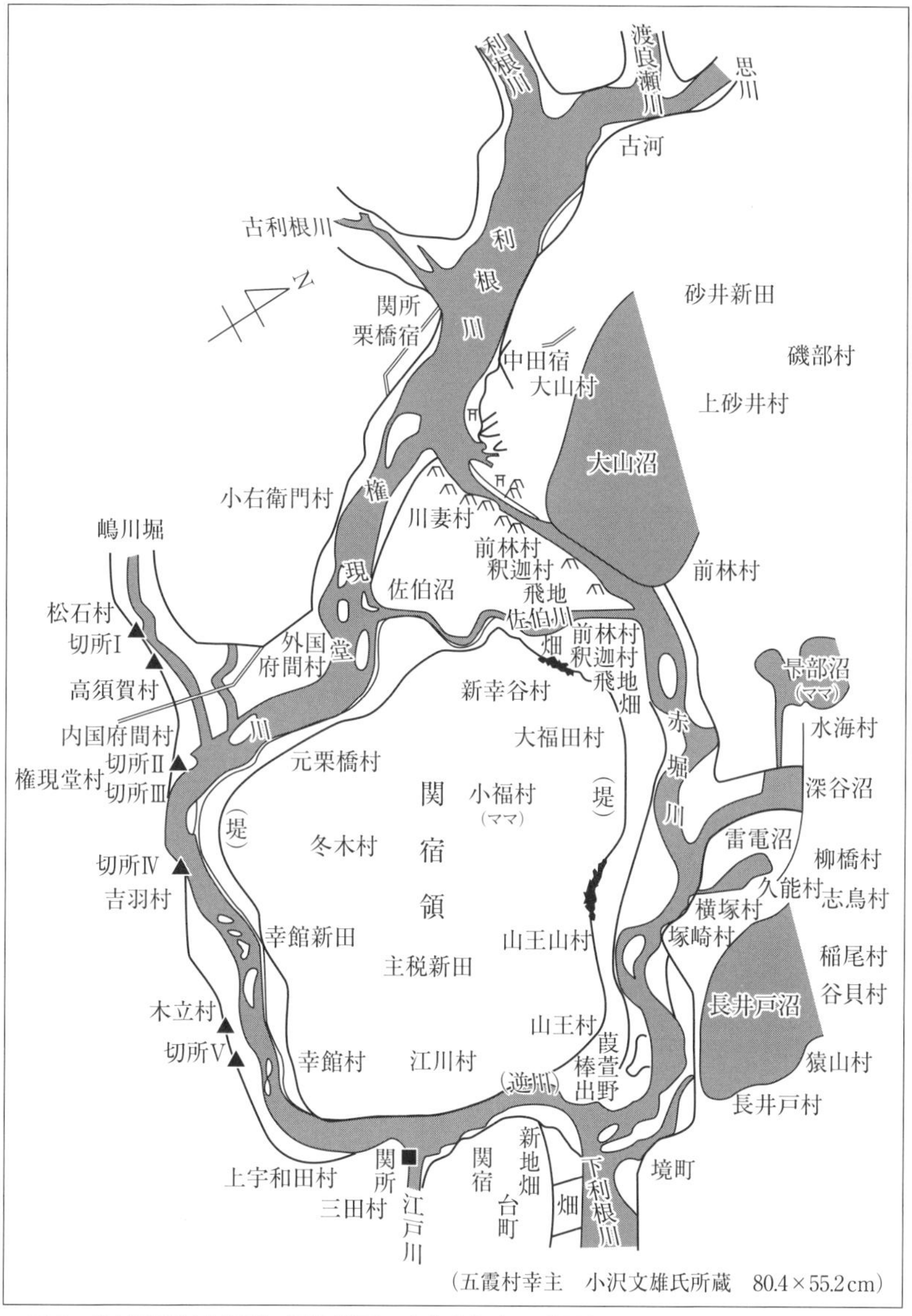

図2　「赤堀川切広場所幷川筋絵図　文化六年（1809）写」（吉田優、前掲註（17）論文より）

いずれにしても五霞村をとりまく赤堀川・権現堂川・佐伯川・遊川・江戸川はうまく機能している。

②それぞれの川に洲が多い。とくに図2以前に作成された「赤堀川々筋絵図」を見ると赤堀川は洲で埋まっている。このような状態では、(赤堀川を通じて)舟運の中心である下利根川に一定の水量が流れたかどうか疑問である。

第一点目、吉田が指摘したように中田宿から川妻村の狭窄部分を切り広げたとしても、実は川妻村と大山沼間の狭窄部分は残っている。さらに第二点目の赤堀川筋の特色があるにしても、五霞村をとりまく赤堀川・権現堂川はじめ諸河川がうまく機能していたとすれば、上利根の本流は巧みに諸河川に分流させられていたということになろう。

3　東遷事業否定説

小出博の見解からさらに一歩を進め、「江戸幕府による利根川東遷事業説」の、(3)否定論を展開したのは大熊孝である。大熊は(1)説の各見解と、文禄三年(一五九四)以来、承応三年(一六五四)までの経過、および(2)疑問説までを含めて、東遷事業の目的と意義を詳細に検討した後に、利根川舟運路の開発、舟運の概要を位置づけ、次のように結論づけた[20]。

以上の考察により、承応三年に完成したといわれる利根川東遷事業の最大のねらいは、舟運の開発と安定にあったものと考え、常陸川への利根川洪水の放出は、その結果としての現象であり、当初から目的化されたものではないと推断する。そして常陸川への利根川洪水の排出が本格化する文化六年(一八〇九)の赤堀川拡幅ないし天保年間(一八三〇〜一八四三)の江戸川流頭の棒出創設以後のことであると考える。

小出博も、この見解を支持する。それによれば、江戸時代における権現堂川・赤堀川の状況、あるいは江戸川の開削をみても、幕府には東遷事業の意図はなく、江戸川には常に豊かな平水を流し、常陸川と逆川には通船にさしつかえない水量を送ることが至上命令であった。そして江戸幕府の開発史上における赤堀川の開削を高く評価し、「権現堂川と赤堀川の勾配は、前者が大きく後者が小さい。従って渡良瀬川（今日は利根川）の水は権現堂川に集流しやすい。そこで分岐点で赤堀川の川幅を大きく水を呑み易くし、東に向ってラッパ状に狭め、川妻地先で急にちぢめて疎水水量を規制し、この至上命令に答えたのである」とする。「利根川の瀬替・東遷物語」は、近代になって、足尾銅山の鉱毒水が江戸川を下り、東京府下に氾濫することを恐れた明治政府によって強行され、大正時代から昭和初年になってようやく現実的に完結したと結論づけた。[21]

小出・大熊による(3)江戸幕府による利根川東遷事業否定説は、明治以来、一世紀余にわたる(1)説がまったく持ちえなかった方法論によるものであり、傾聴に値する。(1)説は、もはや基本的に再検討されなければならない。というよりは江戸時代の利根治水史を再構築する段階に到達したと考えられるのである。

二　関東郡代と利根川

大熊の批判のように、結果的にせよ幕府による利根川東遷事業があったとすれば、幕府のいかなる地位にあったものが、いつごろからどのような治水対策をとったかということが問題となる。大谷の言うように、幕府は享保期まで統一的治水政策は持ちえなかったのであろうか。

関東郡代伊奈氏が、(1)説の東遷事業期に、重要な役割を果たしたことは、すでに吉田東伍が指摘したところである。[22]まず近世前期における伊奈氏の地位を再確認しよう。行論の必要上、『寛政重修諸家譜』等より作成した伊奈氏の略系図を図3として示す。[23]

図3　伊奈氏略系図

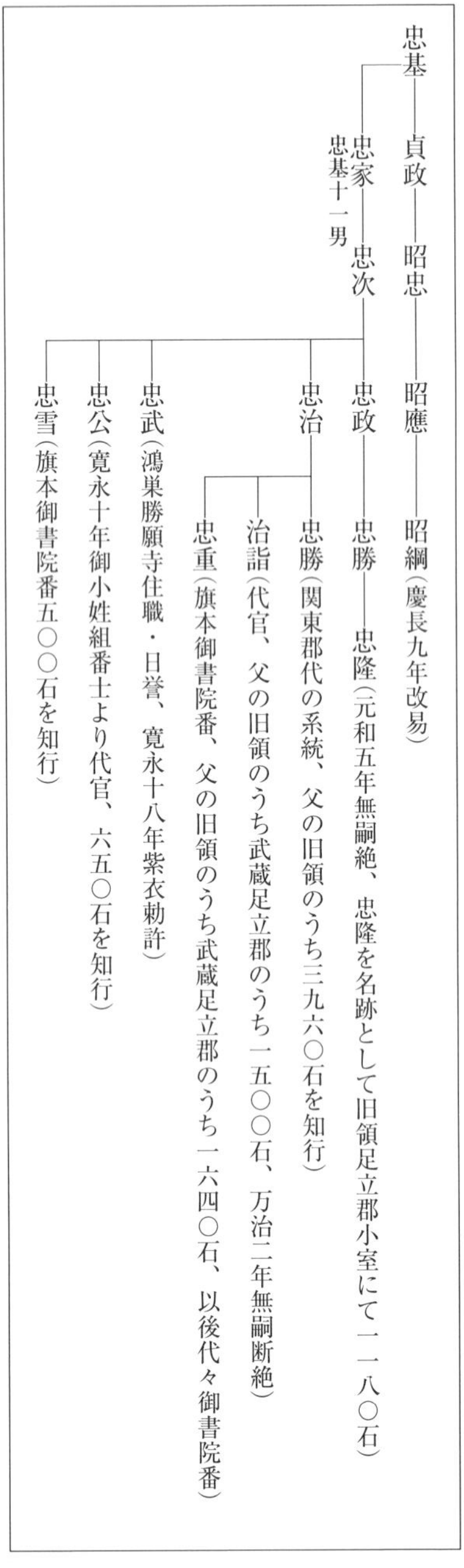

関東郡代伊奈氏は家始祖忠基以来、三河国幡豆郡小島（愛知県西尾市）の城主と伝えられる将軍家の三河以来の譜代家臣だった。のちに初代の関東郡代となる忠治の祖父忠家は始祖忠基の十一男だったという。また、父忠次は、天正十七年（一五八九）・十八年の五ヵ国総検の直前から地方巧者として頭角をあらわし、同十八年の関東入国後は、大久保長安らとともに代官頭となる。とくに慶長十年（一六〇五）以降、二元政治が成立すると江戸政権のもとで、年寄（加判）衆の地位、またはそれと同等の地位にまで上昇し、幕府の基盤強化のための諸政策の立案・遂行に参画した。伊奈氏の菩提寺源長寺[24]に、その曾孫伊奈半十郎忠常が、寛文癸丑年（十三年〔一六七三〕）に建てた墓碑銘には、次のように記している。

（前略）神君欣然乃賜参州小嶋旧墨及小室鴻巣等壱万石、而掌八州之貢税、補市川・松戸・房川三関史、（中略）

神君嘉其富国之功、以其新墾十分之一、賜忠次（後略）

その所領は三河の相伝の小島の故城と小室鴻巣等一万石、所管する職掌は関八州の貢税と、江戸をひかえた内水水運の要所、市川・松戸・房川の三つの関所の支配だった。これがいわゆる代官頭伊奈忠次の職掌だった。重要な記述は、一万石の所領のほかに新墾田の「十分之一」を与えられている点である。支配地の新墾田が何十万石あったかは不明であるが、相当の収納高があったことであろう。それをもって支配のための経費や治水費に充当したのであろう。慶長十五年没。行年六十一。

忠次の死後、忠次の遺跡は、五人の男子に分割されるが、幕府政治の中枢に関与する地位は、嫡男の筑後守忠政に、地方支配に関する権限は二男の半十郎忠治に引き継がれたようである。忠治は、時期は不明であるが、徳川家康に召し出されて勘定方を勤めた。父の没後、代官としての地位を引き継ぐが、その支配地域は、開発手形・年貢割付状その他の発給文書から推定するに、常陸国南西部の一部、下総国猿島郡、葛飾郡の一部、武蔵国埼玉郡・足立郡・葛飾郡に及んでいたものと思われる。それは江戸湾に流入する利根川水系の流域であった。武蔵国赤山に陣屋し、赤山領七〇〇〇石余を領した。

代官忠治に幕政参画への機会を与えたのは、寛永九年（一六三二）、大御所秀忠が没した後に展開した三代将軍家光による将軍親政であった。この将軍親政に、地方功者として参画したのが忠治である。忠治は同十二年十月、松平右衛門大夫正綱ら四人とともに勘定頭となる。(25) そして七年後、新設の職務に就任する。寛永十九年八月十六日、次のように命じられる。(26)

〔史料1〕

伊奈半十郎忠治今まで、国用の事にあづかりしを許され今より後関東諸代官の得失を糺し、堤防修築の事勾当す

べし

その職務は、関東諸代官の得失の糺明と、関東諸河川の堤防の修築を専当することであった。これまで老中・勘定頭の共管だった全国の河川の「国役堤普請」許認可の権限から、関東諸河川の「国役堤普請」を分離し、関東諸代官得失の権限を合わせて忠治に与えたものであった。幕府はここにはじめて利根川を頂点とする関東諸河川の統一的治水計画を担当する新機関を設立した。これが関東郡代の始源である。いうまでもなく、この期には老中政治が確立する。(27)しかし、その過程で関東郡代伊奈忠治が将軍家光と直結していた事例は少なくない。伊奈忠治は将軍家光と直結しながら利根川を中心とする関東諸河川の統一的治水計画を担当し、そのためにも関東諸代官に対する監察権を行使したのである。利根川を頂点とする統一的治水計画とは、天下の総城下町・江戸を中心とする関東中央部の治水計画であり、また副次的に江戸を中心とする舟運網の整備、利水による新田開発があったものと想定できる。

三　近世初頭の利根川旧河道

さて、伊奈忠次が代官頭として、またその子初代関東郡代忠治が直面した利根川はどのような状況だったのであろうか。その状況を的確に示す史料がある。それが「小流寺縁起」である。(28)その冒頭部分を史料2として示す。

〔史料2〕

武州葛飾郡庄内領吉津間邑小流寺之環堵者本下総之鄙裔也昔時原野平壙而川澤列西通常武総州三道覊旅人往環之船為商賈交易之着岸其水上謂利根河是八州之大一也其源出上州之北而東流経関宿之城沓距常陸境一下総国中島之境分導南方花島邑斜西南而距庄内松伏下川辺之境而為旧河也累年七八月之間雨集庭潦之激流溷渚而溢列国遠方之

境三州百川之水浹同而渼艇流屋梁氾濫之勢滔滔懐山襄陵下民売買者投沙泥（後略）

（読み下し文）

①武州葛飾郡庄内領吉津間邑小流寺の環堵は本《もと》下総鄙裔《ひえい》なり、昔時は原野平壙にして川沢西に列《つらな》り、常・武・総州三道に通ず。旅人・往環の船、商賈交易を為し着岸す。②其の水上は利根河と謂う、是れ八州の大一なり、其の源は上州の北に出て東流す、関宿城を経て、常陸境を沓距《とうきょ》し、一は下総国中島の境を下り、南方花島邑を分導し、西南に斜して庄内・松伏・下川辺の境を距《へだ》つ、而て旧河と為るなり、③累年七八月の間、雨庭潦の激流を集めて溷渚して列国遠方の境に溢《あふ》る、三州百川の水浹同して艇を渼《うか》べ、屋梁を流す、氾濫の勢滔滔として懐山襄え、陵下の民売買する者沙泥に投ず。（後略）

「小流寺縁起」の史料批判とその内容については前掲稿を参照されたい。必要な限りでそれを要約しよう。「同縁起」には「明暦三丁酉年（一六五七）」と紀年はあるが、著者不明である。著者は関東郡代伊奈忠治の庄内領郷代小島庄右衛門正重に依頼された学者であろう。著作の主眼は、伊奈忠治と郷代小島正重の治績を賞揚しながら、小流寺の開山・開基の由来を物語ろうとするものであった。和様漢文二七四〇字より成る内容は、六段に分けることができる。記述は必然的に寛永期（一六二四～四五）前後の利根川治水史に及ぶ。小稿の視角からすれば、もっとも興味ある部分は、寛永期以前の庄内領の状況と利根川の旧河道を記述し、その水害の惨状を克服するため、伊奈忠治は、直接三代将軍家光の許可を得て、寛永十七年河道の大改修に着手したことを述べている第一段と第二段である。史料2はその第一段の冒頭である。

史料2も三つの部分に分けることができる。①昔、庄内領は広々と原野に湖沼が散在し、その湖沼を川が西に結んで、常陸・武蔵・下総に通ずる舟運豊かな地域だった。おそらくその舟運の北の要が関宿であり、南の要が江戸だった。戦国末期の後北条氏と古河公方の関宿をめぐる攻防は、当時の人々の記憶にまだ生々しいものがあったろう。

②には利根川の旧河道が叙述される。『新編武蔵風土記稿』など、その旧河道を伝える史料は多い。しかしそれらはいずれも近世後期から末期の口碑をもとにするものであって、その利用には慎重を期さなければならない。それら流路の地名にはたとえば戦国期から近世初頭における水上交通の要衝・関宿の地名は欠落している。二世紀も過ぎれば地域の伝承からも消え去るのであろうか。

ともあれ本史料は、現在までのところ寛永期以前の利根川の旧河道を知りうるもっとも良質の史料である。それによれば、利根川は関宿で二つに分流していたという。上野国の北方に発する利根川は東流して関宿城をへて、一流は分流して常陸国の国境を画し、一流は下総国中島の境、南方花島まで下総国と武蔵国を境して流れ、さらに西南に斜して「庄内松伏下川辺之境を距」てていた。ここに出てくる下河辺は現在の三郷市・吉川市の市域である。江戸中期ごろ作成と思われる「幕府時代四ヶ領地境界図面」によれば、庄内領は江戸川と庄内古川に、松伏領は庄内古川と古利根川に、二合半領は江戸川と古利根川に、すっぽりと囲まれている。つまり利根川は常陸・下総・武蔵の国境を画しただけではなく、この地域では、国・郡につぐ幕府の支配単位としての「領」をも区画していたのである。この下総国と武蔵国の国境を画して流れ、やがて江戸湾に流入する一流を、幕府は「利根内河」と名づけていた。寛永八年九月二十一日に「利根内河通」に発令された川通法度などはその一例である。「利根内河」とは、「利根外河」の反対概念として生じた地名である。この「利根外河」こそ「関宿城を経て、常陸境を沓距し」とされる他の一流であろう。

右の寛永期以前の利根内河・利根外河の状況を端的に示す絵図がある。それが図4、楫本直子作成の「寛永十年『武蔵国図』にみる「利根内河」本流図」である。[29] 寛永十年、幕府は「日本六十余州国々切絵図」を作成した。その写が、秋田県立公文書館に残されている。図4から橋本はその状況を、次のように説明した。

地名と道の渡河点から描かれている河川名を確定してみよう。下総国との境界をなす河川は、北から「わと」（北葛飾郡宮代町）・「かすかべ」（春日部）・「八てう」（八条）の地名から比定して古利根川である。ただし最下流部にある葛西領に関しては中世には太日川と呼ばれた江戸川となる。河西領内の河川は御殿をはさんで東は中川、西は古隅田河である。古隅田川に合流している河川は綾瀬川であろう。古利根川が武蔵・下総の国境として描かれていることからもこの絵図は近世初頭の状況を反映しているといえる。

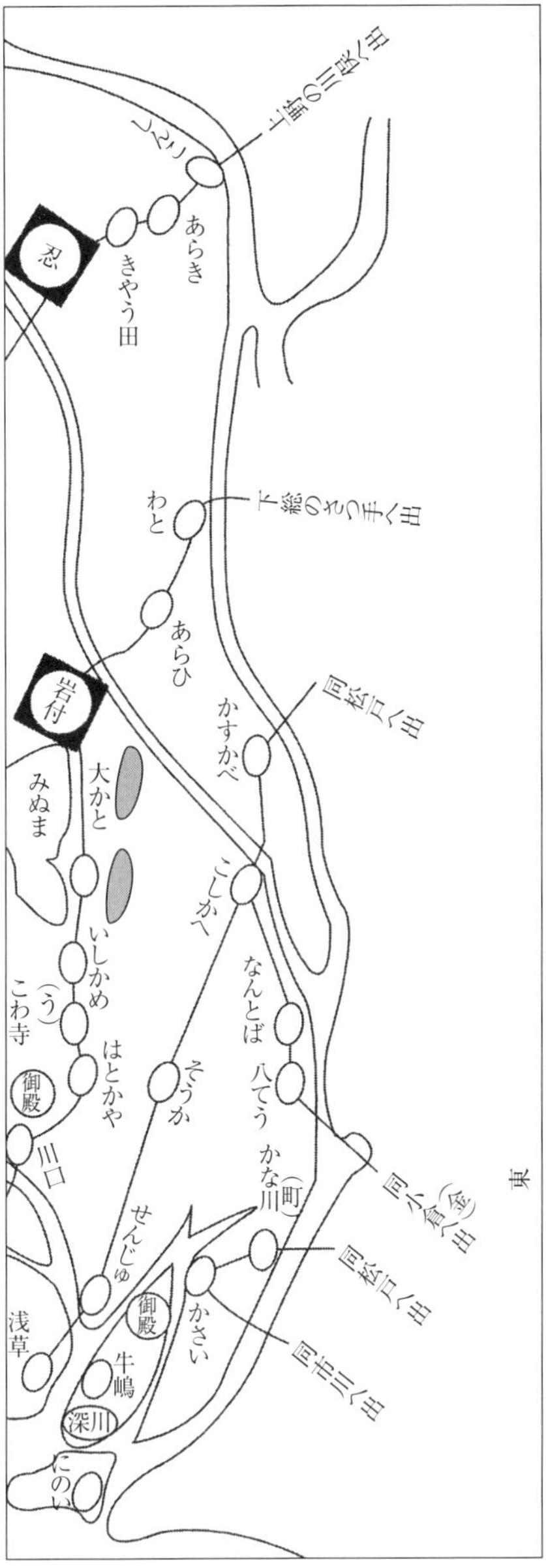

図4　寛永十年（一六三三）「武蔵国図」にみる「利根内河」本流図（橋本直子「近世初期の葛西領」〈『小合溜井―水元公園の自然と文化―』葛飾区郷土と天文の博物館、一九九九年〉より）

さきの、庄内領・松伏領・下河辺（二合半領）は寛永十年にはまだ下総国に属していたのである。図4により古利根川の流頭に遡ろう。その流頭の対岸が関宿である。古利根川のほかに二つの分流の流頭がはっきりと描かれている。古利根と併行して南流しようとして流れは太日川（江戸川）、東流しようとしている流頭が赤堀川であろうか。寛永十年、上利根川は関宿城をへて三つの流れに分流していたのである。その太日河（江戸川）と古利根川に囲まれた部分がさきの庄内領だった。ただし、その状況は一本の大河によって上利根の本流につながるという単純なものではなく、「昔時は原野平擴にして川沢西に列り」、ここに描かれている太日川自体がいくつかの小流派や湖沼をへて上利根川に通じていた。

関宿で三分流し、常陸国・下総国・武蔵国に通じていただけに、舟運にはきわめて便利だった。しかし、いったん洪水になると惨状を呈した。それが史料2の③の部分である。毎年のように七、八月の間、庄内・松伏・二合半領では、常・武・総三国の水が集まって激流となり、舟や家屋まで流した。氾濫の勢いはまことにすさまじく、里村も衰え、里人や商人も沙泥に身を投じたという。以上が、伊奈忠次とその子忠治が直面した利根川の状況であった。

四　伊奈氏が専当した関東の治水政策

近世前期に忠次が代官頭、忠治は代官、のちには関東郡代として施行した利根川大改修工事は、慶長期（一五九六～一六一五）から寛永期（一六二四～四四）、上利根川が、関宿をへて三分流する流頭に集中する。いうまでもなく、それが、江戸川と赤堀川開削工事を中心とする流路の整備事業であった。

1　江戸川の開削

江戸川の開削年代について諸説はあるが、栗原良輔は寛永十二年（一六三五）に起工し、同十八年には通水に差支えない程度に竣功したものとしている(30)。しかし、実はこれより前、慶長期に代官頭伊奈忠次が工事に着手していた。それを物語る史料が史料3である(31)。

〔史料3〕寛文九年　三輪野江定勝寺鐘銘

一廃一興者古今之常也伝称下総国葛飾郡桐谷郷貝塚村観音寺延命院者永正年中密家徒僧寮怡所創而為根来小池末派堂安観音像門立両金剛楼掛梵鐘寺有蓮池故以蓮華為山号上杉氏北条氏累世寄付戸田文禄年中寺罹回禄不存一宇一興一廃可以嘆焉慶長年中官吏伊奈忠次掘利根川闢新墾田寺当水路没其遺蹤寺僧朝印嘆而経年（後略）

（読み下し文）

一廃一興は古今之常なり。伝え称す。下総国葛飾郡桐谷郷貝塚村観音寺延命院は、永正年中密家の徒、僧寮怡所して創る。根来小池末派と為る。堂は観音像を安んじ、門は両金剛を立て、楼は梵鐘を掛く。寺に蓮池有り、故に蓮華を以て山号と為す。上杉氏・北条氏累世戸田を寄付す。文禄年中寺回禄に罹り、一宇も存せず、一興一廃は以て嘆く可し。慶長年中官吏伊奈忠次、利根川を掘り新墾田を闢く、寺水路に当り、没す。其の遺蹤寺僧朝印嘆きて年を経る。

堂塔伽藍が整備されていた観音寺延命院が、文禄年中、火災に遭って一宇も残さず全焼し、さらに、慶長年中に代官頭伊奈忠次が利根川を開削して新田を開拓したときに、その境内も水路に当り水没してしまった、との意である。延命院はのちに二合半領に移るが、旧地の葛飾郡桐谷郷は、下総台地の西端、現在の江戸川中流左岸（流山市）に位置する。すでに半世紀を経たのちの史料であるから、必ずしも正確を期すことはできないが、利根川開削工事の水路に当たり境内が水没したというのであるから、相当大規模な工事と推測できる。

寛永期、関東郡代伊奈忠治によって施工された関宿・金杉間の工事は父の遺志をも継ぐものだった。大熊孝によれば、江戸川の上流部関宿・金杉間は一八㎞あるが、その中間の宝珠花・金野井間（約四㎞）を除いては関東ローム層の洪積台地である。(32) また金杉下流の江戸川は中世の渡良瀬川下流部の太日川流路だった。(33) すなわち、上利根の本流の一部を、関宿から台地を一四㎞も切り割って、直線的に太日川に落とす大工事だった。

連年にわたる関宿以南の地の洪水を克服するため、伊奈忠治は利根内河河道の大改修工事に着手する。時に忠治は勘定頭の職にありながら、自らの所領および代官として利根内河の流域を支配していた。河道大改修工事は、農閑期を待って、寛永十七年晩秋から着手する。それは農民を大動員し「別に新溝をうがち、旧河を瀹し、川沢を広げ、溢流を壅ぎ、直に江戸湾に注ぐ」大工事だった。将軍家光の直裁を受けている点からみれば、国御普請であったろう。「十有余年を越えてなる」とあるから、承応年間（一六五二～五五）ごろには竣功したのであろう。(34)

2　赤堀川の開削

ふたたび吉田優作成の図2をみられたい。小出博によれば、赤堀川の開削とは、渡良瀬川と常陸川（広川）の分水嶺、具体的には図2の川妻地先から大山沼の沼尻まで掘り割った工事である。「掘り上げた土が赤かったというのもこの部分で、他の大部分、例えば狭窄部から下流は沼沢の多い低湿地、谷地であったと思われる。そうすると赤堀川の開削というのも、権現堂川の分岐点から掘りはじめたとしてもせいぜい二キロメートルほどの長さで、そのうち掘削土量の大きいのは約一㎞くらいで、工事量として驚くほどの大土功とはいえないだろう」(35) と評価している。先述の江戸川開削工事に比較すれば比すべくもなかった。しかし従来は、竣功した承応三年（一六五四）をもって江戸幕府による東遷事業が完成したと位置づけられてきたのである。

吉田優もふれているように、赤堀川の開削着工年については元和七年（一六二一）説と承応三年説がある。元和七年説の根拠となるのが次の有名な史料である。[36]

〔史料4〕元禄十一年　別妻村村役人証文

差上申証文之事

一、当村ノ義、正保二酉年以後新村新池沼無御座候

一、当村高ノ内六十石九斗七升一合、同所新田畑ト差紙ニ御座候也、伊奈備前守様御代官所ノ節ヨリ板倉隠岐守様御代迄段々開発仕候御新田ニテ、古来ノ百姓所所持仕別ニ村居ハ無御座候

一、当村利根川端ニ御座候、古来ヨリ川違無御座候、川向武蔵国葛飾郡新栗橋町小右衛門村ヨリ国境古来ヨリ論所無御座候

一、七十八年（元和七年）以前、川妻村ハ伊奈備前守様御代官所ノ節、古河領中田町ト川妻村境目川口ニテ、水海村沼迄新川被仰付候、其節ヨリ赤堀川ト申候

壱番堀、七十八年以前元和七酉年、伊奈備前守様御内、富田吉左衛門様御奉行所ニテ横七間ニ御掘被成候

弐番堀、六十四年以前寛永拾弐戌年、伊奈半十郎様御内、福田久右衛門様御奉行所ニテ右ノ横三間御ヒロゲ被成候

参番堀、四十五年以前承応三午年、伊奈半左衛門様御内、富田助左衛門様御奉行所ニテ右拾間程ノ中ニテ幅三間御掘被成候

右之通三ヶ度御普請被遊候、段々大川罷成申候、川妻村渡場ニテ去冬御改被遊候通、定水ノ節、川幅二十七間、

深サ二丈九尺程ニテ御座候

右ノ外、新川並古沼池干上リ、又ハ埋リ申候場所、惣テ正保二酉年以後変リ申儀無御座候

大谷貞夫は本史料を史料批判して次の四点を指摘した。

①現在、原本の所在は不明であるが、形式・内容からみて、基本的には信用するに足る史料である。

②一番堀が掘られたとする元和七年には備前守忠次はすでに亡く、半十郎忠治の代である。

③二番堀の寛永十二年との紀年は、干支も一致せず、他の傍証史料から寛永二年の可能性が強い。

④下総国葛飾郡釈迦村の名主忠兵衛、同じく前林村の名主文左衛門らが、川妻村の名主らを奉行所に訴えた訴状、第二条に「備前堀赤堀と申ハ幸手・栗橋之水除に伊奈備前様おんほらせ被成候」とある。この点からも赤堀川は関東郡代が自ら支配する幕府領の水害を除去するために、独自に行ったものと理解できる。(37)

まず①を前提に考察を進めよう。③のような紀年の誤伝があったとすれば、②の場合もその可能性がある。つまり一番堀を掘ったのは忠次で、紀年が誤伝される場合もあろう。④の訴状でも備前堀・赤堀と併記されており、しかも「伊奈備前様おんほらせ破成候」とある。備前堀→赤堀→赤堀川という流れを考えれば、赤堀川は、江戸川と同じく忠次・忠治父子二代にわたる工事によって完成された可能性がある。あるいは通説のように元和七年に着工、承応三年に完成されたにしても、元和七年一番堀、寛永二年(一六二五)もしくは同十二年の二番堀の工事は、大谷が指摘したように、忠治が独自に行った可能性が強い。将軍の直裁を受け、十有余年を要したといえ、国役普請をもって強行した江戸川工事とは、質も量も異なる。しかし、承応三年の赤堀の三番工事は、元和・寛永期の代官忠次の工事とは異なる。忠次はすでにその前年の同二年六月二十七日に没していたが、その子忠勝は、関東郡代として関東諸代官の「得失を糺し、堤防修築の事」を専当する関東郡代の職にあったからである。承応三年の工事は、関東地域全体を視

野に、利根川水系をつくるための統一的治水計画のもとに行われたものと推定されるのである。

結びにかえて

寛永十九年(一六四二)八月十六日勘定頭にして代官を兼ねていた伊奈忠治は、勘定頭をゆるされ、新設された関東郡代の職に任じられる。この職は「関東諸代官の得失を糺し、堤防修築の事」を、管掌するものであった。忠治はこうしてはじめて関東全体の御料と天下の総城下町江戸の状況を把握して、利根川を頂点とする統一的治水政策を実施する権限を得た。それはまた将軍と直結することによって、幕府の治水政策ともなった。この関東郡代の権限の発動によって、寛永十七年に開始された江戸川開削は十有余年を経て、また赤堀川の通水も承応三年(一六五四)に完成する。幕府による利根川東遷事業説は、この赤堀川通水工事竣功をもって、東遷事業は一応の終結をみたとする。しかし、小出博や大熊孝が批判するように、利根川本流がこの年をもって赤堀川筋に移ったとするには利根川治水体系の構造上に無理があろう。幕府の統一的治水計画の発動過程をみても、質・量ともに、赤堀川通水工事よりも、江戸川開削工事に重点があった。

では、寛永十九年以降に打ち出された統一的な利根川治水計画とは何だったのであろうか。正保国絵図に描かれていないことから、赤堀は開削されても寛永期には通水していなかったとする一説がある。しかし、寛永国絵図には関宿をへて上利根川は、南流する二水系と北行し東流する一流の三流に分水する。並行して南流し、やがて江戸湾に流入する二流は古利根川(中川)と太日(井)川(江戸川)の水系で、北行し東流する一流は逆川か赤堀川を通じ常陸川に落とす水系であろう。寛永期前後、幕府や農民は南流する二水系を利根内川、北行し東流する一水系を利根外川と名づけていた。しかし、三流の流路は複雑で、連年の洪水をもたらした。寛永期の利根川改修工事は、上利根川の本流を三分水する地域に集中している。すなわち、上利根川の本流を、古利根川・江戸川・逆川と赤堀川の三水系に明確に分離・分水することが、寛永期幕政における利根川治水政策の基本だったものと推断されるのである。

註

（1）『国史大辞典』第一〇巻（吉川弘文館、一九八九年）三九六頁。
（2）『角川日本地名大辞典』11埼玉県（角川書店、一九八〇年）五九六頁。同上8茨城県（同上、一九八三年）六七四～六七六頁。同上12千葉県（同上、一九八四年）。『埼玉県の地名』日本歴史地名大系第一一巻（平凡社、一九九三年）四七～五一頁。『茨城県の地名』同上八巻（同上、一九八二年）三一～三三頁。
（3）木村礎「利根川流域における地域景観の変貌―治水及び利水・開発の時期的特質―」（木村礎編『村落景観の史的研究』八木書店、一九八八年）。
（4）大谷貞夫『近世日本治水史の研究』（雄山閣出版、一九八六年）。
（5）大熊孝『利根川治水の変遷と水害』（東京大学出版会、一九八一年）。
（6）佐藤俊郎『利根川―その治水と利水―』（論創社、一九八二年）。
（7）大熊前掲註（5）一一～五〇頁、引用部分は三二頁。
（8）佐藤前掲註（6）。
（9）尾白和昭「利根川の治水工法と中川流域の水環境の総合的研究」（『徳川林政史研究所研究紀要』三二、一九九八年）。
（10）木村前掲註（3）一七八～一七九頁。

(11) 大熊前掲註(5)三一頁。
(12) 小出博『日本の河川研究』(東京大学出版会、一九七二年)。
(13) 大谷貞夫『江戸幕府治水政策史の研究』(雄山閣出版、一九九六年)はしがき。
(14) 木村前掲註(3)一七七、二一一頁。
(15) 大谷前掲註(4)二七一～二七七頁。引用部分は二七七頁。
(16) 大熊前掲註(5)一二一～一三頁。
(17) 吉田優「利根川東流と五霞村」(木村礎編前掲書二六五～二八二頁)。
(18) 同右、二七三頁。
(19) 同右、二六八頁。
(20) 大熊前掲註(5)五〇頁。
(21) 小出博『利根川と淀川—東日本・西日本の歴史的展開—』(中央公論社、一九七五年)。引用部分は一八一頁。
(22) 吉田東伍『利根治水論考』(日本歴史地理学会、一九一〇年、崙書房名著影印叢書2、一九七四年)七一頁。
(23) 拙稿「『小流寺縁起』考」(三郷市史研究『葦のみち』一一、一九九九年)。以下、伊奈氏については、とくに断らない限り、この拙稿による。
(24) 川口市赤山に所在、浄土宗。なお、この墓碑は川口市指定文化財。
(25) 「大猷院殿御実紀」巻二九・寛永十二年十一月十日条(『新訂増補国史大系　徳川実紀』第二、一九六四年)六九三頁。
(26) 同右巻五一、寛永十九年八月十六日条(同右第三)二八四頁。
(27) 藤野保『新訂幕藩体制史の研究』(吉川弘文館、一九七五年)三一三～三二二頁。藤井譲治『江戸幕府老中形成過程の研究』（校倉書房、一九九〇年）一七～二七頁。山本博文『寛永時代』（吉川弘文館、一九八九年）八八～九二頁。
(28) 拙稿前掲註(23)。
(29) 橋本直子「近世初期の葛西領」（葛飾区郷土と天文の博物館『特別展　小合溜井―水元公園の自然と文化―』）六五～六九頁。引用部分は六五頁。
(30) 栗原良輔『利根川治水史』（官界公論社、一九四三年）二七二頁。
(31) 葛西用水路土地改良区『葛西用水史資料』上（葛西用水路土地改良区、一九八八年）一九一頁。
(32) 大熊前掲註(5)二六頁。
(33) 吉田前掲註(22)一九四頁。
(34) 拙稿前掲註(23)。
(35) 小出前掲註(21)一七八頁。
(36) 栗原前掲註(29)一四一～一四二頁。
(37) 大谷前掲註(4)二七三～二七七頁。

「小流寺縁起」考
―江戸幕府の利根川治水政策と関連して―

はじめに

三郷市から江戸川を遡ると、吉川市・松代町・庄和町・杉戸町・幸手市をへて流頭の関宿町で本流の利根川に達する。このうち三郷・吉川・庄和は東境を南北に流れる江戸川に、また西境は南流する中川に画された沖積地であるという点ではほぼ立地条件を等しくしている。

この立地条件は基本的には近世前期まで遡ることができる。しかし、当時の当地域に住んだ人々の生活に、利根川から派生する二大支川の影響は、現在よりははるかに決定的なものがあった。江戸前期におけるその状況を如実に示すものが「小流寺縁起」であると言われる(1)。私たちは国の利根川治水政策に関しては江戸時代以来の膨大な研究史をもつ(2)。しかし、そのなかで「小流寺縁起」の意義について関説した研究者は少ない。

まず栗原良輔は五霞村(現茨城県猿島郡五霞町)周辺における利根流路改修事業に触れた後、「佐伯堀も逆川も元来不自然なる水路であったから、利根の大水を常陸川に放流させることは困難で、益々太日河に集流し、其の下流に水害を及ぼす事が多くなった。而も太日河の河道は、著しく土砂堆積して庄内領地方に惨害を及ぼしたので、愈々寛永十七年に至り伊奈備前守忠次が、小島正重に担当させて、江戸川開鑿の大土工を敢行するに至った次第である」と述べている。(3)寛永十七年（一六四〇）の江戸川大改修が、伊奈忠次の命により小島正重が行ったとのこの記述が何を史料的根拠にしたかについては述べられていない。おそらく栗原は「小流寺縁起」を読んだか、あるいは伝聞したのであろう。その後半世紀余、難解な和様漢文で記述された「小流寺縁起」は、史料の所在地である庄和町教育委員会がその全文の印影を白文の形で公刊した。(4)その内容を積極的に利根治水史のなかに位置づけようとしたのが本間清利である。本間は「小流寺縁起」が関東代官伊奈半十郎忠治の家臣小島庄右衛門によるもので、その内容は寛永十七年の新利根川開削についての事情を示すものとした。本間は同縁起の著者を小島庄右衛門正重と断定したわけではないが、なお慎重に史料批判する必要があろう。

さて小流寺は、埼玉県北葛飾郡庄和町大字西宝珠花三二七番地にある浄土真宗大谷派に属する寺院である。昭和二十五年（一九五〇）、江戸川の川幅四〇〇mの拡幅工事が実施された。この際の堤防の移動で江戸川の岸辺にあった西宝珠花二五〇戸、西金野井一六戸の集団移転が行われた。(6)現存する本堂はその折、旧地より移転させたものという。同寺に伝存した唯一の史料が、本史料であり、その記述の内容によって「小流寺縁起」と称されている。小流寺には本史料と関連する文献史料は伝存しないが、寺内には県旧跡に指定された小島庄右衛門正重墓と、小島庄右衛門像がある。なお小島庄右衛門正重は、後述するように関東代官伊奈忠治の郷代で、小流寺の開基だったという。

一　「小流寺縁起」の内容

本縁起は長い巻子状で、和様漢文、約二七四〇字より成る。その内容は専門外の筆者にとっては極めて難解である。ただ近世前期の利根治水史に関する基本史料が皆無といってもよい現在、きわめて重要な史料である。誤読する可能性が強いことを自認しながら取り上げる。御教示を乞う次第である。

内容は、ほぼ六段に分けることができる。第一段は、「利根川旧河道と小流寺周辺諸村」とも言うべき記述である。武蔵国葛飾郡庄内領吉津間邑小流寺諸村はかつて下総国に属していた。二流に分流していた利根川旧河道に位置したため、毎年七、八月の間、その大水害に苦しんだ。村民の生活は「是を以て遑々汲々、民常に不足之憂有り、冬暖にして寒を忍え、年豊かにして苦飢す」とその苦況を述べている。

第二段は、この惨状を克服するために、この地域の「大守」伊奈忠治によって施行された利根川旧河道大改修工事についてである。「境内大守」伊奈忠治は三代将軍徳川家光の許可を得て幕府の直営事業として河道改修事業に着手する。この大事業は寛永十七年に着手され、十有余年にして新河道が完成した。旧河道の時代はそれを国境として東側が下総国、西側を武蔵国としていた。今、新川が新しい境をつくろうとしている。その新川が完成しない以前に、下総国葛飾郡宝珠花・吉津間の諸村は武蔵国に帰属させられたという。

「大守」伊奈忠治とこの郷の「郷代守」小島庄右衛門正重との関係および正重の治績を述べたのが、第三段である。この地域の「郷代守」小島正重は、伊奈忠治の「親戚」で、年来忠治に仕えて忠功をつくした。隠退した後はいざ知らず、常に忠治の陣屋のあった赤山の屋敷に住居し、勧農の必要を説くとともに、庄内領の灌漑治水、勧農に努力した。こうして荒蕪の地も千夫の税地となり、商工も盛んになったという。

第四段は、狭い意味での小流寺の開山開基物語である。正重は新郷民をなお鎮撫し恩沢をほどこした後、一山の創立をはかる。幸いに正重の旧知で、本江戸西昭寺の住僧玄覚は、正重と同じく真宗東本願寺派に属していた。そこで正保三年(一六四六)正月、玄覚を招いて自ら開基となり、小流寺を創建した。

第五段は、正重が玄覚と議して「寺宝尊」とした「仏像讃」の由来である。ある時、正重は真仏如来を夢見た。仏が語る。汝はこの地の「代守」に適している。荒穢の土地を開き、民を育成し寺院も建てた。誠に上品慈悲の人である。いよいよ信仰を厚くすれば瑞応があるだろうと。日ならずして何許よりとも知らず旅僧が来て懐中より一軸を出した。これこそ正重が霊幻会得した正像だった。以下、その「仏像讃」として「四明山権律師隆寛讃」「愚禿親鸞上人偈」「聖徳太子御廟記文」等を筆写している。

第六段がのちに紹介する跋文である。

二　伊奈忠治と関東郡代職の成立

右のように本史料は、小流寺縁起の記述を主眼とするものの、その開基としての小島正重とその主君としての伊奈忠治の庄内領における利根川治水対策の治績を強調している点に注目したい。右の内容第二段までは前述したように本間清利が紹介している。

本史料に「境内大守」とされている伊奈忠治は、言うまでもなく代官頭伊奈備前守忠次の二男である。次に伊奈氏の略系図を示す(7)。

忠治の生まれた伊奈氏は始祖忠基以来、三河国幡豆郡小島(愛知県西尾市)の城主で、将軍家の三河以来の譜代家臣だった。忠次は立身して天正十八年(一五九〇)徳川家康の関東転封直後、武蔵国足立郡小室・鴻巣において一万三〇〇〇石(一万石とも言われる)を与えられ、大久保長安らとともに代官頭となる(8)。とくに慶長十二年(一六〇七)以降、大御所徳川家康の駿府政権と二代将軍秀忠による江戸政権の二元政治が成立すると、代官頭たるに止まらず、大久保は駿府政権、伊奈忠次は江戸政権の下で、年寄(加判)衆の地位、またはそれと同等の地位にまで上昇し、幕府の基盤強化のための諸政策の立案、遂行に参画していた(9)。その忠次も同十五年江戸城下にあった屋敷で没する。六十一歳であった。

忠次没後、忠次のもっていた代官頭の強大な権限は、結果的に分割され、幕府政治の中枢に直接関与する地位は長男の筑後守忠政に引き継がれ、地方支配に関する権限は二男の半十郎忠治に引き継がれたようである(10)。しかも忠政が元和四年(一六一八)に死去し、その跡を継いだ忠勝も同五年に夭折して忠政系が断絶すると、忠治の継承した地方支配の権限のみが忠治系の子孫によって継承されていった。これがいわゆる関東郡代である。なお忠次の男子には略系図に示したように、嫡子忠政、二男忠治のほか、三男忠武、四男忠公、五男忠雪と三人の男子があった。

三男忠武は幼時より病弱だったので僧籍に入って鴻巣勝願寺の住職となり、寛永十八年(一六四一)紫衣の勅許あり、後に鎌倉光明寺に転住した。四男忠公は三代将軍家光の誕生直後の慶長九年十一月小姓として召し出され、御小

伊奈氏略系図

- 忠基—貞政—昭忠—昭應—昭綱(慶長九年改易)
- 忠基—忠家(忠基十一男)—忠次
  - 忠政—忠勝—忠隆(元和五年無嗣絶、忠隆を名跡として旧領足立郡小室にて一一八〇石)
  - 忠治
    - 忠勝(関東郡代の系統、父の旧領のうち三九六〇石を知行)
    - 治詣(代官、父の旧領のうち武蔵足立郡のうち一五〇〇石、万治二年無嗣断絶)
    - 忠重(旗本御書院番、父の旧領のうち武蔵足立郡のうち一六四〇石、以後代々御書院番)
  - 忠武(鴻巣勝願寺住職・日誉、寛永十八年紫衣勅許)
  - 忠公(寛永十年御小姓組番士より代官、六五〇石を知行)
  - 忠雪(旗本御書院番五〇〇石を知行)

納戸頭まで進んだ時、家光の勘気にふれ、兄忠治にあずけられた。後にゆるされ、御小姓番士に列し、寛永十年代官に転じ、六五〇石を知行している。寛永十八年二月十日、戸田の鹿狩・岩淵辺の鷹狩に兄忠治と供奉して猪を分け与えられ、また正保元年(一六四四)三月二十二日の猪狩に供奉して忠治とともに褒詞を受けている。両度の猪狩は大老・老中総出動の大規模なものであり、忠公は関東郡代としての兄忠治の準備・実施行動を補佐したのであろう。五男忠雪は幼時より家光の弟忠長に仕えた。忠長改易後、寛永十三年召し出されて御書院番士となり五〇〇石を知行し、代官にはならなかった。以上のように忠次の保持していた地方支配の権限は、忠治とその弟忠公に引き継がれたものと想定される。忠治兄弟はどのようにその権限を引き継ぎ確定していったのであろうか。

忠治は時期は不明であるが徳川家康に召し出されて勘定方を勤めたという(11)。その文書の初見は、父忠次没後二年の慶長十七年である。同年三月五日、武蔵国葛飾郡「二合半領之内もたい新田」の「藤へもん」に開発手形を出し(12)、同年十月十一日、下総国猿島郡幸手内平須賀村に年貢割付を発給している(13)。これより以前の慶長六年三月二十五日、忠治の父忠次は二郷半領彦成「河辺三ヶ寺」の密厳院・延命寺・円明院にそれぞれ一町歩ずつの「開発手形」(14)、また同十年九月二十一日には、幸手内上平須賀村に年貢割付状を発給していた(15)。武蔵国における幕府直轄支配の特色は「領」を単位とするところにあった。二郷半領、幸手領における代官の権限は、すでに慶長十七年に忠次からその子忠治に受け継がれているのである。開発手形、年貢割付状等その発給文書からその支配地域を推定するに、下総国猿島郡、葛飾郡の一部、武蔵国埼玉郡・足立郡・葛飾郡のほとんどに及んでいたものと思われる。景観から見れば、江戸湾に流入した利根川・荒川等、大河川の流域であった。忠治は以上のように下総国西部二郡、武蔵国東部三都において、代官としての権限をそのまま受け継いだ。

代官忠治に、幕政参画への機会を与えたのは、寛永九年一月二十四日大御所秀忠が没した後に展開した三代家光による将軍親政の展開であった。その前年同八年二月から病床についた秀忠の病状は、七月から悪化する。京都からは公家衆の使者が江戸に下向し、在府の大名たちは連日登城して病状をうかがい、また徳川義直・同頼宣・伊達政宗・佐竹義宣など在国していた大名たちは相次いで秀忠を見舞うために国許を出発するが、幕閣から止められ、国許に戻った(16)。

このような緊迫した状況下に代官伊奈忠治は、幕閣から一通の指令を受けとる。史料1として示す(17)。

〔史料1〕

伊奈半左衛門御代官所利根内川通渡シ之儀ニ付寛永年中出候御書付写

覚

一、利根内河通近郷之樵夫・草刈・耕作人之外一切川向江不可越之所付在別紙、若往還之輩猥に相渡にをいてハ、縦後日に聞立候共、其在所之者曲事に被仰付へし、通候ものをとらへ差上候は、其人により御褒美之高下有之而急度可被下之、自然礼物を出し可相通申族あらはとらへ置申上へし、金銀米銭何にても其約束之一倍可被下之旨候

寛永八年九月廿一日

出羽守
丹後守
大蔵少輔
伊賀守
信濃守
讃岐守
大炊頭

雅　楽　頭

伊奈半十郎殿

史料1は寛永八年九月二十一日付の年寄連署奉書写である。内容は八人の年寄連署を以て、利根内河通近郷の住民以外の舟渡し、往還を厳禁する旨、この地域の代官伊奈半十郎忠治に指令している。連署した出羽守とは森川出羽守重俊、丹後守は稲葉丹後守正勝、大蔵少輔は青山大蔵少輔幸成、伊賀守は内藤伊賀守忠重、信濃守は永井信濃守尚政、讃岐守は酒井讃岐守忠勝、大炊頭は土井大炊頭利勝、雅楽頭とは酒井雅楽頭忠世である。うち森川重俊・青山幸成・永井尚政・土井利勝は大御所の西の丸秀忠付年寄、稲葉正勝・内藤忠重・酒井忠勝・酒井忠世は将軍の本丸家光付の年寄であった。大御所付年寄と将軍付年寄が合体して幕府の意志を示すというこの期の幕政の特質を端的に示す史料である。(18)舟渡・往還を厳禁した地点については「所付在別紙」とあり、幕閣は利根内河通りの渡し場を把握していたが、その史料は現存しない。

しかし、右の指令に接した忠治は、直ちに幕閣から指定された在所の郷村に史料2(19)・史料3(20)の指令を発する。

〔史料2〕

武州二郷半領渡シ場小向井江伊奈半十郎より出置候證文写

今度川通御法度ニ付我等もの川向御代官所へ差遣候儀於公儀相定候、併差越候時は我等直判可遣候、無左候ハヽ、大河内与兵衛、松井太郎左衛門、小嶋庄左衛門、柴半右衛門、奥沢角左衛門、小笠又兵衛、此六人之者手判を可越、但六人之内弐人之判ニ而も不苦、壱人之判ニ而は必通申間敷候、たとひ六人之者判揃候共、女幷手負一切不可通之者也

寛永八年九月廿一日　　伊半十郎

小むかひ

〔史料3〕

二合半領小向井村江伊奈半十郎出置候渡船書付写

覚

一、近辺之御領私領石物薪以下なとつミ出し可申、但上の里舟頭改、右之つミ出し候郷より手形を取可申候、必往還者のセ候ハぬ様ニかたく可相心得候事

一、川向御代官所より万御ふしんに参候百姓通し可申候、幷次飛脚百姓も同前之事

右趣可相心得者也

寛永八年未閏十月三日　伊半十郎

小むかひ

史料2は、幕閣から川通法度(史料1)を受けた九月二十一日の当日に二郷半領小向井村(三郷市内)に、史料3はそれより二か月後の閏十月三日同村に発した指令である。史料2では忠治方のものを川向代官所に行かせる時には、忠治の直判、あるいは忠治の手代の六人の手判か、もしくは二人の在判の許可状があった場合は通してよろしいとし、六人の手代のうち一人在判の書類持参の場合、また六人すべて在判の場合でも、女人と怪我人は絶対に渡河禁止を申し渡している。第一に舟渡し場が事実上の関所だったことと、第二に六人の手代のなかに小嶋庄左衛門の名がある点に注目したい。

七月末から十月にかけて秀忠の病状はやや恢復し小康状態となる。史料2のような規制を厳重に施行されたなら、江戸と地域内流通にすら悪影響が及ぶ。その情況を受けて、閏十月三日に発令されたのが史料3である。第一条で

は、近辺の御領私領からの船荷物積み出しを、荷物発送在所の手形を以てする上乗り船頭改めを前提として保証し、第二条では同様に、在所の手形による普請人足、次飛脚の渡河・往来を許可している。ただし一般の往還の者の渡河・往来は禁止されている。

後年、忠治の曾孫で、延宝八年（一六八〇）から元禄十年（一六九七）の間、関東郡代の職にあった忠篤は、支配地域の渡し場の調査をし、某年十一月に勘定所に報告している。[21]その返答書写が残っている。史料2・3を受けた小向村についての返答書写を示したのが史料4である。[22]

〔史料4〕

伊奈半十郎御代官所二郷半領
　　　　　　　　　小向村
南条金左衛門御代官所小金領
　　　　川向　松戸町

右小向村より松戸町へ利根江戸川舟渡之儀、寛永八年九月之御證文写ニ曾祖父半十郎奥判致候を小向村ニ所持致候、先年より小向村ニ船頭壱人相極置、二郷半領久兵衛新田、樋口村、小日向《ママ》、同所新田以上四ヶ村之百姓共小金領松戸町、岩瀬村、古ヶ崎村之内ニて出作致候ニ付、樵夫・草刈・耕作人等舟越申候、女幷手負之儀ハ不及申、怪鋪者往還人等一切渡不申候、船頭之儀先規より川端ニ屋敷所持致し罷有、御證文之趣、堅相守舟渡候由申候

寛永八年九月二十一日幕閣の触・川通法度を受けて発した忠治證文は、三世代後も受け継がれ、渡し場の川通法度として守られていた。

表1　寛永18年利根内河渡場表

伊奈半十郎代官所		川向	
川辺領	佐波村	古河領	飯積村
川辺領	栗橋町	古河領	中田村
川辺領	小右衛門村	世喜宿領	川妻村
幸手領	木立村	世喜宿領	幸館村
松伏領	八子村	庄内領	今神村
二郷半領	三輪江新田	小金領	桐ケ谷村
二郷半領	前間新田	丹後新田より渡	
二郷半領	丹後新田	小金領	流山町
二郷半領	長土呂村	舟渡無し	
二郷半領	樋口村	舟渡無し	
二郷半領	小向村	小金領	松戸町
葛西領	上鎌田	舟渡無し	
葛西領	下篠崎村	} 行徳領	河原村 但し證文は篠崎村地頭宛
葛西領	上篠崎村		

出典）註21より作成

この忠篤の渡し場調査のとき、史料2と同内容の忠治證文を所持していた在所が一三か所ある。これを忠篤の勘定所への返答書「利根川通御関所之外脇渡場改覚」より抄出したのが表1である。忠治は寛永八年九月二十一日、利根内河通法度を受けて、即日利根内河通関所脇渡場一三か所に史料2の指令を発したのである。

大御所秀忠は翌九年一月二十四日夜に没し、三代家光による将軍親政が開始される。本稿では詳述はさけるが、この将軍親政に地方巧者として参画したのが忠治である。忠治は寛永十二年十一月将軍諸職直轄制の成立にさいし、勘定頭松平右衛門大夫正綱・伊丹播磨守康勝・大河内金兵衛久綱・曽根源左衛門吉次とともに、関東公料の地と農民の訴訟を、「五人一月づゝ、二番にして勤むべし」と勘定頭になる。[23]そして七年余、勘定頭を勤めながら代官をも兼任し、同十九年八月十六日、新たな職務に就任する。その内容は、[24]

伊奈半十郎忠治今まで国用の事にあづかりしを許され、今より後関東諸代官の得失を糺し、堤防修築の事勾当すべしと命じられた。すなわち関東諸代官の得失の糺明と関東の諸河川の堤防の修築をつかさどることが新職掌であった。この一年前、大野瑞男が指摘しているように、勘定頭伊奈忠治は、寛永十八年九月十九日、奉書ではないが老中松平信綱・勘定頭曽根吉次との連署で岡田将監善政宛に「国役堤普請奉行扶持請取証文」を発している(25)。つまり、これまで老中・勘定頭の共通の権限であった「国役堤普請」から関東諸河川の「国役堤普請」を分離し、関東諸代官得失の糺明の権限を合わせて忠治に与えたものであった。幕府はここにはじめて利根川を頂点とする関東諸河川の統一的治水計画を担当する新機関を設立した。これが関東郡代の始源である。藤井譲治によれば寛永十五年以降、松平信綱・阿部忠秋・阿部重次による老中政治が確立する(26)。しかし、その過程で関東郡代伊奈忠治が将軍家光と直結していた事例は少なくない(27)。伊奈忠治は将軍家光と直結しながら利根川を中心とする関東諸河川の統一的治水計画を担当し、そのために関東諸代官に対する監察権を行使できたのである。

三　「小流寺縁起」の著者

「小流寺縁起」によれば、小流寺の開基は小島正重であった。「縁起(28)」のなかに通称はないが、寺伝によれば庄右衛門だったという。事実、墓石の通称は庄右衛門と刻されている。戦国期から近世前期を生きた将軍家の家人のなかに小嶋正重なる人物がいる。その生家は三河国額田郡の安城譜代である。正重は家康に仕え、関東入国後、武蔵国で二三〇〇石を領したという。通称は源左衛門で元和二年（一六一六）に没している(29)。小流寺の開基とは同名異人である。注目すべきは、さきの史料2に出てくる「小嶋庄左衛門」である。「縁起」の文意から、小島庄左衛門は伊奈忠治のもっとも有力な手代六人のうちの一人だった。「縁起」によれば正重は忠治の家臣で「郷代」だった。史料2の小島庄左衛門にきわめて近いのである。しかし、寺伝によれば正重の通称は庄右衛門である。新史料の発見を俟つより他ない。

「縁起」は小島正重によるとも言われているが、明暦三年（一六五七）の紀年はあるものの選者の名はない。それをさぐるため、跋文を紹介しよう。以下の一一三字より成る。本史料は、和様漢文＝日本漢文と呼ばれる文体で記述されている。ただこの日本漢文と呼ばれる文体と読み方は一千年以上の伝統をもち、専門家でなければ読解は不可能である。筆者は素人である。以下誤読の訂正を願いながら、原文（白文）[30]と読み下し文を掲げ、意訳をこころみる。

〔史料5〕

夫国風興後考盛衰之源史官設後辨治乱之始古往近来事々物々不依鳥蹟雖有知者何以汲下流正其源泉哉余暇日偶居赤山之茆邸所見聞之仏閣盡象地理景物略操以作此記従来温故知新者若運斧斤冀有小補於郢人之質

于時明暦三丁酉年仲冬十九日於赤山之草堂欽跋

（読み下し文）

夫《それ》国風興って後、盛衰の源を考え、史官は設けて後の治乱の始、古往近来を辨ず、事々物々、鳥蹟に依らず、知者有りと雖《いえども》、何ぞ以て下流の正、其の源泉を汲《く》まんや、余暇日赤山の茆邸《ぼうてい》に偶居し、見聞する所の仏閣、地理景物を盡《ことごとくかたちど》象り、略操して以て此の記を作る。従来温故知新する者、若し斧斤《ふきん》を運ぶごとくんば、冀《こいねがわく》は、少しく郢人《えいじん》の質を補う有らんことを。

時に明暦三年丁酉年仲冬十九日赤山の草堂において欽跋す。

（意訳）

国の文化が盛んになってから、国の盛衰の源を考え、そのために歴史を編纂する史官が、治乱の始や古往近来のことを論ずるものである。事々物々の本質というものは決して、そこに文字で書かれた歴史のようなものではない。どのような知者であろうとも下流の正とかその源泉などわかるものではない。私は引退した後赤山の荒屋に住んでいた。その時、見聞した寺や地理景物を頭に描きながらこの文章を作った。温故知新のためこの文章を読み、添削しようとする者があった場合は、どうぞ名匠として有名な郢（春秋戦国時代の楚の都）の工匠のように、悪い文をきりとって善くして下さい。

時に明暦三丁酉年十一月十九日、赤山の草堂において、つつしんで奥書する。

本史料には明暦三年十一月十九日に赤山の草堂において記した旨の記述はあるが、署名はない。赤山とは忠治が本拠とした赤山陣屋である。作者はどのような人だったのだろうか。跋文以外の本文を検討するに、「遠山寺暮鐘寒山姑蘇」、あるいは「邯戦行李」とか、近世中後期の文人の必須の知識を具備していた人であった。跋文の「若運斧斤冀有小補於郢人之質」の文も「運斤成風」の故事を受けたものである。しかも「縁起」三段目、正重が忠治に勧農の必要を説く部分は、明らかに儒学の思想によるものである。つまり、当時としては一流の文人としての知識をもち、しかも儒学の思想も具備した人ということになる。おそらく若い時から儒学の庠校か、専門の僧堂での教育を受けた人であろう。とうてい武弁で地方巧者だった小島正重が書き得るものではない。しかも文意から、正重と近い関係にあったことがわかる。とすれば末文「於赤山之草堂欽跋」は重要な意味を持つ。赤山には忠治が開基となった源長寺があった。恐らく忠治や正重とも近い源長寺の住僧だったのであろうか。ただし、その名は確定することはできない。

四　関東郡代と利根川治水政策

「小流寺縁起」著作の主眼は、関東郡代伊奈忠治とその郷代小島正重の治績を賞揚しながら、小流寺の開山開基の由来を物語ろうとするものであった。その内容は必然的に寛永期（一六二四～四五）前後の利根川治水史に及ぶ。そのなかでもっとも重要部分は、寛永期以前の利根川の旧河道を記述し、その水害の惨状を克服するため、直接三代将軍家光の讃同を得て、寛永十七年河道の大改修に着手したことを述べている部分である。「縁起」の内容、第一段と第二段である。以下その部分を抄出して示す。

〔史料6〕

武州葛飾郡庄内領吉津間邑小流寺之環堵者本下総之鄙裔也昔時原野平壙而川澤列西通常武総州三道羈旅人往環之船為商賈交易之着岸其水上謂利根河是八州之大一也其源出上州之北而東流経関宿之城沓距常陸境一下総国中島之境分導南方花島邑斜西南而距庄内松伏下川辺之境而為旧河也累年七八月之間雨集庭潦之激流瀰渚而溢列国遠方之境三州百川之水浹同而渼艇流屋梁氾濫之勢滔滔懐山衰陵下民売買者投沙泥（中略）因是境内大守伊奈氏忠治公頻興撫育之仁欲援民於水陸之間然事大以私力之不及奏　幕下大猷院君則慨然従其言大守亦大悦咴（ママ）命家臣等数人寛永十七年庚辰孟春之月共到利根河久下旧河覘水所歴導考其付下所経流出令定時日俟農隙屯徭役者持耒耟土籠来任此事別鑿新溝淪舊河廣川澤壅溢流直注江戸河而後水依地中行民漸得平土也当此時雖家臣小吏摧心骨不厭風雨経霜雪而後業善勉功能逐越十有餘年成矣

（読み下し文）

武州葛飾郡庄内領吉津間邑《きつまむら》小流寺の環堵は本《もと》下総鄙裔《ひえい》なり、昔時は原野平壙にして川沢西に列《つらな》り、常・武・総州三道に通ず。旅人・往環の船、商賈交易を為し着岸す。其の水上は利根河と謂う、是れ八州の大一なり、其の源は上州の北に出て東流す、関宿城を経て、常陸境を沓距《とうきょ》し、一は下総国中島の境を下り、南方花島邑を分導し、西南に斜して、庄内・松伏・下川辺の境を距《へだ》つ、而て旧河と為るなり、累年七八月の間、雨庭潦の激流を集めて溷渚して列国遠方の境に溢《あふ》る、三州百川の水浹同して艇を渼《うか》べ、屋梁を流す、氾濫の勢滔滔《とうとう》として懐山衰え、陵下の民売買する者沙泥に投ず。（中略）是《ここ》に因《よ》り境内大守伊奈氏忠治公、頻に撫育の仁を興し、民を援んと欲す。水陸の間に於いて然《しかる》事、大なるを以て私力の及ぶところにあらず、幕下に奏す、大猷院君則ち憮然として其の言に従う。大守亦大に悦び、家臣等数人に命じて寛永十七年庚辰孟春の月共に利根河に到り、久しく旧河を下る。水の歴導する所を覘《うかが》い付下経流する所を考う。時日を定め農隙《げき》を俟《ま》ちて令を出す。徭役に屯《たむろ》する者、耒耟土籠を持ち、此の事に任ず、別に新溝を鑿《うが》ち、旧河を瀹《やく》し、川沢を広げ、溢流を壅《ふさ》ぎ、直に江戸河に注ぐ。而して後、水地中に依り、行民漸く平土を得たるなり、此の時家臣小吏と雖も心骨を摧し、風雨を厭《いとわ》ず、霜雪を経て後、業善く勉め、功能く遂げ、十有余年を越えて成る。

（意訳）

武州葛飾郡庄内領吉津間村に小流寺の小集落は、元は下総国に属していた。昔は広々とした原野のなかに川沢が西につらなり、常陸・武蔵・下総の三国に通じていた。旅人や行ったり来たりする船が、旅や交易に利用していた。上流は利根河で、関東一番の大河である。水源は上野国の北方で、東流して関宿城をへて二流となる。一流は常陸国境を画し、一流は下総国中島の境を下り、南方花島村を分流し、そこから西南に曲がって、庄内領、松伏領、下川辺庄を画していた。これが利根河川旧河道である。例年のように、雨が降るとそちこちの流れを集めて激流となりつらなっている国々の境に充ちあふれた。常陸・武蔵・下総三国の多くの水が集まって洪水となり、舟や屋梁を流した。氾濫の勢いはまことにすさまじく、里村も衰え、また流域の人々や、商人たちも洪水の沙泥に身を投じた。（中略）

このような事情で、この地域の支配者伊奈忠治は人々に仁徳をほどこし、民衆を助けようとした。しかしこのような大自然の猛威のなかにあって、とても私力ではできるものではない。そこで幕府に利根改修計画の願書を出した。三代将軍家光はよろこんでこれを許可した。忠治は寛永十七年正月、家臣数人とともに、旧利根川に行き、改修計画を練った。そして農閑期を待って、農民たちを大動員し、新川を掘り、あるいは川幅を広げ、旧河をおさめて、直接江戸河に利根川の本流の水が注ぐように大改修した。その竣功するまで実に十有余年をかけたのである。

本史料は、現在までのところ、寛永期以前の利根川の旧河道を知り得る相対的にはもっとも良質の史料である。重要な記述は、利根川が関宿で二つに分流していたとする点である。一流は分流して常陸国の国境を流れ、一流は下総国中島を南流して花島村まで下総国を画し、さらに西南に斜して分流して武蔵国の庄内領・松伏領・下川辺荘を画していた。しかもこの関宿で下総・武蔵方面に分流し江戸湾に流入した利根川を、寛永期ころ「利根内河」と呼んでいたことが史料1から知ることができる。「利根内河」とは「利根外河」の反対概念からできた地名である。これこそ関宿から常陸国境を画して流れ、後に利根本流となる流派であったろう。この「利根外河」に対し、下総国・武蔵国を流れ江戸湾に流入した流派を「利根内河」と名づけたものと思われる。

連年にわたる利根内河の洪水を克服するため、伊奈忠治は河道の大改修工事を計画する。時に忠治は勘定頭の職にありながら、自らの所領および代官として利根内河の流域を支配していた。河道大改修工事は、将軍家光の直裁を受けて寛永十七年正月から着手される。それは支配地域から農民を大動員し「別に新溝を鑿《うが》ち、旧河を瀹《やく》し、川沢を広げ、溢流を壅《ふさ》ぎ、直に江戸河に注ぐ」大工事であった。工事に着手してから二年余、同十九年八月十六日、忠治は勘定頭の職をゆるされ、関東諸代官の得失の糺明と、利根川を中心とする関東諸河川堤防の修築をつかさどる新職務に専当するよう命じられる。郡代のなかでも特殊な地位を占めた関東郡代職の設置である。こうして忠治は、関東全域の代官への監察権を行使しながら、利根川を中心とする関東諸河川の統一的治水計画を練り、その過程で、工事着工後、十有余年にして、利根内河道改修工事を、一旦は竣功させるのである。

おわりに

利根川治水史に関しては、江戸時代以来の膨大な研究史がある。日本史の側からする近年の代表的な研究としては、註(1)(2)に示したように、本間清利・木村礎・大谷貞夫の成果をあげることができよう。そのなかで、木村は多岐にわたる研究史の批判的総括の必要性を強調し、とくに天正〜寛永期について史料的裏打ちが曖昧であると指摘している。また大谷は、通説の会の川締切り文禄三年(一五九四)説を批判し、それは忍藩が独自の判断で実施したものであり、享保改革期以前では、藩や郡代・代官はそれぞれ独自に判断して治水・新田開発を推進せざるを得なかったとしている。両者とも、とくに近世前期における従来の研究の史料批判の甘さを鋭く批判している。

ところで近世前期の利根川治水史に関する重要な史料として「小流寺縁起」がある。同「縁起」は、初代関東郡代伊奈忠治とその郷代小島正重の治績を賞揚しながら、小流寺の開山・開基の由来を記述したものだった。内容は必然的に利根川治水史に及ぶ。それによれば、寛永期以前の利根川旧河道は上野国に発し、下総国関宿をへて二流に分かれていた。一流は東流して常陸国境を画した。他の一流は、下総国中島、南方花島邑を分導し、そこから西南に曲がって分流して派川となり、それらの諸派川が庄内領・松伏領・下川辺荘を画していた。これが利根内河である。同「縁起」は、寛永期前段階における利根川旧河道の流路を記述した、相対的にみて、もっとも良質な史料といえよう。

利根内河の流域を、代官頭伊奈忠次の遺跡を受け継ぎ、その一部を知行所および代官として支配したのが二男忠治であった。その権限は代官支配地の年貢諸役の徴収権のみならず、利根内河の関所・脇渡し場の支配に及んだ。寛永十二年(一六三五)十一月、忠治は利根内河流域の代官を兼務しながら勘定頭となる。彼が勘定頭だった時、将軍家光の直裁を受けて寛永十七年、利根内河の河道改修工事に着手する。その二年後、幕府は関東全域の代官を監察し、利根川を中心として関東諸河川堤防を専当する職務を新設し、この職務に伊奈忠治を任ずる。これがいわゆる関東郡代の始源である。こうして忠治は、将軍に直結しながら利根内河・外河を中心として関東諸河川の統一的治水政策を練り、その過程で利根内河の河道改修工事を竣功させたのである。

註

(1)　本間清利『利根川』(埼玉新聞社、一九七八年)八一～八三頁。

(2)　近世の研究史について当面は、木村礎「利根川水系における地域景観の変貌―治水及び利水・開発の時期的特質―」(同編著『村落景観の史的研究』八木書店、一九八八年)、大谷貞夫『江戸幕府治水政策史の研究』(雄山閣出版、一九九六年)を参照。

木村は多岐にわたる研究史の批判的総括の必要性を強調して、とくに天正～寛永期について史料的裏打ちが曖昧であると批判した。

また大谷は、通説の会の川締切り文禄三年説を史料批判し、それは忍藩が独自の判断で実施したものであり、享保改革期以前では藩や郡代・代官はそれぞれ独自に判断して治水、新田開発を推進せざるを得なかったとしている（前掲書、二七七頁）。

(3) 栗原良輔『利根川治水史』（官界公論社、一九四三年）一一四六頁。なお栗原は佐伯堀・逆川の改修も寛永十八年に行われたものとしている。

(4) 庄和町教育委員会『小流寺縁起』（『庄和町文化財資料』第八集、一九八八年）。

(5) この点に関する本間の指摘は次の二点にある。A葛西用水路土地改良区編『葛西用水史』資料上（同上、一九八九年）一八八～一九〇頁。B葛西用水路土地改良区編『葛西用水史』通史編（同右、一九九二年）二五一～二五五頁。なお本間はAでは「本書は庄内領（庄和町）吉妻村小流寺を開基した関東代官伊奈半十郎忠治の家臣小島庄右衛門による明暦三年（一六五七）の『小流寺縁起』」（同書、一八九頁）とし、またBでも「半十郎忠治の重臣小島庄右衛門正重による」としている。同縁起の著者を小島正重と断定しているわけではない。

(6)『角川日本地名大辞典』11　埼玉県（角川書店、一九八〇年）、庄和町の項、同書一二四七頁。

(7)『寛政重修諸家譜』巻九三一（続群書類従完成会『新訂寛政重修諸家譜』第一五巻、三九～五三頁）。以下『寛政重修諸家譜』の引用はすべて続群書類従完成会本に依拠し、『寛譜』と略記する。

(8) 村上直『江戸幕府の代官群像』（同成社、一九九七年）一一～二五頁、本間清利『増補新版　関東郡代』（埼玉新聞社、一九八三年）九～八四頁、和泉清司『伊奈忠次文書集成』（文献出版、一九八一年）三一七～三六〇頁。

(9) 和泉清司『徳川幕府成立過程の基礎的研究』（文献出版、一九九五年）三九〇頁。

(10) 本間前掲註(8)八八～一四〇頁、和泉前掲註(9)四〇三～四〇五頁。

(11)『寛譜』第一五巻、四三頁。
(12)『三郷市史』第六巻通史編Ⅰ（三郷市、一九九五年）四五九頁。
(13)『幸手市史』近世資料編1（幸手市教育委員会、一九九六年）二八五～二八六頁。
(14)『三郷市史』第六巻通史編Ⅰ、四五七頁。
(15)『幸手市史』近世資料編1、二八五頁。
(16)藤井譲治『徳川家光』（吉川弘文館、一九九七年）六三頁。
(17)「竹橋余筆」巻一、『竹橋余筆』印影本（汲古書院、一九七六年）一三二頁。
(18)藤井譲治『江戸幕府老中形成過程の研究』（校倉書房、一九九〇年）一七～二七頁。
(19)「竹橋余筆」巻一、一三三頁。
(20)同右、一三二頁。
(21)同右、三二〇～三二六頁。
(22)同右、三二四頁。
(23)「大猷院殿御実紀」巻二九、寛永十九年十一月十日条、『新訂増補国史大系39徳川実紀』第二篇（吉川弘文館、一九六四年）六九三頁。
(24)「大猷院殿御実紀」巻五一、寛永十九年八月十五日条、『新訂増補国史大系40徳川実紀』第三篇（吉川弘文館、一九六四年）二八四頁。
(25)大野瑞男『江戸幕府財政史論』（吉川弘文館、一九九六年）一三六頁。
(26)藤井前掲註(18)三〇四～三一五頁。

(27) 鷹狩や猪狩がその好例である。たとえば正保元年三月二十二日の狩に供奉して、その翌日褒詞を受け(前掲『徳川実紀』第三篇、三五〇頁)、また慶安元年九月二十日に葛西に供奉し、忠治の別荘で食事を出している(同上、五六四頁)。

(28) 以下「小流寺縁起」を「縁起」と略称。

(29) 『寛譜』第六巻、一三三頁。

(30) 白文は註(4)の庄和町教育委員会本に依拠。但し一部を訂正した。

近世における地域概念考察の一前提
―北下総石下地域を事例として―

一

歴史における地域概念の形成を考える場合、とくに近世においては権力が設定した行政区画としての地域に対し、民衆が自己の生活を守り、さらに発展させるためいかなる生活圏域＝地域を創出し、その地域を足がかりとしてどのように自らの生活を守ったか、さらにその運動がいかなる歴史的意義を有したかという点が不可欠の一視点となろう。民衆の地域概念は、まさに日常の生活との闘いの過程で自己と地域の相互関連のなかから形成されてくるからである。近年「民衆思想史」の方法論的検討のなかで、百姓一揆研究の一視角として、日常的平均的な意識構造との関連のもとに追求されるべきであるとの指摘が行われ、布川清司・深谷克己・安丸良夫等の近業に具体化された。

三人三様、その見事さに感心するとともに、何か共通する物足りなさを感ずる。結局は、ないものねだりに起因するのだが、非常に非学問的な乱暴な言い方をすれば、民衆思想がこのように整然としたものなのだろうかという点が一つ、前近代の闘争は今日とは全く異質の地域ぐるみの闘争だということ、それゆえにこそ地域内農民の連帯と非連帯のどろどろした苦しみがあった。それが把握されていないのではないかという疑問が一つ。その結果、訴願闘争は合法闘争ということで軽視する傾きがあるし、ひいては支配者の論理を逆手にとって攻撃するという農民の図太い倫理を充分には史論のなかに汲みこまれていない。近世における農民闘争と農民の日常的平均的な意識構造との関連は、むしろ日常の地域社会における絶え間ない生活を守る闘いのなかから汲み取るべきであろう。

以下、近世にあって、百姓一揆こそ検証し得なかったが、極端な入組支配下にあった北関東の一地域をとりあげ、それに抗しながら、農民たちが、どのような地域的組織をつくりあげ、それを基盤としてどのように自らの生活を守ろうとしたか、簡単に素描せんとする所以である。近世における地域概念考察の際の一素材ともなれば幸いである。

二

茨城県結城郡石下町は東京より北、約六〇km、関東平野のほぼ中央、茨城県の南西部に位置する。町のほぼ中央を鬼怒川が流れ、南は水海道市、東は小貝川を隔て、筑波郡大穂町・豊里町に相対し、北は千代川村、西は岩井町・猿島町に接続する。鬼怒川の東、旧石下町・豊田村・玉村の一部と、鬼怒川の西、岡田村・飯沼村の一町四村が昭和二十九年（一九五四）に合併して生まれた人口約一万八〇〇〇人の米と紬の織物の町である。水田耕作の主地域は、鬼怒川と小貝川の沖積平野たる町の東部（かつては小高い砂州と湿地帯）と、町の西端、旧飯沼（かつては南北約二〇km、東西約三kmの湖沼）である。石下町の近世から近代への歴史は、農民による東部の湿地帯と西部の飯沼の干拓・西部の丘陵と東部の小高い砂州への用水貫通の歴史であり、まさに水と権力への対応を除いて語ることはできない。

近世中期以降の石下地域は、御料・私領の入り交った極端な入組支配の原則が貫徹していた。安政四年（一八五七）時、旧石下町地域はさらに九旧村より構成されていたが、一給支配三村・三給支配三村・四給支配二村・五給支配一村となっている。五給支配の新石下村は一六五九石余・四給支配の本石下村九三四石を除いては、いずれも一〇〇～

四〇〇石余の村高である。徹底した分轄支配の原則が貫徹していたとすることができよう。他の飯沼・岡田・玉・豊田地区においても近世中期以降同様のことが指摘できる（石下町役場所蔵、各町村事蹟簿）。

このような極端な御料・私領の分轄支配下にあったこの地域の年貢諸役の収奪形態については、今後の究明に俟たねばならないが、第一に、同一村に同時期に複数の名主・庄屋が設置された形跡は旧石下町地区には今のところ見当たらない。一六〇〇石余の五給支配の大村・新石下村にあっても、近世前期以来明治初頭まで名主は（小口）孫兵衛家だった（同町新石下　小口家文書）。第二に、四給支配の本石下村も名主は一人であり、文化五年（一八〇八）時、村役も名主（新井）五郎左衛門の名において、一律に全村から徴発されていること（同町本石下　新井家文書）。第三に、他の多くの地域と同じように、すべての政治的問題の処理にあたっては、各旧村がまとまって行動し旧村自体が分裂した形跡は皆無である。以上の三点から、長期の三給から五給におよぶ複雑な上からの分轄支配下にあっても、維新期まで近世村落は強固に共同体としての機能を果たしており、当然のことながら、農民の生活を守る闘いも、まずは近世村落を基盤として展開されたといえる。

しかし農民たちは問題ごとに、村を単位とした地域連合を形成して処理していった。先述したように、この地域のほぼ中央を貫流する鬼怒川は、文化期においても「川幅凡弐百間余」の急流をなす大河だった。この急流を渡るために、本石下村地内に渡場一か所、渡舟一艘があった。船頭二人は対岸向石下（旧岡田村）に居住していた。そして、「右船越給分は組合本石下村・中石下村・上石下村・新石下村・向石下村御料・私領五ヶ村惣百姓より船頭相対を以、夏秋麦籾集メ申候、船拵修覆共ニ右五ヶ村差出申候」（文化五年「本石下村村差出明細帳」、新井家文書）とあるように、鬼怒川を隔てた五か村が組合をつくり、渡船の一切の費用を負担している。

このような地域連合は、農民の死命を制する用水の問題となるとさらに強固となる。鬼怒川の東岸海抜十数ｍの砂州上に展開した本石下その他諸集落の農業用水は、現千代川村の原村地内から鬼怒川の水を引き込んだ原用水に依存していた。この原用水の起源は、寛永期、幕府による豊田郡（鬼怒川と小貝川間の沖積地域）の中央低地を南北に縦断する大排水溝（八間堀）の設置を中心とする豊田郡内用排水路の整備に関わっている。用水には旧石下町を構成した本石下・新石下村他七か村のほか、旧玉村地内の原宿、旧豊田村地内の曲田村の一一か村からなる用水組合があり、「組合高五千百四拾石余、用水圦樋前々入用御普請所」（前掲「本石下村明細帳」）だった。しかし、十八世紀後半に入って鬼怒川水位の低下によって原用水の用水としての機能は低下してきた。そこで一一か村は当然、官普請の請願闘争を展開したと思われるのであるが、記録はそれとともに安永八年（一七七九）農民自身の手による加用水圦樋の建設を伝えている。その規模は長一四間、内法・横一間、高四尺、さして大きなものではなかったが、それにしても「加用水圦樋……壱ヶ所、是は右拾壱ヶ村組合ニ而安永八亥年百姓役ニ而相仕立伏込申候故、潰地御年貢諸役原村羽子村へ拾壱ヶ村ゟ相渡申候」（前掲史料）とある。もちろんこのことは、一面からみれば収奪の強化をも意味するものではあるが、本来官普請地の潰地年貢諸役まで一一か村に負担させて何の領主であろう。官普請による用水圦樋も文化三年には完成しており、請願闘争ならずんば自力でとの、地域農民の自らの生活を守るための不退転の決意の発露以外の何物でもないだろう。

以上、近世国家支配体制下、複雑な分轄支配下にあった石下地域の農民が支配の枠を克服して、近世村落を基盤としつつ、問題ごとに生活を守るための地域連合をつくり、事件を解決してきた一端を素描してきた。しかも土地（田畑）と水に関しては、さらに大規模な地域連合を創立しつつ、地域内対立を内包しながらも自らの要求を貫徹していく。この点を当地域の飯沼の干拓と、江連用水再興運動にしぼって若干の問題を出してみよう。

三

前述したように、石下町は、町の中央を貫通する鬼怒川によって対照的な二地域に分かたれる。その東岸地域は、豊田谷原と称せられた中世の毛奴河の旧河道の北部であり、近世初頭にはその東西の両端を流れる鬼怒・小貝の砂州上に、中世以来の集落が散在するほかは低湿地帯だった。江戸時代の国郡制下では豊田郡に属した。一方、西岸地域は、海抜二〜三〇mの丘陵地帯で、下総国岡田郡に属し、猿島郡との郡境地域には南北約二〇㎞・東西約四㎞の飯沼があった。中世以来のこの地形に大変革を加えたのは元和から寛永期にかけての幕府の利根・渡良瀬・鬼怒の大改修工事であり、ついで享保改革の新田開発政策だった。注目すべきは、享保期の新田開発をめざす、当地域に対する大土木工事は、元和・寛永期のそれの基本構想を受け継ぎ、それを拡充整備するような形で進められたことである。それが、直接的には勘定吟味役井沢弥惣兵衛為永の設計・指導監督によって行われた飯沼の干拓↓新田開発と、江連用水の開通である。

干拓時、惣縁間四万四〇八一間とされた飯沼は、複雑な入組支配下にあった縁居の村々、下総国岡田郡・結城郡・猿島郡の三郡にわたる二三か村の藻草・秣・魚猟入会地だった。この干拓計画については地元にも古くからあったが、入組支配下の縁居三郡二三か村の利害が一致せず、「遠国より願人も出候事、幾度といふ事なし、夫に沼廻り村方の内も、あちらへ付き、こちらを願ひ、千変万化なり」（『飯沼新発記』）という有様だった。しかし、大方の意見は新堀を穿って飯沼を干拓しようとする策に傾き、沼廻り一八か村は宝永三年（一七〇六）勘定所へ願い出た。これに対し、新堀案が実施されると、排水路の敷地として多くの村内田地が潰されたり、冠水の危険がある大口・横曽根・同所新田の三か村は、旧来の鬼怒川落古堀浚立による村請新田願を別途に提出した。これ以来、享保九年（一七二四）、幕府が井沢弥惣兵衛案の新堀による飯沼干拓を決定するまで、両派による対立抗争と請願合戦が続くのである。

両派による根深い対立抗争のなかで、享保改革の新政策をいち早くキャッチしたのは新堀派の尾崎村名主左平太だった。新田開発に関する著名な高札が江戸日本橋にたてられたのは享保七年七月だったが、左平太は同月のうちに単独にて飯沼の干拓新田計画を出願、ついで八月には沼廻り一八か村名主の連印をとり、連合して新堀による飯沼干拓新田願を提出した。幕府は慎重に開発の方法を検討し、享保九年五月開発を許可、同年八月には紀州流治水開発技術の創始者としても著名な井沢弥惣兵衛を飯沼へ派遣した。弥惣兵衛の調査の結果、対立抗争を続けた沼廻り諸村両派の案の、いずれよりも合理的な弥惣兵衛案により、しかも一万両余の幕府拝借金を引き出して、同十年正月飯沼干拓は着手される。そして享保十三年春の検地終了段階において一五二五町五反一畝一八歩（石高一万四三八三石七斗九升）の新田が打ち出され、今日の「飯沼三千町」といわれる美田地帯の基が開かれた。

もとより干拓成功の因としては、沼廻り諸村の根強い対立抗争のなかで鋭い政治的洞察力をきたえあげた尾崎村名主左平太、彼を含めた四人の新田頭取の努力、また幕府と農民、沼廻り諸村両派対立の斡旋に努めた井沢弥惣兵衛の努力も高く評価されなければならない。しかし、たとえ両派に分裂したとはいえ、三郡にまたがる複雑な入組支配の枠をこえて地域連合をつくりあげた沼廻り諸村の自らの生活を守る闘争のエネルギーが、結局は幕府を動かし、かつそのエネルギーを以て反対派を含めた沼廻り二四か村が「御新田開発儀壱村切之事不存、沼廻互ニ力ヲ合」せ（享保九年十二月二十五日「沼廻り廿四か村飯沼新田開発起請文」『茨城県史料』近世社会経済編Ⅰ、八〇頁）、工事に従事したからにほかならない。

四

飯沼干拓事業は、複雑な入組支配の枠をのりこえ、沼廻り二四か村地域連合の総力を結集することによってはじめて成功したものであることをみてきたが、同じく旧石下町鬼怒川東岸地域を含む豊田郡全域に、寛政元年（一七八九）よりはじまる江連用水再興運動は、分轄支配下の豊田郡全域こぞっての訴願闘争であり、いわば郡訴とも言うべき実態を備えることによって、六十年後の文政十二年（一八二九）ようやく成就するにいたった。ここに言う下総国豊田郡とは、東西は小貝・鬼怒両川で限られ、北辺には糸繰川の流れ、南限は水海道にまで及ぶ低地を意味し、中世の毛怒川、この地方でいう豊田河の旧河道である。享保末年以後の豊田郡用水としては、低地中央を貫流する八間堀排水溝を中心として、いずれも鬼怒川より引水する江連用水・中居指用水・本宗道用水・原用水・三坂用水の五系統があった。旧石下町鬼怒東岸地域が原用水組合に加入していたように、それぞれの用水には組合があり用水を維持していた。

しかし明和年間以後になると、鬼怒川の水位が低下し、まず江連用水がその機能を果たさなくなって、寛政元年には廃止となり、順次その影響は下流の四ヶ用水（中居指・本宗道・原・三坂の四用水）におよんだ。たとえば中居指用水を例にとれば、「近年鬼怒川通川床窪く罷り成り、二十カ年以来用水来り兼ね……年々不作仕り、別して十か年以来村々荒地多く」（寛政元年「中居指地内組合用水入樋代替願書」『北総雑記』一二一頁）になりゆく有様だった。かくして中居指一四か村組合は寛政元年八月、圦樋代替願を出し、ついで同四年八月単独で、より上流の江連故溝復活の請願となり、六年九月には、四ヶ用水組合がこぞって江連故溝再興の請願をする段取りとなった。

この計画は、豊田郡の北端より江連故溝以下四ヶ用水をつないで、一郡一用水、一用水組合を企図する雄大な計画であり、極端な分轄支配原則が貫徹している豊田郡に、近世国家のこの支配原則を、一郡一用水組合をつくることによって克服し、農民による一郡的地域社会機構を合法的に実現しようとするものだった。しかしこの計画は幕府の許可するところとならず、文政四年の大旱害をまねくにいたる。この年の作柄は郡の北端加養村と、中部の三坂新田においては皆無と記録されており、また前者は文化六年(一八〇九)六二三人の人口が文政十年には四四二人、後者は三七〇人が三〇五人と大幅な減少をみせている(『北総雑記』一三七～一三八頁)。ほかの郡内諸村の惨状も推して知るべきだろう。

このような状態のなかで、文政六年四月、運動の主導者荒川又五郎(豊田村)・稲葉儀右衛門(加養村)・猪瀬周助(三坂新田)の三人は、協議して「鬼怒川通用水模様替御願御料私領二十九ヶ村」の名を以て箱訴を遂げ、ついで同六年五月十二日朝、和田倉門外に老中水野出羽守の出仕を要して駕籠訴を決行した。訴状によれば、「四ヶ所用水組合新加入豊田村五十五ヶ村外、水縁続本豊田村・館方村都合五十七ヶ村一同、用水模様替御普請御上様の御趣意を以て仰付けられ度く願上奉り候」(前掲書、一五四頁)とあり、全郡こぞっての訴願であり、その主願は「四ヶ用水一手に罷成御普請仰付けられ候へば、組合高三万石余に以来共諸雑費相減じ、御田地安穏に相続仕り村々一同有り難き仕合に存じ奉り候」(同上)と、一郡一用水、一組合の初志を貫徹せんとするものだった。

以後の訴願運動の経過については省略するが、文政七年十月十四日、中居指・本宗道組合二九か村出願の江連用水不用堀よりの用水引用工事認可、文政十二年正月、官費による工事開始、しかし四月二十日に完成した一次工事は失敗。翌月二十三日から第二次工事開始、そして六月二十九日には開閘式を挙行、全き成功をみたのである。

五

最後に、全郡をあげての江連用水故溝再興訴願運動が成就する過程より、二、三の問題をとりあげてみよう。

第一は、領主に対する農民の姿勢である。豊田郡の諸村は、そのほとんどが一給ないし六給と、中小旗本の零細所領だった。だが合法闘争なればこそ、訴状には地頭裏書が必要となる。度重なる訴状作成になれて、地頭たちは気易く証印するようになったし、なかには他の地頭あて紹介状を書いてくれるような用人もあった（『北総雑記』一六二一～一六三頁）。しかし、次のようなこともあった。文政五年（一八二二）の訴願の際、中妻村地頭榊原主計頭が証印に難色を示しているとの情報がながれた。そこで中妻村惣代と豊田村又五郎が出府して、その奉札を願い出ることになったが、出発の直前に中妻村惣代に支障ができた。このため訴願運動の主導者の一人、三坂新田の周助は、中妻村惣代五郎左衛門代、同村組頭仁兵衛と偽称して又五郎とともに出府、にせ仁兵衛になりすまして役宅に出頭、用人に面談して首尾よく主計頭の証印を得たという（前掲書、一四七頁）。領主は領主、と考えていたかもしれないが、これではほんとうに領主と思っていたことにはならないだろう。

さらに文政六年駕籠訴の訴状には「御給々様方の内にも当分御賄方にも御差支遊ばされ候御方様も之れ有り、且は御貸付御役所御拝借金御返納御差支の御方様も有之」（前掲書、一五四頁）と領主の窮状をさえ訴えている。どのような窮状に立たされても訴願のすべさえない地頭たちに、むしろあわれさえ感じていたのであろう。対手は幕府である。大きな問題は幕府と農民の地域連合との直接交渉でしか解決しなかった。近世国家の一支配原理である極端な分轄支配が貫徹している地域で、事実上成立している農民たちの地域連合組織によって、それが空洞化せしめられていることを示す以外の何物でもないだろう。この現実を幕府が明確に認識した場合、当然あらたな対応策があらわれる。

第二には副次的な地域内矛盾の問題がある。江連用水故溝復興運動は、豊田郡三万石の全域をまきこんだいわば郡訴ともいうべき訴願闘争だっただけに、地域間内対立、今日流にいえば地域エゴむき出しの対立がしばしばみられた。たとえば先述したように旧石下町地域を中心とする原一一か村用水組合は、鬼怒川の水位低下直後、自普請で加用水圦樋を建設していたから、一郡用水の建設、組合設立による負担増を恐れ、原用水と江連故溝を連結した場合湛水の恐れがあるとして、この運動に消極的であり、文政五年には、三坂三ヶ村用水組合とともに一旦はこの運動から脱落した。また用水水末の大生郷領九か村の強い反対もあった。これらの場合、当事者以外の調停者を立て、農民相互の徹底した話し合い解決を原則として処理しており、万止むを得ないときにのみ役人の斡旋を受けている。

第三は幕府やその役人の姿勢である。幕府はこのような訴願に対し、地域内や、隣接地に少しの反対でもあれば認可しなかったし、またこれを度重なる訴願拒否の理由ともしている。その故にこそ、必死の農民間の話し合いも行われたのであろう。調査ないしは工事監督に派遣された役人のなかには、農民の主張に同調し、積極的な支援・指導を与えたものもあった。よい例が普請見廻役市村宗四郎である。彼は自らも一郡一用水の利を説き、反対派の農民をも説得した（前掲書、一七九頁）。第一次工事失敗の後、上江連村元圦から下妻沙沼への新しい用水道筋を指示、第二次工事の突貫作業を指導したのも彼だった。

以上、北総の石下地域を事例として、農民たちが自らの生活を守るため、近世国家支配体制下の極端な分轄支配制を克服して、近世中期ごろから、事実上のほぼ恒常的な地域連合組織をつくりあげ、ついにはそれを基盤として郡訴ともいうべき訴願闘争を展開してきた過程を素描せんとした。いわゆる幕府の「文政の改革」、とくに当地域におけるそれは、このような在地の動きへの対応であり、ことにその改革組合村は、領主の枠をこえて下から組織されつつある農民の地域的連合組織を、同じく領主の枠をこえて、直接的に幕府権力が把握しようとしたものと位置づけえよう。

（付記）文中の飯沼新田については、荒居英次「飯沼新田開発に関する諸問題」（『日本大学史学会研究彙報』第三輯、一九五九年）、吉田嘉右衛門『飯沼開発百年史』（茨城南総土地改良区、一九六九年）、茨城県史編さん委員会『近世史料Ⅲ飯沼新発記』（一九七三年）、同『茨城県史料』近世社会経済編Ⅰ（一九七一年）があり、江連用水については飯島利七編『江連用水誌』前・後編（江連用水普通水利組合、一九二七年）、富村登『北総雑記』（常総文化史研究会、一九五九年）などがある。

＊一九七六年秋、下妻市文化団体連絡協議会第一回文化講演会講演

歴史と民衆
―常総地域と佐渡ケ島を事例として―

私の仕事というのは、庶民の歴史を調べる方でございまして、いわば、庶民が―私自身もそうなのですが―どういう風にして現在の社会をつくりあげてきたのか、そういう問題を中心にしてやっているので、やや、外形的な、まとまらない散漫な話になると思いますけれども、そのへん、あらかじめご了承いただければ幸いでございます。

まず、私たちは、生まれる時には、自分で条件を選択することはできない、というような特色があるわけですけれども、つまり、古代に生まれればよかったのに、あるいは、あと千年もたってから生まれればよかったのに、生まれてきてしまった。芥川龍之介の「河童」に描写してありますように、生まれる子どもに「お前は生まれてきたいのか、生まれてきたくないのか」そういうことをきいて、「生まれてきたい」と言って生まれてきたわけではないわけです。いま、都会でもどこでも、すさまじいママゴンのために子どもたちがいじめられておりまして、そうは言っても、自分はなにも、ママに「自分を生んでくれと頼んだわけではない」そういうことを言うような子どももあると思いますけれども、いわば、歴史的条件というのは、自分で選択することはできない、ただ、私たちができることは、歴史的条件のなかで、必死になって生きながら、自分たちのもって生まれてきた条件を変えていくことができるのです。まさに、歴史の形成だと思うわけです。

先ほど、横瀬隆雄先生からお話のありました横瀬夜雨にせよ長塚節にせよ、もって生れた条件を改革していくなか

で、あの二人のすぐれた文学が生まれたのであろう。永瀬純一先生や青木昭先生が「豪農スピリット」と言って紹介していられますが、先ほどの横瀬先生のお話をきくなかで、文学的にどういう風に位置づけられるにせよ、同様に評価していられるやに感じました。

今日は約一時間ほどお耳を拝借しまして、主として、佐渡と常総地域の民衆がどういう風にして自分たちが生まれた歴史的条件を改変しながら、現在の社会を受け継いでくれたのか、「歴史の伝統と創造」といいますか、特に歴史的条件を私たちと血のつながる祖先が、改革してきてくれたのか、という問題を中心にしてお話ししてみたいと思います。

まず、佐渡をもってきましたのは、条件が異なっているなかで、結局は、新しい歴史をまさに民衆自身が、与えられた「歴史的条件」を、作りなおしながら生きてきたのだ、というようなことを言おうとするに他ならないわけです。ご承知のように、佐渡には「金山」がございます。佐渡の現地の人々はこれを「キンザン」とよばずに「カナヤマ」とよんでおります。「金山」と書く場合や「銀山」と書く場合もありますが、「カナヤマ」とよんでおります。

細かいことは省きますが、現在、佐渡に渡る場合には、船は両津に着きます。両津から国中平野を越え峠を越して相川という街がある、これが金山です。江戸時代には、小木という港があって、現在もありますが、ここに北廻り海運の寄港地があって、金山と港で栄えた島でございます。江戸時代の佐渡は、一国天領と申しまして、佐渡全体が幕府の直轄領でございます。これは、のちに触れますが常総地域と異なった歴史的特色でございます。なにがゆえに、佐渡を江戸幕府が一国天領としたのでしょうか。結論を先に言えば、佐渡の金山を維持するために一国天領としたわけです。

佐渡の金山からは十六世紀から、十七世紀のはじめにかけて膨大な金銀が出土しているわけです。佐渡の金山の金銀の量によりまして、ロンドンの金銀の値段が変動した、それほど世界でも重要な役割を果たしたわけであります。後に、新大陸で銀が大量に発見されるに従って、世界の金銀のなかにおける日本の重要性は減っているわけですけれども、それとともに、佐渡や石見の金山・銀山の産出度が減ってまいりますから、そのように世界の経済や金融のなかで重要な役割を果たしたのと同時に、実は幕府の財政の重要な一つの柱だったわけであります。したがって、佐渡の金山を維持するために、佐渡から出ましたすべての生産物、これをすべて、維持するために幕府は投入しております。

例えば、佐渡から産出される米にせよ、その他の生産物にせよ、移出を禁止されております。

当初は、佐渡の金山の表面を掘るだけで良質なものが出たわけでありますけれども、ところが、だいたい十七世紀になってきますと良質な鉱石が出なくなりまして、坑道が奥深く山のなかに入ってまいります。そうすると、水との勝負といいますか、たたかいといいますか、これが重要な問題になってまいります。「水替え人足」が必要になってきます。これが重労働でございまして、当初、「水替え人足」として動員されましたのが佐渡の農民だったわけです。

その他、十六世紀末期から十七世紀に日本に多くの金銀が出土してきましたが、新しい製錬技術が入ってきたのも一つの原因なわけですけれども、「灰吹銀」といいますか、金銀を含む鉛鉱を溶解して内面に骨灰を塗った反射炉に入れて空気を吹きつけると鉛は酸化して骨灰に吸収されて、金銀だけ塊で残る。鉛と一緒の鉱石に熱を加えて、金銀を分離する方法をとるわけですけれども、大量の炭が必要になってきます。

いかに幕府がすべてのものを佐渡の金山に投入していたか、例えば、佐渡へ行って気づきますのは佐渡の山に大きな木が少ないことです。相川の山を離れますと、多少はありますが、山に大きな木が少ない。実はこれは、この「灰吹融」のために山に生えていた大きな木をすべて投入して炭としてしまった。その名残りが、いまでも残っているわけです。このようにして、幕府は佐渡の金山を維持してきたわけですけれども、ところがそこから出ました、つまり佐渡の島の人々の生活を犠牲にしながら取り出した金銀すべて、島の外に運ばれて、幕府の金蔵に運ばれるわけです。そういう風に佐渡の人々の勤労の努力、これが何ほどいったい佐渡の人々の生活にプラスしたのであろうか、暗澹たるものがあるわけです。にもかかわらず島の人々は人情豊かでございます。今もそうですが、かつて江戸時代もそうであったわけです。

金山に苦しめられた佐渡の人々のなかに、こういう言い伝えがあります。―鉱石を掘る坑道が山の奥深く進んでいきますと、水替え人足が必要になってくる、これが佐渡の農民の方々から動員するわけですけれども、これをもってしても足りない、そこで幕府が、寛政の改革の時、松平定信の時なのですが、江戸の無宿、これを佐渡に送っているわけです。「無宿」といいますのは、簡単にいってしまえば宗門人別帳に登録されていない町人、あるいは農民なわけです。無宿の人々は、地方の農村から江戸、その他の土地に出稼ぎに行った人たちです。景気・不景気に応じて首きりがあります。どうも今でも出稼ぎの人は、まっ先に首がきられるようですが、江戸時代も同じでございます。寛政の改革は、経済政策でいうならば、いわばデフレ政策です。首きりがあるわけです。無宿が増大し、重要な江戸の社会問題になってくるわけです。お役人が無宿人狩りを行い、深川に六万坪の無宿人を収容する場所を設定するわけです。この人々を片端しから佐渡に送ったわけです。

数ははっきりわかりませんが、無宿の人々が佐渡に送られる時の状態は、唐丸籠に入れられ、手は後手にしばられたまま、三度三度の食事も唐丸籠の小さな窓から他人に喰わしてもらいながら北国路を佐渡に送られるわけです。この無宿の逃亡をおそれて、途中途中厳重な警戒をするわけですが、その警戒に動員されるのも農民なわけです。おそらく信州、いまでいう新潟とか、出稼ぎの多い地帯なわけです。かつては、自分の育った村を唐丸籠にゆられながら佐渡に送られた人もいたのではないか、この無宿の人々は佐渡の小木の港に着いて、小木街道を通りまして、峠一つこえで相川の金山に送られるわけです（現在のバス道路とは違う細い道があります。もし行かれるなら、旧道を歩かれたらよろしい）。峰を越えていよいよ相川の金山に着くという時に、島の人々は、この無宿の人々にいちばん熱い甘酒を給するのを例としていました。ところがこの無宿の人々は、やがておとずれる自分の将来がわかるのでしょうか、この甘酒をほしがる人は少なかったということです。

実は、佐渡の金山の暗い坑道のなかに送りこまれると三年とはもたないのが一般的です。そういう風にして、佐渡の島の人々を苦しめ、また江戸の無宿を送りこまれながら佐渡の金山は維持されてきたのですが、その間、幕府は佐渡の島の繁栄は金山とともにある、金山が衰えると佐渡はダメになる、と〝おふれ〟などでたたきこんでいたのです。

そういう苛酷な政治のなかでも、島の人々の、あたたかい人情は維持されてきたのです。とくに、やはり与えられた現実、これをいかに克服するか明確な意志とはなっておりませんでしたけれども、これを批判する事件がやがてあらわれてきます。天保九年（一八三八）に有名な佐渡の一国騒動が起こっています。

これは幕府が金山を維持するために増税をくりかえす、これに対する島全体をまきこんだ農民の反対闘争がでてきた、このなかみの詳しいことはぬきにしますが、この組織の方法をみてみますと、村ごとに代表者が選ばれるわけです。村ごとに選ばれた代表者のなかから全体の指導者が選ばれるという組織づくりをしています。本来、村というのは、幕府が食糧を得るためにつくった上からの組織です。この、上からの組織を自分たちの要求を貫徹するために、農民たち自身が村役人でなくて、その下の階層の方々が、村役人をまきこみながら、佐渡全体にわたる組織をつくりあげていきました。そして奉行に要求をつきつけているわけです。そういう風に、庶民といいますのは、普通はおとなしく、日本の民衆というのは、一般的に為政者にとっては治めやすいという風に認識される地域が多いわけですけれども、情厚き、佐渡の人々、この人々たちがそれほどすさまじい組織をつくり、その組織をもとにして暴動を起こしている、いわば日本の民衆の一種の〝恐さ〟があると思うのです。

現在、佐渡にわずかばかりの金山がありまして、かつてのようなものではありませんが〝観光〟という重要な役割を果たしています。一方、なかに入りますとホテルがあります。一〇〇〇人近く収容できる大きなホテルがあります。あるいは、バス会社があります。これらはみな、島の人々は本土といっているが、本土の資本です。たしかに島の人々の生活と観光とは密接につなぎ合わさっているわけですけれども、やはりかつての江戸時代の金山と同様に、本土・中央・新潟の資本に利益を吸い上げられるだけのものであってはならない、これが佐渡の人々の一つの願いであるわけです。

佐渡の人々は、他所からくる文化、非常に本土へのあこがれはもっているけれども、本土に対する批判も底に秘められ、表面には出しませんけれども、あるようであります。そういう批判をこめながらも、佐渡に行くと地方史の編纂が盛んに行われております。これは、むしろ私たちのこの地域よりも、われわれの祖先の庶民の歴史を明らかにしようと、地域単位でなくて、町村単位で行われています。実際の町や村、一〇〇や二〇〇の町村の人々によって、この編纂計画が進められている、おそらく町や村の歴史を見つめようとする地方史運動がすすめられていることも、佐渡がもっている歴史に対する、一つの歴史を通じて、本土に対する批判を理論化しよう、そこまで明白に言われていませんけれど、そこに何か佐渡の人々の〝怨念〟を垣間見るような気がしたわけです。

さて話は変わり、私たちの住んでいる常総地域は佐渡と違った特異な地域であると思います。精神的風土と申しますか、常総の地域は非常に剛直な気風をもっているようです。したがって、明治時代の為政者には治めづらい地域と見られていたようでございます。

例えば、明治二十二年（一八八九）、第一〇代の知事　安田定則、ハイカラな知事で茨城の近代化につとめようとした人ですけれども、この人がこういうことを言っております。

「聞くところによれば、常総十八郡たる各府県中にありて難治の県に属し、加うるに人民貧困極に達せり」。つまり、全国的にもっとも難治の府県である、地域である。支配者にとって極めて治めにくい地域である。さらに、明治二年水戸藩知事（御三家の水戸の殿様ですが）徳川昭武がやはり同じようなことを言っております。

「土地がら非常に偏倚頑固である、人心定まらず旧幕府時代二百年間の古いカラから抜けきれず、新時代の到来も理解できぬわからずやが少なくない、事があった場合、武力鎮圧の必要がある」。水戸の殿様からみても、そういう風にみられているわけでございます。しかも、これを誇りとする風が私たちの風土にあるわけです。

これは永瀬先生に聞いた話なんですけれども、先生のお宅に、こういう家訓といいますか、こういう「ことわざ」があります。

「殿様も百姓も人間だ」。しかも、この場合、福沢諭吉のように「天は人の上に人を造らず、人の下に人を造らず」、平等という考えではない、殿様を憐れんで言った言葉だと。実は、これは特殊な特殊な条件があったようですが、ただそれを誇りとするような精神的風土があると思うわけです。それがまさに、横瀬先生のお話にありましたように、節・夜雨を生んだような、いわば一つの豪農スピリットといいますか。

永瀬先生・青木先生の言葉を借りれば、そういうところに結実していると思うんですが、実はこういう、この地域のもつ誇るべき精神的文化の伝統と言えますか、もっとも悪くなればとんでもないことになるようですが、それが実は歴史的諸条件のなかに、この地域のもつ歴史的諸条件、これを克服しながら、実はその母体は江戸時代の農民によってつくり出されたものであると思うわけですけれども、そういう精神的風土が、この地域に負わされたこのような歴史的諸条件を克服しながら、まさに私たちと血のつながった民衆によってつくり出されてきたのであろう。そういう問題を概略、簡単にふれてみたいと思います。

まず江戸時代のこの地域、常総地域の歴史的条件をふりかえってみますと、常陸国の大半は水戸藩でございます。これはいうまでもなく御三家でございますけれども、北に対する備えとして設置されたわけであります。仙台、いわゆる東北諸藩に対する一つの備えでございます。

徳川家康が関東に入ってまいりますのは、天正十八年（一五九〇）でありますが、当時、結城に結城秀康がおりまして、北の備えになっていたわけですけれども、上杉が転封になりますから、結城の重要性が薄くなり、水戸の北の備えとして重要になってくるわけであります。一方、県西のこの地域は、頭にうかぶ地域を考えても、例えば下妻にせよ、下館にせよ、結城にせよ、小藩でございます。だいたいこれは、一～二万石位の譜代小藩であります。それから旗本領・天領・国領でございます。つまり政治的には、この地域は幕府の政策として、何故そういう風にせしめられていたのかといいますと、実は御料―天領といいますのは、これは江戸城へ兵糧米といいますか、これを運ぶ役割、江戸城の膨大な軍団がございますから、この軍団を維持するための兵糧米をこの地域から運んだわけです。御料から江戸城を維持するための兵糧米を運ぶ、それから例えば、結城とか近い地域の藩というのは、江戸城に何かことがあった場合、江戸城に投入するためのいわゆる兵力でございます。旗本領もそうでございます。だいたい徳川家康が江戸に入りましたのち、どういう政策をとったかといいますと、旗本は、日帰りで江戸城に帰れる地域においております。あるいは、馬で、徒歩でも江戸に通える地域に集中的に旗本をおいていたわけであります。ですから、つまりこの地域、常総地域、南と西の方がそういう小藩、旗本領が多かったといいますのは、一日一泊すれば江戸城に到達できる、何か事があった場合に備えて、この小藩、旗本・天領に分けたわけであります。

もう一度整理しますと、天領は江戸城の兵糧の備蓄米、旗本領・譜代小藩といいますのは、江戸に投入する兵力、このために所領の形態をとったわけであります。ところが、これが一〇〇〇石どりとか三〇〇石どりとか、旗本いろいろございますから、石高を合わせる必要があるわけです。したがって幕府や大名が知行割りをやります場合は村を単位としてやるわけです。そうするといきおい、一つの村に三人も四人もの領主が出てまいります。三給支配、四給支配、ひどいところは五給支配という村があります。そういう風に極端な分割支配をします。本来、農民は農業をするためには一つの共同体といいますか、用水を維持するためにも、あるいは土堤をつくるためにも、一つの生産をするために村をつくっているわけです。ところが、幕府は権力を維持するために、幕府を維持するために、きわめて不自然な分割支配を貫徹させたということが言えるわけです。

常総地域の江戸時代の政治支配の特色、ひとつは、私たちの祖先が与えられた歴史的諸条件、この一つの大きな特色、徹底した分割主義支配、農民と農民を村立させることによってのみ体制の矛盾、批判をそらそうとする、これが私たちの祖先の生まれながらにして与えられたもっとも重要な歴史的諸条件の一つであった。幕府にとっては、また、私たちの祖先にとって、これが克服しなければならないもっとも重要な一つの歴史的諸条件であったと言えると思います。

私たちのなかには、一つの村が何人もの領主によって村が分割されていても、そんなに不便でないのではないかと思われると思いますが、実はこれは大変不便なことが多いわけです。

例えば、一つの村に領主が何人かおりますと、一つの村を通る用水を修繕したりする場合に、すべての領主の承認が必要になってくるわけです。もちろん現地に手代がおかれていればいいわけですけれども、小さな旗本の場合は、とても現地に手代がおけないわけです。したがって、その承認をもらうために、江戸まで行かなければならない、一つの用水を修繕するような場合でも、これは農民にとってたいへんな手間なわけです。いちいち組合などをつくる場合にも領主の承認が必要になってくる。ところが、こういう徹底した分割支配を克服しながら徐々に農民たちは地域的な連合組織をつくってまいります。

例えば、石下町の例でいいますと、滔滔たる鬼怒川があり、渡し舟が必要です。これは、向石下との渡し舟をつくったり維持する費用、これを対岸の本石下村と向石下村といくつかの村が相談しあい組合をつくっているわけです。そして、この渡し舟をつくったり維持する費用を組合の名で出しています。そういう風に生活を維持するために、上からではなく下から農民たちが連合組織をつくっている。これは一つの事例ですが、これが用水の問題になってきますと顕著でございます。いろいろ用水があるわけですが、用水が壊れた場合、大きな修理は幕府がやるわけですが、小さな普請は「自普請」で、農民たちが自分で費用を出して維持するわけです。江連用水とか、その他とか、用水組合をつくって用水を維持管理したわけです。

官普請をする場合にも大変なわけです。領主が何人もおりました場合には、いちいちその領主の承認をもらって、それから幕府に願い出る。つまり小さな藩とそれから旗本ですから、水戸藩のような大藩あるいは備州藩のような大藩、あるいは加賀藩のような大藩ですと、自分たちの直接の上司が灌漑にせよ、治水にせよやってくれるわけですが、下妻あたりですと、わずか一万石ちょっと、その他小さな旗本ですから自分たちの直接の領主は相手にならないわけです。願うところは幕府です。とはいってもストレートに幕府に願い出るわけにはまいりません。幕府に願い出るには、それぞれの領主の証印といいますけれども、承認が必要なわけです。

領主や代官がこの承認をして、そのうえで幕府に「公事」と申しまして訴え出るわけです。この手段を経ませんといわゆる越訴になるわけです。この手段をとりませんと、どんなに小さなあてにならない旗本でも小さな殿様でも、一応領主の承認を経て幕府に願い出ません と公儀が禁止します。

「越訴」、佐倉宗吾はこれをやったわけですけれども打ち首になります。そういう風にして徐々に領主の承認を経ながら真向から幕府にぶつかっていく。そういう習慣が常総地域の農民たちの間にはつくられている。先ほど言いました様に、「殿様も百姓も人間だ」というようなことは、自分たちの領主は相手にできない。ぶつかるのは幕府である。そういう何というか鋭い政治的洞察というか、長い間、訴願闘争を通じて形づくられてくる。同時に、領主に対する図太い姿勢ができてくる。それが分割支配の困難な政治的条件を克服しながらつくられてくる、そういうことが言えると思います。

例えば有名な飯沼干拓が行われるわけですが、これは飯沼は二〇〇〇町歩以上の広い沼だったわけですけれども、飯沼というのは、沼まわり二三か村の入会沼だったわけです。

これは最初に申し上げたように分割支配が徹底しています。天領あるいは旗本領と分割支配が徹底しております。こういうなかで内部の対立もあるわけですけれども、干拓の方法をめぐって二派に分かれますが、そういう内部の対立を克服しながら享保七年(一七二二)七月、ちょうど尾崎村の名主左平太が江戸に行っておりまして、この時、江戸の日本橋に、いわゆる新田開発奨励の立札が出されるわけです。これを左平太が見てただちに次の日、町奉行所にかけこむわけです。まさに果断でございます。

この対立する内部の意見を克服しながら幕府から拝借金一万両余を得まして（一両一石といいますから、いま四〜五万円）、公金を借り出して、二派が一つになりまして、幕府に派遣された代官を中心にしまして、まさに火の玉といいますか、完成させているわけでございます。

また、例えば江連用水再興運動でもそうでございます。江連用水は、飯沼干拓が行われましたころ、この辺でも、砂沼とか大宝沼とか干拓が行われるわけですけれども、それに関連して設けられましたのが江連用水でございます。

ところが、鬼怒川の川床が上がりまして用をなさなくなります。したがって、なんとか再興して水を引けるようにしたいと考えるわけですが、この場合も農民たちは、地域連合組織を下からつくってまいります。当然、これには先行する組合村々があったと思います。けれども、この江連用水運動の場合には、後に分裂します。一時的には五七か村の村々が集まりまして、江連用水再興運動を展開して、この場合非常におもしろい点は徹底した訴願闘争です。「幕府の方が聞くまでよすものか」という、徹底した訴願闘争です。

それから、内部で当然、対立がございます。その前にまさに、血の雨が降るかというような対立があるわけですが、それをなるべく農民たち双方で話し合おうと徹底した話し合いをしていることです。そういう訴願闘争のなかで、非常に図太い、まあ領主を領主と思わぬような農民たちの行動が出てくるわけです。例えば、訴願運動のなかである三人が、豪農たちが中心になるわけですけれども、その指導者の一人であります三坂新田の「周助」に関して、次のような話が伝えられています。これは、富村登先生の『北総雑記』、さらには『江連用水誌』にあるわけですが、先ほど申しましたように幕府に願い出るわけです。その場合には一人一人の領主の証印というのが必要だったわけですが、訴状を出すたびに一人一人の領主の許可状をもらうわけです。

ところが、ちょうど文政五年（一八二二）ですが、何度目かの江連用水再興の訴願を提出しようとしたわけです。とところが中妻村領主の「榊原主計頭」、これがどうも、幕府への承認印を押すのに難色を示しているという情報が指導者の方に流れました。そこで、三坂新田の周助が、当然、中妻村の総代が出ないといけないわけですが、それが都合悪くなって出られない、三坂新田の周助は中妻村の総代の五郎左衛門の代理の組頭甚兵衛である、と偽って江戸の役宅に出頭し、首尾よく領主の承認印を得た。こうなってくると領主を尊敬して、承認を得るということなんですけれど、なんというか、非常に図太い、わかれば打ち首ということでございます。そういう風に、この度重なる訴願闘争を通じて、領主を領主と思わない図太い姿勢、それと鋭い政治的洞察力を身をもって体得していくわけです。いま申した事例は下妻地方も同じでございます。

例えば、昭和十三年(一九三八)大洪水があったわけですが、水平線に筑波という感じでございました。古代のこの地域の様を再現したわけです。この下妻地域に住む祖先にとってもやはり「水との闘い」、これが小藩、あるいは旗本・天領、この分割支配を克服しながら、「水との闘い」が、江戸時代に行われてきたわけです。それから前になりますけれども、享保期に大宝とか砂沼とかの干拓が行われまして、いちじるしく一時的には条件が揃うわけですけれども、その後、川底が上がりまして何度かの大水害にあってるはずです。

明治三年(一八七〇)に、小貝川の改修許可が新政府からおります。で、この結果、農民たちが(場所を確認していませんが)高道祖の七曲りの大規模な改修工事を農民たち自身が企画して着手するわけです。この時、七郡三八、九か村、三万人の農民が民間組織、実行社をつくりまして完成させているわけです。まさにこれは、江連用水の時に出てまいります。一郡、豊田郡全体を組織するような、郡訴、郡をあげての訴訟事件、合法闘争といいますか、それにまさる農民組織、規模をもってるわけです。

実はこういう下からできあがりました農民的な組織、自治組織を母体として、「近代」が出てくるわけですけれど、こういう下からできあがりました農民的な自治組織を母体として、明治七年の大規模な地租改正反対百姓一揆がこの地域に起こるわけでございます。

明治六年までの税金のとり方は、石高でございまして、村を単位として石高に応じてとられたわけでございますけれども、この地域にも、地租改正が行われますと、この地租改正に対して、大規模な百姓一揆が行われました。地租が地価のその時の値段の一〇〇分の三であったわけですが、新政府の基礎を揺るがすような大規模な地租改正反対百姓一揆、これになりまして一〇〇分の三から一〇〇分の二・五になるわけです。これがいわゆる「竹槍でドンとつき出す二分五厘」といわれているわけです。つまり新政府の基礎を揺るがすような、また新政府にとっては非常にショックなできごとで、明治十年代の歴史を理解する場合、きわめて重要な歴史的な意義があります。地租改正反対百姓一揆がこの地域に起こっています。これが江戸時代以来つちかわれてきましたこの地域の伝統と言っていいでしょう。

さらに、明治政府に何ものかを考えせしめた。これは新政府の政策転換に一定の意義を有している。おそらくは、影響を与えたであろう。そして自由民権運動へと継続発展してゆきます。

この辺もなお考えなければならないと思いますが、そういうこの地域の伝統といいますか、これがやはり江戸時代につくられた伝統といいますのが、近代に受け継がれまして、まさに「豪農スピリット」、これに展開していく。これはおそらくは、現在も私たちの中に生きているのでないか、こういう地域的な伝統を誇りにして、この地域的な伝統を受け継ぎながらいかに昇華せしめていくか。まさに、節の文学とか、夜雨の文学精神、これは一つの伝統の上に立脚して、いい面と悪い面があるわけですから、今後に備えていくべきであろう。おそらくは、私たちの祖先が私たちに引き継いでくれた、あるいは受け継がせてくれた伝統を維持しながら、あるいはさらに反省しながら新しい地域はつくられていくのではないか。おそらくは、「下妻市史の編纂」というものも、そういうために（そればかりでないが）行われるべきでないか。そういう風に感ずるわけであります。

まとまりませんが以上をもちまして、終わらせていただきたいと思います。

十七世紀における常総地方の文化人と江戸文化人

一

近世における茨城県地方の地方文化を概観するとき、二つの頂点があるやに思われる。一つは水戸学を頂点とする封建領主層の手によって上から育成された地方文化を主とするものであり、一つは近世の経済諸力の発展によって成長した広義の意味での豪農・商人を担い手とする地方文化である。

両者は各地域に併存するものではあるが、傾向としては、水戸藩の一轄支配下にある県北地方には前者の色彩が強く、幕領や譜代中小藩・旗本領の分轄支配が貫徹した県南・県西には後者の色彩が強いとみることができよう。さらにこれらの地方文化を支え、担った民衆の生活の場からみれば、前者は水戸領国の流通経済圏に抱摂された町と村であり、後者は、総体としてはとくに十七世紀以降江戸を中心とする流通経済圏にまきこまれていた町と村である。

このような基礎過程の特質に規制され、江戸文化の影響を受けながら、県南・県西の地方文化は成立してくる。江戸文化人と県西の結城・下館地方の文化人との交流を窓として、右のような仮説の一端にふれてみよう。

まず十七世紀初頭から中期にかけて、この地方の地方文化の担い手であり、江戸文化の受容層となった在方町ないしは小城下町の町人層の性格を確定したい。

二

慶長六年(一六〇一)下総結城城主松平秀康は、結城一〇万一〇〇〇石から越前北庄六七万石へと転封する。以後結城地方は一七回の領主の変動をへて元禄十三年(一七〇〇)水野勝長一万石の入封を迎える。藩主勝長は翌十四年に三〇〇〇石、十六年には五〇〇〇石の加増をうけると同時に、結城古城趾への城の再築も許され、結城を拠点とし、所領が下総・下野・常陸にまたがる一万八〇〇〇石の譜代小藩結城水野藩が成立する。小なりといえ、結城町は城下町であり、元禄十六年の戸数一〇三六軒、町人人口は四四八五人を数えている(水野織部「結城使行」)。

さて、この結城町には結城十人衆と町の人びとから呼ばれた旧家があった。その由緒は、結城氏の養子でもあった松平秀康が越前に去る際、家臣のなかから一〇人を選んでこの地に残し、とくに結城氏歴代廟所の守護と結城・越前間の連絡を命じたことに由来するという。

この十人衆(士)は、赤荻市左衛門・中里作右衛門・宮田治右衛門・和久井長右衛門・早見治郎右衛門・赤荻長左衛門・宮田彦右衛門・荒川市右衛門・伊佐岡久右衛門の諸家である(石島滴水『結城の郷土史』崙書房、一九七三年、二三八頁、富高武雄『俳聖蕪村の結城時代』結城郷土史談会、一九六一年)。

水野氏が結城入封当時の家老水野織部は「年中行事」「結城使行」「歌林一葉」などの著書がある文人でもあった。そのなかでも「結城使行」は元禄十六年結城故城地築城検分のため、織部が東下したおりの優れた紀行俳文である。そのなかに「(一月)十一日御役人各々我、旅宅に相つめらる、にたいめんす。当町の名主十一の内、治右衛門、作右衛門、彦四郎、治郎右衛門、市左衛門伺公つかまつり、……」の一節がある(結城市史編さん準備室『結城使行全』結城市、一九七三年、五三頁)。ここに結城町の町名主として出てくる五人の人名は一人を除き、さきの結城十人衆の名と一致する。

その他、たとえば浦町の赤荻市左衛門家文書は、同家が世襲的な町名主であったことを明らかにしてくれるし、また、同じく浦町の中里作右衛門家は町名主であるとともに、酒造業を営んでいたという(富高武雄、前掲書一九頁)。

以上によって結城十人衆の多くは町名主であり、一部は小城下町の小商工業者に転じつつあった状態が浮かびあがろう。

三

結城に隣接する下館も結城と同じような地方の小城下町だった。寛永十六年(一六三九)戦国期以来の旧族居附外様大名水谷勝重が下館四万七〇〇〇石より備中成羽五万石へと転じたのちは、しばらく幕領となり、寛文三年(一六六三)増山正弥が三河西尾二万石より、下館二万石を受封する。この増山氏も元禄十五年(一七〇二)伊勢長島へと転ずるが、以降も譜代小藩の城下町であることに変わりはなかった。

この下館にも大町十人士と称される旧家の一群があり、その一家が中村兵左衛門家である。兵左衛門家は世襲的な小城下町の町名主であると同時に、古くから商業活動に従事していた。その経営形態の変化を、林玲子の成果によって要約してみよう(『江戸問屋仲間の研究』御茶の水書房、一九六七年)。明暦~元禄期にかけて兵左衛門家は、繰綿を中軸とする遠隔地商業を行っており、明暦から延宝にかけての約二〇年間に兵左衛門家の資産は、三五六七両から七四四二両余と倍以上に増加している。この場合、繰綿の仕入れは大和が中心であり、大坂・江戸の商人(荷受問屋)を経由するが、仕入れは前金あるいは荷受後送金ということからわかるように、大坂・江戸の問屋資本から完全に独立している。しかも中村家と同じように大和に前金を送って繰綿を買いつけている商人群のなかに、下総結城砂岡三右衛門、同所中里八三郎、同所砂岡次郎左衛門、安根作左衛門を見出すことができる(林玲子、前掲書二七頁引用史料)。ここにみられる砂岡三右衛門・同次郎左衛門・中里八三郎らは、結城十人衆の家名を負う人たちであることはまず間違いない。

しかし十七世紀後半から十八世紀初頭にかけて、江戸を中心とする流通経済の変質は、右のような遠隔地商業によって培われた結城・下館地方の商人資本にも大きな変化をもたらす。十七世紀末から十八世紀にかけて上方から江戸に進出してきた商人群は、急速に資本蓄積をなしとげ、江戸における旧来の荷受問屋的商人を排除して、関東・東北をも自己の商圏に繰り入れ全国的集荷体制を確立する。このことは江戸の問屋の交替のみならず、関東・東北への流通のあり方、ひいては関東の在方町人資本にも変質を迫るものであった。

江戸の仕入問屋が関東・東北をも自己の商圏へ繰り入れることによって、関東・東北の在町商人は否応なしに江戸の特権的問屋資本に従属することになり、また遠隔地商業から遮断される。前述の下館中村兵左衛門家は、宝永五年(一七〇八)から正徳三年(一七一三)にかけて、遠隔地商業としての繰綿売買から全く手を引き、酒・醬油醸造業に転じて、江戸にも出店を出している。

この酒・醬油醸造も享保期が最高のようで、以後、真岡木綿の生産が盛んとなる頃まで、同家の経営は、地方の小城下町商人の性格に定着する。結城町の中里家や砂岡家も同様の性格の変化を遂げたものと推定される。以上のように、遠隔地商業に依拠する独立的な下館・結城の町人資本から江戸特権問屋資本への従属、ないしは地域的町人資本への転化という事実を前提として、彼等を担い手とする江戸文化の受容と新たな地方文化の創造が開始されるのである。

四

元禄期の下館の中村兵左衛門とともに遠隔地商業に参加していた砂岡三右衛門は、結城十人衆の一人で、また砂岡宗春と称する俳人だった。宗春は誰を師としたか不明であるが、その子通称三右衛門、俳号我尚は、はじめ榎本其角、ついで服部嵐雪、二人が没したのちは同じく蕪門の佐保介我に師事し、享保六年(一七二一)に三十九歳で没している。同じく結城十人士の一人、早見普我(寛文十一年(一六七一)～延享二年(一七四五))も其角→嵐雪→介我に師事している。蕪村の「北寿老仙をいたむ」と題する長歌は、この普我に捧げられた追悼歌である。

このほか、この当時の結城の俳壇には、我尚の子砂岡雁宕、十人衆の赤荻花麦、同じく中里丁雅などがいた。下館にもこの頃から急速に俳諧がおこり、さきの中村兵左衛門家の九代目中村風篁、その分家大済・巴牛などが出る。

こうして元禄期以降、結城・下館地方の在方門閥町人層に俳諧が盛んになるにつれて、江戸歌文派との往来も活発となる。そのうちもっとも意義あるものが、若き日の与謝蕪村である。

蕪村は早野宋阿の門で結城の砂岡雁宕と同門だった。この縁から、元文五年(一七四〇)結城・下館を訪ね、さらに宋阿死後の寛保二年(一七四二)秋、ふたたび結城に来遊する。以後雁宕の家を基地として、東北に巡歴し、あるいは結城弘経寺、久保田河岸の宮田家、下館の中村家などに寄寓し、宝暦元年(一七五一)に及んでいる。そして「徒らにして、歴行する事十年の後、飄々として西に去らんとする時」(「夜半亭発句帖」跋)、彼は三十七歳の初秋を迎えていた。蕪村の大成の素地は、以上のような歴史的条件に規制されて成立してきた結城・下館地方の地方文化人との交遊を通じて培われたといっても過言ではあるまい。

外郎売考

はじめに

今は亡き畏友、中丸和伯は、かつて後北条氏の特権商人となった薬や外郎家、改姓して宇野家と、京都にあった陳外郎の盛衰を通じて、当時の商品流通の経緯を具体化しようとした(1)。その論稿によれば、京都の陳外郎家の商業活動は、京都に本拠を置き、地方人に「都」といった文化的高さのあこがれを利用、自分の被官を全国に派遣しておこなった。そのなごりが、小田原城下の外郎宇野家や上州松井田宿の外郎家となるとされた。それより約二百年後の享保三年(一七一八)、江戸の守田座で上演された「外郎売」科白《せりふ》なるものが、大当りとなり、今日まで歌舞伎十八番の一つとして市川団十郎家に受け継がれている。

ここでは、まず小田原城下の概要のなかに外郎宇野家を位置づけ、その近世的変容の様相と「外郎売科白」なるものの関連をさぐりたい。

一　小田原城下と外郎宇野家

天正十八年(一五九〇)徳川家康の関東入部直後、小田原には大久保忠世が封ぜられるが、その子相模守忠隣は慶長十九年(一六一四)に改易、元和五年(一六一九)から同九年とわずか在城四年の阿部正次の支配をへた後、寛永九年(一六三二)稲葉正勝が入封する。この稲葉氏も貞享二年(一六八五)正往の代に越後高田に転封となり、翌年大久保忠朝が下総佐倉より一〇万三〇〇〇石をもって入封する。(2)

稲葉小田原藩の拝領高(表高)は一〇万三一二九石七升で、そのほか一万八六八七石八升七合の新田があり、知行惣高は一二万一八一六石一斗五升七合であった。貞享二年におけるその所領構造は左記の如くである。(3)

一、高拾弐万千八百拾六石壱斗五升七合　　御知行惣高
　内分ヶ
　高八万千八百拾四石五斗弐升三合　　小田原分
　　内
　　高六万七千弐百拾壱石四升四合　　御拝領高
　　高三千八百九拾三石六斗弐升弐合　　新　田
　高弐万五百六拾五石三升壱合　　真岡分
　　内
　　高壱万六千六百七拾壱石四斗九合　　御拝領高

高三千八百九拾三石六斗弐升弐合　新田
高壱万九千四百三拾六石六斗三合　播摩（ママ）分
内
高壱万九千弐百四拾六石弐斗五升七合　御拝領高
高百九拾石三斗四升六合　新田
惣〆高拾弐万千八百拾六石壱斗五升七合

すなわち、その所領構造は、小田原城の城地城領としての小田原分と、飛地としての真岡分、播磨分の三か所より構成されていた。当然のことながら小田原は、東海道の宿場町であり、また「小田原分」とも称された相州西郡領、駿州御厨領、豆州東浦領、小計八万一八一四石余の領域経済圏の中核としての役割を果たしていた。

小田原藩の江戸小田原の総人数は、御番帳入四五〇人、御番帳外三九五人、女中一二一人、惣組御陸尺・御手廻り・御馬取・御中間一三三八人、総計二三〇四人だった。小田原居住の家臣団数は不明であるが、三の丸・弁財天廓・八幡廓・小峯・大手前・唐人町・上神田町・下神田町・竹ノ花裏半幸町・西海子小路箱根口より一丁目安斎町・同二丁目狩野殿小路・同三丁目諸白小路・同四丁目花畑小路・同五丁目熱海海道・同六丁目大久寺小路・同通り町・大蓮寺脇横町・上ヶ土・籠屋町・谷津・大工町・籠屋新馬場・茶畑町などに二一三軒の侍屋敷があった。

右の武家居住地に対し、町人居住地域の中核は山角町・筋違橋町・欄干橋町・中宿町・本町・宮前町・高梨町・万町・新宿町・脇町之分・茶畑町・代官町・千度小路町・古新宿町・青物町・壱丁田町・台宿町・大工町・須藤町・竹花町で、「小田原町十九町」と呼ばれ、伝馬人足役、継飛脚役を勤めた。同所の町年寄は清水金左衛門・益田太郎左衛門・松本清兵衛の三人で、問屋は次郎左衛門・助左衛門の二人、肝煎としては宿老と呼ばれた外郎藤左衛門・久保田七右衛門がいた。小田原町には毎年宿並御米八六石八升、問屋両人に同じく宿並御米二〇俵が与えられていた。町年寄給は五俵充、問屋給米は七俵充、宿老も宿並御米二〇俵のうちから若干の給米を支給されていた。

毎年八六石八升の宿並御米を幕府より支給された小田原町十九町の惣家数は一一一一軒を数えたが、その構成は必ずしも一様ではなかった。その内容を示せば次の如くである。

右家数千百拾壱軒　内分ケ
百七拾九軒　御伝馬百疋役
五百七拾壱軒　人数百人役
七拾三軒　魚之座
是ハ　上使之御衆・御目付衆・御鷹師衆、又ハ　公家衆様御通之刻働人足相勤候、囚人通候節夜番仕候
七拾六軒　地人足
是ハ　公義御壺御通之節働、両町口御番所掃除仕
百九拾六軒　海士方
是ハ所々船積等人足出候、扶持米遣之召仕候
拾六軒　諸役不仕屋鋪
此訳　五軒　中原屋半左衛門
是ハ　権現様江御茶壺差上候ニ付諸役御免
壱軒　舞大夫先年ヨリ役不仕候
壱軒　町大工頭小兵衛屋敷役差免弐人扶持遣候

七軒　脇町ニ而地裏無之家作計ニ付役不仕候
壱軒　銕炮細工人差置候故役引候
壱軒　鉄炮屋敷
是ハ仕置者有之節、針銕物出候ニ付而、従前々役不仕候

御伝馬百疋役を勤める一七九軒、人数百人役の五七一軒は、宿町として当然の存在であるが、七三軒の魚之座、一九六軒の海士方も宿駅機能を分担している。魚之座、海士方は小田原の地域性を示すものであろう。なお宿役免許の職人は町大工頭一軒、銕炮細工人一軒、銕炮屋敷一軒と意外に少ない。貞享三年のこの時期、大工六四・鍛冶屋三〇・紺屋二一・木挽二〇・桶屋一五・畳屋一四・樽物屋一四・塗屋一二・仕立屋七・鞘師五・食事屋五・研屋四・板屋葺四・金具屋三・渋付屋三・鋳物師三・印付屋三・指物師三・仏師二・乗物屋二・左官二・筆屋二・籠作二・綿打一・柄巻屋一・合羽屋一・茸萱屋一・絵師一・衣屋一・蒔絵師一・石船切一・餝屋一など三二業種二四九人が存在し、棟梁に率いられて国役の御城御用を勤めながら、営業を独占したことはすでに明らかにされたところである。(4) 小田原十九町居住の職人は宿役も負担したとみてよいだろう。

小田原城下居住の特権的職人は、他の城下町職人と同じように国役を勤めながら独占的営業権を保証されていたものと思われるが、十七世紀前半からその独占的営業権は動揺しはじめる。とくにそれは、後北条氏以来の門閥的特権職人層に顕著だったようである。その事例として、大森氏頼支配のころの来住という京紺屋津田氏と、さきに中丸和伯氏が追究された宇野(外郎)氏をあげることができる。

まず京紺屋津田氏の場合からみよう。(5)

乍恐書付を以申上候

一、先法之御代々之、小田原紺屋大工被仰付、幷紺屋之役をも被下候、前々之御証文数通御座候、当御代　大久保(忠世)七右衛門尉殿御内入之時分ヨリ、小田原四万石之大工被仰付、紺屋之役をも依被下候ニ、卅八年小田原御殿・箱根之御殿御畳之へり染上、御奉公申上候、此外　御公方之御奉公過分ニ染上申候、此しやうこ多御座候、右四万石之内壱万石紺屋之役を分而、江戸京紺屋五良右衛門尉(土屋五郎右衛門尉)ニ被取申迷惑申候、如前々之我等方へ伺候へと、堅右ヨリ度々申候へ共、終ニ証印(承引)無御座候間申上候、如前々之被仰付可被下候、右之条々言上ニ而可申上候、仍如件

寛永四年

卯九月廿五日

小田原京紺屋
津田藤兵衛

正直(花押)

御奉行所

(裏書)「如此目安上候間、罷出対決可仕者也

寛永四年

卯十月五日

(島田利正)弾正㊞
(土井利勝)大炊㊞
(酒井忠利)備後㊞

こんや
五郎右衛門」

右の史料は寛永四年、小田原京紺屋津田藤兵衛と、江戸京紺屋土屋五郎右衛門尉との間の、小田原藩領内紺屋役徴収についての公事関係史料である。津田氏は後北条氏以来紺屋役を勤めていたが、その特権は江戸期になっても受け継がれ、小田原四万石の紺屋役を保証されていたのに、そのうち一万石の紺屋役を江戸京紺屋の土屋氏に奪われてし

まった。それを取り返そうとするのが願意の趣旨である。なお裏書きに署名した弾正は町奉行島田利正、大炊は老中土井利勝、備後は老中酒井忠利である。老中・町奉行連の呼び出し状であり、事は評定所の裁判となったわけである。奪いとったとされる小田原藩領内一万石の紺屋役は、右の訴状に「如前々之我等方へ伺候へ」という文言からすると、当初は小田原京紺屋津田氏の承認のもとに分与されたかの感はある。いずれにせよ四万石の紺屋役のうち一万石は、同業者の江戸京紺屋の手に移っていたのである。

薬やの宇野(外郎)氏は近世になって、小田原町十九町の宿老として、若干の給米を与えられていたことは先述した。小田原藩の待遇もまた別格で、「殿様御参府已前、町年寄三人共幷、外郎以春御本陣彦十郎義、於　御城御目通被為　召出候事」(6)、あるいは「殿様暑寒奉窺御機嫌候義、町年寄三人幷外郎以春御本陣彦十郎同道ニ而御役所江罷出」と伝えられている。その近世前期の状況を伝える次のような史料がある。(7)

一、贋外郎商売停止之儀、北条家御代々御証文之通、稲葉美濃守様御代慶安五年惣町中之者一札証文、其節之町年寄青山作右衛門・清水金左衛門・久保田治郎兵衛宛所ニ而外郎方ニ所持仕罷在候、寛文十一年ニ至猥ニ罷成候ニ付、其節も一札証文差出候由御座候得共、帳面之義無御座候、元録(禄)二年ニ又々町中ヨリ一札証文、其節之町年寄清水金左衛門・益田太郎右衛門・松本覚右衛門宛所ニ而外郎方ニ所持仕罷在候、享保七庚丑年七月町中連判証文、其節之町年寄平井忠右衛門・小西治郎左衛門・松本幸右衛門宛所ニ而町年寄奥印ニ而御役所様差上候処、外郎蘇庵ニ被下置候事

但シ、本虎屋と申透頂香丸薬商売仕候見世店ハ、前々ヨリ数多御座候事

慶安五年(一六五二)、本拠の小田原においても贋外郎商売が横行したので、贋外郎商売停止の一札証文を惣町中の者が町年寄宛に提出、同様の一札証文提出が、寛文十一年(一六七一)、元禄二年(一六八九)、享保七年(一七二二)に行

われたことがわかる。但し注目すべきことは右の史料末尾に「但シ、本虎屋と申透頂香丸薬商売仕候見世店ハ、前々ヨリ数多御座候事」とあることである。透頂香丸薬商売は、きわめて盛んで、もはや透頂香丸薬の独占販売権を維持することは不可能で、その製造権を保持し、品質を維持しようとしたものであろう。

当時諸所に数多くの透頂香丸薬商人のいたことは右の史料からも判明する。天下の総城下町江戸でも、貞享四年刊の『江戸鹿子』に江戸の外郎透頂香の商人として、本町三丁目の益田隠居、はくろ町の伊兵衛、同所の伝兵衛の三人の名を見出すことができる(8)。

二　外郎売科白考

享保三年(一七一八)正月二日、江戸の守田座で「若緑勢曾我」が上演され、二代目市川団十郎が曾我十郎の役、五郎に庄太郎が勤めた。このなかに両人かけ合いの一番目にかがみ割りの科白《せりふ》が、二番目に外郎売りの科白があって大当りしたという(9)。この外郎売科白に対し、綿谷雪は「その年代が相当に古いのと、たゞゴチヤ〳〵と当時の早言を並べ立てたといふ点からして、殆ど当時の巷間で弄ばれたものの原型を収録してゐるものと思われる。即ち従来の各種の戯作は、どちらかと云へば、ある主題に構成するために、幾分か原型が損傷されたかも知れないけれども外郎売の科白はほゞ完全な原型であろうと私は思ふのである(10)」とした。外郎売科白は以来、市川家代々の御家芸になり、団十郎家の歌舞伎十八番の一つになった。

この外郎売科白は芝居を通じて巷間に拡がるのであるが、現在でも、演技練習のさい、発声発音練習の無二の教材として推奨されている。たとえば田中栄三氏の場合がこれである(11)。昭和十一年(一九三六)秋の頃、映画界が無声からトーキーに変わって映画俳優は皆、台詞の勉強をしなければならなくなった。氏はその研究方法について悩み、早稲田大学演劇博物館長だった河竹繁俊氏を訪ね、御高教を仰いだところ、河竹氏はこの台詞の載っている『朗読法精説』その他数冊のエロキューションの本を田中氏に貸し与え、外郎売科白を教材として使うべきことを奨めたという。

田中氏によれば、坪内逍遥はこの「外郎売」の台詞と、坂田藤十郎の「傾城買」の台詞を、古今の二大難台詞と折紙をつけた。また小山内薫が、若い頃の市川左団次に、この「外郎売」を上演するようにすすめたが、左団次はその自信がないといってやらなかった。歌舞伎の舞台にしばしば上演される「外郎売」は舞踊が主となっていて、台詞の方は、明治・大正・昭和を通じて、上演されたことは少ないという。氏は昭和十二年の四月に出版した『トーキー俳優読本』のなかにこの台詞を輯録したり、同年九月にできた日活多摩川撮影所の演技研究所で研究生に練習を試みたりして、発音練習用の教材として親しんできたという。(12) 以下その発声発音練習用の「外郎売」の台詞を紹介しよう。(13)

「外郎売《うゐらうり》」の台詞《せりふ》(発声発音練習用)

①　拙者親方《せつしやおやかた》と申《もを》すは、
②　御《お》立合《たちあひ》の中《うち》に、
③　御《ご》存《ぞん》じのお方《かた》もござりませうが、
④　お江戸《えど》を立《た》つて二十里《り》上方《かみがた》、
⑤　相州《そうしう》小田原《をだはら》、一色町《いつしきまち》をお過《す》ぎなされて、
⑥　青物町《あをものちやう》を登《のぼ》りへお出《い》でなさるれば、

⑦ 欄干橋虎屋《らんかんばしとらや》藤右衛門《とうえもん》、
⑧ 只今《ただいま》は剃髪《ていはつ》いたして、
⑨ 円斎《えんさい》と名《な》のりまする。

⑩ 元朝《ぐわんてう》より大晦日《おほつごもり》まで、
⑪ お手《て》に入《い》れまする此《こ》の薬《くすり》は、
⑫ 昔《むかし》ちんの国《くに》の唐人《たうじん》、
⑬ 外郎《うゐらう》といふ人《ひと》、
⑭ わが朝《てう》へ来《きた》り、
⑮ 帝《みかど》へ参内《さんだい》の折《をり》から、
⑯ 此《こ》の薬《くすり》を深《ふか》く籠《こ》め置《お》き、
⑰ 用《もち》ゆる時《とき》は一粒《ひとつぶ》づゝ、
⑱ 冠《かんむり》のすき間《ま》より取出《とりいだ》す。
⑲ 依《よ》つて其名《そのな》を、
⑳ 帝《みかど》より、
㉑ 「頂透香《とうちんかう》」とたまはる。
㉒ 即《すなは》ち文字《もんじ》には、
㉓ 「いたゞき、すく、香《にほひ》」と書《か》いて「とうちんかう」と申《もを》す。

㉔ 只今《たゞいま》は此《こ》の薬《くすり》、

㉕ 殊《こと》の外《ほか》、

㉖ 世上《せじやう》に弘《ひろ》まり、

㉗ はう〴〵に似看板《にせかんばん》を出《いだ》し、

㉘ イヤ小田原《をだはら》の、灰俵《はいだはら》の、さん俵《だはら》の、炭俵《すみだはら》、、のと、、

㉙ 色々《いろ〳〵》に申《もを》せど、、も、

㉚ 平仮名《ひらがな》を以《もつ》て「うゐらう」と記《しる》せしは親方円斎《おやかたえんさい》ばかり、

㉛ もしやお立合《たちあひ》の内《うち》に、

㉜ 熱海《あたみ》か塔《たふ》の沢《さは》へ湯治《たうぢ》にお出《い》でなさるか、

㉝ 又《また》は伊勢《いせ》参宮《さんぐう》の折《おり》からは、

㉞ 必《かなら》ず門《かど》ちがひなされまするな、。

㉟ お登《のぼ》りな。らば右《みぎ》の方《かた》、

㊱ お下りな。れば左　側《ひだりがは》、

㊲ 八方《はつはう》が八《や》つ棟《むね》、おもてが三《み》つ棟玉《むねぎよく》　堂造《だうづくり》、破風《はふ》には菊《きく》に桐《きり》のたうの御紋《ごもん》を御赦免《ごしやめん》有《あ》つて、

㊳ 系図《けいづ》正《ただ》しき薬《くすり》でござる。

㊴ イヤ最前《さいぜん》より家名《かめい》の自慢《じまん》ばかり申《もを》しても、

㊵ 御存《ごぞん》じない方《かた》には、正　身《しやうしん》の胡椒《こせう》の丸呑《まるのみ》、白河夜船《しらかはよふね》、

㊶ さらば一粒《いちりふ》たべかけて、其《そ》の気味合《きみあい》をお目《め》にかけませう。
㊷ 先《ま》づ此《こ》の薬《くすり》を、
㊸ かやうに一粒舌《ひとつぶした》の上にのせまして、
㊹ 腹内《ふくない》へ納《おさ》めますると、
㊺ イヤどうも言《い》へぬは、
㊻ 胃《ゐ》・心《しん》・肺《はい》・肝《かん》がすこやかに成《な》つて、
㊼ 薫風喉《くんぷうのんど》より来《きた》り、口中微涼《こうちうびりやう》を生《しやう》ずるが如《ごと》し
㊽ 魚鳥《ぎよてふ》・きのこ・麺類《めんるい》の喰合《くいあは》せ、
㊾ 其外《そのほか》、
㊿ 万病《まんびやう》速効《そくかう》あること神《かみ》の如《ごと》し。

51 さて、この薬《くすり》、
52 第一《だいいち》の奇妙《きめう》には、
53 舌《した》のまはることが銭独楽《ぜにごま》がはだしでにげる、
54 ひよつと舌《した》がまはり出《だ》すと、矢《や》も楯《たて》もたまらぬぢや。
55 そりやそりや、そらそりや、まはつてきたは、廻《まは》つてくるは、アワヤ喉《のど》、
56 サタラナ舌《した》に、カ牙《げ》サ歯音《しおん》、
57 ハマの二つは脣《くちびる》の軽重《けいぢゆう》、

㊿8開合《かいがう》さわやかに、アカサタナハマヤラワ、オコソトノホモヨロオ、一《ひと》つへぎへぎに、へぎほし薑《はじかみ》、盆《ぼん》まめ・盆《ぼん》米《ごめ》・盆《ぼん》ごばう、
59 摘蓼《つみたで》・つみ豆《まめ》・つみ山椒《さんせう》、
60 書写山《しよしやざん》の社僧正《しやそうじやう》、
61 粉米《こごめ》のなまがみ、粉米《こごめ》のなまがみ、こ、ん、粉米《こごめ》のこ、な、ま、が、み、
62 繻子《しゆす》・ひじゆす・繻子《しゆす》・繻珍《しゆつちん》、
63 親《おや》も嘉兵衛《かへえ》、子《こ》も嘉兵衛《かへえ》、
64 親《おや》かへい子《こ》かへい、子《こ》かへい親《おや》かへい、ふる栗《くり》の木《き》の古切口《ふるきりぐち》。
65 雨《あま》がつぱか、番合羽《ばんがつぱ》か、
66 貴様《きさま》のきやはんも皮脚絆《かわぎやはん》、
67 我等《われら》がきやはんも皮脚絆《かわぎやはん》、
68 しつかは袴《ばかま》のしつぽころびを、三針《みはり》はりなかにちよと縫《ぬ》ふて、ぬうてちよとぶんだせ、かはら撫子《なでしこ》・野石竹《のぜきちく》。
69 のら如来《によらい》、のら如来《によらい》、
70 三《み》のら如来《によらい》に六《む》のら如来《によらい》、
71 一寸《ちよつと》さきのお小仏《こぼとけ》に、おけつまづきやるな、細溝《ほそどぶ》にどぢよ、によ、ろ、り、
72 京《きやう》の生鱈《なまだら》、奈良《なら》なま学鰹《まながつを》、ちよと四五貫目《しごくわんめ》、
73 お茶立《ちやだ》ちよ、茶立《ちやだ》ちよ、
74 ちやつと立《た》ちよ茶立《ちやだ》ちよ、

⑺⑸ 青竹茶筅《あをだけちやせん》で、お茶《ちや》ちやと立《た》ちや。
⑺⑹ 来《く》るは来《く》るは、何《なに》が来《くる》る、
⑺⑺ 高野《かうや》の山《やま》のおこけら小僧《こぞう》、
⑺⑻ 狸 百 匹《たぬきひやつぴき》、箸百《はしひやく》ぜん、天目百《てんもくひやく》ぱい、棒八百 本《ぼうはつぴやつぽん》。
⑺⑼ 武具《ぶぐ》・馬具《ばぐ》・ぶぐ・ばぐ・三ぶぐばぐ、
⑻⑽ 合《あは》せて武具《ぶぐ》・馬具《ばぐ》・六ぶぐばぐ、
⑻⑴ 菊《きく》・栗《くり》・きく・くり・三菊栗《みきくくり》、
⑻⑵ 合《あは》せて菊《きく》・栗《くり》・六菊栗《むきくくり》、
⑻⑶ 麦《むぎ》・ごみ・むぎ・ごみ・三《み》むぎごみ、
⑻⑷ 合《あは》せてむぎ・ごみ・六《む》むぎごみ。
⑻⑸ あのなげしの長《なが》なぎなたは、誰《た》が長薙刀《ながなぎなた》ぞ、
⑻⑹ 向《むか》ふのごまがらは、荏《え》の胡麻《ごま》がらか・真《ま》ごまがらか、
⑻⑺ あれこそほんの真胡麻殻《まごまがら》、がらぴいがらぴい風車《かざぐるま》、
⑻⑻ おきやがれこぼし、おきやがれ小法師《こぼし》、ゆんべもこぼして又《また》こぼした、
⑻⑼ たあぷぽぽ、たあぷぽぽ、ちりから、ちりから、つつたつぽ、
⑼⑽ たつぽたつぽ一丁《いつちやう》だこ、
⑼⑴ 落《お》ちたら煮《に》てくを、煮《に》ても焼《や》いても喰《く》はれぬ物《もの》は、
⑼⑵ 五徳《ごとく》・鉄《てつ》きう・かな熊《ぐま》どうじに・石熊《いしくま》・石持《いしもち》・虎熊《とらくま》・虎《とら》きす、

(93) 中《なか》にも、東寺《とうじ》の羅《ら》生門《しやうもん》には、
(94) 茨木童子《いばらぎどうじ》がうで栗五合《ぐりごんがう》つかんでおむしやる、
(95) かの頼光《らいくわう》のひざ元去《もとさ》らず、
(96) 鮒《ふな》・きんかん・椎茸《しいたけ》、定《さだ》めてごたんな、そば切《き》り、そうめん、うどんか、愚鈍《ぐどん》な小《こ》新発知《しんぼち》、
(97) 小棚《こだな》の、小下《こした》の、小桶《こをけ》に、こ味噌《みそ》が、こ有《あ》るぞ、こ杓子《しやくし》、こもつて、こすくつて、こよこせ、おつと、がてんだ、心得《こゝろえ》たんぼの、川崎《かわさき》、神奈川《かながは》、程《ほど》ケ谷《や》、戸塚《とつか》は、走《はし》つて行けば、
(98) やいとを摺《す》りむく、三里《さんり》ばかりか、
(99) 藤沢《ふじさわ》、平塚《ひらつか》、大磯《おほいそ》がしや小磯《こいそ》の宿《やど》を、
(100) 七つおきして、早天《さうてん》さう〳〵、相州小田原《そうしうをだはら》とうちん香《かう》、
(101) 隠《かく》れござらぬ貴《き》賎群衆《せんぐんじゆ》の、
(102) 花《はな》のお江戸《えど》の花《はな》うゐらう、
(103) あれあの花《はな》を見《み》て、お心《こゝろ》を、おやはらぎやといふ、
(104) 産子《うぶご》・這《は》ふ子《こ》に至《いた》るまで、
(105) 此《こ》のうゐらうの御評判《ごひやうばん》、
(106) 御存《ごぞん》じないとは申《もを》されまいまいつぶり、
(107) 角出《つのだ》せ、棒出《ぼうだ》せ、ぼうぼうまゆに、
(108) うす、杵《きね》、すりばち、ばち〳〵ぐわら〳〵〳〵と、
(109) 羽目《はめ》を弛《はづ》して今日《こんにち》お出《い》での何茂《いづれも》様《さま》に、

⑩上《あ》げねばならぬ、
⑪売《う》らねばならぬと、
⑫息《いき》せい引《ひっ》ぱり、東方世界《とうはうせかい》の薬《くすり》の元締《もとじめ》、
⑬薬師如来《やくしにょらい》も照覧《せうらん》あれと、
⑭ホホ敬《うやま》つて、
⑮うゐらうは、いらつしやりませぬか。

右の田中氏の「外郎売の台詞」と、文献上の「外郎売の科白」とは、ほとんど同じであるが、若干の相違はある。たとえば㉚「平仮名を以て「うゐらう」と記せしは」は、『歌舞伎年代記』には、「平がなをもつてうゐろうと致たしは」とあり、㉜は「合せてむきこみむむきごみ」となり、また㉝と㉞はない。現在の市川家の家伝ではどうなっているか知りたいものである。

おわりに

中丸和伯が明らかにしたように、外郎宇野家の祖は京都の陳外郎家の被官だった。それが、戦国大名今川家、ついで後北条氏と発展途上の戦国大名権力に依拠しつつ、商業圏を拡大してゆく過程で、戦国大名の権力編成原理にまきこまれ、小田原城下に土着したものであった。

その特質は、領国内における薬種・外郎の生産と販売を独占する特殊技能集団であるとともに、二〇〇貫余の所領を給され、御馬廻衆として軍役編成された武装集団の棟梁でもあることだった。いわば小領主の特殊技能武装集団の棟梁であった。

幕藩制下の外郎宇野家は、小田原藩の特権的薬種商人となる。小田原町十九町の宿老として、若干の宿並給米を得ている点からみれば、近世初頭には、なおかつての小領主としての性格をも残存させていたことであろう。しかし、戦国大名下に保証されていた独占的薬種の製造販売権は崩壊しようとしていた。十七世紀前半に、藩権力に依存しながら、贋外郎の横行を停止し、独占的薬種製造権を維持しようとしたに過ぎなかった。新興薬種商の台頭により、製造権と販売権は分離しつつあったのである。

他方、京都以来の伝統を背に負いながら、しかも藩権力と小田原惣町の一札証文に依拠しつつ薬種の独占製造権を維持しようとする外郎宇野家の努力は、外郎の品質の評価を高める。透頂香丸薬はその象徴である。これが中世以来の下層芸能集団の口承文芸と結びつくとき、小田原藩領外における外郎売口上となる。とくに急激な発展期にあった江戸では盛んなことであったろう。二代目団十郎はそれを目に見、耳に聴いた。団十郎はそれをさらに芸術の域にまで練りあげ、上演した。それが歌舞伎十八番の一、「外郎売」であろうと推断されるのである。

註

（1）中丸和伯「陳外郎宇野家と北条氏綱」（津田秀夫編『近世国家の成立過程』塙書房、一九八二年）。
（2）藤野保『新訂幕藩体制史の研究』付録2「近世大名転封一覧」（吉川弘文館、一九七五年）。
（3）稲葉家引送書（『神奈川県史』資料編4・近世(1)、神奈川県、一九七一年、一六七頁）。以下とくに断らない限り、小田原町概要に関する記述は、引用史料をも含めてこの史料に依拠した。

（4）　貞享三年小田原町明細書上（『神奈川県史』資料編9、一九七四年、二一一頁）。
（5）　寛永四年九月小田原津田藤兵衛紺屋役に関する願書（『神奈川県史』資料編4、八八五頁）。
（6）　宝暦九年小田原町諸事覚帳（『神奈川県史』資料編5、一九七二年、六五八頁）。
（7）　同右、六七一頁。
（8）　朝倉治彦監修『江戸鹿子』（すみや書房、一九七〇年）二八六頁。
（9）　綿谷雪『言語遊戯の系譜』（青蛙房、一九六四年）。
（10）　綿谷雪『言語遊戯考』（発藻堂書院、一九二七年）六四頁。
（11）　シェクスピア研究者として著名な畏友荒井良雄氏の御教示による（田中栄三『映画演技読本』映画世界社、一九五五年）。
（12）　同右、二八四〜二八五頁。
（13）　同右、二八八〜二九二頁。

（付記）　本稿は、筆者を代表とする一九八七年度文部省科学研究費（A）「徳川将軍権力の生成と展開の研究」の成果の一部である。

Ⅲ　日本中近世史と地方史研究・史料保存

日本中近世史の史学史的一考察
―中近世史の統一的把握の一前提として―

一

日本中・近世史研究は、明治以降、いかにその研究を深化させてきたか、若干、史学史的に考察せよとのことであるが、もちろん若輩のよくなし得るところではない。以下の小稿は、いまだ試論の域も脱し得ないものであるとともに、日本中・近世社会をかりに封建社会とした場合、その統一的把握の前提として考えた事がら、この意味において大きな足跡を残したと思われる人々の業績を中心として取り上げるという、きわめて限られた視角から執筆したものに過ぎないことをあらかじめお断りしたい。

次に、日本史学史における近代史学の成立と発展も、ヨーロッパ近代思想の大きな影響のもとにあったことはいうまでもない。そのなかにおける日本中・近世史研究を考察する場合、その受容と摂取、内在するものとの相克を経て、新たな史学への発展の過程を、かりに一つの波とすれば、大きく分けて二つの波があったと思う。一は啓蒙思想、近代史学の導入を起点とする第一の波であり、一は唯物史観の導入を起点とする第二の波である。後者が前者を克服せんとして起こされたものであることは言うを俟たない。ところで第二の波を起こす契機となった我が国への唯物史観の導入と摂取、加えて敗戦以降の問題については、他の人によって別稿が用意されるはずであるので、小稿よりは除外した。以下は、右の二つの限定のもとに執筆されたものである。

二

明治期における日本史学の発達を概観する時、初発から二つの潮流に分離していることに気づく。小沢栄一によれば、一つは江戸時代以来の「儒教風政権推移的大義名分的史学」の流れであり、一つは在野の「啓蒙主義的因果論的文明史」の流れである。(1) 前者は、明治政府の修史事業の中核たる修史館を本拠とする重野安繹・久米邦武・星野恒らを中心として、考証主義史学の学風を固め、とくに、明治十八年(一八八五)、関東六県の古文書採訪の頃より、とくにこの傾向を強くした。(2) 後者は、福沢諭吉・田口卯吉らに代表される、いわゆる日本文明史である。(3) この系譜につらなる東京師範学校助教諭三宅米吉は、明治十九年、『日本史学提要』を公刊し、文明史を学問的厳密性のうえに打ち立てようとし、日本における近代史学成立の端緒を開いた。(4) このなかで三宅は、この時代の史学者に対する辛辣な批判を行っており、(5) 明治二十年頃までのこの二つの史流は、その政治的姿勢そのままに相対立する関係にあったことは明らかである。

さて、明治二十一年、修史局(明治十八年、修史館―臨時修史局)は、官制の改革によって東京大学に移管されたことから、同大学に編年史編纂掛と国史科が創設され、重野・久米・星野の三人が、委員兼教授に任命された。東大国史学科が修史館の考証主義史学を母胎として設定されたのである。これと前後してランケの弟子ルードリッヒ・リースが史学科に招かれ、同二十三年には坪井九馬三もドイツより帰朝し、両者は新たにドイツ近代史学の研究法を教授した。この影響も受け、重野・久米・星野は徹底した考証主義を貫徹し、重野が抹殺博士のニックネームを受けるに至ったことは、あまりにも有名である。[6] これより以前、明治二十一年、三宅米吉が編集刊行にあたっていた金港堂の教育学術雑誌『文』は、高等師範学校教授那珂通世の「上古年代考」を掲載し、大きな反響をまきおこしていた。時あたかも初期国粋主義の勃興期であって、それを背景とする神官・国学者の攻撃は両者に集中した。

この時、すでに田口＝久米、三宅＝那珂、すなわち文明史学の指導層と考証主義史学の巨頭との提携がなされ、対立の激化につれて、それは強化されていった。初期国粋主義が開明的な傾向を有するとはいえ、[7] 田口・三宅は、二人の史論の持つ合理性あるいは科学性のために、むしろ、まさに実証主義史学に転化しつつある官学アカデミズムに親近感を持ったが故であろう。初期ブルジョア自由主義史学者としての両者の役割は、ほぼこの時期に終る。[8]

明治二十五年、久米事件によって久米が、翌年に重野が大学の教壇を去った後、三上参次を筆頭として、内田銀蔵、喜田貞吉、黒板勝美等は従来の考証史学を母胎とし、リース・坪井のもたらしたドイツ近代史学を媒体として、明治末年には、ほぼ官学アカデミズム史学を成立せしめる。その本拠は、東大国史学科および明治二十八年に設置された史料編纂掛にあった。このうち黒板勝美は、その実証主義史風とともに、むしろ田口の学風を受け継ぐものであり、また三宅は、明治二十四年高等師範学校歴史教授となり開校にその学風を伝えた。[9]

田口・三宅が事実上の転化を遂げた後、文明史学の在野性を継承し、それを史論として発展させたのが民友社史論である。とくにそのなか、竹越与三郎(三叉)は、中・近世史に異色ある史論を展開した。彼は明治二十四年から翌年にかけて『新日本史』上・中を出版し、明治二十九年には『二千五百年史』を出した。中・近世についての独自の史論を展開したのは後者である。彼は、封建制が民族の発展の過程に積極的役割を果したと主張する。たとえば「此時(江戸後期)に方り封建制度はその功益を十二分にましたり。若し日本国民をして猶王朝の下にあり、人民に同情なく、土着の意志なき国司郡司をして全国を支配せしめたらんには、日本は長く寒貧・荒曠の光景を呈し、人愈々多くして国益を衰ふること朝鮮の如くなりしならん。（中略）封建の勢此になり、人民土地を私有して之を保護するの心を生じ（中略）人民自立の基此に立ちぬ」と、江戸期封建制の下にあってはじめて支配者にも反抗する独立自尊の風が養われたことを強調し、「封建制度なかりせば人民は全く奴隷となりて国家成立の柱礎なかるに至りしならん。歴史は封建制度に謝せざるべからざる也」とするに至っている。(10) このような江戸期封建制度に対する美化は、そこに特殊な歴史的役割を設定せしめた。

彼によれば、鎌倉政権を生み出した武門の有する家の子郎従なるものは「奴隷の発達変化したる者」であった。したがって鎌倉政権の成立とは「奴隷の胤族の発達を表する者なるが故にまた奴隷戦争の形態を具ふ（中略）国体一び天智の手によりて替られ頼朝に至つて再び根本より変革せられ、其変や更らに大且つ深し」とする革命的評価を下している。(11) しかし、にもかかわらず、これ以降江戸初期までを奴隷制としており、この奴隷制が江戸期に消滅した理由としては、「応仁以来封建の勢漸く盛なるに及んで、諸侯は（中略）其人民をも私有するの勢力あるより、漸く人民を愛惜して之を保護するの意を生じ（中略）徳川に至りては秋霜烈日の威を以て人身売買を禁止するに至りしかば（中略）奴隷は一階級としては全く消滅せり」と述べている。(12) ここに竹越の言う奴隷制とは、勿論、今日使われるような厳密な意味に使用されたものではなく、また実証的には雑な部分もみられるが、下からの変革によって「国体」も変革せらるべきものであり、また、江戸初期までは奴隷制であって、それが江戸幕府の政策と封建制の進化によって解体したとする史論は、きわめて独創的なものがある。

これと対照的な理解が、考証史学派の大家重野安繹の論考に示される。重野は明治二十五年「日本に封建制なし」という論文（『史学雑誌』三―三二）を発表した。この要旨は左記の如くである。「大化改新以前の日本を封建制とする説があるが、これは国造を周の諸侯と同じように解釈した誤解であり、また徳川の時代は周の封建制と近くなってはいるが、これも朝廷の土地を預っていたことにおいては、古や中古と同じことであって、日本の国体は不変である。日本には日本の国体があり制度があるのに、支那の国の制度や文字を我国に当てはめるとは遺憾である」と。周の封建制の概念を以て、日本の中・近世を規定する江戸時代以来の誤りを指摘したのは、その限りにおいては正しい。その根拠となったものは、いうまでもなく考証ではあるが、しかし、それには「国体不変」という前提があった。その政治的立場は明治政府擁護につらぬかれていた。このような重野も考証主義を貫徹した場合、先述したように久米とともに大学を去らねばならなかった。敗戦前までの官学アカデミズムの限界は、その出発の当初に象徴的に示されていたのである。

この時期ごろまでの「封建」ないしは「封建制」とは、右の重野の指摘にもあったように、郡県に対する概念、すなわち周の封建制を念頭におくものであった。やがてこれらとは異質の歴史的範疇を導き出す分析が、ヨーロッパ近代史学を媒介として展開されてくる。

まず、それは経済史の分野から出された。内田銀蔵は、日本における経済事実の変遷沿革は大体において自ら政治上の変動、一般社会状態の推移と相対応すると見、「余輩亦聊か別に見る所なきに非ずと雖も」としながらも、それを、第一期　上古—国家の創建より大化の改新、第二期　中古—大化改新より平安末、第三期　近古—鎌倉幕府の創立より織田豊臣の二氏の時代、第四期　近世—江戸時代、第五期　現代に区分した。このうち鎌倉以降についてみれば「日本の社会に於いては武の要素の重きを占め、武士の階級が社会を支配するに至り、而して生産者階級は、其の抑圧の下に立たざるを得ざるに至れり」と武士と生産者との階級対立を指摘し、さらに「鎌倉・足利の時代」においても「経済上においては漸次的に進歩しつゝ、ありしなり」と、個別的経済事象についてではあるが、その発展について説明している。ついで「徳川時代は武の要素と共に文の要素が同じく尊重されたる時期」と把握したうえ、「社会組織が封建的にして階級制度が厳重なりし」時代としている。つまり鎌倉期に成立した武士の生産者に対する階級支配が強化されたことを指摘しているのである。(13)実証的学風を自ら進めつつ、個々の経済現象の変遷を追いながら、それを背景として、中・近世の階級的支配の強化を説いたのは、竹越のそれにはみられない大きな特色であった。

このころ福田徳三は明治三十三年「ミュンヘン国民経済研究叢書」の一冊として、後に邦訳された『日本における社会的・経済的発展』をあらわした。そこで彼は歴史上の事象や制度の外見的な類似にもとづいて考察し、ブレンターノの言う人類進化の一般的現象に焦点を合わせて日本経済史をみた。かくして日本経済史を、原始時代(最古の時代〜六四四年)、帝権拡張時代(六四四〜九三〇年)、封建時代(九三一〜一六〇二年)、専制的警察国家の時代(一六〇三〜一八六七年)に大別して発展史的に叙述した。(14)この場合、江戸時代は絶対主義として把握されたものと理解し得る。ブレンターノの史観の影響下に全時代的な発展という概念が導入されたのは画期的なことではあったが、理論が先行して、これに具体的な現象をあてはめたものであって、同じ経済史学の分野の研究とはいえ、国史学科出身の内田の方法論とは、きわめて対照的である。

この直後、また別途の視角からする日本封建社会の構造についての分析が加えられた。中田薫は明治三十九年、『国家学会雑誌』に、「王朝時代の荘園に関する研究」を発表し、ドイツ法制史の影響下に荘園制下における土地の恩給による封建的関係の発展を追求し、三浦周行・牧健二にいたる日本封建社会成立に関する法制史的理解を基礎づけた。

以上、明治期における中・近世研究史を概観する時、東大国史学科・史料編纂掛の学的水準は、三浦周行が明治四十四年の南北朝問題の喜田事件に言及した際に言ったように「此討議(南北朝問題―筆者註)に関する史実の検討が彼神道祭天古俗説の時代に比して概して精細を加へたのは、逌に二〇年の進境を示すものといはねばならぬ(15)」とし、まさに実証主義的学風をほぼ確立しようとしていた。しかし、喜田事件はその実証主義を貫徹しようとする時の結果がいかなるものかを端的に示すものであった。これが、この頃成立したいわゆる官学アカデミズム史学の矛盾の表現であり、とくに、それは中世史研究に象徴的に表現されていた。その研究対象は依然として政治史中心であり、このような点から、中世は古代と結びつけて研究されており、これとは全く別個に近世史の研究が行われていた。内田の研究はむしろ異例であった。一方、近代史学成立の一指標たる発展的歴史観は、中・近世史研究においても、竹越・内田・福田らによってようやく端緒が開かれるに至ったのである。

三

喜田貞吉追放後の官学アカデミズムは、大正期に至って三上参次・黒板勝美・辻善之助らによって担われたが、その主流は黒板勝美であった。しかし、さきにも触れたように、黒板の学風は実証主義とともに、すでに本来の生命を失った時期の田口の名のみの啓蒙的側面をも合わせ持つものであって、この非科学的な側面が、他の諸条件と相俟って、後に平泉澄によって拡大されたものと考えられる。むしろ、近代的実証主義の学風を相対的にせよ、これを純化させ、正しく継承しようとしたものは、史料編纂所を主宰した辻善之助を中心とする人々であった。この期の官学アカデミズムに内包されていた、この二つの学風の萌芽的異質性は、日本資本主義支配体制の危機の進行に誘発され、やがて決定的な分裂の時期を迎えた。

日本資本主義は明治四十年（一九〇七）の恐慌を経て独占段階へ移行し始め、その移行は第一次大戦ののち大正九年（一九二〇）の恐慌を経て完了したとみられている。[16] ブルジョアジーとプロレタリアの階級対立が、まさに新しい段階をむかえるにつれて、労働運動と小作争議は激発し、(17)他方、中小産業資本家の層も厚くなり、サラリーマンなど都市の中間層がふえ、インテリも一つの社会的勢力となってきた。

このような現実に対応して、日本中・近世史研究も新たな動きを示し始めた。とくに、大正七年の米騒動にみられた革命的エネルギーの昂揚は、決定的影響を与えた。(18)その直後に出された京都帝国大学経済学部の機関誌『経済論叢』七―四には、滝本誠一「百姓一揆」、本庄栄治郎「米一揆」の二編、慶応大学の『三田評論』二五五号に阿部秀助の「徳川時代の米騒動」が掲載され、翌年には佐野学「我国社会史に現れたる一揆の研究」(『解放』一・二)、白柳秀湖「日本階級闘争史論」(『改造』一―九)ほか、数篇の論文が雑誌に発表された。学界において、それまでこれらの研究が皆無だったことから考えると、いかに画期的なことであったか知り得よう。まさに、民衆の革命的エネルギーのつきあげを基本とし、また、それを研究者がつかんで、一挙に研究領域を拡大したのである。

こうして、全く新しい視角たる階級闘争、あるいは農民の歴史的性格に視角を据えた中・近世の研究が開始されるのである。大正九年の三浦周行『国史上の社会問題』、大正十一年の佐野学『日本社会史序論』、前二著の影響の下に執筆された昭和二年(一九二七)の本庄栄治郎『日本社会史』と昭和三年の『日本社会経済史』は、このような新しい研究動向をふまえての著作たるべきはずのものであった。

三浦周行は、『日本社会史』において古代より中世へ、中世より近世への過渡期を問題とした。この意味でのとらえ方は当時にあっては抜群のものがある。古代より中世への過渡期にあっては、地主としては概して「中産階級」に属した「武士階級」が、集団的威力によって鎌倉幕府を成立せしめた。中世より近世へのそれは、「鎌倉時代の御家人中心の階級制度が弛緩した」結果「凡下階級」が台頭し、土民たちの階級闘争としての土一揆・徳政一揆が出現し、山城においては「土民政府」に結実した。このように「古代から中世への過渡期が中産階級たる武士階級の台頭であった如くに、中世から近世への過渡期は無産階級たる土民階級の進出であったと言ひ得る」[19]としている。ともかく変革期における変革の主体を追求しようとしているのである。

本庄栄治郎は、さらにこれらを体系化しようとしたらしい。彼によれば、封建制度とは、「上下相貫の主従関係と封土関係とによって組織する所のものであって（中略）ただ諸侯相互の関係が分立的なると統属的なるとによって、分権的封建制度と集権的封建制度との区別を生ずるものである」[20]とする。我が国においては、新興階級として「社会の中堅たる武士階級」が組織した分権的封建制度は室町期にも促進されたが、[21]「職業的階級の発生」[22]と土一揆によって分裂と攪乱へ進む。この後「戦国時代に崩壊した社会は、信長・秀吉によって組織立てられ統一されつつ江戸時代に入り、中央集権的封建制度を現出」したと説く。いったん戦国期に崩壊した社会が、組織され統一されたとするのである。両者の共通する特色は、荘園制下における変革の主体を「武士階級」とし、それを「中産階級」ないしは社会の「中堅」と規定するところである。これは、たとえば内田銀蔵にみられるように、この期の階級対立における「中等階級」に対する期待が、その歴史像のうえに反映したものと考えられる。[23]

他方、明治以来の民間史学者竹越与三郎は、大正八年『日本経済史』全七巻を公刊した。このなかにおける中・近世に対する史観は、前著『二千五百年史』と基本的には同様であるが、より明瞭となってくる。すなわち、鎌倉期の武士社会も畢竟奴隷社会の変形して再現したるものに他ならなかったが、[24]室町時代にはこれが「有期的奴隷」となり、さらに「足利末期の戦国時代に至りては、家臣・雑人・奴隷等、凡べて其主に対して永久主従君臣の関係を結ぶものを称して譜代と云ふに至」ったとし、そして鎌倉政権に対する考え方と同様の理解を初期徳川政権に適用する。「譜代制度は徳川氏最も善く之を組織し最も善く之を活用し、三河に於いて徳川氏が発祥したる以来の、同族、郎党を譜代と称し（中略）譜代にあらずんば、中央政府の高官なる能はざらしめ」た。「而して譜代は其実自由なる奴隷、進化したる家人、寛待せられたる部曲に外ならざるを見ては、武家社会は、畢竟奴隷組織の変形したる再現に外ならず」、そのうえ、初期徳川氏の諸政策は多くは保守反動で、再び奴隷社会を樹立しようとしたが、[25]江戸をはじめとする大都会の商工業の発展とともに奴隷制度は消滅するとした。

ほぼ、前著『二千五百年史』と同じであるが、大きく異なった点もある。第一に、江戸期封建制に対する積極的評価が前著ほどではなく、とみに初期徳川政権に対するそれは逆転してくる。つまり前著においては奴隷制を強制的に消失せしめるとしているのに対し、この著においては〝奴隷社会〟を再編しようとしたと変化しているのである。このことは、その内容からみて、実証の進化による帰結とは言い難く、竹越の政治的姿勢の変化によるものとは思われる。かつての抵抗の史学・文明史学者は、かくしてまったく体制の内部に組み入れられたのである。

このように、多少なりとも歴史の発展を社会の変化と関連させて理解しようとする動きが活発になるにつれて、中・近世における農民の性格それ自体を追求しようとする動向があらわれてきた。小林平左衛門「信州伊那の被官百姓」（『歴史地理』四〇―三・四・五、一九二二年）、有元英夫「日本の封建農奴」（『中央公論』三九―一二、一九二四年）、谷苔六「周防の本百姓と門男百姓」（『民俗と歴史』九―五、一九二三年）などが、それである。これと時期を同じくして、大正十一年、コミンテルの日本支部として日本共産党が秘密裏に結成され、やがて昭和二年、テーゼ、さらにその影響下に「日本資本主義発達史講座」が企画されだした。このような動きと対極に、平泉澄があった。平泉は共産党結成の年と同年、優れた内容を持つ「中世に於ける社寺と社会との関係」を以て登場したが、資本主義支配体制の一般的危機の深化、唯物史観史学の萌芽的組織化の動きに対応するかのように、急激に右旋回してゆく。[26]しかし、すでにして実証主義的学風と、日本史学界の指導権を確立したアカデミズム史学は、いかに優れた才幹を持つとはいえ、また国家権力を背景にするとはいえ、一個人の右旋回に容易に同調するほど、その根が薄弱ではなかった。むしろ意図的に、あるいは結果的にせよ、それに対する根強い抵抗は、アカデミズム史学内部から派生するのである。

北山茂夫は、これ以降の全官学アカデミズム史学の縮図として、平泉澄右旋回以降の東大系国史学の変貌を分析し、平泉を対極として三つの流れに分裂し、対立を深めつつあったとした。(27)（一）は公然とその挑戦に反撃を加えたもの、（二）はそれに同調することなく、辻善之助を宰領者とする史料編纂所を拠点として、古代中世の社会経済史的研究領域への開拓を志した人々、（三）はひとつの制度を全体から切り離して制度それ自体の成立変遷を考証しようとする人々、と分類する。（一）に属するものとしては羽仁五郎のみ、（二）に属する代表的な人々として西岡虎之助・中村吉治・竹内理三をあげている。実に、この（一）と（二）に属する人々こそ、この後の長い暗黒の時期にたえて、敗戦後における日本封建社会研究の飛躍的発展の基礎を準備した主要な人々であった。ここでは、まず小稿の目的とするところにもっとも近い中村吉治の業績を中心として検討してみよう。

中村は昭和五年「近世初期における農民の統制」（『史学雑誌』四一―一・二・三）を発表した。その分析視角をみよう。「農民の統制こそ近世封建社会のよって立つべき最も重要なるもので（中略）農民が常に社会の下部構造をなしていた」という認識のうえに立って、「西洋の経済史に於ては、古代の奴隷制は中世に於いて農奴制にまで発展し、奴隷経済の上に立った古代社会に代って農奴経済の上に立った封建社会が成立した。それ等の変化がそのまま我々の過去にもみられるのか、あるいは全く別なものであるかは将来の研究をまたねばならないのであるが、近世の封建社会の成立の性格が、その土台をなしている農民に関する統制の性格に求められるべきことは疑うことが出来ないと思う」故にこの研究対象を選んだのであった。実証分析にあたって以上のような鋭い問題意識から出発したのであった。そして室町末期から近世初期における農民の移動の実態、ついで領主側の農民の移動とその自由の禁止制限について考察し、「戦国時代の諸侯の領内統制の発達と共にそれは漸く厳密さを加えられ、そして信長・秀吉以来近世封建社会の漸く完成されて来ると共に、更に発展して、新らしき社会の現われてくる一つの要素となってきたのである」と結論づけた。かくして、実証分析を通じて上からする日本のいわば農奴制確立の過程を明らかにしようとしたのである。

ここでは、戦国以来近世初期にいたる領主の農民統制を発展的に把握し、論及はされていないが、先述した分析視角からみれば、日本における農奴制の完成を織豊期に設定されようとしたものの如くである。よしそれは、筆者の過大評価であるにしても、さきにみたような鋭い問題意識を定着せしめ、これにもとづいて実証を発展せしめた場合には、後年の中村の史論はさらに高度の次元に進化する可能性を充分はらんでいたということができよう。さらに学説史的にみれば、これまでの中・近世の研究によって、それぞれの時代的性格はまがりなりに把握されてきたが、戦国期については紛乱の暗黒時代とみる傾向が強かった。さきに三浦周行は、この時期が中世から近世への過渡期として把握したことは述べたが、それにせよ、従来のこの見解から離脱することはできなかった。近世との発展的関連のうえに戦国期の時代的性格を明確にしたのは、やはり画期的業績であった。

中村はこの後、この戦国から近世社会成立の過程を中世との関連において明らかにすることを意図したらしい。前記論文以後公表された土一揆についての研究成果は、このことを物語っている。(28) そして、昭和九年「中世の社会問題」のなかに、その総括を試みている。それによれば、「中世の農村は所謂封建制の下に組織されていた。そして荘園制に基礎を置く鎌倉封建制から、大名領知制に立つ徳川封建制への推移という過程をなしてゐるのであってその変質は特に室町期に入って激化する」と指摘し、ついで土一揆・国一揆・宗教一揆の中村自身の研究成果を総括した。しかし、その結果は、それが「中世後半の社会を特徴づけるものであった」という認識に止まり、基底よりのこのエネルギーが上部構造をどのように規定してその変質を如何に必然ならしめるかの具体的分析を欠如したまま、次のように結論する。すなわち中世の混乱の中に、大名領知制が成長して、その角逐の過程に「新たな統一者が現はれて中世的面貌も改まって行った。（中略）農民の武器は取上げられ、農村統制・商業統制は、大名政治体制とともに全般的に制度化され、近世封建社会が完成して行った。徳川幕府の新たな政権の下に封建組織は編成し直された」と。

土一揆と大名領知制の成立との関連については不明確であるが、恐らくは大名領知制成長の必要条件が中世の混乱であり、その混乱をもたらす原動力として土一揆を把握し、その混乱の中に成長した大名領知制の発展の帰結としての徳川幕府によって中世的封建制が決定的に近世封建社会に「編成し直された」という理解に立っているものと思われる。これが数年後、封建再編成史論を導き出すのであるが、その前に昭和九年当時、中・近世がどのように理解されていたか代表的な人々の説をみよう。

牧健二は、鎌倉時代には前代の末に封建的諸関係が発達し、封建制度が公法的に成立したが、その末期には「荘園制度が漸く崩壊の歩を進め土地の恩給による封建関係が発展し、守護職が恩給化し、まさに日本封建制が第二期の大名領地成立期に進まんと為し始めた時期である」と、室町期を二次的封建制度と考え、[29]「応仁の乱後戦国時代なるものは大名領地成立の時代である。守護を中心とする二次的封建関係が完成した時代である（中略）徳川時代の封建制度になると大名領地の組織を全国に拡張したようなもので謂はば徳川氏は守護の発展である」としている。[30]このような考えから、牧は日本封建制を、初期封建制―鎌倉・室町、武士の主従関係と荘園の領主制度の結合―、中期封建制―戦国期、大名領国制の完成＝秀吉の統一と日本封建制の完成、末期封建制―江戸期の如く考えた。[31]これが明治以来の日本法制史の日本封建社会成立に関する戦前の集大成であった。

牧野信之助も織豊期に日本封建制の完成を求める点においては同じであった。牧野は「鎌倉幕府創設の意義は、荘園を母胎とする封建制の樹立される事に於いて画期的なものである（中略）南北朝から室町時代にかけて武家の勢力は拡大し（中略）応仁・文明の乱を境界として旧勢力貴族階級との二元的対立状態を決算し（中略）秀吉の太閤検地によって国家的の封建制を完了[32]」したと説いている。時期は後になるが、小野武夫もこれと同じような理解を示している。「荘園制度が崩壊したと言ふのは、取りも直さず其の崩壊の後を受けて封建制度が完成期に入ったことを意味するのである。封建制度の完成即ち大名制度成立（中略）大名制度が完全に成立したのは（中略）豊臣秀吉が天下一統の業を終へた頃であったと見てよい[33]」と述べる。

この他、労農派と講座派があるが、別章が設けられるはずであるので、ここでは割愛する。ただ、牧の見解が中世の法制史的分析、また牧野のそれは中世の村落および集落の研究を基本として、その理解を後期に押し及ぼしたのとは対照的に、労農派・講座派のそれは、日本資本主義発達の前史として、日本封建制の発展を考察したものであったことは言うまでもない。これに対し、中村の見解は、当初は唯物史観の影響下に、最初から戦国期の画期的意義に注目し、近世社会出現の過程を実証的に追究することによって、中・近世を統一的に把握しようとする適切な方法論をもつものであった。やがて、中村は昭和十三年『近世初期農政史研究』を公刊し、いわゆる「封建再編成史論」を打ち出す。

まず、この著作における分析視角からみよう。なぜ、このような研究対象を選んだかについては、次の二点をあげている。第一は、「一般的に農村の歴史についての関心が私の歴史研究への最初の動機であったし（中略）この時代を撰んだのは近世の研究に比してその端初的な時代があまり研究されてゐなかったからであり」、第二は、従来の研究が「中世なるものが如何なる時代であり、近世が如何なる時代であったかの一般的な概念は出来てゐるにせよ、その二つが個々に切り離されて見られて来たのが普通であり」、そこで、「その二つの時代の接触し変転する点に於いて不満足ながら、農政・農村関係の問題を体系的に論じたい[34]」とする。むしろ、昭和五年の論文の少なくとも世界史的な歴史法則と考えられていた立場からする分析視角からみれば、一歩後退の感がある。ただし、第一の「一般的に農村の歴史についての関心」とは、具体的にいかなるものか不明ではあるが、「農村の問題・農政の問題については、現在切実に解決を求めている多くのものがある。本書はいうまでもなく直接にそれ等の要望に応えて書かれたものではなかった。（中略）しかし広く歴史的研究が深められる事が民族の長い将来のために不可欠の根拠となるべきものであるからには、かかるものもまたその存在を小なりと雖も主張し得るであろう」と言及されていることから、表現上、唯物史観からの影響を自ら遮断しながらも、現実の農政問題への深い関心から出発したことは、はっきりと示されるところである。かくして中村は、第一篇「貢租と夫役」、第二篇「人口統制」、第三篇「身分統制」、第四篇「基礎的諸制度の発展」、第五篇「農村振興政策」にわたって考察し、いわゆる封建再編成史論を体系化した。

さて、これ以前より日本の学問の自由はきわめて制限されたものではあったが、とくに封建再編成史論が打ち出された昭和十二年頃の統制は、まことに徹底したものであった。すでに昭和八年の滝川事件、同年の東大名誉教授美濃部達吉の諸著書の発禁等、徹底的な学問統制が強行されていたが、日中戦争以来とくに強化され、昭和十五年には津田左右吉が告発されるにいたった。発売禁止・教職追放などの行政上の処分や刑事上の処罰が容赦なく加えられるにつれ、論文の表現の仕方はいうまでもなく、その研究成果も自発的に公表を控えざるを得ない場合も少なくなかったであろうし、また、自ら研究対象を限定せざるを得ない人も多かったであろう。[35] かくして「皇紀二千六百年記念祭」が行われた昭和十五年前後の中・近世の学界動向は、社会経済史の論文にせよ、わずかの例外を除いて、皇国史観に阿諂追従するか、しからずんば「社会構造を各局目に解体し、その結果をそのまま分類記述する[36]」仕事によって充たされた。このような学界動向に対し、松本新八郎や川崎新三郎は、「解体化された個別史現象の分類・整理という形ではなく、分析されたものを歴史法則の上に、かかる社会諸関係の綜合されたものが、相互に制約しつつ社会総体として如何に発達してゆくかという認識にまで達せねばならぬ[37]」とその進むべき方向を正しく指摘し、叱咤したが、もはや学界の大勢を動かすことはできなかった。

しかし、このような状勢の中で、封建再編成史論をさらに深め、また、これを克服し得るようないくつかの研究が公表されていることに注目しなければならない。中世の側では清水三男・鈴木良一・松本新八郎など、近世の側では、伊東多三郎・今井林太郎・古島敏雄などの業績をあげることができる。このうち、二、三の業績をとりあげて、封建再編成史論を中心とするその後の研究動向を追ってみよう。

封建再編成史論は、発表以来この時期の研究者に大きな影響を与えた。とくに、小壮気鋭の研究者の多くはこれを深化せしめる形で研究を進めたかの如くである。たとえば研究動向の著作として、川崎新三郎は昭和十五年度歴史学年報で、鎖国を封建再編成の立場から研究を進めることを提案している[38]。代表的な個別論文をあげれば、豊田武「戦国諸侯の商業統制」（一）（二）」（『歴史学研究』八七・九〇）、伊東多三郎「所謂兵農分離の実証的研究」（『社会経済史学』一三―八）である。前者は封建再編成の立場から、戦国期以降の商農分離を、後者は兵農分離の過程の実証的研究を課題とした古典的労作であった。概説としては、北島正元「日本近世史」（『日本歴史全書』六）は、この立場から中・近世との関連にも言及した優れた日本近世史の概説書であった。このような封建再編成史論を深めた研究のなかから、これを克服するための方向も打ち出されてくる。伊東多三郎は、右記論文で次のように指摘する。近世封建制度確立過程における所謂兵農分離なる現象を研究する場合、武士の立場を中心としてのほかに、「近世村落制度の成立過程と照し合せ、農民の立場を追求して行く研究の成果を綜合して、更に考察を深めるならば、真に兵農関係の社会史的意義が明らかとなろう」と。封建再編成史論の大きな欠陥は、農民の立場からする分析の欠如であり、生産のもっとも基底をなす勤労者としての「国民の姿[39]」の欠如であった。この欠陥をとらえ綜合史的史学の推進を提言されたのである。これは、伊東が他の論文で明らかにした歴史学に対する基本的姿勢からの発言であり[40]、封建再編成史論に対するもっとも本質的な批判だったといえよう。

この頃、この提言を推進するための有力な史論が、体系化されつつあった。それが古島敏雄の一連の業績である。古島は、昭和十年、東京帝国大学農学部卒業論文として、「隷農制度としての御館被官制度」を執筆し、これを骨子とし関島久雄との共著として、昭和十三年「徭役労働制の崩壊過程」を公刊した。この卒論が『近世日本農業の構造』（一九四三年）に収録されている第四篇第一章である[41]。古島はここで、信州南部伊那地方に近世を通じて相当広汎に残存した「御館被官制度」を追求し、それが中世的残存形態であり、中世に於いては一般的な農業制度であったと主張した。ついで、昭和十六年『日本封建農業史』を、同十八年には、その実証的根拠として『近世日本農業の構造』上・下を公刊した。前者における古島の言葉を借りれば、それらは、佃耕作を中心として「農業生産の中世的様相から近世的なものへの発展の跡を、一貫した発展の過程として理解[42]」しようとしたものであった。かくして我々は、中世から近世への発展を基礎構造の面から解明し得る実証的根拠と、史論とをもつに至ったのである。

他方、中村も昭和十四年『日本封建制再編成史』、同十八年には『封建社会』を公刊し、その理論体系を深めた。とくに、後者は西欧封建社会との対比とのもとに、鎌倉時代以来江戸後期までを封建社会の形成・発展・崩壊の過程を叙述して、両者を比較し「根本において同じ性格が『世界史的』にあって、瑣末な点に特殊性があるといふ立場でなく、末梢的に相似の様相があるが、根本において歴史的性格の相違があるのだといふ事を明らかにしようと試みた[43]」ものであった。その内容には、「再編成」という言葉は使用されてはいるが、両者とも、中世と近世を発展的に把握していることは注意しなければならない。

もはや、割り当てられた紙数を超えてしまった。以上、近代史学発生以来のいくつかの業績を列記しただけに過ぎない。これらの成果を敗戦後の日本史学界がいかに受け継ぎ、また、それを受けて、我々がいかに中・近世の研究を進めるべきかは、次章以下に述べられるであろう。ただ、敗戦後との関連について一言、言及したい。あの時期、日本中・近世研究者の研究動向の一つの重要な眼目は、「封建再編成史」の克服にあったということが承認されるとすれば、その事業は、困難な太平洋戦争中の研究条件下にあって、すでに着手されはじめていたことを忘れてはなるまい。このことは、近代史学発生以来のもっとも大きな遺産の一つであることに、まさに我々は注目しなければならないのである。

（一九六七年八月十五日・未完）

註

（1）小沢栄一「明治啓蒙主義歴史と三宅米吉」（『史潮』七〇、大塚史学会、一九五九年）。

（2）三浦周行「日本史学史概説」（『日本史の研究』第二輯、岩波書店、一九三〇年）、四六三〜四六五頁。

（3）同じ文明史学の流れにあるものとしても、もちろん福沢・田口には、相違がある。この点とその史学史上の位置づけについては、さしあたって岩井忠熊「日本近代史学の形成」（『岩波講座日本歴史』別巻1、岩波書店、一九六三年）、服部一馬「『日本経済史』の成立と展開」（『社会経済史大系』Ⅹ、弘文堂、一九六〇年）などを参照されたい。とくに封建制に対する評価は、対照的である。すなわち福沢にとっては、克服しなければならない敵であったが、田口は、明治政府の専制を否定する立場から、むしろ封建（郡県に対する意味）に対して肯定的である。たとえば、明治十五年に刊行された『日本開化小史』巻二第四章の鎌倉政府の政治を論じたところで、次のように述べている。「之を郡県に復したればとて…余は寧ろ封建を取るなり、何となれば地方の政務を地方の人民に委すればなり」（『鼎軒田口卯吉全集』第二巻、鼎軒田口卯吉全集刊行会、一九二八年、七〇頁）。本文に触れたが、竹越与三郎が、同じような封建に対する評価を下し、これを発展せしめている。

(4) 小沢前掲註(1)、岩井前掲註(3)、七二～七三頁。

(5) 小沢栄一の前掲論文には「日本史学提要」における、その批判をその意を取りつつまとめてある。つぎにそれをそのまま紹介する。

「そもそも我国の歴史家はなお支那の旧習を脱せず、史上の事蹟の評論も表面膚浅で、眼光の広く遠きものがない。今日、歴史家の名を負うものは、既に半白の老人で、泰西学術の光輝に射られて、之に向かうことができず、また文明史、社会学等の名を聞て試みに彼に倣ってその知識を整えようと欲するものもないではなく、その志は嘉みすべきであるが、如何せん今日の学問を知らないから、徒に他の嘲笑を招くのみ。一方、西洋の学術を修め今日の社会の有様を弁えるものがあっても、これは又我国史については全く無知であるし、たまたま洋学者で国史を論ずるものあっても、史籍の捜索に時日を与える事甚だ僅少だからその知識も狭少で、却って彼老先生をしてその無識を笑わしめる。」

取意、右の文中「半白の老人」あるいは「老先生」とは、別に特定の人をさすものではないが、たとえば、三宅がこの時二十七歳であったのに対し(三宅末吉博士年譜『史潮』七〇)、時の臨時修史局編集長として考証史学の重鎮だった重野安繹は五十歳に達していた。その他、考証史学の大家には、三宅よりはるかに年長者が多かった。考証史学派を批判しようとしたことは明らかであろう。

(6) 三浦前掲註(2)。

(7) 家永三郎「初期国粋主義の国体論」(『日本思想史の諸問題』斎藤書店、一九四八年)。

(8) 北山茂夫は、大正デモクラシー下における新興の史学、津田史学、柳田国男の民俗学、西田直二郎の文化史学、本庄栄治郎とその門下によって代表される経済史学を、ブルジョア自由主義的史学とし、この期における官学アカデミズム史学の本質を絶対主義的であると規定した(「日本近代史学の発展」『岩波講座日本歴史』別巻1)。官学アカデミズム史学を絶対主義的とのみ規定することに必ずしも賛意を表するものではないが、むしろこのような規定の仕方をするとすれば、明治期における考証主義派＝絶対主義的、文明史学派＝ブルジョア的のなかに端的に示されるのではあるまいか。そして、大正期におけるブルジョア的史学と区別する意味で初期ブルジョア的史学と規定してみた。

(9) 同校は後に東京高等師範、東京文理科大学、ついで戦後東京教育大学と発展した。その学風の紹介としては『日本歴史論究』の序、和歌森太郎「昭史会員の研究動向」が要を得ている。

(10) 竹越与三郎『二千五百年史』（警醒社書店、一八九六年）、七〇五～七〇六頁。

(11) 同右、三四二～三四四頁。

(12) 同右、六一八頁。

(13) 内田銀蔵「日本経済史」（『日本経済史』上、一九〇二年）は、早稲田大学の政治経済学科の講義録であった（同書序）。

(14) 服部一馬「日本経済史の成立と展開」（『社会経済史体系』X）参照。

(15) 三浦前掲註(2)、五〇〇頁。

(16) 井上清「現代史概説」（『岩波講座日本歴史』現代1、一九六三年）。

(17) 田沼肇「米騒動・社会運動の発展」（『岩波講座日本歴史』現代2、一九六三年）。

(18) 米騒動が百姓一揆研究史に与えた影響については、林基「百姓一揆研究史おぼえがき」（『百姓一揆の伝統』新評論社、一九五五年）参照。

(19) 三浦前掲註(2)、六一〇頁。

(20) 本庄栄治郎『日本社会経済史』（改造社、一九二八年）、一九五頁。

(21) 同右、一九九頁。

(22) 同右、二一一～二一三頁。

(23) 内田によれば、社会政策とは、階級対立には「調和一致の傾向と軋轢闘争の傾向の二つながら存する」が、「前者を助長し後者を矯正」せんとするものであった。そして、その役割を彼の言う「中等階級」に果たさしめようとしたのである(「中等階級政策につきて」『日本経済史の研究』下、大正五年)。

(24) 竹越与三郎『日本経済史』四巻(日本経済史編纂会、一九一九年)、四七頁。

(25) 同右、五一頁。

(26) 北山茂夫「日本近代史学の発展」(『岩波講座日本歴史』別巻1)。

(27) 同右、一三五～一三七頁。

(28) 中村吉治の関係論文を列記すれば左記のようになる。
「中世農民の反抗」(『社会経済史学』二―一、一九三二年)。

「初期の土一揆」(『社会経済史学』二―一〇～一二、一九三三年)。

「応仁前期の徳政と土一揆」(東北帝国大学法文学部編『十周年記念経済論集』岩波書店、一九三四年)。

「応仁文明年間の土一揆と徳政」(『史学雑誌』四五の六～九、一九三四年)。

「戦国時代前期の土一揆と徳政」(『社会経済史学』四の一～三、一九三四年)。

「中世の社会問題」(『歴史教育』九―七、のち『中世社会の研究』所収、一九三四年)。

(29) 牧健二『日本封建制度成立史』(弘文堂書房、一九三五年)、一八頁。

(30) 牧健二「守護地頭」(『岩波講座日本歴史』四、一九三四年)。

(31) 牧健二「日本法制史」(『岩波法律学小辞典』一九三七年)。

(32) 牧野信之助「荘園制の崩壊」(『岩波講座日本歴史』五、一九三五年)。

(33) 小野武夫『日本庄園制史論』(有斐閣、一九四三年)。

(34) 中村吉治『近世初期農政史研究』(岩波書店、一九三八年)、序一〜三頁。
(35) 家永三郎「近代日本における学問の自由」(『歴史学研究』二七〇、一九六二年)。
(36) 「歴史学年報―昭和一四年度回顧と展望」(『歴史学研究』七六、一九四〇年)。
(37) 「歴史学年報―昭和一五年度回顧と展望」(『歴史学研究』八八、一九四一年)。
(38) 同右。
(39) 伊東多三郎「庶民文化試論」(『史苑』一五―三、一九四三年)。
(40) 伊東は「庶民文化試論」(同右)の中で次のように述べた。「歴史学が国民の姿を歴史の上に求めずして何の国史学だと云いたい。国民とは単なる言葉ではない。東北の野を耕す農民のことであり、西海に鯨を追う漁夫のことである」。平泉史学に対する伊東の立場の宣言である。伊東は「国学の史的考察」(一九三二年)以来、一貫して「国民生活思想史的立場」に立つ国学研究によって、国民精神史的立場や国民道徳思想史的立場の批判を行ってきた。他方、それと同時に「水戸藩の成立」(『歴史学研究』五五、一九三八年)、その他の藩制成立史についての実証的研究も意欲的に進められたのであるが、その当初の意図は、国学を当時の社会総体のなかに位置づけようとされたものと思われる。したがって、ここに強調される綜合史的史学の提言は、これまでの実証分析の当然の帰結とも言い得るのである。なお、伊東の業績については、芳賀登「幕末国学研究の課題」(『幕末国学の展開』塙書房、一九六三年)参照。
(41) 古島敏雄『近世日本農業の構造』上(日本評論社、一九四八年)、序四〜五頁。
(42) 古島敏雄『日本封建農業史』(四海書房、一九四一年)、序四頁。
(43) 中村吉治『封建社会』(河出書房、一九四三年)、はしがき七頁。

地域学と地方史研究
―十七世紀の佐賀地方を事例として―

＊二〇〇六年一〇月六日
佐賀大学地域学歴史文化研究センター講演

ただいまご紹介いただきました所でございます。

過分なご紹介をしていただきました。いずれにしても、日本史の一研究者でございます。どうも最初から弁解がましいですが、学者の話なんかおもしろくなくて、難しくなりがちなんです。地域学歴史文化研究センター長の宮島敬一先生から注意しろと言われておりまして、どうも講義っぽい話になります。あらかじめお許しいただきたいと思います。

私は松田清先生の前座みたいなものでございまして、与えられました時間は四〇分でございます。三時一〇分をめどに四〇分ほどおつき合いいただければと存じます。

先ほどから私、佐賀大学三周年記念式典、さらに、この地域学歴史文化研究センターの発会式に出させていただきました。関東から見まして、ここ数年来、九州の史学会に、地方史の研究動向に関する三つの大きな事件が起きております。

これはマスコミによく出ておりますけれども、一つは、九州に初めて国立博物館（九州国立博物館）ができたということです。これはやっぱり非常に大きいです。

それからもう一つは、去年見てきたのですが、長崎の出島の再現、復興というのでしょうか、松田先生あたりはその企画に関係していらっしゃると思いますので、お話をおうかがいしたいわけですが、すさまじい勢いでやっておりますね。ただ、全国からいろいろな研究者を集めて、あの計画を立てられたんでしょうから、できたら恒常的な研究機関が必要じゃないかと思います。

もう一つが、実は今日のこの問題ですね。佐賀大学の地域学歴史文化研究センター設立、これは非常に大きな意味を持つと思います。

今日のお話の第一点は、こういう研究センターが設立されたという意味です。これは非常に大きいものがあります。九州全体の歴史を考える場合、ひいては日本全体の歴史を考える場合、非常に大きな意味を持つということ。これを強調したいのが第一点でございます。

第二点は、将来にわたる地域学歴史文化研究センターの研究方法と課題に関して、とくに十七世紀の佐賀地方の具体的な問題について二、三点指摘するということです。これが二つの問題でございます。

繰り返しますと、今日の話の主要なものは、地域学と、地域学歴史文化研究センターが設けられた重要性、というところですね。

最近ようやく、戦争責任問題は全国民的な問題となってきております。実は私なんかも戦中戦後の世代でございまして、終戦なんていう言葉でごまかされません。負けても負けるもんかと言っていました。ただ、本当に負けたと思いましたのは、大学に入って日本史学をやり出してからですね。当時、アメリカは戦争前から、敵国日本をものすごい努力で研究しておりました。その結果として、次から次へと日本学に関する世界的な学者を輩出したわけです。例えば、ライシャワーとか、あるいはドナルド・キーン、そういうアメリカの日本学研究のなかから世界的な日本学の研究者が出てきた。

ところが、ちょうど私が日本史をやり出したとき、日本におけるアメリカ学・アメリカ史の研究者というのはほとんどいなかったのですね。私、東京大学から来られました中屋健弌さんという方からアメリカ史を習いました。その方一人くらいでした。鬼畜米英で、英語の勉強も不適切な時代ですから。ところがアメリカでは、日本研究のなかから世界的な日本学の研究者が出現してきた。本当にそのことを知ったときにはしみじみ負けたと思いました。それで、それほどアメリカは日本学をものすごいレベルで研究していた。それを国家プランとして採用してきた。日本はその点、不足していたんですね。

現在のアメリカの世界戦略、やはりイラク戦争は失敗でしょう。いろいろ考え方があると思いますけれども。あの日本を打倒したときのアメリカの指導者と現在の指導者、同じアメリカの指導者なのだろうか、と思う時さえあります。

地域学をいかに政治家や研究者が生かしていくか。日本人は、いかに日本の将来を見極めるべきか。これをみるために、地域学の研究というのは絶対必要なのです。そういう意味で、佐賀大学が地域学歴史文化研究センターを設立したというのは、あるいは九州に設立された国立博物館よりは意味が大きいかもしれません。研究スタッフの数を見れば向こうは恐らく二〇人、三〇人、もっと多いでしょうから。こちらは数は少ないかもしれないけれども、九州に新しく設立された国立博物館以上の影響を、この佐賀地域、さらには九州、さらには全国に及ぼしてくれるだろうと、心から期待したいと思います。

そういうふうに、地域学といいますのは非常に重要な学問であります。その地域学には、二つの意味があると思います。広義の地域学と、それからいわば狭義の地域学です。広義の地域学は、例えば日本学とか、中国学、あるいは現在の世界情勢を考えるに、中東地域、これを抜きにしては考えられませんね。なんと言うんでしょうか、中東学とでも言うんでしょうか、そういう意味での広義の地域学です。

それからもう一つの狭義の地域学、これは例えば、長谷川照学長さんの先ほどの話に出てまいりましたけれども、あるいはセンター長の宮島先生のお話にも出てまいりましたけれども、新しい地域学の創造、これはいわば佐賀学でしょうね。あるいは、最近非常に盛んになっておりますす江戸東京学でございます。こういう一国内の地域単位の地域学です。これに史料保存運動が加わった場合、私はこれを地方史研究と言うわけです。そういう広義と狭義の地域学という差はありますけれども、共通するものは何か。今日の三周年記念の学長さんのお話にもありましたけれども、いわば歴史学的方法論による総合科学、これが一つの共通する特色でございます。広義の意味の地域学、あるいは狭義の意味の地域学、両者共通する面は、歴史学的方法論による総合科学、これが地域学の一つの特色でしょう。

それで、これは先ほどもお話ししましたように、日本学が一番盛んだったのはアメリカです。しかし、アメリカの前段階に、ヨーロッパの日本学というのがあります。このヨーロッパの日本学の出発点としてだれしも認めるのは、エンゲルベルト・ケンペル(一六五一〜一七一六)です。ケンペルは元禄四年(一六九一)に、オランダから長崎出島の医官として日本に赴任してきました。それで、東海道を四回、長崎から大坂・京都を通って江戸まで四回往復して、非常によく日本を見ております。そのとき、実は佐賀を通過して、佐賀の城下町を克明に見ているんですね。私は松田先生みたいに原語はわかりませんので、日本語に訳された本を使用します。

そのケンペルが日本にやってきた元禄四年、ちょうどまさに十八世紀に入ろうとする十七世紀の末期です。この十七世紀末から十八世紀初頭にかけての日本を規制した、三つの法則があります。それが、①鎖国制、②幕藩制、③石高制というものです。この三つが日本全体を構造的に規制した。日本の近世史を理解する場合には、この三つの概念の理解がキーとなります。佐賀地域も三つの法則によって規制されたわけです。②幕藩制と③石高制については、いうまでもなく佐賀藩です。有数の外様藩です。

この佐賀藩の研究については、全国的にみて非常に高いレベルの研究史があります。たとえば藤野保さんが編集された『佐賀藩の総合研究』（吉川弘文館、一九八三年）、『続佐賀藩の総合研究』（吉川弘文館、一九八七年）という有名な本があります。藤野さんはもう八十歳近い人ですが、精力的に仕事をやっておられ、最近また、労作を発表されています。その一つが『近世国家解体過程の研究』前編・後編（吉川弘文館、二〇〇六年）で、もちろん佐賀藩の問題も出ています。一五〇〇ページ以上の大著になります。ぜひ若い人々に批判してほしい。

例えば、先ほど紹介されました若手の伊藤昭弘先生、十月十四日には成立期の小城藩と藩主たちについて、小城で講演なさるそうです。この伊藤先生の記念講演を聞いて、それにまた特別展もあるとのことです。ぜひご覧いただきたいと思います。ですから、②幕藩制、③石高制の問題は伊藤先生にお任せして、①鎖国制のところから入りたいと思います。

鎖国なんていいますと、これは皆さん、小学校の時からご存じかもしれません。十七世紀の鎖国といいますのは、完全な鎖国じゃないんですね。もちろんオランダとは貿易しております。中国とも貿易しています。ただ、オランダ人は出島に閉じ込められて、捕虜と同然の生活をさせられていた。こういう日本の外交体制、東アジアにおける日本の外交の状態、これを「鎖国」という言葉で言いあらわした最初の人がケンペルなのです。

ですから、日本人はケンペルから鎖国という言葉を、いや概念を教わったのです。このケンペルの考え方について、みていきましょう。ケンペルの『日本誌』のうちの一部が「鎖国論」です。この「鎖国論」という考え方は、江

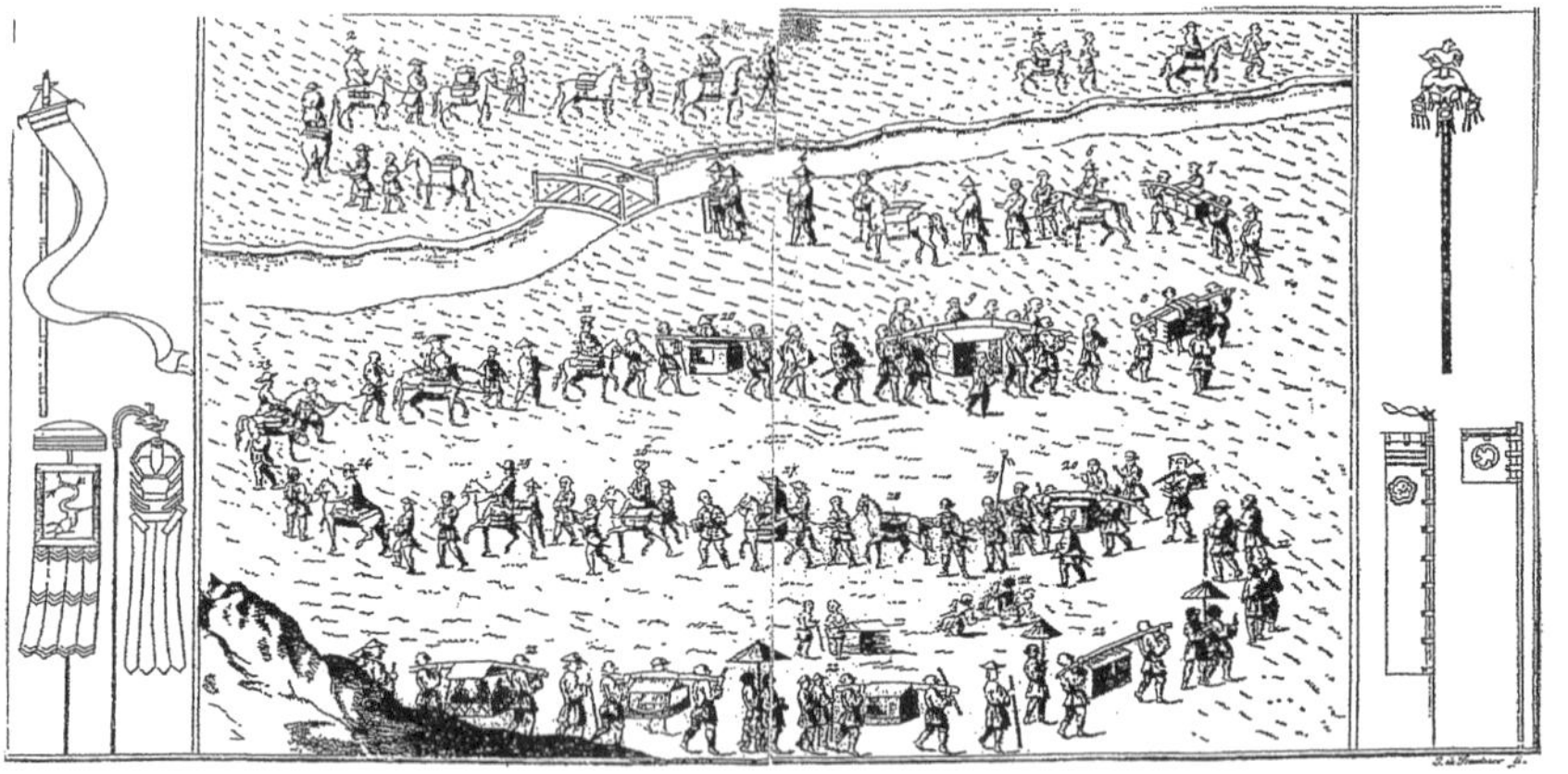

図 オランダ使節の行列

1, 2 オランダ人と日本人のための賄方と，運ばれてゆく炊事道具。
3 各藩主が差し向けた二人の案内者。 4 行列の宰領。
5 オランダ使節用の換え馬。 6 同心。 7 薬箱。 8 勘定簞笥。
9 使節の乗物。四人で交替してかつぐ。ほかに徒歩で行く三人の従者。
10 駕籠に乗っている大通詞。 11 一人の従者を伴った馬上の小通詞。
12 長崎与力。 13, 14 従者をつれた二人の書記役。 15 医師ケンペル。
16 小通詞。 17 もう一人の長崎与力。 18 付添検使の換え馬。 19 検使の槍持ち。
20 乗物で行く付添検使。三人が交替でかつぐ。かたわらに一人の従者。
21 検使と別れを惜しむ数人の友人。
22 数人の長崎の友人。彼らは数里の間われわれについてきた。先頭には馬で行く数人の書記役。
本図の上・側方には，日傘，弓，旗などの日本の行列の飾り物を掲げた。

戸時代、日本にこのケンペルの『日本誌』が輸入されまして、その内容の一部が翻訳されて広まったのです。それで、志筑忠雄の有名な『鎖国論』なんていう本が出てくるんですね。そういう意味では、このケンペルという人は、日本にやってきて、十七世紀の末期における日本の構造を見事に把握し、そして、この日本の国情を実によく見て適格な文章に著述している(1)。

まず、この行列の図(2)があります。御存じのように、オランダ人は出島に閉じ込められておりますが、年に一回江戸に参府する。つまり、この九州を通って、西海道を通って、それで大坂へ行って、京都へ出て、また江戸、東海道を下る。そして、将軍に謁見している。そのときの行列が、これなのです。オランダ使節の行列の図です。

これちょっと後でまたびっくりしていただきたいんですが、この行列のなかにナンバーが振ってあります。15番が、これがケンペルなんです。ちょうど真ん中に書いてある、幅の広い帽子をかぶった人がおります。馬に乗っていますす。これがケンペルです。ケンペルは、江戸に参府するまでの間、馬上からよく日本の状態を見ているんですね。それを文章にした。

以下、ケンペルの『江戸参府旅行日記』からいくつか見ていきましょう。まず、「毎日街道を旅行し、また街道筋で生計を立てている人々の群について」、ちょっと読んでみましょうか。

「この国の街道には毎日信じられないほどの人間がおり、二、三の季節には住民の多いヨーロッパの土地の街路と同じくらいの人が街道に溢れている。私は、七つの主要な街道のうちで一番主な前述の東海道を四度も通ったので、その体験からこれを立証することができる」。いろいろこれ書いている。あと読みたいけど時間がありませんから一部分しか読みませんけれども、ケンペルは長崎を出まして、西海道を通って佐賀を通過しているんです。それからが次の文章です。

これはね、実は僕が初めていうわけではなくて、比較文化史の芳賀徹さんという人がおりまして、その方が既に指摘したことなんです。それで、芳賀さんは、ぜひ佐賀の市民の方々に紹介したいと言っているので(3)、縁あって、私が紹介するわけです。

ケンペルは元禄四年の二月十二日か十三日に長崎を出発しまして、二月十五日に佐賀を通る。「佐賀に着く。肥前国の城下町で、城主松平肥前守」、これ肥前守じゃなくて、丹後守であったとここに書いておりますが、やはり「この大きな城に住んでいる。町そのものは非常に大きく、また人口も多く、長い地域にわたっている。塁壁や城壁も取るに足らず」。よく見ていますよ。「城門には大勢の番兵がいるが、いずれも防備のためというよりは、むしろ飾りのためである」。こけおどしだと言うんですね。それで、「幅広く、規制正しく東や南に向って」とあって、「まっすぐに通る町筋を横切って、運河や川が流れ、それを利用して人々は有馬湾まで行くことができる」と書いています。私はきのう飛行機で来ましたが、佐賀平野って広いですね、ちょっと雲の間から見えましたが、この状態の姿が見えました。さらに、「民家は小さく粗末で、大通りには物をつくる仕事場や小売店が立並び、垂れ下がっている黒い暖簾が外見を美しく飾っている」とあります。

次に注目しましょう、「住民は均整がとれていて小柄である。ことに婦人に関しては、アジアのどんな地方でも、この土地の女性ほどよく発育し美しい人に出会うことはない」。日本一の美人が佐賀に多い。ケンペルは大坂やら京都や、いろいろなところに行っているんですが、こう言っているのは佐賀だけなんです。美人が多い。次を読んでみますね。「ただ、いつもこってりと白粉を塗っているので、もしもその楽しげで朗らかな顔つきが生気を示すことがなかったら、われわれは彼女たちを操り人形だと思ったであろう」。こんなふうに見ている。

これはやっぱり、馬に乗ってよく見たんでしょう。ストレートにこういうふうに書いている。いろいろ面白いことがあるんですが、さて、こういうふうに、ケンペルが佐賀を通過しまして、佐賀の城下町の状況とか、あるいは農村の状況とか、非常に精密にこの日本の特色をよく理解して伝えてくれました。そのころの佐賀、人材豊富ですね。やっぱり佐賀藩は大藩。

例えば、『葉隠』の山本常朝。私たちは『葉隠』のことを本当は考え直さなきゃいけない。まだこの頃、常朝は『葉隠』は語っておりませんで、本藩の光茂に仕えている時期ですが、『葉隠』の思想が、育まれつつあるときです。

この元禄のころというのは、本藩のほかに、いわゆる小城鍋島藩はじめ、三支藩が成立しています。幕藩制下の本支藩体制が確立し、ようやく封建的布陣が体制化したころですね。今、九州大学におります高野信治さんの『近世大名家臣団と領主制』（吉川弘文館、一九九七年）、これは藤野さんの仕事を発展させたものです。この『葉隠』を藩政史のなかに位置づけました。

それから、有名な水戸黄門と、それから小城藩三代目の鍋島元武です。水戸黄門光圀と鍋島元武、年が三十ぐらい違うんです。光圀が上なんです。ところが、人間関係がものすごく近いんです。

元武に宛てた四〇通近くの光圀の書簡が、東京で売りに出た。それを水戸の茨城県立図書館が買い上げました。それが公刊されました。その一部を示したのが、史料の1・2でございます。これは県立図書館から『水戸義公・烈公書翰集』[4]として出されています。史料集を出すのは大変なんです。この研究センターが、小城藩の文書目録をつくっておりますし、図録も作っています。その図録の後ろに、ずらっと史料が載っています。こういう仕事はたいせつです。

〔史料1〕（『水戸義公・烈公書翰集』No.53）

芳墨忝令拝見候、一昨日は緩々と御咄別而忝存候、其節御物語申候御同氏丹後守殿へ御内意之事、軽キ御挨拶ニ而候ハハ、御書付ニテ可被仰聞候、又ゑりわり御座候事ニ候ハハ、朔日於　御城可得御意候、若　御城ニ而御物語申候隙無之候ハハ、鈴木八郎兵衛ニ被仰聞可被下候、恐惶頓首

谷主馬

光圀

廿七日

鍋島左衛門様

猶々、一昨日は致大酒、無十方躰ニ而御はつかしく候

これから、非常に親しかったということがわかります。この時期、元武は江戸にいます。最初をちょっと読みますと、「芳墨忝く拝見せしめ候、一昨日は緩々と御咄、別して忝く存じ候」とあります。非常に親しいということがわかりますよね。特に一番最後のところを見てください。年月がなくて「廿七日」、「鍋喜左衛門様」、次のところを見てみますと、「猶々、一昨日は大酒致し、十方なき躰にて御はつかしく候」。このとき光圀はもう六十歳過ぎでしょうね。それが三十以上も年下の人に出した手紙です。これはいかに親しいかということがわかりますね。

〔史料2〕（『水戸義公・烈公書翰集』No.24）

其後は余御物遠ニ存候、爰元雨繁ニ而所々水出、下宦他行も散々躰ニ而御座候、先以貴様益御堅固ニ御在国被成候哉、自道中御気色勝不申候へキ、今程ハ御快気ニ而候半と存候、漸々鷹野時分ニ成申候、当年は殺生如何被成候哉、自公義仰出し無之候へ共、自此方延慮《（ママ）》ニ而虫迄も殺申事、領内禁制被申付も有之由ニ候、又今迄之通其まま殺生被致方も御座候、自当年　禁中へ御献上鶴も止可申と夏中は風聞御座候つる処ニ、頃日鶴菱喰等禁中方へ御献上之事候、此分ニ候ハハ暮之御鷹之鶴も何も拝領可仕かと申事ニ候、弥以下宦仲間之者共ハ、跡々通殺生鷹狩等も可仕覚悟ニ御座候、恐惶謹言

梅里宰相
光圀

八月
廿七日

鍋嶋喜州様
人々御中

尚々、又外犬法度きひしく御座候、昨廿二日久々約束ニ而、松平越中守殿下宦下屋敷へ招請申、今朝迄大酒致、下宦散々躰ニ御座候、貴様御噂のミ申暮候、相客ハ小笠原三左衛門殿、石野八郎へ殿、室賀甚四郎殿、大久保長三郎殿、鈴木八郎兵へ、堀田権衛門、同宮内志村金五郎、並伏見屋ニ而御座候、彦太夫殿ハ持病気故不参ニ而御座候、扨々貴様も御同座ニ而候ハハ、一入酒もしミ可申ものをと呉々申候、先日ハめつらしからぬやき米被下候、則沙糖ヲ入賞玩仕候、其元九州筋当年ハ不作ニ而御座候哉、関東筋ハ大方仙台辺迄水禍ニ而御座候、以上

この史料は、征夷大将軍の綱吉が、有名な生類憐れみの令を出したころのものです。この内容から、貞享年間（一六八四～八八）以降だということはわかります。これを見ますと、ちょうど元武は国許にいて江戸にはいないんですね。それで、江戸からの手紙だと思いますが、これを見ますと、生類憐れみの令を批判しております。生類憐れみの令に対する見解。こんなことがわかったら大変です。親しいからこれだけ言えるんでしょうね、批判しているということは。光圀がその批判派の一人であったことが、この書状から元武はわかる。なぜこんなにね、三十以上も年が違うのに、しかも片一方は御三家ですよね。いっぽう、元武の方は、これは外様藩で、しかも支藩ですから、本藩ではない。それがなぜ親しくなったのか、こういうぐあいに親しくなったのか。二つほど考えは出されています。が、まだまだ結論は出ておりません。[5]若い方々にぜひ内容を分析していただければ幸いだと思います。

私の話は、次の松田先生のお話の二世紀くらい前のことでした。私は狭義の意味の地域史研究をやっていますが、日本全体の歴史が、ある地域を基軸として大きく展開するときがあることを感じます。佐賀もそういう時代を持って発展してきた地域です。幕末維新期がそうです。その前提条件をつくったのが、恐らく十七、八世紀であると、そのように思います。

松田先生のお話の前段階の佐賀地方の地域と文化の特色ができたのは、十七世紀から十八世紀である。そういうことを強調しまして、私の話を終わらせていただきます。ご清聴ありがとうございました。

註

（1）ヨーゼフ・クライナー編『ケンペルのみたトクガワ・ジャパン』（六興出版、一九九二年）。
（2）エンゲルベルト・ケンペル著　斎藤信訳『江戸参府旅行日記』（東洋文庫三〇三、平凡社、一九七七年）。以下の訳文の引用はこの本による。
（3）芳賀徹「ケンペルと比較文化の眼」（ヨーゼフ・クライナー前掲註（1）所収）。
（4）『水戸義公・烈公書翰集』（茨城県立図書館、一九六五年）。
（5）伊藤修「小城鍋島家旧蔵義公書翰について」（茨城県立図書館前掲註（4）所収）。

日本学術会議と地方史運動

はじめに

一九八七年（昭和六十二）十二月八日、「公文書館法案」は、参議院内閣委員会における岩上二郎議員の説明後、同委員会で議決され、同月九日、参議院本会議を通過し、即日衆議院に送付された。翌日十日には衆議院本会議において成立、同年十二月十五日、公文書館法（法律百十五号）として公布された。これよりさきの九月四日、岩上二郎の署名をもって、各党に配布した次のような立法の趣旨説明書がある。

日本の公文書についての整理・調査・保存の実態は、諸外国と較べて著しく立ち遅れており、歴史的に重要な公文書その他の記録が破棄乃至散逸しつつある現状に鑑み、このまま放置することは歴史的国民的共通遺産を守る上からも許されないことであります。

この程、議員立法として、別紙のような成案を得、今国会に提出したいと存じます。各党に於かれては、慎重御審議の上、速やかに共同提案に御賛同頂けますよう特段の御配慮を賜れば幸いであります。

議員立法として本法案が国会に提出される過程については、やや唐突であった、あるいは別の途を選ぶべきであったという批判もある（大石学「公文書館法の制定と今後の史料保存利用運動―地方史〈地域史〉研究・運動の視点から―」『地方史研究』二二五、一九九〇年）。しかし、右の説明書、および十二月八日の参議院内閣委員会における岩上議員の趣旨説明書を見ても、大石学も評価したように（前掲論文）、また、ここに成立した公文書館法には後述するような問題点があるにしても、敗戦後四〇年にわたる史料保存運動の精神を受け継ぎ、さらに日本学術会議の二つの勧告、「歴史資料保存法の制定について」（一九六九年）、「文書館法の制定について」（一九八〇年）の趣旨を生かしたものであると積極的に評価したい。しかし、ここに成立した公文書館法には、これまで論じられてきたように、いくつかの問題点がある。以下、公文書館法成立後の学術会議の動向を、史料保存利用問題を中心にして報告する。

一　公文書館法の意義と問題点

一九八七年公文書館法の公布・施行は、その意義と問題点をめぐって、関係研究者に活発な研究と論議をまきおこし、学問的にも一つの画期をつくった。たとえば十年後の一九九六年には、期せずして次の三著作が刊行されている。

(1)全国歴史資料保存利用機関連絡協議会（以下全史料協と略称）編『日本の文書館運動』（岩田書院）
(2)安藤正人・青山英幸著『記録史料の管理と文書館』（北海道大学図書刊行会）
(3)高橋実著『文書館運動の周辺』（岩田書院）

公文書館法の意義と問題点については、右の諸著に論述されている。

日本学術会議においても、学術基盤情報を審議する常置委員会として設置された第五常置委員会は、右の問題を集中的に審議し、一九九一年五月三十日、第一一一回総会の議決に基づき、「公文書館の拡充と公文書等の保存利用体制の確立について」内閣総理大臣海部俊樹ほか関係諸機関に要望し、その具体策を提言した。公文書館法の意義と問題点は、この「要望」の中に凝縮している。

同「要望」書は「ユネスコ加盟一二〇ヵ国のうち文書館法がないのは日本だけという、我が国の文化国家としての後進性を克服する第一歩として、同法の成立は画期的な意味をもっている」としながらも次の四つの問題点があると指摘し、それに対応する改善策四点を要望した。

同法の問題点の第一は、「歴史資料として重要な公文書等の保存及び利用に関し」、国及び地方公共団体は「適切な措置を講ずる責務を有する」とされただけで、義務化されていないことである。「歴史資料として重要な古文書等の保存および利用」を図ることは、国及び地方公共団体の義務であり、どのような「措置を講ずる」かを明確にする必要があろう。

第二に、現用部局から公文書館への移管を通じて行われる公文書等の収集・保存について、公文書館ないし「調査研究を行う専門職員」の権限が明確でないことである。これでは移管された公文書等のなかから「歴史資料として重要な公文書等」を選択しているに過ぎない。移管の前に現用部局にとって都合の悪い資料は廃棄されている可能性がある。移管の手続き、その過程に公文書館ないし「専門職員」の権限を強化すべきである。

第三の問題点は、「調査研究を行う専門職員」の資格・地位等についての規定がないこと。それに加えて、附則第二項「当分の間、地方公共団体が設置する公文書館には、第四条第二項の専門職員を置かないことができる」との特例規程があることである。その資格・地位等については、関係諸機関やその関係者・研究者らの研究と論争、さらには国会請願等の運動にもかかわらず、まだ日本では公文書館専門職の地位は制度化されていない。

第四は、地方公共団体の文書館設立に際し、国の援助は、必要な「資金の融通又はあっせん」に限られ、補助金は交付されない。図書館・博物館に関しては補助金が交付される。少なくとも、その設立に際し補助金を交付できるようにすべきであろう。

以上のように公文書館法の問題点と改善の方法を指摘し、「公文書館の拡充と公文書等の保存利用体制の確立について」、次の四点を内閣総理大臣と関係各機関に要望した。

(1)国立公文書館の拡充とその権限の強化
(2)地域文書館の設立・整備のための国の支援の強化
(3)公文書館専門職員養成制度と資料学・文書館学研究体制の整備
(4)公文書館法の整備

この四点の具体的要望は、以後、日本学術会議第一五期、第一六期、第一七期への主要申し送り案件となった。にもかかわらず、充分な成果をあげることはできなかったが、要望の一部は、後述するように民事判決原本の保存運動により実ることとなる。

他方、日本学術会議歴史学研究連絡委員会は、第一四期以降、地方史料と地方史研究の進展に対応して、継続的に歴史資料の情報化および歴史情報資源研究の推進という課題に取り組んできた。その成果として、一九九四年(平成六)、第一部対外報告「歴史資料の収集・保存と情報化について—国立歴史情報資源研究センター(仮称)設立構想」、同「アジア歴史資料センター設立事業の促進について」の二つの対外報告を関係各機関に送付した。中央省庁の再編が進行しつつある現在、前者は全く見通しもつかないが、後者はきわめて縮小された形で、総理府の国立公文書館に付設されることとなっている。このことが果たしてさきの要望の第一点の国立公文書館の拡充とその権限の強化と結びつくかどうかは疑問ではあるが、その権限は、司法資料と立法資料にも及ぶこととなる。それが「国立公文書館法」の成立である。以下それを中心にして、日本学術会議第一七期第五常置委員会の側から略述しよう。

二　国立公文書館法の成立

第一七期第五常置委員会は、第一六期よりの申し送り事項を中心として、これまでの審議過程を検討した結果、

(1)公文書館の整備・拡充、及びアーキビストの地位確立問題

(2)民事判決原本の保存、及び司法公文書館の設立問題

(3)国文学研究資料館史料館(以下国立史料館と略称)問題

の二問題を重点的に検討することとなった。第一点を審議する過程で、が浮上してきた。国立史料館は、制度的には国文学研究資料館の附設機関であるが、創立とその後の経緯により、国立公文書館と並んで、これからの日本のアーキビスト養成に大きな役割を果たすと思われるからである。以上の三点について常置委員会はその審議を重ねつつ、関係者のヒアリングと、関係機関の視察と意見交換を通じて、実情を理解し、対応策を探ろうとした。

(1)「公文館の整備・拡充、及びアーキビストの地位確立問題」について

一九九八年(平成十)二月十三日、第四回常置委員会において、神奈川県立公文書館長　後藤仁氏から「公文書館制度の確立に向けて」、同十一年二月十九日、第九回委員会では全史料協副会長　高野修氏より「アーキビスト養成制度の確立について」のヒアリングを行った。関係機関の視察研修については、一九九八年六月十二日に神奈川県立公文

書館を、同十一年一月十四日には国立公文書館を視察し、それぞれ館長はじめ館員と意見交換した。その結果、日本ではアーキビスト制度が未成立のため、自治体の公文書館では専門職員の処遇に苦しんでいること、また、その養成制度に関しても、国立公文書館と国立史料館で、短期的研修は行われているものの、その修了者には何の資格も与えられていないこと、中国や、欧米に比し、きわめて恥ずかしい現状であることを充分に認識した。

⑵　民事判決原本の保存、及び司法公文書館の設立問題

本問題は「国立公文書館法」の成立によって、民事判決原本など司法資料も国立公文書館が保管・整理・公開できることとなり、一応は決着した。以下、その経緯について略述する。

「国立公文書館法」とは、現行の公文書館法が、「公文書館」という施設に関する精神的あるいは一般的な事項を規定した法律であるのに対し、「国立公文書館」という具体的な機関に関する法律として新たに制定されたものである。内容は、総理府組織令という政令による機関だった「国立公文書館」を法律による機関とし、また、行政に加えて、司法・立法に関する公文書等をも保存・利用することができるようにしたものである。

その成立の発端は、民事判決原本の保存運動に始まる。最高裁判所が五十年を経過した民事判決原本を廃棄すると決定したのは一九九二年一月のことであった。司法資料関係者が組織した「判決原本の会」、地方史研究協議会はじめ諸学会は、ただちに保存運動を展開した。なかでもその中核となったのは「判決原本の会」であった。日本学術会議も時には最高裁事務局にヒアリングし、一九九三年八月には会長名を以て最高裁長官に「民事判決原本の保存について」要望した。幸い最高裁と「判決原本の会」の話し合いによって、民事判決原本は、廃棄をまぬがれ、それぞれの高等裁判所に近い一〇国立大学（北海道大学・東北大学・東京大学・名古屋大学・大阪大学・岡山大学・広島大学・香川

大学・九州大学・熊本大学）に一時的に保管されている。右の一〇国立大学に京都大学を加えた一一大学は、法学部長をメンバーとする「判決原本の一時保管に関する連絡会議」をつくり、さらに五分科会からなる「判決原本保存利用研究会」を結成した（林屋礼二「民事判決原本の保存を考える」『学術の動向』一―七、一九九六年）。日本学術会議第五常置委員会は、「判決原本の会」の運動に努力するため、一九九八年四月二十四日、同会事務局長・前東京大学法学部長　青山善充氏、五分科会の一つ「データベース分科会」の責任者・専修大学教授　梅本吉彦氏を招いて、ヒアリングを行い、懇談した。青山氏によれば、民事判決原本の保存のためには、国立司法公文書館の設立が理想的であるが、それは現在の政治・経済的状勢からみれば困難である。次善の策として、公文書館法を修正して国立公文書館に、民事判決原本等の司法資料をも担当できるようにする方向で運動を進めたいとのことであった。

幸いに、国会内でもこれに対応する動きがあり、とくに中心となったのは亀谷博昭参議院議員だった。同議員の努力によって、「判決原本の会」司法資料保存運動の主旨は、「国立公文書館法案」のなかに活かされ、法案は一九九九年四月二十七日の参議院総務委員会に自民党委員が草案として提出、趣旨説明後、「異議なし」で採択され、委員長提案として翌四月二十八日の本会議で可決された。即日衆議院に送付、六月十五日衆議院本会議において成立、同月二十三日に、法律第七十九号「国立公文書館法」として公布された。同日付けの『官報』に公布された原文を〔資料〕として文末に示す。

同法の目的は、第一条「この法律は、公文書館法（昭和六十二年法律第百十五号）の精神にのっとり、国立公文書館の組織、公文書等の保存のために必要な措置を定める」ものであり、第二条は、「この法律において「公文書等」とは、国が保管する公文書その他の記録（現用のものを除く。）をいう」と「公文書等」を規定している。この場合の「公文書等」とは、「国が保管する公文書その他の記録（現用のものを除く。）」であるから、行政の史・資料だけでなく、司法府・立法府の史・資料を含むことになる。そして、第三条に国立公文書館の設置を、第四条にその機能を、第五条に国の機関から国立公文書館に「公文書等」を移管する手続きを、第六条に保存する「公文書等」を公開するときの規則を定めている。

(3)　国文学研究資料館史料館問題

いわゆる国立史料館の前身は、歴史学界や社会経済史関係学界、挙っての要望によって一九五一年に品川区戸越の地に設立された文部省史料館である。ところが、日本学術会議の設置勧告に基づいて、一九七二年、文部省史料館と同じ敷地に国文学研究資料館が創設されるに伴ない、管理部・文献史料部・研究情報部とならぶ部館として、国文学研究資料館の組織に組み入れられ、国立史料館と称していた。その後も全国的な規模で史料と研究情報の収集・情報化の仕事を進め、近年は情報収集範囲を国外にまで拡げている。また毎年、文書館・博物館・図書館員や大学院生など希望者を対象とする史料管理学研修会も開いている。この研修会は、国立公文書館が開いている現職に対する研修会とともに、アーキビスト養成制度上の重要な礎石となるであろう。これに加えて、一九九九年七月三十日に日本歴史学協会史料保存利用特別委員会、同年十月二十九日に全史料協より日本学術会議宛に、国立史料館につきその独立行政法人化、及び立川移転問題は別として、これまで国立史料館が果たしてきた機能と役割を維持・発展できるよう配慮されたい旨の要望があった。第五常置委員会は二〇〇〇年一月二十六日、国立史料館の丑木幸男教授と大友一雄助教授を招き、「国文学研究資料館史料館とアーキビスト養成問題について」ヒアリングし、日本におけるアーキビスト養成の現状と、そのなかで国立史料館の果たしてきた役割と機能の重要性を認識した。

おわりに

日本学術会議は「中央省庁等改革基本法」の定めるところにより、二〇〇一年（平成十三）一月一日から総務省に移され、その将来のあり方は内閣府に新設される総合科学技術会議で検討されることになっている。その組織的改革の時を直前にして、第一七期日本学術会議は、創立五十周年の歴史を受け継ぎながら、運営審議会の機能強化、企画委員会の新設、男女共同参画社会実現を目指す目標設定など、自己改革に努めてきた。

新設された企画委員会は、組織・制度の内容に踏み込もうとしたが、それは第一八期に委ね、第一部から第七部までの部編成、歴史学研究連絡委員会などの研連はそのままとしながらも、現在七つある常置委員会を六つに改編することとした。現在の各常置委員会を表1、改正案を表2として示す。

表1　現在の各常置委員会

名　称	事　項
第1常置委員会	研究連絡委員会活動活性化の方策及び日本学術会議の組織等に関すること。
第2常置委員会	学問・思想の自由並びに科学者の倫理と社会的責任及び地位の向上に関すること。
第3常置委員会	学術の動向の現状分析及び学術の発展の長期的動向に関すること。
第4常置委員会	創造的研究醸成のための学術体制に関すること及び学術関係諸機関との連携に関すること。
第5常置委員会	学術情報・資料に関すること。
第6常置委員会	国際学術交流・協力に関すること（第七常置委員会の事項に属するものを除く）。

第7常置委員会	学術に関する国際団体への対応及びその団体が行う国際学術協力事業・計画への対応に関すること。

表2　改正案

名称	事項
組織・制度常置委員会	日本学術会議の組織・制度等に関すること。
学術と社会常置委員会	学問の自由及び科学者の倫理・社会的貢献に関すること。
学術の在り方常置委員会	現在及び将来の学術の在り方に関すること。
学術体制常置委員会	学術の制度・振興及び学術関係機関・学術研究団体との連携に関すること。
学術基盤情報常置委員会	学術基盤情報の収集・利用・公開の在り方に関すること。
国際協力常置委員会	学術に関する国際交流・国際対応等の国際協力に関すること。

二〇〇一年の行政改革後も、半世紀の間、実現してきた日本学術会議の性格―国の学術政策を審議し、政府に勧告できる機能と、日本の学術体制を内外に向けて代表するアカデミー機能―は絶対に維持されるよう運動しなければならない。あくまでもそれを前提とはするが、先述したような問題は、具体的には第一八期の歴史学研究連絡委員会と、学術基盤情報常置委員会で審議されよう。

国立公文書館は、独立行政法人化する国立諸機関の先頭をきっている。しかも縮小されたとはいえ、アジア歴史資料センターは同館に附設されるし、さらには行政史料に加えて、民事判決原本など司法資料や立法関係資料も保管・整理・公開できるようになった。独立行政法人化と立川移転に伴なう国立史料館の組織改編は必要であろう。今後も両機関が日本の史料保存・利用問題に果たす役割はきわめて大きい。日本学術会議はそのあるべき姿などに関して必要な時点で必要な助力をしてほしいものである。

〔資料〕

国立公文書館法をここに公布する。

御　名　御　璽

平成十一年六月二十三日

内閣総理大臣臨時代理

国務大臣　野中　広務

法律第七十九号

国立公文書館法

（目的）

第一条　この法律は、公文書館法（昭和六十二年法律第百十五号）の精神にのっとり、国立公文書館の組織、公文書等の保存のために必要な措置等を定めることにより、歴史資料として重要な公文書等の適切な保存及び利用に資することを目的とする。

（定義）

第二条　この法律において「公文書等」とは、国が保管する公文書その他の記録（現用のものを除く。）をいう。

（国立公文書館）

第三条　総理府に、国立公文書館を置く。

第四条　国立公文書館は、歴史資料として重要な公文書等を保存し、閲覧に供するとともに、歴史資料として重要な公文書等の保存及び利用に関する情報の収集、整理及び提供、専門的技術的な助言、調査研究並びに研修その他の事業を行い、あわせて総理府の所管行政に関し図書の管理を行う機関とする。

2　国立公文書館に、館長を置く。

3　館長は、内閣総理大臣の命を受けて館務を掌理する。

4　国立公文書館の位置及び内部組織は、総理府令で定める。

（公文書等の保存）

第五条　国の機関は、内閣総理大臣と当該国の機関とが協議して定めるところにより、歴史資料として重要な公文書等の適切な保存のために必要な措置を講ずるものとする。

2　内閣総理大臣は、前項の協議による定めに基づき、歴史資料として重要な公文書等について、国立公文書館において保存する必要があると認めるときは、当該公文書等を保存する国の機関との合意により、その移管を受けることができる。

（公文書等の閲覧）

第六条　国立公文書館において保存する公文書等は、一般の閲覧に供するものとする。ただし、個人の秘密の保持その他の合理的な理由により一般の閲覧に供することが適当でない公文書等については、この限りでない。

附則

（施行期日）
1　この法律は、公布の日から起算して二年を超えない範囲内において政令で定める日から施行する。
（総理府設置法の一部改正）
2　総理府設置法（昭和二十四年法律第百二十七号）の一部を次のように改正する。
目次中「第一節」審議会（第八条）を「第一節　審議会（第八条）
第一節の二　施設等機関（第八条の二）」に改める。
第四条第七号の二の次に次の一号を加える。
七の三　国立公文書館法（平成十一年法律第七十九号）の施行に関すること。
第二章第一節の次に次の一節を加える。
第一節の二　施設等機関
（国立公文書館）
第八条の二　本府に、国立公文書館を置く。
2　国立公文書館の組織及び所掌事務については、国立公文書館法の定めるところによる。
内閣総理大臣臨時代理
国務大臣　野中　広務
（平成十一年六月二十三日）『官報』〈号外一一八号〉

七十年の歩み

所　理喜夫

昭和四年（一九二九）五月一日　　　　　　　　〇歳

茨城県結城郡石下町大字新石下三七五ノ一で父所庠《あきら》・母きくの長男として誕生。みち子、さだ子、つな子の三人の姉がいた。長男出生に喜んだ父は、高い柱を建て、沢山の鯉のぼりをあげたという。物ごころつきかけた頃、空を飛ぶ飛行船を見て、箒を持ち出して「取ってくれろ」と泣いたのを今でも思い出す。ツェッペリン伯号だったのだろうか。後に二男恵之助、三男雄三、四男秀雄、五男悦夫が生まれる。父は運輸業と石灰販売業を営む。祖父が小学校の校長先生だったせいか、筆は上手だったが商売は下手だった。

昭和十一年（一九三六）四月　　　　　　　　六歳

石下町立尋常小学校入学。

昭和十七年（一九四二）三月　　　　　　　　一二歳

石下町立国民学校初等科卒業。

担任は男子組高橋貞先生・女子組篠原せい先生。それぞれが六〇名を超えていた。狩野政直氏の論文でも取り上げられた「自由教育」の学校だったが、三年頃から軍国教育に一変する。昭和十六年十二月八日太平洋戦争に突入。早朝の「本八日未明帝国陸海軍部隊は西太平洋上において米英軍と戦争状態に入れり」の臨時ニュースに躰がガタガタ震えた。小学校時代の私は軍艦の写真を見るとその艦種を当てることができるほどの軍国少年だったが、一友人の目には次のように写っていたらしい。

所理喜夫君　お父さんは通運関係の仕事をしていた。彼は小学生の時から本が好きだった。時にはお姉さんが読んでいた女性雑誌を読み、先生から「読書はいいが、年齢にあったものを読むように」と言われていたようだ。軍国少年などには間違ってもなるタイプではなかったと思う。子供ながらに大久保君と三人で「戦死、死にザマ」について語り合ったことがあったが当時から美意識の持ち主で、われわれが歯がたつものではなかった。

海中の一級上で金村雷神の現宮司と二級下に所姓の兄弟がいて従兄弟であることが分かった。理喜夫君とそっくりの顔だちで好感がもてた。結局、彼は歴史学者として大成したのだろう（鈴木喜十『竹馬の友雑記帳』＝私家版より）。

昭和十七年（一九四二）四月　一二歳

茨城県立下妻中学校入学。

昭和二十二年（一九四七）三月　一七歳

同校卒業。

同校は明治十七年（一八八四）に創立されながら、一旦は廃止、地域住民の設立運動によって同三十年に設立された伝統校。赴任以来勤続の垂野・緑川・篠原先生などの名物先生がいた。千代川村村長の永瀬純一先生、母校の百年史『為桜百年史』の執筆・監修に鞭打って下さった中村貞夫先生は、中学生の時からの恩師である。中村先生は大学時代には地方史研究協議会初代会長野村兼太郎先生のゼミ「ノムケンゼミ」をとった。また後に永瀬先生の御子息・衛君が私のゼミをとり、近世史研究会のチーフとなったのも「縁」だったのであろう。昭和十七年から戦局悪化し中学三年時に結城市の「日本気化器工場」に学徒動員。そこでの仕事もなく、やがて筑波郡吉沼の陸軍飛行場に配属。同二十年に入ると同飛行場もF６FやP51の空襲を受けるようになり、また石下町上空で、特攻隊機がB29の編隊に突入、体当りした白煙を、遠く高く目撃した。同年陸軍士官学校予科に合格。本土決戦を期し大量に採用したらしく、空は八月、地上は十月の二期に分けて入校予定だった。将校生徒というよりも、もはや特攻隊要員だった。私は十月入校予定。もし入校していたら二期上に田中彰君がいた。同年八月十五日敗戦。泣くほど悔しかったが、敵機の轟音もピタリと止まり、ホッとした。

昭和二十三年（一九四八）四月　　一八歳

東京高等師範学校文科二部国文科入学。

昭和二十五年（一九五〇）五月　　二一歳

東京教育大学文学部日本史学二年編入学。

昭和二十八年（一九五三）三月　　二三歳

同学同学部卒業。

一浪して国文を選んだのは、中学時代から本を読むのが好きで、国語の成績が良かったからである。高師に入って上京。一時は石下から通学したり、幼馴染の大久保昌君と金町の幼稚園に間借りしたりしたが、二年次より板橋区常盤台の桐花寮に入寮。寮監として体育の大滝先生、櫻井徳太郎先生。自治会組織の幹事長として芳賀登大兄、堀口貞幸君がいた。大学の日本史専攻のクラスは一三名。同期は、田中彰、鳥井太、中薗崇君など。担任は木代修一先生。

昭和二十八年（一九五三）四月一日　　二三歳

東京教育大学大学院文学研究科日本史学入学。

昭和三十年(一九五五)三月　　二五歳

同学大学院修士課程卒業。五月一日からは私立桐朋学園高等学校教諭。

昭和三十一年(一九五六)十月一日　　二七歳

都立城北高等学校赤羽分校(赤羽商業高等学校)教諭。私立の名門校から都立の定時制に転じたのは父が昭和三十年春に没したため、自活しながら博士課程に進学したかったからである。同校にはそのような教師が多く、ここで山本茂・飯岡透さん等の友を得た。後に山本さんは公認会計士、飯岡さんは本学〔補註、駒澤大学〕経済学部教授となった。

昭和三十九年(一九六四)五月二十八日　　三五歳

工藤又吉と工藤ちうの三女・英子と結婚。新居を豊島区西巣鴨二丁目六四八番地に営む。広さは2Kの都営住宅。後駒澤大学に転じてから度々学生諸君が遊びに来た。

昭和四十一年(一九六六)五月一日　　三七歳

長男理英誕生。

昭和四十二年(一九六七)七月　　三八歳

関東学院大学経済学部非常勤講師。教職日本史の講座で集中講義。

昭和四十三年(一九六八)四月一日　　三八歳

横浜国立大学教育学部非常勤講師。講座は日本史学特講。任期は二年。宮城・水戸部両先生の御厚宜を得た。この後も一・二度、同学に出講した。宮島敬一君はこの時の教え子。

昭和四十三年（一九六八）四月二十五日　　三八歳
　長女暁子誕生。
昭和四十四年（一九六九）十月　　　　　　四〇歳
　地方史研究協議会常任委員。会長は児玉幸多先生、事務局担当・俗称幹事長は高島緑雄さん。
昭和四十五年（一九七〇）四月一日　　　　四〇歳
　駒澤大学に採用。同学文学部歴史学科専任講師。
昭和四十七年（一九七二）四月一日　　　　四二歳
　同学同学部助教授。
昭和四十八年（一九七三）十月　　　　　　四四歳
　地方史研究協議会の事務局を担当。
昭和五十二年（一九七七）三月二十二日　　四七歳
　文学博士の学位（東京教育大学）を取得。主査は津田秀夫先生。津田先生は木代先生の教え子。当時教育大学は廃学寸前。今更ながら先生の御努力に感謝する。
昭和五十三年（一九七八）四月一日　　　　四八歳
　同学部教授。
　この七年間はいわば花の助教授時代だった。とくに任期は二年だが地方史の幹事長は激職だった。葉貫磨哉さんには常任委員としてご助言をいただき、また橋詰茂・有元修一・久保田昌希・宮本（旧姓山城）由紀子の四君は、ほとんど無報酬で書記を勤め、また廣瀬良弘君や学生諸君も大会や日常の会務を献身的に尽くした。織田信長研究会が滋賀県安治に、近世史研究会が愛知県東栄町と新城市に、戦国史研究会が静岡県三ヶ日に研究の拠点を固めたのはこの頃だった。

昭和五十三年（一九七八）七月　四九歳
日本歴史学協会委員。

昭和五十四年（一九七九）二月一日　四九歳
文部省学術審議会専門委員（科学研究費分科会）。任期は昭和五十六年一月三十一日まで。

昭和五十六年（一九八一）七月　五二歳
日本歴史学協会常任委員、同協会「国立公文書館特別委員会」委員長。この年四月、茨城県史編集委員会近世第二部会幹事、十月には地方史研究協議会常任委員を辞し、埼玉県委員となる。

昭和五十九年（一九八四）七月　五五歳
日本歴史学協会常任委員に再選、同会「国立史料館特別委員会」委員長。

昭和六十年（一九八五）四月　五五歳
駒澤大学文学部歴史学科主任。二年後に再任。

昭和六十四年（一九八九）一月一日　五九歳
足立区立郷土博物館館長。杉山博さんの跡を継いだもの。杉山さんは私の地方史の先学であり恩師で、同僚で親友だった。前年に亡くなられた。

平成元年（一九八九）四月一日　五九歳
駒澤大学文学部長、同学理事を兼任し、同三年四月、文学部長に再任。また同元年二月一日文部省学術審議会専門委員に再任。

平成三年（一九九一）七月二十二日　　　　六二歳

第一五期日本学術会議会員。

平成六年（一九九四）七月　　　　六五歳

第一六期日本学術会議会員。歴史学研究連絡委員会幹事、第五常置委員会幹事。

平成七年（一九九五）四月一日　　　　六五歳

駒澤大学大学院人文科学研究科日本史学専攻主任。

平成八年（一九九六）四月一日　　　　六六歳

駒澤大学図書館長。任期は同十年三月三十一日まで。

平成九年（一九九七）七月　　　　六八歳

日本学術会議第一七期会員、第五常置委員会委員長。

平成十二年（二〇〇〇）三月三十一日　　　　七〇歳

駒澤大学を定年退職。

本学に職を奉じてはや三〇年、まっ黒だった頭も白頭と化した。中学一年で初めて漢文を習い、「少年老い易く、学成り難し」などと素読させられたのも昨日のような感じがする。かつて私たちとともに駒沢史学会と地方史研究協議会の会務を荷ってくれた若い研究者の卵たちも、一流の研究者に育ち、また社会の中核として活躍している。二一世紀の日本の社会と本学は、彼らによって荷われる。本学においても私は「良き師・良き友」を得た。その人々に感謝し、明るい本学の未来を祈念しつつ、私は本学を去る。

〔平成二十七年（二〇一五）十二月三日　逝去　八六歳、平成二十八年（二〇一六）五月二十二日 所理喜夫先生を偲ぶ会〕

＊年齢は該当日の満年齢。

所　理喜夫　先生著作目録

【博士論文】

「徳川権力体制完成過程の基礎的研究」　一九七六年九月提出　一九七七年三月授与

＊主査：津田秀夫　副査：家永三郎・大江志乃夫・櫻井徳太郎・穂積重行

【著書】

『徳川将軍権力の構造』　＊博士論文　吉川弘文館　一九八四年　九月

『徳川権力と中近世の地域社会』　岩田書院　二〇一六年　五月

【共著・編著・共編著】

『徳川将軍権力の生成と展開の研究』（昭和六十三年度科学研究費（総合A）成果報告書）（研究代表者）所理喜夫　一九八九年　三月

『戦国期職人の系譜』（杉山博博士追悼論集　永原慶二と共編）　角川書店　一九八九年　四月

『古文書の語る日本史6　江戸前期』　筑摩書房　一九八九年　七月

『図説　茨城県の歴史』（図説日本の歴史8）（共編：網野善彦・佐久間好雄・佐々木銀弥）河出書房新社　一九九五年一一月

『「戦後歴史学」の中で』（木村礎著作集Ⅰ）　名著出版　一九九六年　三月

『村の世界　視座と方法』（木村礎著作集Ⅵ）　名著出版　一九九六年　五月
『明治維新と下級武士』（木村礎著作集Ⅱ）　名著出版　一九九七年　一月
『戦国大名から将軍権力へ―転換期を歩く―』　吉川弘文館　二〇〇〇年　三月

【論文】（Aは『徳川将軍権力の構造』に、Bは本書に収録）
「織豊政権への疑問」（共著：芳賀登ほか）　真説日本歴史第6『下剋上の世の中』雄山閣　一九五九年　九月
「関東転封前後における徳川氏の権力構造について―特に天正十七・十八年の五ヵ国総検を中心にして―」A　『地方史研究』四四号　一九六〇年　四月
「元禄期幕政における『元禄検地』と『元禄地方直し』の意義」A　『史潮』八七号　一九六四年　五月
「三河山間部地帯における近世的村落の成立について―設楽郡武節郷・名倉郷を中心として―」A　『地方史研究』八一号　一九六六年　六月
（後に芳賀登編『豪農古橋家の研究』雄山閣、一九七九年一〇月に収録）
「近世村落成立についての一考察―三州渥美郡内の二・三の事例を中心として―」A　『全国歴史教育研究協議会紀要』三集　一九六七年　三月
「日本中近世史の史学史的一考察―中近世史の統一的把握の一前提として―」　『史潮』一〇〇号　一九六七年一〇月
「幕藩権力の生成と農民闘争」A　『史潮』一〇四号　一九六八年　八月
（後に『戦国大名論集12　徳川氏の研究』吉川弘文館、一九八三年一〇月に収録）
「愛知県北設楽郡稲武町稲橋区の共有林制度―三州稲橋村と豪農古橋暉皃の関連において―」　徳川林政史研究所『研究紀要』昭和四四年度　一九七〇年　三月

（後に芳賀登編『豪農古橋家の研究』雄山閣、一九七九年一〇月に収録）
「郷土における近世の成立」B
　　　古島敏雄他編『近世郷土史研究法』朝倉書店　一九七〇年　六月
「近世における地域概念考察の一前提―北下総石下地域を事例として―」B
　　　『地方史研究』一二四号　一九七三年　八月
「江戸の出稼人」A
　　　西山松之助編『江戸町人の研究』第三巻　吉川弘文館　一九七四年　一月
「貫高制論考―公田百姓と村落領主との関連において―」A
　　　『駒沢史学』二一号　一九七四年　三月
「初期検地と封建農村の成立」
　　　荒居英次編『日本近世史研究入門』小宮山出版　一九七四年　四月
「町奉行―正徳以前を中心として―」A
　　　西山松之助編『江戸町人の研究』第四巻　吉川弘文館　一九七五年　六月
「享保改革と下総国『飯沼』の新田開発」A
　　　『駒沢史学』二四号　一九七六年　三月
「南北朝期公田体制下における公田百姓―三州額田郡山中郷の事例―」A
　　　木代修一先生喜寿記念論集2『日本文化の社会的基盤』雄山閣　一九七六年　六月
「常総地方の文化人と江戸文化人」
　　　『歴史手帖』四巻八号　一九七六年　八月
「近世村落の構造と族制史についての一試論―初期本百姓と同族団の史的展開に関する一・二の事例を中心として―」A
　　　和歌森太郎先生還暦記念論文集編集委員会編『近世封建支配と民衆社会』弘文堂　一九七六年一一月
「変革期三河における抵抗の論理と支配の論理」A
　　　『史潮』新一号　一九七六年一一月
「佐竹時代の常陸」「徳川領国の形成」
　　　塙作楽編『常陸の歴史』講談社　一九七七年　一月
「貫高制と石高制」
　　　『歴史公論』一七号　一九七七年　四月
「十六世紀初頭における今川権力と松平権力」B
　　　『歴史手帖』五巻一〇号　一九七七年一〇月
「十七世紀における常総地方の文化人と江戸文化人」B
　　　『常総文化』九号　一九七七年一二月
「国人領主制展開過程の一事例」A
　　　杉山博先生還暦記念会編『戦国の兵士と農民』角川書店　一九七八年　一月

「北関東における近世的『町』の成立過程―下総国結城郡結城町を事例として―」A
津田秀夫先生編『近世国家の成立過程』塙書房　一九八二年　六月
「結城・佐竹旧領下における備前検地と小農経営」B
西山松之助先生古稀記念会編『江戸の民衆と社会』吉川弘文館　一九八五年　三月
「外郎売考」B
共編『戦国期職人の系譜』杉山博博士追悼論集　角川書店　一九八九年　四月
「戦国大名今川氏の領国支配機構―天文・弘治期における三河国の事例―」B
永原慶二編『大名領国を歩く』吉川弘文館　一九九三年　四月
「改易・転封策と街道の整備―関ヶ原戦直後の東海道・中山道を事例として―」B
藤野保先生還暦記念会編『近世日本の社会と流通』雄山閣出版　一九九三年一一月
「土浦土屋藩主歴代と江戸幕府奏者番」B
『茨城県史研究』七六号　一九九六年　三月
「『小流寺縁起』考―江戸幕府の利根川治水政策と関連して―」B
三郷市史研究『葦のみち』一一号　一九九九年　三月
「江戸幕府と利根川東遷事業」B
編著『戦国大名権力から将軍権力へ―転換期を歩く―』吉川弘文館　二〇〇〇年　三月
「戦国期江戸地域社会の史的展開―江戸城将遠山氏と太田氏を中心にして―」B
西山松之助編『江戸町人の研究』第六巻　吉川弘文館　二〇〇六年　二月

【研究ノート等】

「松平徳川氏発生譚について」
『日本文化季報』二巻二号　角川書店　一九七六年　八月
「徳川家康―その出自の疑問をめぐって―」
日本史の謎と発見九『信長と家康』毎日新聞社　一九七九年　四月
コメント「周辺農村の動態分析を視座とする都市研究について」
『史潮』新八号　一九七九年一一月

「十六世紀初頭における三河松平氏の権力形態」Ｂ　『戦国史研究』三号　一九八二年　二月
「浅草の観音様と大名たち」「貞享二年浅草寺別当追放事件について」「浅草寺三譜代について」
浅草寺日並記研究会編『雷門江戸ばなし』東京美術　一九八六年　一月
「松平氏の職人支配に関する一史料」『戦国史研究』一六号　一九八八年　八月
「御朱印状」「門前町の支配」「江戸の町と門前町」「明暦の大火」
浅草寺日並記研究会編『江戸浅草を語る』東京美術　一九九〇年一二月
「江戸前期の浅草寺別当」『浅草寺』四二一号　一九九四年　六月
「近世前期幕政と土屋土浦藩主—藩祖数直と二代政直を中心として—」『茨城県史料』付録三六号　一九九五年　三月
「綱吉の毀誉褒貶」『江戸東京自由大学』江戸東京歴史財団　一九九五年　九月
「年表偶感」『茨城県史研究』七八号　一九九七年　三月
「江戸城代遠山氏と浅草寺」『浅草寺』四六四号　一九九八年一〇月
「近世前期東叡山領定免制関係史料と『高』—武蔵国足立郡伊興村を事例として—」（共著：多田文夫）
『毛長川流域の考古学的調査　下水道敷設工事に伴う発掘調査—総括編—』足立区伊興遺跡調査会　一九九九年　三月
「近世後期の利根川治水政策をめぐって」三郷市史研究『葦のみち』一六号　二〇〇四年　三月
「利根川東遷と江戸川開削」「論集江戸川」編集委員会編『論集江戸川』崙書房出版　二〇〇六年　三月

【史料紹介】

「新発見の家康文書について（例会報告要旨）」（共著：川村優）『戦国史研究』六号　一九八三年　八月

【講演録】

「歴史と民衆―常総地域と佐渡ヶ島を事例として―」B　『下妻の文化』創刊号　一九七六年　八月
「安治区有文書と安治村の歴史」　駒澤大学織田信長研究会『木瓜』六号　一九八七年　三月
「歴史の中の日本の家族」　『いたばし区史研究』四号　一九九五年　三月
「為桜百年史編纂をふりかえって―為桜学一世紀を貫流するもの―」
　下妻第一高等学校『為桜同窓会会報』第三八号　一九九八年　三月
「戦国大名の領国構造　―松平＝徳川氏を中心として―」B　『武田氏研究』二六号　二〇〇二年　三月
「将軍権力論　―成立過程とその歴史的意義をめぐって」（最終講義）B
　駒澤大学大学院史学会『史学論集』三〇号　二〇〇〇年　四月
「徳川家康「関東入国」の歴史的意義」B　『城郭史研究』二三号　二〇〇三年　八月
「江戸幕府創業期における国郡制と「領」の構造」B　地方史研究協議会編『東京近郊の史的空間』雄山閣　二〇〇三年一〇月
「利根川東遷論と江戸川」B　『松戸市立博物館紀要』一二号　二〇〇五年　三月
「地域学と地方史研究―一七世紀の佐賀地方を事例として―」B
　『佐賀大学地域学歴史文化研究センター研究紀要』一号　二〇〇七年　三月

【学界動向】

「一九六七年の歴史学界―回顧と展望―日本近世　二・三・六」（分担執筆）　『史学雑誌』第七七編五号　一九六八年　五月
「日本中近世史の史学史的一考察―中近世史の統一的把握の一前提として―」B　『史潮』一〇〇号　一九六七年一〇月
「一九七二年の歴史学界―回顧と展望―日本近世　二」（分担執筆）　『史学雑誌』第八二編五号　一九七三年　五月

『日本における歴史学の発達と現状―第二章日本　第四節　近世』（分担執筆）　山川出版社　一九八五年　九月

【書評・新刊紹介】

「藤野保著『幕藩体制史の研究』」　『史潮』八一号　一九六二年一一月

「平沢清人著『下伊那地方の中世末より近世への推移　附・平沢清人地方史関係目録』」　『史学雑誌』第七九編二号　一九七〇年　二月

「新行紀一『一向一揆の基礎構造』」　『歴史学研究』四三五号　一九七六年　八月

「芳賀登・乾宏巳・石谷貞彦編『天明飢饉史料・石谷家文書』」　『歴史公論』三四号　一九七八年　九月

「煎本増夫著『幕藩体制成立史の研究』」　『歴史公論』五六号　一九八〇年　七月

【史料集】

『浅草寺日記』一〜三五巻（浅草寺日並記研究会編）　浅草寺　一九七八年　三月〜二〇一五年　三月

『玉露童女追悼集』一〜五（玉露童女追悼集刊行会編）　浅草寺　一九八八年一二月〜一九九六年　三月

【史料目録】

『大山祇神社文書目録　第一集』（愛媛県古文書緊急調査報告書第一集）　愛媛県教育委員会　一九八五年　三月

＊解題執筆（「解題　近世の大山祇神社文書・三島家文書とその性格（一）」）

『大山祇神社文書目録　第二集』（愛媛県古文書緊急調査報告書第二）　愛媛県教育委員会　一九八七年　三月

＊解題執筆（共著：清水正史「解題　近世の大山祇神社文書・三島家文書とその性格（二）」）

『近江国野洲郡安治区有文書目録―戦国・近世の湖の村の素顔―』(中主町文化財調査報告書第四六集)　中主町教育委員会　一九九五年　三月
＊執筆「安治区有文書との出会い」

【動向】

「昭和五十二年度第四回歴史資料保存利用機関連絡協議会大会参加記」『地方史研究』一五八号　一九七九年　四月
「日本歴史学協会報告」『地方史研究』一七四号　一九八一年一二月
「日本歴史学協会報告」『地方史研究』一七五号　一九八二年　二月
「日本歴史学協会報告」『地方史研究』一八一号　一九八三年　二月
「日本歴史学協会報告」『地方史研究』一八五号　一九八三年一〇月
「日本歴史学協会の会則変更と組織改編について」『地方史研究』二一三号　一九八八年　六月
「日本歴史学協会といわゆる国立史料館の移転問題について」『地方史研究』二一八号　一九八九年　四月
「国立史料館移転問題と学術情報システム―日歴協報告をかねて―」『地方史研究』二二六号　一九九〇年　八月
「日本学術会議報告(一)―一一二回総会(臨時)を中心として―」『地方史研究』二三三号　一九九一年一〇月
「日本学術会議報告(二)」『地方史研究』二三六号　一九九二年　四月
「日本学術会議報告(三)」『地方史研究』二三九号　一九九二年一〇月
「日本学術会議報告(四)―国立歴史情報資源研究センター(仮称)問題を中心として―」『地方史研究』二四五号　一九九三年一〇月
「日本学術会議報告(五)―『国立歴史情報資源研究センター』(仮称)問題を中心として―」『地方史研究』二五一号　一九九四年一〇月

「日本学術会議報告(六)―『国立歴史情報資源研究センター(仮称)』と『アジア歴史資料センター(仮称)』問題を中心として―」
『地方史研究』二五七号　一九九五年一〇月
「日本学術会議報告(七)―『国立歴史情報資源研究センター(仮称)』の行方を中心として―」
『地方史研究』二六三号　一九九六年一〇月
「日本学術会議報告(八)」　『地方史研究』二六九号　一九九七年一〇月
「日本学術会議報告(九)」　『地方史研究』二七五号　一九九八年一〇月
「現在の史料を後世に残そう―公文書館の回顧と展望―」　日本学術協力財団『学術の動向』三巻一二号　一九九八年一二月
「公文書館法と文書館」　高橋正彦編集代表『史料保存と文書館』今日の古文書学第一二巻　雄山閣出版　二〇〇〇年　六月
「日本学術会議と地方史運動」B　地方史研究協議会編『地方史・地域史研究の展望』名著出版　二〇〇一年　三月

【短文】

「創刊によせて」　駒澤大学織田信長研究会『木瓜』一号　一九七一年一二月
「事務局だより」　『地方史研究』一二一号　一九七三年　二月
「事務局だより(署名なし)」　『地方史研究』一二二号　一九七三年　四月
「事務局だより」　『地方史研究』一二三号　一九七三年　六月
「事務局だより」　『地方史研究』一二四号　一九七三年　八月
「事務局だより」　『地方史研究』一二五号　一九七三年一〇月
「事務局だより」　『地方史研究』一二六号　一九七三年一二月
「一九七三年度(二十四回)大会報告(総会記事)」「事務局だより」　『地方史研究』一二七号　一九七四年　二月

「事務局だより」　『地方史研究』一二八号　一九七四年　四月
「事務局だより（署名なし）」　『地方史研究』一二九号　一九七四年　六月
「事務局よりのお知らせとお願い」「事務局だより」　『地方史研究』一三〇号　一九七四年　八月
「事務局よりのお知らせとお願い」「事務局だより」　『地方史研究』一三一号　一九七四年一〇月
「一九七四年度（第二十五回）大会報告（総会記事）」　『地方史研究』一三二号　一九七四年一二月
「学術体制小委員会（総会記事）」（共著：高島緑雄）　『地方史研究』一三八号　一九七五年一二月
「シンポジウム開催にあたって」（共著：中村義）　『史潮』新四号　一九七九年　一月
「『結城市史第二巻近世史料編』の刊行によせて」　『結城市史第二巻』付録　一九七九年　一月
「下妻市史刊行によせて」　『下妻市史余滴』　一九七九年一一月
「信長研究会十五周年記念号によせて」　駒澤大学織田信長研究会『木瓜』二号　一九八二年　三月
「私が学生生活に求めたもの・得たもの」　大学生活ブック『青年自らを磨く』駒澤大学　一九八六年　四月
「『木瓜』二十周年記念号によせて」　駒澤大学織田信長研究会『木瓜』七号　一九八八年　三月
「編集後記」　三郷市史研究『葦のみち』創刊号　一九八九年　三月
「新しい学問の創造を—新入生へのメッセージ—」　『駒澤大学学園通信』　一九八九年　四月
「春秋に富む生命を大切に—夏休みの過ごし方—」　『駒澤大学学園通信』　一九八九年　七月
「あとがき」（共著：竹内誠・森安彦）　津田秀夫編『近世国家と明治維新』三省堂　一九八九年　八月
「編集後記」　三郷市史研究『葦のみち』二号　一九九〇年　三月
「原点より自己を見つめる—卒業生に贈る—」　『駒澤大学学園通信』　一九九〇年　三月
「県史編さん25年にあたって」　『茨城県史研究』六五号　一九九〇年一一月

「宿場町と周辺農村の特色を」『いたばし区史研究』創刊号　一九九一年一一月
「あとがき」永原慶二編『大名領国を歩く』吉川弘文館　一九九三年　四月
「『全史料協』鳥取大会参加記」三郷市史研究『葦のみち』六号　一九九四年　三月
「編集後記」三郷市史研究『葦のみち』一〇号　一九九八年　三月
「序文」編著『戦国大名から将軍権力へ—転換期を歩く—』吉川弘文館　二〇〇〇年　三月
「序文」『敦賀・日本海から琵琶湖へ—「風の通り道」の地方史—』雄山閣出版　二〇〇六年一〇月
「序文」『東西交流の地域史—列島の境目・静岡—』雄山閣出版　二〇〇七年一〇月
「川村優氏の近業に思う」『日本村落自治史料調査研究所研究紀要』一二号　二〇〇八年　七月
「序文」『歴史に見る四国—その内と外と—』雄山閣出版　二〇〇八年一〇月
「序文」『茨城の歴史的環境と地域形成』雄山閣出版　二〇〇九年一〇月

【座談会】

「『浅草寺日記』を語る」（西山松之助・芳賀登・竹内誠等）浅草寺日並記研究会編『雷門江戸ばなし』東京美術　一九八六年　一月
「戦前・戦後の三郷を語る」三郷市史研究『葦のみち』二号　一九九〇年　三月
「戦後地方史のうねり—自治体史の今後を見すえて—」（永原慶二・西垣晴次・森安彦・北原進）大田区史研究『史誌』三八号　一九九三年　八月
「三郷村の成立を語る」三郷市史研究『葦のみち』六号　一九九四年　三月
「三郷の交通を語る」三郷市史研究『葦のみち』七号　一九九五年　三月

「三郷の水と生活を語る―灌漑用水とのかかわり―」　三郷市史研究『葦のみち』八号　一九九六年　三月
「三郷の水と生活を語るⅡ―暮らしのなかの水―」　三郷市史研究『葦のみち』九号　一九九七年　三月
「家族生活の今昔を語る」　三郷市史研究『葦のみち』一〇号　一九九八年　三月
「三郷の商いを語る」　三郷市史研究『葦のみち』一一号　一九九九年　三月
「市史編さん十四年と史料保存」　三郷市史研究『葦のみち』一三号　二〇〇一年　三月
「市史十五年のあゆみをふりかえる」　三郷市史研究『葦のみち』一四号　二〇〇二年　三月
「観音祭り―午年の御開帳」　三郷市史研究『葦のみち』一六号　二〇〇四年　三月
「三郷のトムライ―今と昔」　三郷市史研究『葦のみち』一七号　二〇〇五年　三月
「大広戸の蛇祭り」　三郷市史研究『葦のみち』一八号　二〇〇六年　三月
「みさと音頭とその時代」　三郷市史研究『葦のみち』一九号　二〇〇七年　三月
「八木郷村の野瀬工場」　三郷市史研究『葦のみち』二〇号　二〇〇八年　三月

【人物・講師紹介】

「木村礎先生の御紹介―第1回史学大会・第12回大学院史学大会記念講演―」　駒澤大学大学院史学会『史学論集』一五号　一九八五年　二月
「塚本学先生のご紹介―第16回大学院史学大会記念講演―」　駒澤大学大学院史学会『史学論集』一九号　一九八九年　二月
「故杉山博先生の学問とその系譜」　共編『戦国期職人の系譜』杉山博博士追悼論集　角川書店　一九八九年　四月
「木村礎氏と地方史研究」　木村礎著作集Ⅰ『「戦後歴史学」の中で』名著出版　一九九六年　三月
「『地方史の思想』を求めて―近世の新風土記を事例として―」

芳賀登著作選集一『地方史の思想』雄山閣出版　一九九九年一〇月

【祝辞】

「箭内健次先生の喜寿をお祝いして」　『駒沢史学』三四号　一九八六年　一月

「吉田常吉先生の喜寿を祝して」　『駒沢史学』三五号　一九八六年　五月

「杉山博先生の古稀をお祝いして」　『駒沢史学』三九・四〇合併号　一九八八年　九月

「初心忘るべからず」　『駒沢史学』五〇号　一九九七年　四月

「足立史談会創立三十周年を祝して」　『足立史談会創立三十周年記念誌』足立史談会　一九九八年　四月

【エッセイ】

「歴史と私」　『歴史手帖』二三巻六号　一九九五年　六月

【追悼文】

「荒居英次氏を悼む」　『茨城県史研究』四七号　一九八一年　三月

「杉山博氏の逝去を悼む」　『地方史研究』二一七号　一九八九年　二月

「戸石博先生を悼む」　三郷市史研究『葦のみち』八号　一九九六年　三月

「葉貫磨哉先生を偲ぶ」　『駒沢史学』五八号　二〇〇二年　三月

「木村礎氏の訃」　『地方史研究』三一三号　二〇〇五年　二月

「永原慶二氏の一周忌によせて」　『地方史研究』三一五号　二〇〇五年　六月

「林英夫氏の訃」　『地方史研究』三二六号　二〇〇七年　四月

「児玉幸多氏の訃」　『地方史研究』三二九号　二〇〇七年一〇月

【自治体史】

監修

『三郷市史』全一〇巻『三郷市史資料　地誌1』『三郷のあゆみ』　三郷市　一九九〇年　三月～二〇〇〇年　三月

『絵でみる年表　足立風土記』　足立区教育委員会　一九九二年　三月

『下妻市史』上・中・下　下妻市　一九九三年　三月～一九九五年　三月

『為桜百年史』　茨城県立下妻第一高等学校　一九九七年　四月

『足立風土記稿　地区編8・花畑』『足立風土記稿　地区編9・渕江』　足立区教育委員会　一九九六年　三月

『足立風土記稿　地区編6・綾瀬』『足立風土記稿　地区編8・東渕江』　足立区教育委員会　一九九七年　三月

『足立風土記稿　地区編4・舎人』　足立区教育委員会　一九九八年　三月

『足立風土記稿　地区編2・西新井』『足立風土記稿　地区編10・伊興』　足立区教育委員会　一九九九年　三月

『足立風土記稿　地区編3・江北』　足立区教育委員会　二〇〇〇年　三月

執筆・校訂

『近世史料Ⅲ　飯沼新発記』（分担執筆・解説）　茨城県　一九七三年　三月

『茨城県史料　近世社会経済編Ⅱ』（分担執筆・解説）　茨城県　一九七六年　三月

『茨城県史　近世編』（分担執筆：第一章第一・二節・第二章第一～三・五節）　茨城県　一九八五年　三月

『結城の歴史　写真集』（分担編集責任者・執筆「近世の結城」）　結城市　一九七四年一〇月
『結城市史　第二巻・近世史料編』（分担執筆：解題・あとがき）　結城市　一九七九年一月
『結城市史　第五巻・近世通史編』（分担執筆：序説・第一編第一章一・第二編第三章・あとがき）　結城市　一九八三年三月
『下妻市史』（分担執筆：中世・近世の内）　下妻市　一九七九年一一月
『下妻市史　中』（分担執筆：総説・第一章第一・二節・第四章第三節）　下妻市　一九九四年一一月
『為桜百年史』（監修・分担執筆：第一編第四章第三節）　茨城県立下妻第一高等学校　一九九七年四月
『石下町史』（分担執筆：総説・第三編近世「近世の石下」）　石下町　一九八八年三月
『東海村史　通史編』（分担執筆：近世第一章第一～四節）　東海村　一九九二年一〇月
『三郷市史　第六巻・通史編Ⅰ』（分担執筆：あとがき）　三郷市　一九九六年三月
『三郷のあゆみ』（分担執筆：あとがき）　三郷市　一九九九年三月
『三郷市史　第十巻・水利水害編』（分担執筆：近世第一章第一・二節）　三郷市　二〇〇〇年三月
『絵でみる年表　足立風土記』（コラム執筆）　足立区教育委員会　一九九二年三月
『図説板橋区史』（分担執筆：第3章1―①家康入国）　板橋区　一九九二年一〇月
『板橋区史　資料編3　近世』（総括・執筆・あとがき／共著：大谷貞夫）　板橋区　一九九六年三月
『台東区史　通史編Ⅰ』（分担執筆：第四章第二節・第六章第三節）　台東区　一九九七年六月
『板橋区史　通史編　上巻』（近世編監修・分担執筆：第一章第一節）　板橋区　一九九八年三月
『稲武町史　史料編　古代・中世　近世Ⅰ』（分担執筆：解説第三章第二節）　稲武町　一九九八年三月
『稲武町史　通史編』（分担執筆：第三章第一・二節）　稲武町　二〇〇〇年三月

【辞典・事典】

『新版郷土史事典』（項目執筆）　朝倉書店　一九六九年　二月
『コンサイス人名辞典―日本編―』（項目執筆）　三省堂　一九七六年　三月
『角川日本地名大辞典13　東京都』（編纂委員・項目執筆）　角川書店　一九七八年一〇月
『国史大辞典』（項目執筆）　吉川弘文館　一九七九年　三月～一九九七年　四月
『旺文社百科事典〔エポカ〕』（項目執筆）　旺文社　一九八三年一〇月
『角川日本地名大辞典8　茨城県』（編纂委員・項目執筆）　角川書店　一九八三年一二月
『江戸学事典』（項目執筆）　弘文堂　一九八四年　三月
『大百科事典』（項目執筆）　平凡社　一九八四年一一月～一九八五年　六月
『日本大百科全書』（項目執筆）　小学館　一九八四年一一月～一九八九年　三月
『新版地方史研究必携』（改定特別委員会委員長・分担執筆）　岩波書店　一九八五年　五月
『戦国人名事典』（項目執筆）　新人物往来社　一九八七年　三月
『世界大百科事典』（項目執筆）　平凡社　一九八八年　三月～四月
『藩史大事典』第二巻（分担執筆：「結城藩」「山川藩」）　雄山閣出版　一九八九年一一月
『コンサイス日本人名辞典〈改定版〉』（項目執筆）　三省堂　一九九〇年　四月
『徳川家康事典』（共編：藤野保・村上直・新行紀一・小和田哲男、分担執筆：「徳川家康の系譜と略譜」）　新人物往来社　一九九〇年　五月
『角川日本地名大辞典　別巻Ⅰ　日本地名資料集成』（編集委員）　角川書店　一九九〇年一一月
『日本史大事典』（項目執筆）　平凡社　一九九二年一一月～一九九四年　五月

『地方史事典』（分担執筆）　弘文堂　一九九七年　四月

（二〇〇〇年 小高昭一作成、二〇一六年 鈴木雅晴・中野達哉補訂）

編集を終えて

中野　達哉

関こえて　雲下に煙る　細路見ゆ

所理喜夫先生が、昭和五十九年(一九八四)五月に刊行されたご高著『徳川将軍権力の構造』(吉川弘文館)の「あとがき」で詠まれた歌である。所先生にとって、五月は誕生月でもある。地方史研究や史料保存利用運動、そして教育に情熱をそそぎ、自身の研究を一冊の著書にまとめられた先生が、これまでたどってきた道をふと振り返った時の心のさまをしみじみと伝えてくれる。所先生は、昭和五十一年九月二十二日、東京教育大学に学位請求論文「徳川権力体制完成過程の基礎的研究」を提出し、翌年三月二十二日に文学博士の学位を授与された。このご高著は、博士論文を原形とし、その一部を課題(同書参照)との整合性から削除するなど再構成され、まとめられたものである。

所先生は、昨年、平成二十七年(二〇一五)十二月三日、八十六歳にて永眠された。地方史研究協議会会長ご退任後、病後のお体を大切にされ、ご静養されていたが、昨年夏に体調を大きく崩された。その後も回復に努められたが、残念なことに、その日をお迎えになった。彼岸に旅立たれた先生は、上記『徳川将軍権力の構造』を、その時点での自己の研究の集大成として既にまとめられ、歴史学界に大きな足跡を残された。しかし、同書に収録されなかった論文や、同書公刊後に発表された論文、そして、各地で講演された講演録も多く残されている。

本書は、これらのなかから、歴史研究への視点・考え方を示し、研究の中核となる論文・講演録（含、駒澤大学最終講義）をとりあげ、三編から構成し、『徳川権力と中近世の地域社会』と題して、公刊するものである。

本書を構成する論文・講演録の初出は、つぎの通りである。なお、この「編集を終えて」執筆の便宜上、番号を付した。

Ⅰ　中世の権力と社会

十六世紀初頭における今川権力と松平権力（『歴史手帖』五―一〇、一九七七年）①

十六世紀初頭における三河松平氏の権力形態（『戦国史研究』三、一九八二年）②

戦国大名今川氏の領国支配機構―天文・弘治期における三河国の事例―（永原慶二編『大名領国を歩く』、吉川弘文館、一九九三年）③

戦国大名の領国構造―松平＝徳川氏を中心として―〔講演録〕（『武田氏研究』二六、二〇〇二年）④

戦国期江戸地域社会の史的展開―江戸城将遠山氏と太田氏を中心にして―（西山松之助編『江戸町人の研究』六、吉川弘文館、二〇〇六年）⑤

Ⅱ　徳川権力と地域社会

将軍権力論―成立過程とその歴史的意義をめぐって―〔最終講義〕（『駒澤大学大学院史学論集』三〇、二〇〇〇年）⑥

徳川家康「関東入国」の歴史的意義〔講演録〕（『城郭史研究』二三、二〇〇三年）⑦

江戸幕府創業期における国郡制と「領」の構造〔講演録〕（地方史研究協議会編『東京近郊の史的空間』、雄山閣、二〇〇三年）⑧

改易・転封策と街道の整備 ─関ヶ原戦直後の東海道・中山道を事例として─
（藤野保編『近世日本の社会と流通』、雄山閣、一九九三年）⑨
郷土における近世の成立
（『近世郷土史研究法』、朝倉書店、一九七〇年）⑩
結城・佐竹旧領下における備前検地と小農経営
（西山松之助先生古稀記念会編『江戸の民衆と社会』、吉川弘文館、一九八五年）⑪
土浦土屋藩主歴代と江戸幕府奏者番
（『茨城県史研究』七六、一九九六年）⑫
利根川東遷論と江戸川〔講演録〕
（『松戸市立博物館紀要』一二、二〇〇五年）⑬
江戸幕府と利根川東遷事業
（所理喜夫編『戦国大名から将軍権力へ』、吉川弘文館、二〇〇〇年）⑭
「小流寺縁起」考 ─江戸幕府の利根川治水政策と関連して─
（『三郷市史研究 葦のみち』一一、三郷市、一九九九年）⑮
近世における地域概念考察の一前提 ─北下総石下地域を事例として─
（『地方史研究』一二四、一九七三年）⑯
歴史と民衆 ─常総地域と佐渡ヶ島を事例として─〔講演録〕
（『下妻の文化』創刊号、一九七六年）⑰
十七世紀における常総地方の文化人と江戸文化人
（『常総文学』九、一九七七年）⑱
外郎売考
（共編『戦国期職人の系譜 杉山博博士追悼論集』、角川書店、一九八九年）⑲

Ⅲ 日本中近世史と地方史研究・史料保存

日本中近世史の史学史的一考察 ─中近世史の統一的把握の一前提として─
（『史潮』一〇〇、一九六七年）⑳
地域学と地方史研究 ─十七世紀の佐賀地方を事例として─〔講演録〕
（『佐賀大学地域学歴史文化研究センター研究紀要』一、二〇〇七年）㉑
日本学術会議と地方史運動
（地方史研究協議会編『地方史・地域史研究の展望』、名著出版、二〇〇一年）㉒

所先生の研究テーマは、「徳川権力」であり、中世から近世にかけて、徳川氏（松平氏）の権力がどのように生成され、発展し、将軍権力となったのかを解明することにある。博士論文をまとめ、『徳川将軍権力の構造』として昭和五十九年に公刊されたが、その後も講演などの際には、しばしばテーマとして取り上げている。徳川権力の解明は、生涯を通じての課題であったのであろう。そして、その視点の特徴は、地域社会とのかかわりのなかで徳川権力を捉え、各期の徳川権力を位置づけ、解明しようとしたことにある。権力そのもののみに視点を据えるのではなく、地域社会のなかで生まれ、展開・変容していく徳川氏の姿をみつめている。それが、所先生の地方史研究としてのこだわりでもあったと思われる。

この徳川権力を解明する際、四ないし五段階に分けて捉えている。それは、たとえば、城砦領主（あるいは小在地領主）、国人領主、戦国大名、豊臣大名、そして将軍権力という段階として提示される。そして、個別論文の多くは、各段階における徳川権力のありようや諸相を捉えようとしたものとして位置づけられる。

もうひとつ、所先生の研究の根底にあるのは、郷土「石下」への思いであろう。鬼怒川沿いの平野部に位置した茨城県石下地区の歴史、それは水との戦いでもあった。江連用水争論などに若き日より関心をもち、その後、三郷市に居を構えられ、三郷市史編さんの監修や、市史刊行後も市史研究専門委員を務められるなかで、晩年になると、幕府の治水政策、江戸幕府と利根川東遷といった大きな問題を取り上げ、その考えを公表していった。利根川東遷論を語る背景には、同じく治水・利水問題をかかえていた、鬼怒川沿いの平野部に位置する石下の歴史への思いがあったのであろう。そしてそこには、地域とのかかわりで権力を捉えようとする共通する視点があった。水利などの生活基盤

（『駒沢史学』五五、二〇〇〇年）㉓

を整備し、民衆の生活を維持できてはじめて、権力が権力体として民衆から認められ、存続できるとする。

こうした所先生の壮大な思考は、個別に論文を読み、講演をうかがうだけではなかなか理解するに及ばない。個別論文や講演録を通読することにより、はじめて理解できるのではないだろうか。その意味でも、本書を刊行することに意義があり、『徳川将軍権力の構造』とともに本書をあわせ読むことで、所先生の考えを理解するに至ると考える。

さて、本書を編集するにあたり、収録論文・講演録を三編にわけた。

第一編は「中世の権力と社会」とし、中世を対象とする論文・講演録を収めた。中世の松平氏（徳川氏）や今川氏の権力を捉えようとするものが中心である。本編のなかで注目されるのは、たとえば「松平氏権力は今川氏の支配下に入りながら滅亡をまぬがれた。以後、今川権力に依拠しながら、戦国大名的権力編成原理による松平権力の再構築が開始される」（①、一五頁）とし、「国人領主松平宗家の戦国大名への発展は、戦国大名今川氏を媒介としてはじめて可能だったと考えられる」（③、二一頁）とする点である。今川権力との関係性のなかから、徳川権力の形成・展開を捉えている。こうした今川氏・今川権力にかかわる視点からの論考は、『徳川将軍権力の構造』では収録されていない。同書ではあまり触れられていなかった、もうひとつの中世の徳川権力を捉える視点であろう。

第二編は、「徳川権力と地域社会」とし、近世を対象とする論文・講演録（含、駒澤大学最終講義）を収録した。豊臣大名としての徳川権力や将軍権力についての考えを述べた講演録（⑥～⑧）、利根川東遷論（⑬～⑮）および、それに関連して位置づけられる⑯・⑰、個別論文（⑨～⑫・⑱・⑲）から構成した。

豊臣大名としての徳川権力や将軍権力に関する講演録では、戦前に生まれ、戦中に育ったという生涯が、将軍権力や神格化を研究テーマとして取り上げる背景にあったことが述べられている（⑥、一三〇～一三一頁）。そして、徳川氏の関東入国への視点として、「戦国大名の発展過程、戦国大名から豊臣大名、そして将軍権力へと発展する日本史の流れがあるわけですが、その戦国大名の発展史として位置づける必要がある」(⑦、一五二頁)とし、関東転封後の領国の支配構造の特色として、「後北条氏の本城―支城制に立脚した、江戸を本城とする本城―支城体制」と「直轄領に対して五か国時代の郡代―代官制をそのまま関東に持ってきて、支配を行っていた」ことの二つを指摘している(⑦、一七二~一七三頁)。⑦であげた前者の特色については、その前提として、第一編に収録した⑤が位置づけられよう。また、これまで徳川氏の五か国時代と関東転封後の支配体制の連続性・非連続制について触れた研究は少なく、後者の特色は、豊臣大名としての徳川権力をみるうえでの重要な指摘であると考える。このほか、関ヶ原の戦い後、豊臣大名から将軍権力へと脱皮しようとする徳川権力をみた論考として⑨があり、⑥~⑧に連続するものと位置づけられる。

⑥~⑨の論文や講演録は、豊臣大名の段階から、徳川権力の到達点となる将軍権力へと進んでいく過程での徳川権力の性格と到達点にある神格化の問題を取り上げている。この段階での徳川権力への理解・位置づけが読み取れよう。

所先生が古稀を迎えられる前後からの論文・講演録に、利根川東遷論にかかわるものがある(⑬~⑮)。壮年期には、利根川東遷論に関する言及はみられず、三郷市に住み、三郷市史編さんの監修に携わるなかで関心をもたれ、史料に基づいた実証的な論文(⑮)を公表し、利根川東遷事業の意義について講演(⑬)で述べている。そのなかで注目されるのは、「現在の日本の動向をみる上でも、一体国家権力というのはなぜ存在しているのかという観点を絶えず持ちながら、現在の国家権力と自分たちの生き方をもう一度考える必要があるのではないかと思います」と述べ(⑬、三二五頁)、世界の四大文明に触れるなかでは、「四大文明の発生地で典型的に出ました国家権力というのは、地域における治安の維持を目指します。それから、もう一つの役割は領域人民の生産力基盤の整備、領域に住んでいる人の生産力的基盤の整備」にあるとし、「人々の生活を維持するためにできたのが権力であり」、「権力が生産力的基盤の整備に有効な役割を果たしえなくなった場合には必ず衰え、あるいは滅亡していっている」（⑬、三二七頁）としていることである。「権力」そのものに対する所先生の考え方がうかがえる。そして、地域とのかかわりのなかで「徳川権力」を捉えようとする基底には、こうした考え方があるのであろう。

この利根川東遷論に関する論文・講演録の特徴は、単なる治水・利水事業や、河道の変遷史といったことではなく、利根川東遷事業を江戸幕府（徳川権力）の国家事業として捉え、その意義を見いだしていることにある。そして、寛永十九年（一六四二）、伊奈忠治が勘定頭を免ぜられ、新設された関東郡代に任じられたことについて、「はじめて関東全体の御料と天下の総城下町江戸の状況を把握して、利根川を頂点とする統一的治水政策を実施する権限を得た。それはまた将軍と直結することによって、幕府の治水政策ともなった」とする（⑭、三六三頁）。こうした指摘は、⑮においても、「こうして（伊奈）忠治は、将軍に直結しながら利根内河・外河を中心として関東諸河川の統一的治水政策を練り、その過程で利根内河の河道改修工事を竣功させた」と結論づけている部分にもみられる（三八五頁）。伊奈忠治が将軍徳川家光と直結することにより、利根川東遷事業が幕府の国家事業となったと捉えており、利根川東遷に関する論文・講演録は、さきに述べたような、郷土「石下」、そして「三郷」への思いとともに、将軍権力段階での「徳川権力」を、もうひとつの視点から捉えようとした試みとして位置づけられる。

そして、⑯と⑰では、郷土「石下」を舞台に展開した用水訴願運動を事例にとりながら、領主権力と地域社会から、地域概念や農民の領主に対する姿勢を考察しているが、これらは、利根川東遷事業とその基底において結びつくと捉えられよう。

第三編は、「日本中近世史と地方史研究・史料保存」とした。⑳は、一九六七年に発表されたもので、それまでの中近世史研究を整理し、位置づけようと試みたものである。このほかにも、『史学雑誌』の「回顧と展望」や『日本における歴史学の発達と現状』（山川出版社）などで、学界の研究動向をまとめられている。それらのなかでも、⑳は、一九六〇年代後半の学界の動向、中近世史研究の大きな潮流のなかで、三十代後半であった所先生が、明治期からの中近世史研究の動向を総括されており、歴史研究に対する意気込みが沸々とうかがえるものである。

所先生は、地方史研究を大切にし、史料保存利用運動にも積極的に取り組まれていた。歴史研究にとって史料の保存は欠くことのできないものであることや、地域に視点を据えて研究することの重要さを説いていた。地方史論や史料保存利用について直接まとめられた論考はないが、㉑は地方史へのむきあい方をうかがわせる講演録である。また、日本学術会議会員として、史料保存利用問題にも取り組まれ、公文書館法の制定についても携わった。㉒は、公文書館法制定以降の日本学術会議の動向をまとめたもので、現在では、国文学研究資料館に組み込まれてしまった旧国立史料館問題についても、多く触れられている。㉒において、当時の状況と課題について述べられているが、そこで危惧されているアーキビストの公文書館への配置や養成・資格制度については現在も制定されておらず、また、旧国立史料館問題は、その組織・機能の存続について、現在も引き続き歴史学界にとって大きな課題のひとつとなっている。

本書の最後に、駒澤大学の定年退職にあたり、自己の足跡を自ら振り返った自分史「七十年のあゆみ」（㉓）および著作目録を掲載した。人生における人との出会い、生活と仕事、研究への取り組みがうかがえる。

以上、力量不足ながら、論集を編集するにあたり、所先生を偲び、その偉業に触れ、本書について概観してきた。冒頭でも示したように、昭和五十九年の著書刊行に際して、それが自分にとっての大きな節目であるとし、「関こえて　雲下に煙る　細路見ゆ」と詠んだ所先生は、その後、さらに歩み続け、大きな足跡を残された。所先生は、謙遜され「細路」と詠まれたが、著書を公刊された後も「徳川権力」にかかわる研究を公表されており、その研究を引き継ぐ私たち中近世史の研究者にとっては、大きな道標となっている。二冊のご高著を座右に置き、さらに前へと進まなければならない。

本書への論文・講演録の収録にあたっては、初出原稿を尊重したが、明らかな誤植は修正し、一部表記を統一した。講演録のなかには、重複する部分があり、紙幅の都合上、割愛させていただいた部分もある。ご了承願いたい。また、本書のデータ入力・校正は、浅倉直美・新井浩文・上田良知・大久保俊昭・斉藤照徳・澤村怜薫・鈴木雅晴・髙木謙一・竹内竜馬・中村裕加・中村陽平・橋詰茂・平野明夫・宮本由紀美・吉田政博・中野達哉が担当した。

この「編集を終えて」を結ぶにあたり、出版情勢の厳しいなか、所先生ご逝去後、偲ぶ会挙行までの短期間での大部の論文集刊行という無茶なお願いについてご承諾され、ご尽力いただいた岩田書院の岩田博社長に感謝し、厚くお礼申し上げたい。

平成二十八年四月八日

徳川権力《とくがわけんりょく》と中近世《ちゅうきんせい》の地《ち》域社会《いきしゃかい》

2016年（平成28年）5月22日　第1刷　450部発行　　定価［本体11000円＋税］

著　者　所　理喜夫

発行所　有限会社岩田書院　代表：岩田　博　http://www.iwata-shoin.co.jp

〒157-0062 東京都世田谷区南烏山4-25-6-103　電話03-3326-3757　FAX03-3326-6788

組版・印刷・製本：ぷりんてぃあ第二

ISBN978-4-86602-962-7　C3021　¥11000E